M&Aによる成長を実現する

戦略的デューデリジェンスの実務

Due Diligence

株式会社 KPMG FAS [編]

中央経済社

©2006 KPMG FAS Co., Ltd., a Japanese member firm of KPMG International, a Swiss cooperative.
All rights reserved. Printed in Japan.

　ここに記載されている情報はあくまで一般的なものであり，特定の個人や組織が置かれている状況に対応するものではありません。私たちは，的確な情報をタイムリーに提供するよう努めておりますが，情報を受け取られた時点及びこれ以降においての正確さは保証の限りではありません。何らかの行動を取られる場合は，ここにある情報のみを根拠とせず，プロフェッショナルが特定の状況を綿密に調査した上で下す適切なアドバイスに従ってください。

まえがき

　日本でもM&Aが経営戦略の重要な手法としての地歩を固めつつある一方，プライベート・エクイティ・ファンド等のフィナンシャル・バイヤーの活動が新聞紙上を賑わせている。M&Aが遠い世界の出来事ではなく，ごく身近なものとなり，お茶の間の話題にのぼることすらある昨今である。そのような状況の中，M&Aをめぐる議論や研究も盛んになりつつあり，M&Aの際の事業（企業）価値評価の手法も急速にグローバル化した。しかしながら，そうした価値評価のベースとなるデューデリジェンスについて，そのプロセス，手続，発見事項の対処等に関して網羅的に扱った規準や書物は世の中に存在せず，会計事務所や法律事務所等の各種プロフェッショナルファームの扉の奥の狭い世界の中で，そのノウハウがソフトに共有化されているにすぎないのが現状である。その結果，さまざまな品質のデューデリジェンスが混在し，M&A市場の健やかな発展における障害となっているのではないかという問題意識がある。価値評価の手法がグローバル化したように，デューデリジェンスの手法もグローバル化し，より洗練された形に進化していかなければならない。そのためには，そのガイドブックとなるようなものが必要となる。これが，本書の執筆を思い立った大きな理由である。

　2005年8月から10月までに実施され，最近その結果が報告されたKPMG「Global M&A Survey」（2002年から2003年の間にディールバリューが100百万米ドルを超えるM&A取引を行った全世界の企業を母集団とし，最終的に101の企業に対してインタビューした結果等を分析し，まとめたもの）によれば，調査対象の企業のうち，対象M&Aが企業価値向上に寄与した割合は31%にすぎない（企業価値が低下：26%，企業価値に変化なし：43%）。また，それ以外の重要な発見事項として次の諸点があった。

- M&Aが企業価値向上に寄与したケースと，事前に見積もったシナジー効果や業務改善効果が予測どおり，ないしそれ以上に実現したケースの間に高い相関関係があった
- 全体の3分の2がシナジー効果の目標を達成できなかったのに対し，非常に競争的なM&Aマーケットの環境下，そうしたシナジー効果目標額の43％がプレミアムとして購入価格に織り込まれていた
- M&A後の統合計画についての検討を開始する時期が遅かったと考えている会社が多数にのぼった
- M&A後の統合において問題となった事項のトップ3は，ビジネスの統合，組織文化の違いへの対処，ITや管理会計の統合であった
- M&A後，事業統合に関する重要な事項を適切にコントロールできるようになるまで，平均9ヶ月かかった

これらの発見事項は，M&Aの成功において，シナジー効果の発現とM&A後の統合がいかに重要かを物語っている。

こうした事実に対して伝統的なデューデリジェンスは無力である。伝統的なデューデリジェンスとは，むしろ「買収監査」という言葉がなじむような，貸借対照表の資産や負債の調査を中心とする静態的で過去的な調査である。これに対し，DCF法等の評価手法を念頭に置いた，より動態的で将来思考的な，新たな時代のデューデリジェンスが，本書で提唱している「戦略的デューデリジェンス」である。「戦略的デューデリジェンス」においては，過去の正常収益力の分析に基づく将来事業計画の妥当性の検討，シナジー効果の詳細な分析，M&A後の統合おける問題点の洗い出しと統合経営計画策定上の留意点の考慮といったことを重視する。

本書においては，こうした「戦略的デューデリジェンス」のプロセス，具体的手続および，発見事項の事業（企業）価値評価，契約条件，統合計画等への反映の仕方等につき，できるだけ実務に即してわかりやすく解説するように気を配ったつもりである。

本書が，M&Aに係るデューデリジェンスや価値評価に従事されている方々の参考書として，またこれからこれらの業務を開始される方々の入門書として

お役に立つことを願っている。
　本書の出版にあたっては，中央経済社の坂部秀治氏に大変お世話になった。紙上をお借りして，こころよりお礼を申し上げたい。

　　平成18年3月

株式会社 KPMG FAS
代表取締役パートナー
知野雅彦

目次

第1章
M&Aによる企業価値の創造とデューデリジェンス

■ **第1節** 経営戦略としてのM&Aと企業価値創造プロセス・2

1 経営戦略としてのM&A——————2
- (1) 「選択と集中」とM&A　4
- (2) 事業開発における「時間」とM&A　5
- (3) 敵対的買収　5
- (4) 経営のグローバル化とM&A　6

2 M&Aと企業価値創造，M&Aにおけるリスク——————6
- (1) 適正な金額を支払ったのか　6
- (2) M&Aに係るリスクを的確に評価したか　11
- (3) M&Aの対象企業・事業の統合を成功させ価値を維持できるか　19
- (4) 統合された企業・事業として価値を創造できるか　20

■ **第2節** M&A成功のための戦略的デューデリジェンス・22

1 M&A成功のための戦略的デューデリジェンスとは——22

2 戦略的デューデリジェンス実施上のポイント——————24

(1) M&A対象企業・事業の単体適正市場価値に関するデュー
　　　　デリジェンス　24
　　　(2) シナジー効果に関するデューデリジェンス　25
　　　(3) 統合リスクおよび統合プロジェクト・プランニングのため
　　　　のデューデリジェンス　26

■第3節　デューデリジェンスの種類・目的・プロセス・29

1　デューデリジェンスの種類と目的──29
　　(1) 調査対象分野に関する分類　29
　　(2) 調査主体に関する分類　35
　　(3) 売買当事者による分類　36

2　デューデリジェンスのプロセス──38
　　(1) M&A案件の検討開始　41
　　(2) M&A案件概要の把握　41
　　(3) デューデリジェンスチームの組成　42
　　(4) キックオフミーティング　43
　　(5) 予備的デューデリジェンスとデューデリジェンス計画　44
　　(6) 資料要求リストの作成・送付　44
　　(7) デューデリジェンスの現場作業　45
　　(8) 定期的進捗報告ミーティング　45
　　(9) 調査範囲(スコープ)や調査手続の修正　46
　　(10) デューデリジェンス報告書の作成，最終結果報告ミーティ
　　　　ング　46

■第4節　デューデリジェンスにおける発見事項と事業価値評価・契約条件・47

1 事業価値評価手法 ——————————————48
  (1) 事業価値，企業価値，株主資本価値　48
  (2) ゴーイングコンサーン価値とリクイデーション価値　49
  (3) ゴーイングコンサーン企業価値の算出方法　51
  (4) インカムアプローチ　53
  (5) マーケットアプローチ（株価倍率方式）　63
  (6) コストアプローチ（修正純資産方式）　69

2 デューデリジェンスにおける発見事項の事業価値評価ないし契約条件への反映のフレームワーク ——————73
  (1) デューデリジェンス発見事項とDCF法　74
  (2) デューデリジェンス発見事項と株価倍率法　80
  (3) デューデリジェンス発見事項と修正純資産法　82
  (4) デューデリジェンス発見事項の定量化とM&Aの契約条項・スキーム　82
  (5) デューデリジェンス発見事項と評価フレームワーク　83

■第5節　デューデリジェンスにおける発見事項とポストM&Aインテグレーション・85

1 「統合」を念頭に置いた戦略的デューデリジェンスのアプローチ ——————————————87

2 統合問題の検討に係るデューデリジェンスのプロセスと調査対象 ——————————————88
  (1) 統合問題の検討に係るデューデリジェンスのプロセス　88
  (2) 統合問題の検討に係るデューデリジェンスにおける調査対象　92

■第6節　デューデリジェンス報告書・94

第2章

ビジネスデューデリジェンス

■ 第1節　ビジネスデューデリジェンスの全体像・98

■ 第2節　基礎的事項のデューデリジェンス・101

1. M&A対象会社(グループ)の沿革，事業内容，事業の状況等の概要 ———101
2. 組織構造・ガバナンスと報告体系，内部統制 ———101
3. 経営戦略，ビジネスモデル，経営上重視しているKPI ———102
4. 生産体制，販売網と調達網，物流 ———102
5. マーケティング ———103
6. 研究開発 ———103
7. 経営陣，従業員の概要と人事報酬制度 ———104
8. 各関係会社の位置づけと関係会社間取引 ———104
9. 設備投資計画 ———104
10. 事業計画と予算の策定手続，現状 ———105
11. 過去の重要な調査(税務調査や監督官庁の調査)の概要 -105
12. 内部監査と外部監査の概要，結果 ———105

| 13 | 重要な会計方針，会計慣行 ——————————106
| 14 | 過去および現在進行中の組織再編，リストラの概要 ——106
| 15 | 株主総会，取締役会，その他の重要な意思決定機関の議事録 ——————————————————106
| 16 | 重要なコミットメントや偶発債務 ——————————107

■ 第3節　外部経営環境分析―マクロ環境分析（PEST分析）・108

■ 第4節　外部経営環境分析―業界分析・110

| 1 | 業界図（Industry map）——————————————110
| 2 | ファイブフォース分析 ————————————————111

　(1)　業界内の競争　112
　(2)　新規参入者に対する参入障壁　113
　(3)　代替品・サービスの脅威　114
　(4)　顧客の交渉力　115
　(5)　売り手(サプライヤー)の交渉力　116

■ 第5節　M&A対象企業・事業の経営戦略・ビジネスモデル・内部資源の分析・117

| 1 | バリューチェーン分析 ————————————————117
| 2 | アンゾフのマトリックス ————————————————117

　(1)　市場浸透戦略　119
　(2)　市場開拓戦略　119

(3) 市場開発戦略　119

3　SWOT 分析 ───────────120

(1) 強み　121
(2) 弱み　121
(3) 機会　121
(4) 脅威　122

■ 第6節　収益性分析・123

1　売上・売上原価・売上総利益 ───────────124

(1) 売上高区分ごとの金額・構成比・売上高成長率・利益率の時系列比較分析(地域別，営業別，部門別，商品別等)　124
(2) セールミックスの時系列比較分析　125
(3) 返品・値引き・リベートに係る分析　125
(4) 予算・実績対比分析　126
(5) 顧客別・商品別販売平均単価推移分析　126
(6) 対象企業(事業)のマーケットシェアの推移，マーケットにおけるポジショニング分析　128
(7) 製品・サービスの差別化，技術力の評価　128
(8) 顧客に係る分析(特定顧客への集中度，大口顧客に関する売上推移，顧客の業況)　129
(9) 代替品出現の影響評価　129
(10) KIP に係る競合他社との比較分析　130
(11) 売上原価の内訳分析，時系列推移分析　130
(12) 製造原価の内訳分析，原価差額の分析，時系列推移の分析　131
(13) 仕入先に係る分析(特定仕入先への集中度，大口仕入先からの仕入推移，仕入先の業況　131

2　人件費 ————————————————————132

 (1)　組織構造と人員配置に係る情報　132
 (2)　人員数，人員構成，給与水準，平均年齢の時系列比較
   分析　132
 (3)　人件費の金額推移分析，1人当り人件費・1人当り
   売上高人件費の時系列比較分析　134
 (4)　対象会社の人事戦略の評価　134
 (5)　過去の大規模なリストラに顛末に係る情報　135
 (6)　競合他社との比較分析（1人当り売上高，1人当り人件費，
   売上高人件費率等）と人員削減の余地の検討　136
 (7)　間接部門人員に係る分析　136
 (8)　人事考課制度インセンティブボーナス制度の評価　136
 (9)　退職給付に係る制度および退職給付債務費用の分析　137
 (10)　労働組合との関係　137

3　人件費以外の費用─固定費と変動費，損益分岐点 ——137

 (1)　費用に係るKPIの時系列比較分析─たとえば売上高
   広告宣伝費率，売上高販売比率，減価償却費率等　137
 (2)　固変分解と損益分析点分析　138
 (3)　予算実績対比分析　139

4　運転資金 ————————————————————139

 (1)　運転資金に係るKPIの分析─たとえば，売上債権回転日数，
   在庫回転日数，仕入債務回転日数，運転資金の変動幅等　139
 (2)　平均的な決済条件と売上債権回転日数，仕入債務回転日数
   の比較分析　140
 (3)　顧客の仕入先ごとの決済条件のレビュー　141
 (4)　過去に行われた売上債権のファクタリングや証券化に係る
   情報入手　141

5 設備投資 ──141

(1) 過去の設備投資の分析（維持保守投資と営業活性化投資に分けて分析） 141
(2) 過去における営業活性化投資とその効果の投資対効果分析 142
(3) 設備投資計画を入手・分析・評価 142

■ 第7節　対象会社（事業）の単体事業計画の分析・143

1 調査手続 ──143

2 よくある修正事項 ──144

(1) 事業計画の根拠が希薄ないしほとんどない 144
(2) 極端に右上りの楽観的な計画 145
(3) 事業計画の各数字間あるいは予定されている事象と事業計画の整合性がとれていない 146
(4) スタンドアローンの問題を考慮していない計画 147

■ 第8節　買収会社とM&A対象企業（事業）の統合事業計画とシナジー効果の分析・149

1 コストシナジー ──150

(1) 人件費 150
(2) 仕入 151
(3) 販売戦略 152
(4) 仕入以外の物品・サービスの調達コスト 152
(5) 製造コスト 153
(6) その他 154

2 収益シナジー ──155

　　　　(1)　新規顧客　155
　　　　(2)　新規市場　156
　　　　(3)　販売戦略　157
　　　　(4)　新商品・製品開発　157
　　　　(5)　顧客サービス　158
　　　　(6)　その他　158

■ 第9節　統合リスクに係る分析・159

1　事業内容および事業環境────────────────160

2　経営方針，経営戦略──────────────────161

3　ガバナンスと企業文化────────────────162

4　業務プロセス，業務管理手法─────────────163

第3章　財務デューデリジェンス

■ 第1節　財務デューデリジェンスの全体像・166

■ 第2節　個別的事項のデューデリジェンス・167

1　売上高と売上債権──────────────────167

　　　　(1)　売上高　167
　　　　(2)　売上債権　179

2　仕入・売上原価と仕入債務，棚卸資産，原価計算，
営業費用─────────────────────────188

- (1) 仕入・売上原価　188
- (2) 仕入債務　192
- (3) 棚卸資産　195
- (4) 原価計算　207
- (5) 販売費及び一般管理費　210

3 運転資金と資金繰り，現金預金，借入金 ─────── 217
- (1) 運転資金と資金繰り　218
- (2) 現金預金　223
- (3) 借入金　223

4 有形固定資産と設備投資 ──────────────── 224
- (1) 減価償却・含む損益等の把握　226
- (2) 減損会計　228
- (3) 設備投資の状況　231

5 ソフトウェア ──────────────────────── 232
- (1) ソフトウェアの把握　234
- (2) 自社利用のソフトウェア　235
- (3) 市場販売目的のソフトウェア　236
- (4) IT投資の状況　238

6 投資有価証券 ──────────────────────── 239
- (1) 会計方針の把握　240
- (2) 含み損益の把握　240
- (3) その他の留意点　243

7 資本金 ────────────────────────── 244
- (1) 貸借対照表に計上されている資本項目の把握　245
- (2) 発行済株式総数　246
- (3) 希薄化の要因となる潜在的株式の状況　246

(4)　種類株式　248
　　(5)　剰余金の分配　248
　　(6)　自己株式　250

8　退職給付引当金 —————————— 251
　　(1)　退職給付制度の種類　253
　　(2)　退職給付債務および数理計算上の基礎率　254
　　(3)　退職給付債務の積立状況　257
　　(4)　簡便法を適用している場合　258
　　(5)　複数事業主制度を採用している場合　260
　　(6)　役員退職慰労金　261

9　その他の資産項目 —————————— 261
　　(1)　営業権，連結調整勘定　262
　　(2)　特許権，商標権　265
　　(3)　電話加入権　266
　　(4)　敷金・保証金　266
　　(5)　長期貸付金　267
　　(6)　長期前払費用　268
　　(7)　繰延資産　268

10　その他の負債 —————————— 268
　　(1)　賞与引当金　269
　　(2)　その他の引当金　271

11　営業外損益，特別損益 —————————— 272
　　(1)　営業外損益　273
　　(2)　特別損益　274

12　オフバランス項目 —————————— 275
　　(1)　訴訟事件等による偶発債務　277

(2) 公的機関からの更正・査定・賦課による偶発債務　277
　　　(3) 契約による偶発債務　278
　　　(4) 保証債務　279
　　　(5) 重大なクレーム　279
　　　(6) 解約不能のリース契約による残リース債務　280
　　　(7) 買戻条件付売買契約，セール・アンド・リースバック
　　　　契約等による利益操作　281
　　　(8) デリバティブに係る繰延ヘッジ処理・オフバランス取引　282
　　　(9) 資産の使用に関する制限　283
　　　(10) 株主の異動条項　283
　　　(11) 設備投資に係るコミットメント　284
　　　(12) インセンティブボーナス等業績連動型報酬　284
　　　(13) リストラ費用　284
　　　(14) 後発事象　285
　　　(15) 関係会社・グループ会社との取引　285

13　税金，繰延税金資産・負債　———286

　　　(1) 税務関連項目の財務諸表上額を理解する　288
　　　(2) 過年度の税務申告書および更正通知等により会社の
　　　　税務状況を理解する　288
　　　(3) 税務関連リスクマネジメント　290
　　　(4) 繰越欠損金　290
　　　(5) 繰延税金　291
　　　(6) 企業再編税制　292
　　　(7) 移転価格等　293
　　　(8) その他　293

第4章 その他のデューデリジェンスと留意点

■ 第1節　法務デューデリジェンス・296

1　法務デューデリジェンスの主要な目的と必要な情報──296

(1) 案件成立の障害となる法的事項　296
(2) M&A対象企業の法的なリスク（法務上の瑕疵）　297
(3) M&A案件の成立・実行のために必要な法的手続　297

2　法務上の瑕疵が発見された場合の取扱い──297

(1) 瑕疵が重大なため買収を断念する　297
(2) 検出された瑕疵を買収前に売り手に修正させる　298
(3) 買収価格を調整する　298
(4) 将来法的瑕疵が発現した場合に売り手が関連するコストを負担する旨の保証を得る　298
(5) 瑕疵に伴うリスクをそのまま受け入れる　299

3　法務デューデリジェンスの調査対象項目──299

(1) M&A対象企業の概要　299
(2) 株式の状況　301
(3) 重要な契約　303
(4) 知的財産権　305
(5) 従業員・役員　306
(6) 許認可　307
(7) 訴訟紛争　308
(8) 環境　309

■ 第2節　人事デューデリジェンス・311

1　M&Aにおける人事問題と人事デューデリジェンスの重要性―311

2　統合における人事上の諸問題―311
(1) パフォーマンスを最大化するための問題　312
(2) コスト削減の問題　312

3　人事デューデリジェンスの要点―313
(1) 組織構成と運用状況　313
(2) 人件費　314
(3) 労働条件とその運用状況　315
(4) 人材　315

4　他のデューデリジェンスとの関連―317
(1) 法務デューデリジェンスとの関連　317
(2) 財務デューデリジェンスとの関連　318

■ 第3節　ITデューデリジェンス・319

1　企業における情報技術(IT)への依存とM&AにおけるITの重要性―319

2　ITシステム統合プロジェクト・プランニングとITデューデリジェンス―320

3　ITデューデリジェンスの対象領域―321

4　ITデューデリジェンスの対象項目―321
(1) 技術基盤の把握　322
(2) 開発体制，システム投資　322

- (3) 情報システム部門の状況　324
- (4) セキュリティ対策　324
- (5) 可用性・冗長性　325
- (6) キャパシティ・データ処理量　325
- (7) 運用コスト　325
- (8) その他　325

■ 第4節　環境デューデリジェンス・326

1　環境問題の重要性と環境デューデリジェンスの意義（土壌汚染対策法）――326

2　日本における主要な環境関連法令――327

3　日本での最近の環境問題の事例――328
- (1) 重金属汚染された旧工場用地等を居住用住宅として販売　328
- (2) アスベスト被害　328
- (3) 違法排水および水質データ改ざん　328

4　環境法令上の責任と実質的な環境に対する責務――329

5　欧米の環境法令――329
- (1) 米国　330
- (2) ヨーロッパ(EU)　330

6　環境デューデリジェンスの手続――331
- (1) フェーズ1（定性的なリスクの把握）　331
- (2) フェーズ2（リスクの定量化）　334

7　戦略的視点――335
- (1) 環境デューデリジェンス実施のタイミング　335
- (2) 国別，業種に特有の環境リスクに精通した専門家を利用　336

- (3) 法務および財務との連携　336
- (4) 買収企業の環境対策部門の登用　337
- (5) 株式譲渡契約書への反映のさせ方　337

第5章 業種別デューデリジェンスの留意点

■第1節　建設・不動産業・340

1　建設業 ———341

- (1) 建設業のビジネスの特徴とリスク要因　341
- (2) 建設業の財務構造　343
- (3) 建設業におけるデューデリジェンスのポイント　345

2　不動産業 ———349

- (1) 不動産業のビジネスの特徴とリスク要因　349
- (2) 不動産業の財務構造　350
- (3) 不動産業におけるデューデリジェンスのポイント　354

■第2節　通信・放送業界・356

1　通信業 ———357

- (1) 通信業のビジネスの特徴とリスク要因　357
- (2) 通信業の財務構造　358
- (3) 通信業におけるデューデリジェンスのポイント　361

2　放送業 ———363

- (1) 放送業のビジネスの特徴とリスク要因　363

(2) 放送業の財務構造　364
   (3) 放送業におけるデューデリジェンスのポイント　365

■ 第3節　ソフトウェア・コンテンツ産業・367

1　ソフトウェアとコンテンツの相違 ——————367

2　ソフトウェア産業 ——————369
   (1) ソフトウェア産業の会計処理のポイント　371
   (2) 特有な経営指標　371
   (3) ソフトウェア産業におけるデューデリジェンスのポイント　372

3　コンテンツ産業(全般) ——————373
   (1) コンテンツ産業の会計処理のポイント　373
   (2) 特有な経営指標　375
   (3) コンテンツ産業におけるデューデリジェンスのポイント　375

4　映画産業の特徴とデューデリジェンスのポイント ——377
   (1) 映画製作費の費用化　378
   (2) 製作委員会方式における会計処理　378
   (3) 洋画の買付け　379

5　ゲームソフト産業の特徴とデューデリジェンスのポイント ——————379
   (1) プラットフォーマーとの関係　380
   (2) 制作費の費用化　380

6　出版産業の特徴とデューデリジェンスのポイント ——381

■ 第4節　卸売・小売業・382

1　卸売業 ——————————————————382

(1) 卸売業のビジネスの特徴　382
(2) 特有な経営指標　383
(3) 卸売業におけるデューデリジェンスのポイント　383

2　小売業 ——————————————————385

(1) 小売業のビジネスと特徴とリスク要因　385
(2) 特有な経営指標　388
(3) 小売業におけるデューデリジェンスのポイント　389

■ 第5節　金融業・395

1　保険業（生命保険業および損害保険業）——————395

(1) 全般的な特徴　395
(2) 保険業会計の特徴　397
(3) リスク要因　402
(4) 特有な経営指標　403
(5) 保険業におけるデューデリジェンスのポイント　403

2　消費者信用業（消費者金融業，信用販売業，クレジットカード業等）——————————407

(1) 全般的な特徴　407
(2) 消費者信用業会計の特徴　408
(3) リスク要因　414
(4) 特有な経営指標　415
(5) 消費者金融業におけるデューデリジェンスのポイント　415

第6章
デューデリジェンスにおける発見事項とその対処

■ 第1節　デューデリジェンスにおける発見事項・424

1　リスクの態様とディールブレーク ——————424

2　"妥当"な買収価格 ——————429

3　価格調整条項への反映 ——————431
(1) 価格調整条項の基本的機能　431
(2) 価格調整の副次的機能　435
(3) 価格調整にあたってのその他の留意点　436

4　その他の契約条項への反映 ——————440
(1) 売り主の表明・保証と補償条項　440
(2) コベナンツとクロージングの前提条件　441

■ 第2節　ビジネスデューデリジェンスにおける発見事項・443

1　シナジーの発現に関する発見事項 ——————443
(1) 価値評価への反映：インカムアプローチ（DCF法）をとる場合　445

2　売上と運転資本に関する発見事項 ——————447
(1) 価値評価への反映：インカムアプローチ（DCF法）をとる場合　449

  (2) 価値評価への反映：マーケットアプローチ（株価倍率法）をとる場合　451

3　設備投資に関する発見事項 ──────451

  (1) 価値評価への反映：インカムアプローチ（DCF 法）をとる場合　451

■ 第3節　財務デューデリジェンスにおける発見事項・452

1　正常利益に関する発見事項 ──────452

  (1) 価値評価への反映：インカムアプローチ（DCF 法）をとる場合　454
  (2) 価値評価への反映：マーケットアプローチ （株価倍率法）をとる場合　456
  (3) 価値評価への反映：コストアプローチ （時価純資産法） をとる場合　456

2　棚卸資産関連の発見事項例 ──────457

  (1) 価値評価への反映：インカムアプローチ（DCF 法）をとる場合　457
  (2) 価値評価への反映：マーケットアプローチ（株価倍率法）をとる場合　458
  (3) 価値評価への反映：コストアプローチ （時価純資産法） をとる場合　458
  (4) 価格調整条項への反映　459
  (5) その他の契約条項への反映　459

3　有形固定資産の発見事項例 ──────459

  (1) 価値評価への反映：コストアプローチ（時価純資産法）を

とる場合　460
 (2)　価格調整条項への反映　460
 (3)　その他の契約条項への反映　461

4　**システム投資に関する発見事項例** ──── 461
 (1)　価値評価への反映：インカムアプローチ（DCF法）をとる場合　461
 (2)　価値評価への反映：コストアプローチ（時価純資産法）をとる場合　462

5　**逆ざやの取引に関する発見事項例** ──── 462
 (1)　価値評価への反映：インカムアプローチ（DCF法）をとる場合　463
 (2)　価値評価への反映：コストアプローチ（時価純資産法）をとる場合　463
 (3)　価格調整条項への反映　463
 (4)　その他の契約条項への反映　463

6　**損益計算書項目の表示と未払，未収計上に関する発見事項例** ──── 464
 (1)　価値評価への反映：インカムアプローチ（DCF法）をとる場合　464
 (2)　価値評価への反映：コストアプローチ（時価純資産法）をとる場合　464

7　**移転価格に関する税務リスクに関する発見事項例** ──── 465
 (1)　価値評価への反映　465
 (2)　価格調整条項への反映　466
 (3)　その他の契約条項への反映　466

■ 第4節　その他のデューデリジェンスにおける発見事項・468

1 法務デューデリジェンスにおける発見事項 ――――468

(1) ライセンス契約　**468**
(2) 職務発明に関する発見事項例　**469**

2 人事デューデリジェンスにおける発見事項 ――――470

(1) キーパーソンのリテンション　**471**

3 ITデューデリジェンスにおける発見事項 ――――472

(1) 親会社へのシステムの依存　**472**

4 環境デューデリジェンスにおける発見事項 ――――473

第7章　デューデリジェンスにおける発見事項とM&A後の統合プロセス

■ 第1節　ビジネスデューデリジェンスにおける発見事項と統合プロセス・477

1 ガバナンスと企業文化 ――――477

(1) 企業文化　**477**
(2) ガバナンス　**478**

2 事業内容および事業環境 ――――479

3 経営方針，経営戦略 ――――482

4 業務プロセス，業務管理手法 ———————————483
　(1) 調達　484
　(2) 製造　488
　(3) 物流　490
　(4) 販売・マーケティング　491
　(5) 研究開発　495

■ 第2節　財務デューデリジェンスにおける発見事項と統合プロセス・497

1 会計方針や会計基準の統一 ———————————497

2 内部統制組織 ———————————498

3 その他財務統合にあたっての問題点の整理と統合計画への反映 ———————————498

■ 第3節　法務デューデリジェンスにおける発見事項と統合プロセス・500

1 統合にあたっての契約関係の整理 ———————————500

2 法的対処をする必要がある事項 ———————————500

■ 第4節　人事デューデリジェンスにおける発見事項と統合プロセス・502

1 統合後の経営陣 ———————————502

2 キーとなる人材をいかに確保するか ———————————503

| 3 | 人事制度の統一 ——————————————— 504
| 4 | 退職給付制度の統一 ————————————— 504
| 5 | インセンティブプラン ————————————— 505

■ 第5節　ITデューデリジェンスにおける発見事項と統合プロセス・506

巻末付録■ デューデリジェンスにおける要求資料リスト—509

第 1 章

M&Aによる企業価値の創造
と
デューデリジェンス

第1節 経営戦略としてのM&Aと企業価値創造プロセス

1 経営戦略としてのM&A

　日本においても企業の買収や合併が日常茶飯事となり，M&Aに関する報道が新聞に載らない日は「まれ」というような状況になってきた昨今である。そのような状況の中，企業価値向上のための経営戦略の重要な一部，選択肢としてのM&Aは，企業経営において，ますます重要度を増してきている。経営手法としてのM&Aの巧拙が，企業価値の向上や激しい競争の中での生き残りの成否を決定する重要なファクターとなるケースが多くなってきているのである。

　それでは，具体的に経営戦略とM&Aはどのような関係があるのであろうか。また，経営戦略におけるM&Aの位置づけはどのようなものなのか。

　成長のための経営戦略には，大きく分けて，①内部経営資源で新たな付加価値を作り出すことによる成長（以下，「自然成長戦略」），②他企業等との戦略的提携による成長（以下，「戦略提携成長戦略」），③買収等を通じて外部の技術や販売網等を「買う」ことによる成長（以下，「M&A成長戦略」）の3つがある。

　自然成長戦略には，大きく分けて，既存の製品，技術，サービス等のイノベーションや新市場の開拓等による成長と，内部経営資源による新たな事業開発・開拓による成長がある。後者は「コーポレート・ベンチャーリング（Corporate Venturing）」と呼ばれることがあるもので，そうした開発・開拓の中心となりプロジェクトをリードしていく者を「社内企業家（IntrapreneurないしCorporate Entrepreneur）」と呼ぶ。その対象は基本的に既存製品・サービス・

市場の外に存在するものとなる。自然成長戦略は最も伝統的かつ本来的な成長戦略であり，いかなる時代にあっても，この成長戦略の重要性が軽んじられることはない。しかしながら，自然成長戦略は，その性質上，内部の経営資源の制約から，比較的に緩やかな成長カーブとならざるを得ないことも多く，変化の激しい環境下では，十分な成長機会の開拓がスピーディーになされ得ないデメリットを持つ。グローバライゼーションやインターネット革命，規制緩和等の経営環境の大きな変化によりもたらされた，より激しい競争環境は，自然成長戦略だけでは太刀打ちできない状況をつくり出した。そこで，自然成長戦略の成長スピードや効果を増幅するために，M&A成長戦略や戦略提携成長戦略との組み合わせが重要になってきている。

　自然成長戦略が内部の経営資源のみに頼った成長を企図する戦略であるのに対し，内部経営資源の制約による成長阻害の解消を図るためにしばしば用いられる手法が，他企業との戦略的提携である。戦略的提携は，スピーディーに新たな市場に参入したり，長期間の多額に及ぶ自社試験研究（R&D）の負担なく新技術の獲得をするため，また，多額のR&D費，間接費等を共同で負担し１社当たりの費用を抑えるために，行われる。戦略的提携の特徴は，以下に説明するM&Aに比して，比較的リスクがなく簡単に，またコスト面でも安く行える戦略ということである。その一方で，やり方によっては，ある意味安易な方法であるため，実効が上がらないケースも散見される。また，一定期間後のM&Aを前提に，まず提携を行うケースもある。M&Aに関しては，時間的な制約から，性急で不十分なデューデリジェンスに基づいて，リスク評価が十分に行われないまま，意思決定が行われるケースも多く，その結果，成長どころか，反対に企業価値を毀損する結果となることがある。そうしたことを考えるとき，まずはM&A対象候補企業と戦略的提携を結び，よく相手のことを調査・理解したうえで，M&Aに移行する戦略に合理性がある。

　M&A成長戦略は，文字どおりM&Aを通じて，外部の製品・サービス，技術，知的財産，顧客層，ベンダー網や流通網，その他の経営資源等を獲得することにより，成長を実現する戦略である。M&A成長戦略のための戦略的M&Aには，大きく分けて３つのものがある。１つめは「水平的M&A（Horizontal Acquisition）」であり，２つめは「垂直的M&A（Vertical M&A）」で

ある。水平的M&Aは，同業他社のM&Aであり，垂直的M&Aは買収企業の事業のバリューチェーンに関連する企業，たとえば仕入先や流通業者のM&Aである。また，若干性質の異なる3つめの類型として，「コーポレート・プライベート・エクイティ（Corporate Private Equity）」という方法がある。これは，成長にとってキーとなる市場やテクノロジーにおけるベンチャー企業への投資を通じた成長戦略である。比較的少額で，多数の成長過程にあるベンチャー企業への少数持分投資を行っておき，自らの事業の成長に対して大きな意味を持つに至った企業をバイアウトしたり，そうした企業と戦略提携することにより，自らが成長していくという戦略である。特に技術や市場の変化のスピードが速い，通信やIT系等の先端技術産業では，中核的な成長戦略となっている。

このようにM&A成長戦略にはさまざまなカテゴリーがあるが，そうしたM&Aを用いた成長戦略には以下のような側面がある。

(1) 「選択と集中」とM&A

企業が活動する事業領域や分野における「選択と集中」を徹底し，外的な環境や内部資源，競合や交渉力等の分析を通じて，競争力があり成長が見込める分野に特化し，そうして選択した事業領域・分野に内部の経営資源を集中させることにより，「強い」事業をさらに「強く」することが，企業価値の向上のために不可欠であることは，さまざまな経営戦略理論書をひもとくまでもなく，すでに周知のこととなっている。こうした「選択と集中」を実践していく手法として，M&Aはその中心をなしている。すなわち，「選択と集中」の観点から，「撤退」の方針が出た事業を売却する一方，そうした売却収入や事業の集中で余剰となった資金により，「集中」の方針が出た事業を強化するため，競合他社を買収する水平的な事業展開をしたり，あるいは外注先や仕入先等を買収する垂直的な展開をするのに，M&Aが行われる。

(2) 事業開発における「時間」と M&A

　経済がグローバル化するとともに，ごく短期間で，競合状況やその他の事業環境が変化する昨今である。中国を含むいわゆる「BRICs」諸国の台頭が日本企業の経営にも大きな影響を及ぼしているのは周知のとおりである。今後ますます経営環境の変化の短期化が予測される中，企業経営のスピード化は「MUST」の課題である。そのような中，従来であれば，時間をかけて内部の経営資源を利用して開発・開拓・発掘してきた新製品・技術，新顧客層，新供給先，新規人的資源等を M&A により一気に取得することで，いわゆる「時間を買う」経営行動が，競争優位のために，非常に重要な経営テクニックになってきている。

(3) 敵対的買収

　いわゆる「敵対的買収」の試みが日本でも起こり始め，ポイズンピル等の敵対的買収策に関する議論も盛んになりつつある。この「敵対的」はいうまでもなく，「現経営陣に対して敵対的」という意味であり，企業価値を上げる努力を怠っている経営陣を保護するような策の導入の是非をめぐる議論も，さまざまな局面で，始まってきている。このような中，敵対的買収のターゲットとされた企業の多くは，いわゆる PBR の低い，経営資本を有効活用できていない企業であった。本来的には使わない現金や遊休資産がある場合には，企業経営者はそれを企業価値増大のために有効活用する途を見つけ出すか，あるいはもしそうした途がないのであれば，配当等により株主に還元するべきであるが，日本企業の中には，その双方をせずに，いたずらに資金・資産を「寝かせ」，株価を低迷させ続けていた企業が相当数あるのも事実である。こうした状況が放置される時代は去り，いわゆる「市場参加者によるガバナンス」ともいうべきものが働き出した日本において，経営資本の有効活用と M&A が結びつき，より戦略的な M&A が増えることが予想される。経営者は，資産効率が落ちている場合に，余剰資金等を M&A に利用し，企業価値や資産効率を向上させることも考えるべきであろう。

(4) 経営のグローバル化とM&A

　企業経営のグローバル化が進んでいる。金銭，人材，知的財産等の経営資本が国境を越えて行き来する時代である。会計基準もさまざまな変遷を経て，徐々に国際的に統一される方向にある。日本においても，会計基準のグローバル化や各種の商法改正が行われ，外国企業にとっての投資環境が急速に整ってきている。そのような環境下，各産業において，国境を越えたM&Aや各種提携が進んできている。また，付加価値の低い産業においては，製造拠点をより労働力の安い国々に移さざるを得ない状況となっている。こうした動きの中，日本企業も，国際的M&Aの主体者として，積極的に海外同業他社を買収し，また他国における仕入先や外注先を獲得する戦略を採り，その産業における最終的な「国際的勝ち組」企業となっていかなければならない。このように，グローバル化とM&Aは「切っても切れない」関係にある。

2　M&Aと企業価値創造，M&Aにおけるリスク

　①で説明したように，現在の企業経営環境下では，成長を通じた企業価値向上のための経営戦略の1つとしてM&Aは不可欠のツールである。それでは，M&Aとそれによる企業価値創造はどのような関係にあるのであろうか。**図表1-1**を見てほしい。これは，M&Aと企業価値創造に関わる概念図である。

　この図表に示されているように，M&Aによる企業価値創造には，4つの重要なポイントがある。すなわち，(1)適正な金額を支払ったのか，(2)M&Aに係るリスクを的確に評価したか，(3)M&Aの対象企業・事業の統合を成功させ価値を維持できるか，(4)そのうえで，統合された企業・事業として価値を創造できるか，である。

(1) 適正な金額を支払ったのか

　M&Aにより企業価値を高めることができるか否かの1つのキーとなるポイ

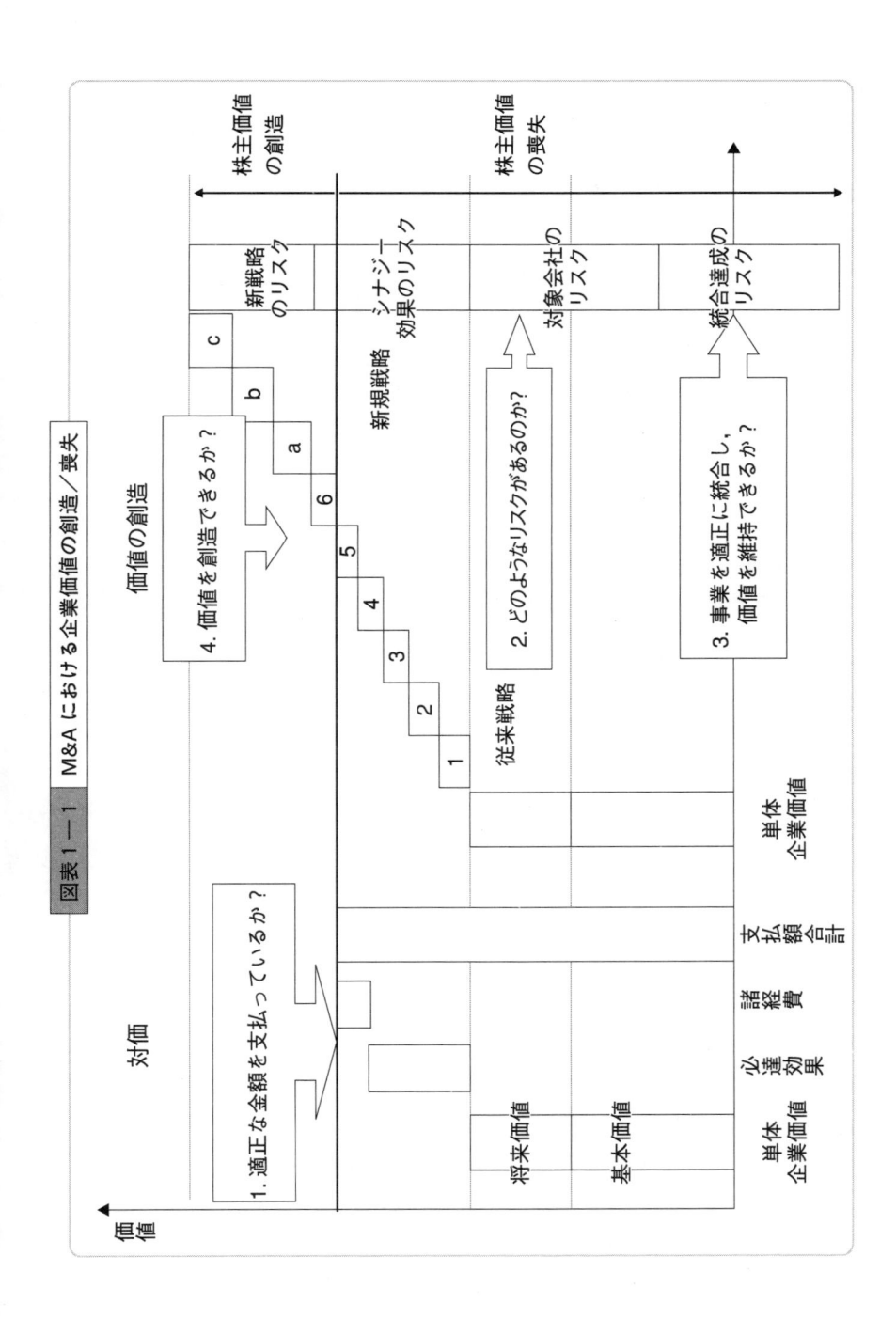

第1節　経営戦略としてのM&Aと企業価値創造プロセス　7

図表1－1　M&Aにおける企業価値の創造／喪失

ントは，いうまでもなく，適正な対価を支払ったのかということである。買い手は，デューデリジェンスを通じて，M&Aの対象たる企業や事業に関するさまざまな情報を分析し，その結果を，各種のM&Aの価値評価モデルに落とし込み，最終的にあり得べき買収価格の範囲を決定するのであるが，その価値を見誤り，実態価値より高い値段で買ってしまった場合，そのM&Aは買収企業の企業価値の向上につながらない。したがって，買収企業は何が適正価値なのかの判断を慎重に行う必要があるのはいうまでもないが，本書において，追々説明していくように，M&Aは，中古車等の物品の買取りとは違い，ヒト・モノ・カネが有機的に結合された事業の買収であるため，その価値評価にあたっては必然的に多くの不確実性を本質的に伴う。そこで，そのような不確実性をどのように価値評価に織り込んでいくのかが重要になる。

　M&A取引における適正な対価ということを考える際に重要なことの1つは，いわゆる対象企業や事業の適正市場価格と買収する企業にとっての価格（＝買い手価格）の違いを理解しておくことである。まず，基本となる価格はM&A対象企業・事業単体としての適正市場価値である。売り手としては，当該単体適正市場価値未満の価格で対象企業・事業を売却するという行動は，当然のことながら経済合理性がなく，特段の理由がない限り，そうした価格での売却はあり得ない。対象企業・事業の単体適正市場価値は，現在のビジネスの状況をもととする基本価値にその企業・事業の将来性をベースとする将来価値を加算したものとなり，そうした価値を算定するために，後で詳述するDCF法（Discounted Cash Flow Method）等の評価手法が用いられる。ここで，もし買い手もまったく同様に，単体企業・事業適正市場価値を算定し，それ以外では取引しないという姿勢であると，M&Aの取引はなかなか成立しないことが想定されるが，現実にはそうではない。すなわち，通常，買い手にとっての対象企業・事業の価値は，単体適正市場価値とは異なるからである。すなわち，通常，M&Aが成立する状況では，理論的には，「単体適正市場価値＜買い手にとっての価値（＝買い手価格）」という現象が起きている。このような場合，売り手にとっては，自らが考える単体適正市場価値よりも高い価格で売れるわけであるから，経済合理性がある一方，買い手は買い手価格で買収しても十分に「モト」がとれると考えているわけであるから，買い手にとっても経済合理

性があることになる。いわゆる「Win Win」の関係になるわけである。それでは，なぜ，このような「一物二価」というような現象が起きるのであろうか。

「一物二価」という状況が発生する理由はいくつか考えられる。重要な理由の1つが，情報の非対称性である。買い手は対象企業・事業に関する完全な情報を持っているわけではない一方，買い手しか持っていない対象企業・事業を取り巻く情報がある。前者は主に単体企業・事業価値に関係しており，また後者はシナジー効果や買い手の将来経営計画に関連している。

買い手価格は，一般的に，（対象企業・事業の単体適正市場価値＋シナジー効果）として算出される。買い手は，対象企業・事業に関して，ビジネス，財務，法務，人事，組織・情報システム等のさまざまな分野の情報をデューデリジェンスの結果として獲得し，そうした情報を分析し，対象企業・事業の単体適正市場価値とシナジー効果に係る価値を算出し，その結果として，買い手価格を算出する。どんなに詳細なデューデリジェンスをやったとしても，M&Aというものの性質上，売り手と同じだけの情報を得ることは不可能であり，したがって，単体適正市場価値の評価に際して，売り手と買い手の考え方に相違があり，それを反映して，最終的な価値評価結果にも多少の差異がでるのは通常である。ただ，こうした差異に関しては，M&Aの交渉プロセスを通じてある程度埋めていくことができる。むしろ，「一物二価」の根源は，買い手価格におけるシナジー効果の織り込みにある。シナジー効果とは，M&A対象企業・事業の経営資源と買収企業の経営資源の共有化・融合の結果として醸成される価値向上効果のことである。すなわち，対象企業・事業の単体適正市場価値と買収企業のM&A前の単体適正市場価値の合計を上回る適正市場価値が，M&A後に買収企業において実現される効果が，シナジー効果である。シナジー効果の例としては，規模の拡大を狙った同業会社間の水平的M&Aの場合における仕入量の増加に伴う仕入単価の低減効果や販売費・間接経費の削減効果，垂直的M&Aにおける外注先の内製化による経費削減効果，顧客層の拡大に伴いM&A当事企業のそれぞれの製品・サービスを相手方の顧客層に売り合う（クロスセリング）ことによる売上増大効果がある。

図表1-1をもう一度見てほしい。この図表では，1から6までのシナジー効果が見積もられているのに対し，買い手は対象企業・事業の単体適正市場価値にデューデリジェンス費用等の取引コストを加えた額をベースにいくらかのプレミアムを乗せた価格で取引を「Done」している。この総支払額は，1から6のシナジー効果のうち，1から5までのシナジー効果総額を単体適正市場価値に加えた金額と均衡している。すなわち，買い手としては，1から5までのシナジー効果を予定どおりに達成できてはじめて収支「トントン」となるレベル感で取引をしたことになる。したがって，この例では，買い手が1から5のシナジーに加えて6のシナジーを達成したときに，ようやくM&Aによる価値の創造の段階に入ることになる。もちろん，経営戦略としてのM&Aの目的は，単にシナジー効果による企業価値増大を目指すだけではなく，M&A後の統合された体制として新たな経営戦略のもとに増幅された経営資源を適正に再配分し，さらなる成長をすることにあるわけであるから，より重要なことは，そうした新経営戦略に基づく企業価値増大にある。それをこの図表では，新経営戦略による価値創造aからcとして表している。通常こうした新経営戦略による価値創造分をM&A価格に織り込むことはしない。M&Aの価格に織り込むには不確実性が高すぎるし，この価値創造分を売り手に渡すようなM&Aは，価格的に買い手にとって経済合理性がないのが通常だからである。

　このように整理してくると，M&Aを成立させる価格とは何なのかということが見えてくる。売り手は単体適正市場価値に取引コストを加算した額をベースに，どれだけプレミアムを乗せた金額で取引できるかが，その関心となる。一方，買い手は，単体適正市場価値に自らの取引コストを加算した金額をベースに，自らが見積もっているシナジー効果による価値増大分をどれだけ売り手に渡す（プレミアムを支払う）ことにより，ディールを「Done」できるのかがその関心となる。先ほどの例で，1から5のシナジー効果を売り手に渡すレベルの金額ではなく，1から3のシナジー効果に基づくレベルで取引を「Done」できれば，前者に比べて，4と5のシナジー効果分だけ，買い手にとって「Well Done」であったことになる。一方，売り手は，買い手が1から5のシナジー効果に基づく金額までの「腹を決めていた」場合を想定すると，4と5のシナジー分だけ売却益を「とり損なった」ということになる。

(2) M&Aに係るリスクを的確に評価したか

　さて，M&Aにおける価格決定のメカニズムは上記(1)で説明したとおりであるが，その価格決定メカニズムを適正に働かせるためには，M&Aに係るリスクの的確な理解・評価が前提となる。それでは，M&Aのリスクにはどのようなものがあるのであろうか。

① M&A対象企業・事業に係るリスク

　いうまでもなくM&Aに係るリスクのうち最も重要なリスクの１つは，M&A対象企業・事業に係るリスクである。M&Aに関する間違いの中で，買い手にとって最も初歩的なものは，M&A対象企業・事業の現況・将来性やそれに基づく価値を見誤るということである。デューデリジェンスが不十分であった結果として，M&A対象企業・事業の事業性，財務状況等に関する事実やリスクを見誤り，結果として対象企業・事業の単体適正市場価値に関して売り手が考えるよりも高い価格をつけてしまったケースである。これは，大きな瑕疵を見逃して中古車を買ってしまったようなものである。

　ただ，M&Aの対象となるのは中古車のような比較的単純な単一資産ではなく，ヒト・モノ・カネが有機的に結合し，さまざまな活動が営まれている事業ないし，そうした事業の集合体である企業であるため，買い手が単体適正市場価値を見誤ってしまうリスクは十分にある。こうしたリスクを排除する方法は，効果的なデューデリジェンスの実施であることはいうまでもないが，いろいろな制約から十分なデューデリジェンスが実施できず，その結果として，M&A後に「ヘビ」（＝予期していなかった不利発見）が出ることがある。例としては，重要な得意先がM&A後に倒産した結果として債権回収に問題が出ただけではなく，総売上高の40％を失ってしまったケースや，M&A後に大口の返品が相次いだケース，M&A後に税務調査が入り多額の追徴を受けるケースがある。

　こうしたリスクを最小限とするためには，さまざまな制約の中でも，網羅的・効果的なデューデリジェンスを行う努力をする一方で，それでもデューデリジェンスが不十分となる場合には，M&A契約書上あるいはスキーム上の工

夫で，リスクが顕在化したときに，いかに買い手の負担にならないようにするかを考慮することが重要になる。

② シナジー効果の発現に関するリスク

前述したように，M&A取引における価格決定においてシナジー効果の評価は非常に重要な部分をなしている。買い手がシナジー効果を過大に評価した結果，過大なM&A価格で取引をしてしまったり，逆にあまりに保守的に評価した結果，M&A取引が成立しなかったり，入札等の競合者が存在する状況で他の入札者に負け成長機会を逸したりする。したがって，シナジー効果の評価においては，過度に保守的であってもいけない。重要なことは，最大限の合理性をもってシナジー効果の金額，発現のスピード，発現のための条件とコスト，発現可能性に関するリスクの程度を分析することである。たとえば，水平的M&Aで，仕入先の見直しや統合を図ることで，より「安い」仕入先に買収当事両者の仕入を集中させることによりコスト削減を図るというシナジー戦略があった場合に，そのための作業や交渉のためにどの程度の時間とコストがかかり，どの程度の金額的インパクトがあり，それがいつ発現し，またどの程度継続し，さらにはその発現金額，発現開始のタイミングや効果継続期間の予測に係るリスク要因が何なのか，どの程度のリスクがあるのかを，できるだけ合理的かつ定量的に予測・分析する必要がある。

シナジー効果には，大きく分けて，2つの類型がある。すなわち，コストシナジーと収益シナジーである。文字どおり，コストシナジーはコスト削減に係るシナジーであり，一方，収益シナジーは収益増大に係るシナジーである。コストシナジーには，主に次のものがある。

(a) 人件費

M&A後の統合による業務の効率化により間接部門の人員を削減したり，重複店舗の統合・整理により営業部員を削減したりすることによるコスト削減効果である。M&Aにおいては，通常，何らかの業務効率化が図られるため，人員削減によるコストシナジーの追求が想定されることが多い。

(b) 仕入

　仕入に関するシナジー効果もコストシナジーの中核をなす。仕入に関するシナジーにはさまざまなパターンがある。水平的M&Aによる同業他社の買収により，従前では取引関係がないあるいは希薄であった仕入先との関係ができ，既存の仕入先から当該仕入先に統合後会社の仕入のかなりの部分をシフトすることにより，仕入単価を下げたり，またM&A当事会社が同じ仕入先から違った条件で仕入を行っている場合に有利なほうの仕入条件に合わせる交渉を行い，あるいは取引量が増加することによるボリュームディスカウントを得て，仕入コストを削減したりする。さらには，垂直的M&Aにより従来の仕入先を内製化し，自社のバリューチェーンに組み込むことにより，仕入の概念とコストを変革したりする。

(c) 販売店

　特に水平的M&A後に重複販売店の統廃合を行うことにより販売店の整理・効率化を行い，販売効率を上げるとともに，全体的な販売店に係るコストを下げることによるシナジー効果である。

(d) 仕入以外の物品・サービスの調達コスト

　内容的には上記仕入コストの削減とほぼ同様であるが，仕入以外の物品・サービスの調達コスト削減に関するシナジーである。たとえば，保険料削減，広告宣伝費削減などがある。

(e) 製造コスト

　M&A後の統合により製造工程を効率化し，製造コストを削減することに係るシナジー効果である。M&Aにより各工場の操業度・稼働率の適正化を行ったり，労働力の適正配分により残業人件費を削減したり，さらには双方の生産管理体制におけるベストプラクティスに統一することにより生産効率を上げ，製造コストを引き下げる。

(f) その他

上記以外に，保管・配送コスト，新製品開発・R&D コスト，外注費に係るコストシナジーがしばしば考慮の対象となる。

一方，収益シナジーとしては次のものがある。

(a) 新規顧客

M&A により従前にはなかった新規顧客層へのアクセスを得ることによる収益増大効果である。たとえば，いま水平的合併を考える場合に，M&A 対象企業は規模的にかなり小さい企業であるが，買収企業が関係を持っていない優良顧客を多数保有している場合を想定する。M&A により買収企業はそうした優良顧客に対するアクセスを得ることができ，そのことによる買収企業の収益増大効果が見込める場合，それがシナジーとなる。特に現在は業績が低迷しているがその産業において長い業歴を誇る企業は，その顧客ベースが，その産業への新規参入者にとっては，垂涎の的であることも多く，そのようなケースで，優れた製品・サービスで勢いがある新規参入企業がそうした伝統的企業を買収し，自らの優れた製品を被買収企業の優良顧客に販売することにより，大きな収益増大効果が得られる場合がある。

(b) 新規市場

M&A により新規市場へのアクセスを得ることによる収益増大効果である。たとえば，従前より国内市場のみで事業を行っていた企業が，海外市場へのアクセスを有する企業を買収することにより，自らの収益を増大させるような場合や，同様に国内市場でも関東以北のみをベースとして活動してきた企業が，それ以外の国内市場をベースとする企業を買収して新規市場へのアクセスを得る場合がある。ほかにも，垂直的な M&A により川上や川下の市場へのアクセスを得ることによるシナジー等がある。

(c) 販売戦略

双方の販売戦略におけるベストプラクティスを共有化することによる収益

増大効果である。買収企業のよりよいイメージのブランドを用いることにより被買収企業の収益を増大させる戦略を採ったり，同種製品の価格設定を統一化することにより単価の引上げを行ったり，また販売の手法を変えることにより，収益を増大させる。

(d) 新商品・製品開発

新商品・製品開発およびその販売に係る収益増大効果である。たとえば水平的M&Aにおいて，新商品・製品開発分野で自社の先を行っている企業を買収することにより「時間を買い」，そうした新商品・製品を自社の市場や顧客層に販売することにより達成される収益増大効果である。

(e) 顧客サービス

双方の顧客サービスにおけるベストプラクティスを共有化することによる収益増大効果である。

(f) その他

その他，新規販売ルートの獲得，販売員の効率化，抱き合わせ販売（クロスセリング）等による収益増大効果がある。

さて，それではこれらコストシナジーや収益シナジーの発現は，実際の問題として，事前に見込んだとおりに現実化しているのであろうか。**図表1-2**を参照されたい。これは，1999年にKPMGが，1996年から1998年までに世界中で行われたM&A取引のうち，取引価額上位700件のクロスボーダーM&A取引を母集団として，最終的に総計107社の取引に深く関与したマネジメントを対象にインタビューした結果を，まとめたものである。少々古い調査ではあるが，内容的には十分に現在の議論に耐えられると考えるので，参考までに掲載している。

この図表の見方であるが，縦軸には各種シナジーの項目が，また横軸には上記インタビューの結果，M&A取引前に見込んだシナジーが達成できたという回答を得た割合が示されている。人件費のコストシナジーを例にとれば，全回

図表1−2　コストシナジー効果

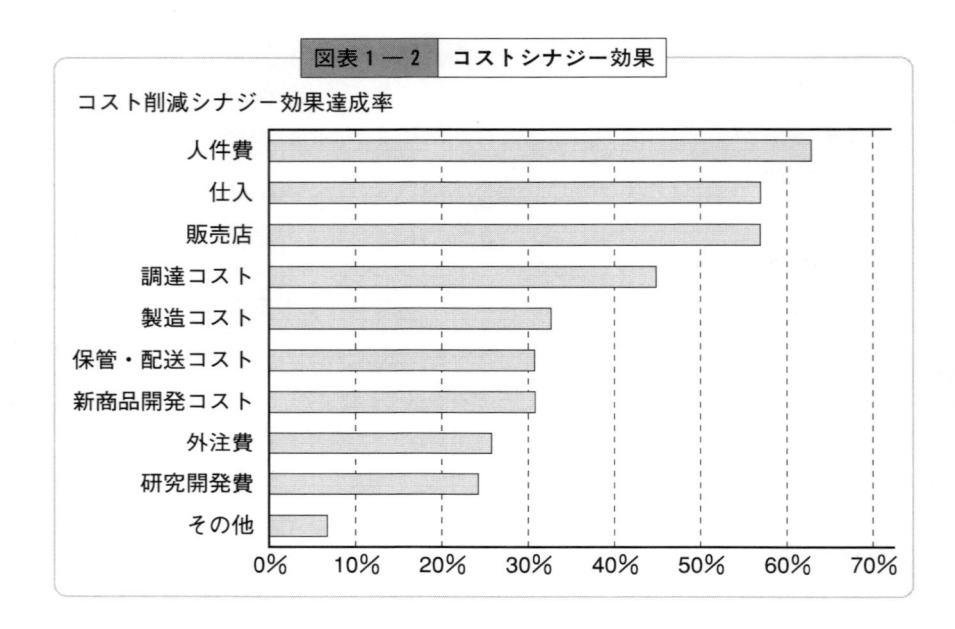

コスト削減シナジー効果達成率

- 人件費　約63%
- 仕入　約57%
- 販売店　約57%
- 調達コスト　約45%
- 製造コスト　約33%
- 保管・配送コスト　約31%
- 新商品開発コスト　約31%
- 外注費　約26%
- 研究開発費　約24%
- その他　約7%

図表1−3　収益シナジー効果

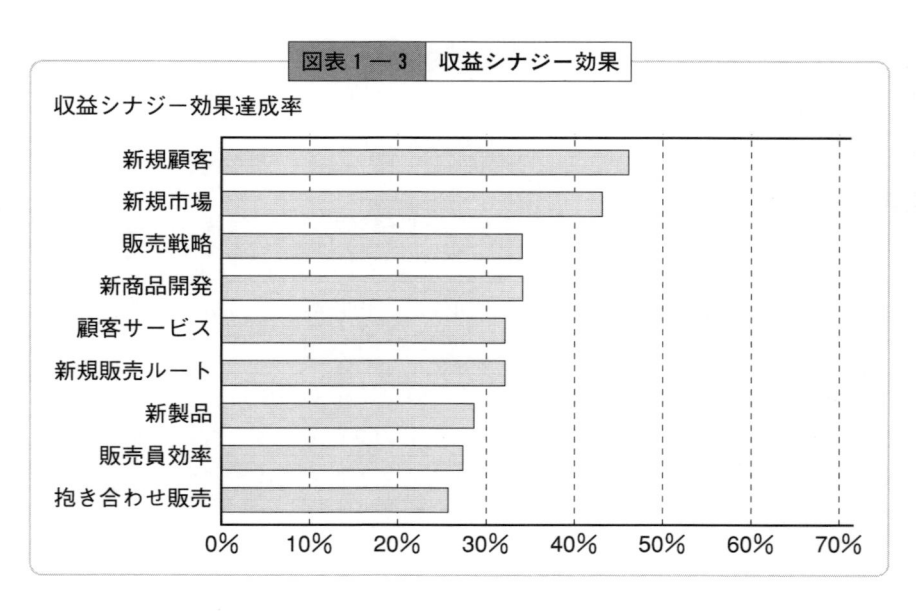

収益シナジー効果達成率

- 新規顧客　約46%
- 新規市場　約43%
- 販売戦略　約33%
- 新商品開発　約33%
- 顧客サービス　約31%
- 新規販売ルート　約31%
- 新製品　約28%
- 販売員効率　約27%
- 抱き合わせ販売　約25%

答者のうち60％超が，「M&A 取引前に見込んだシナジー効果が実際に発現した」と回答したことになる。このデータの解釈においては，回答者が M&A に深く関与したマネジメントであったことについて，ある程度の「バイアス」を斟酌する必要がある。

　さて，この図表を見て理解されることがいくつかある。まずは，総体的にコストシナジーのほうが，収益シナジーに比して，横軸の％が高いことである。また，総体的に高い％を示しているコストシナジーに関しても，その絶対値はそれほど高い％を示していないことである。これらのことが意味することは何なのか。それは，まず企図したシナジー効果が発現しない可能性は相当程度あるということと，全体的にはコストシナジーに比して，収益シナジーの予測が困難で予想どおりいかないことが多いということである。個別的に見ると，コストシナジーでは，人件費や仕入・仕入以外調達コストの削減，販売店に係るシナジーが比較的達成度合いが高い。しかしながら，それらについても，達成に成功している割合は50％〜60％程度である。一方，収益シナジーでは，新規顧客や新規市場に係る達成度合いが高いがそれでも45％前後である。それ以外については35％以下となっており，シナジーの代表例としてしばしば言及されるクロスセリング（抱き合わせ販売）に至っては，母集団のうち25％程度しか成功していない。

　さて，このようにシナジーの見積りはなかなか困難でリスクが高いということを考えると，買い手にとっては，できるだけシナジーを見込まない価格で M&A 取引を成立させたいところである。しかしながら，実際は，M&A を用いた成長戦略が盛んになるにつれ，M&A 市場での競争が激化し，買い手が払うプレミアムが増大する傾向が見られる。そのような状況下では，より見積りが容易で達成可能性の高いコストシナジーのほとんどをプレミアムとして支払わなければ，取引が成立しない状況になる。したがって，シナジー効果のうち必達シナジーの割合が高まっている。今後そのような状況が進んでいくと考えられ，シナジーのリスク評価がますます重要度を増している。

③　統合に係るリスク

　先に M&A 対象企業・事業の買い手価格は，（単体適正市場価値＋シナジー

効果）で算出されると説明した。しかしながら，この算式が成り立つためには，事業統合がうまくいくことが前提となる。事業統合がうまくいかないことで，この算式が崩れ去るリスクが，統合に係るリスクである。買収会社の事業と被買収会社の事業がうまく統合されることが，シナジー効果発現の前提であることに異論はないであろう。ところが，さらに，統合がうまくいかないと単体適正市場価値をも毀損する可能性が高い。すなわち，上記の算式でシナジー効果がゼロというだけではなく，単体適正市場価値が，統合の失敗の結果として，従前より低くなってしまう可能性があるのである。また，場合によっては，統合の失敗が，M&A前の買収会社の単体適正市場価値をも低めてしまうことすらある。例としては，M&A後の統合が，M&A当事会社のマネジメントや従業員間の主導権争いのためうまくいかず，両社の事業上重要な人材が多数辞めてしまい，M&A対象企業の単体適正市場価値を毀損するだけではなく，買収企業の事業価値をも低下させてしまったというケースである。

　それでは統合はなぜ失敗するのであろうか。統合を成功させるためのキーは何なのか。

　統合の失敗の理由はさまざまである。経営陣の主導権争い，リーダーシップ不在，従業員のモラル低下・やる気の喪失，顧客や仕入先との関係の悪化・信頼の喪失，システム統合における混乱，人事制度を含む各種制度の統合における混乱等が，しばしば観察される。しかしながら，これらは統合失敗の2次的理由である。こうした2次理由を引き起こした根幹となる統合失敗の主要因は，M&A取引を「Done」させる前に，M&A後の統合について十分な統合プロジェクト・プランニングがなされなかったことである。

　M&A対象企業・事業の単体適正市場価値を維持し，そのうえで各種のシナジーを発現させ，さらには統合された組織体として新たな経営戦略のもとで成長をしていくためには，換言すれば，M&Aを成功させ企業価値を高めるためには，M&A取引の検討段階における統合プロジェクト・プランニングが不可欠である。デューデリジェンスを行う際も，常に「M&A後の統合における障害は何か」，「どうすればそうした障害を乗り越えられるのか」という観点も含めて調査を進めていかなければならない。統合プロジェクト・プランニングの検討のタイミングが遅れたり，不十分なプランニングとなってしまうと，統合

の失敗の可能性が格段に高まる。

④　新たな経営戦略に関するリスク

①から③のリスクをある程度コントロールし，クリアできたとしても，統合された組織体をベースとした新たな経営戦略がうまくいかなければ，M&Aを通じた大きな成長は達成できない。しかしながら，前述のように，新経営戦略に基づく企業・事業価値向上効果をM&A価格に織り込むことは通常はあり得ない。したがって，狭義の「M&Aの成功」は①から③のリスクをうまくコントロールすることにより，ある程度は達成されており，それにより，新たな経営戦略を展開するための土台は完成されているはずある。新たな経営戦略のリスクは，「成長戦略としてのM&Aに基づく経営戦略の成功」に係るものであり，より広義の「M&Aの成功」に関する議論である。本書の焦点は，狭義の「M&Aの成功」にあり，焦点をぼやかさないため，より広義のそれについては，経営戦略理論書に譲ることとする。

(3)　M&Aの対象企業・事業の統合を成功させ価値を維持できるか

上記(2)③の「統合に係るリスク」のところで，すでに「統合」がいかに重要かということについては概説した。ここでのポイントは，「統合の成功」と「価値の維持」の2つのポイントを含んでいる。すなわち，M&A後の統合を，M&A対象企業・事業の単体適正市場価値と買収企業の単体適正市場価値の維持の前提と考えているわけである。M&Aによる企業価値の創造は一足飛びにはいかない。M&Aは，多かれ少なかれ，「異文化の衝突」という側面を含んでいる。したがって，M&Aはさまざまな問題を社内・外に生ぜしめることがある。ゆえに，M&A後にまずやるべきことは，統合のプロセスを通じて，異文化の融合を進めていき，まずは「価値を維持（Preservation）」することである。この統合と価値維持のプロセスは性急すぎても緩慢すぎてもいけない。統合プロジェクト・プランニングで定められたスケジュールに従って，適切なスピード感をもって行われなければならない。性急すぎるあるいは緩慢すぎる統合プロセスが，会社内部の士気低下をもたらしたり，得意先や仕入先等の会社

外部に対する混乱をもたらし事業に支障をきたしたりすることがしばしばあるので，留意が必要である。

(4) 統合された企業・事業として価値を創造できるか

　統合がある程度軌道に乗り，(3)で記述した「価値の維持（Preservation）」がうまくいくと，次には「価値の実現（Realization）」のフェーズを迎える。これは従前に企図していたシナジー効果の発現のフェーズである。「価値の維持（Preservation）」フェーズでは，M&A後の混乱を抑え，M&A対象企業・事業の単体適正市場価値と買収企業のM&A以前の単体適正市場価値の総計を維持する，すなわち，（1＋1＝2）を意識した行動がとられたわけであるが，「価値の実現（Realization）」のフェーズに入ると，$\{(1＋1＋\alpha)＞2\}$を意識し，シナジー効果（α）の実現に向けた行動がとられる。もちろん，前述したように，シナジーのうちある部分まではプレミアムとして売り手に支払っているわけであるから，そこまでは必達であり，それを超えてシナジーが発現したときにはじめて価値が増殖することになる。

　「価値の実現（Realization）」が達成され，統合後の組織の一体化も進んでく

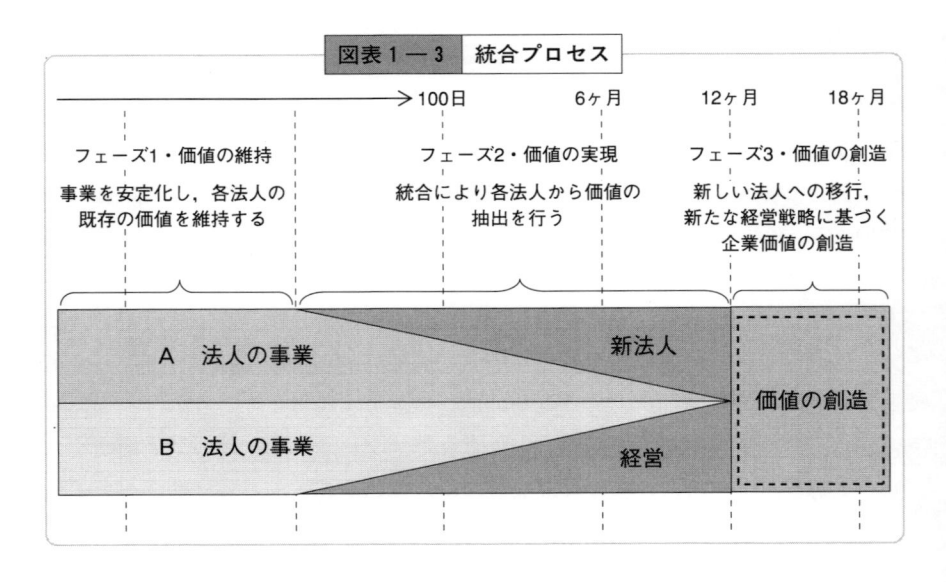

図表1－3　統合プロセス

フェーズ1・価値の維持
事業を安定化し，各法人の既存の価値を維持する

フェーズ2・価値の実現
統合により各法人から価値の抽出を行う

フェーズ3・価値の創造
新しい法人への移行，新たな経営戦略に基づく企業価値の創造

A　法人の事業
B　法人の事業
新法人経営
価値の創造

100日　6ヶ月　12ヶ月　18ヶ月

ると，いよいよ「価値の創造（Creation）」のフェーズに入る。統合された組織体として，その増幅された経営資源を適正に再配分し最大限に活用しつつ，新たな経営戦略のもとで，成長に向けた活動がなされていくのである。

第2節 M&A 成功のための戦略的デューデリジェンス

第1節ではM&Aを用いた経営戦略の重要性およびM&Aの成功による企業・事業価値創造のためには，何がキーとなるのかを説明した。第2節では，M&A成功のための戦略的デューデリジェンスとは何か，従来のデューデリジェンスと何が違うのか，戦略的デューデリジェンスを実施するうえでのポイントは何なのかに関して概説したい。

1 M&A 成功のための戦略的デューデリジェンスとは

デューデリジェンスという言葉は，英語ではDue Diligenceと書き，直訳すると「正当な注意」という意味であるが，現在では日本語でもそのまま通じるようになった。従前は「買収監査」とか「事前精査」などと意訳されていた時期もあるが，「監査」や「精査」という言葉の持つ意味とデューデリジェンスの内容を比較すると，それらの意訳語については違和感を禁じ得ない。デューデリジェンスとは，一般的には，M&A取引，資産売買取引およびその他の取引の対象物に関して，当該取引に関係するものが，特定の意図をもって，特定の観点から，特定の範囲と深度で行う調査のことである。デューデリジェンスを行う者によって，その者にとっての興味や正当な注意はさまざまであるから，デューデリジェンスは必然的にさまざまな形をとる。たとえば，中古車を買う際に一目見て気に入り，ろくに傷の有無を確かめもせず，事故歴等の質問を中古車店の担当者へすることもなく，いきなり言い値で購入する者もいれば，逆にしつこいほど実物の目視を繰り返し，また担当者に数多くの質問を浴びせかけ，それらから収集した情報をもとに延々提示価格の値引き交渉を行う

者もいる。M&A等のデューデリジェンスでも同様である。

　デューデリジェンスの出発点は過去のフローと現在のストックの調査である。もう少しわかりやすいように換言すると，M&Aでいえば，M&A対象企業・事業の事業，財務，人事，組織等に関する歴史（過去のフロー）と現況（ストック）である。過去の積み重ねが現況につながっていることから，現況を理解するためには過去の理解が欠かせない。たとえば，「過去3年間売上が毎期5％増で推移しており，現況もその傾向が続いている」とか，「人員に関して過去2年間でその数を10％削減した結果，現在は1,000人の従業員になっている」，あるいは「過去3年間設備投資を抑制してきた（設備投資額がそれ以前に比して50％減）結果，固定資産の現況は老朽化が進んでいる」，といったように，過去と現況をクロスオーバーさせながら，調査を進めていくのである。あるべきデューデリジェンスはこのようにして集められた過去と現況に関する情報をもとに，さらに別の観点の調査を進めていくのだが，伝統的なデューデリジェンスは，この段階で調査のすべてが終了することが多かった。すなわち，「将来」を分析する，より動態的な思考に欠けていたといえる。

　第1節で説明したM&Aの成功のためのファクターを思い出してほしい。対象企業・事業の単体適正市場価値として，現在価値と将来価値を考慮する必要があること，またそれに加えて，シナジー効果の価値を考慮して買い手価格を分析する必要があり，さらには，それらの前提として，統合に係るリスクを的確に評価し，ディールの検討段階で統合のためのプロジェクト・プランニングを始めることが，M&A成功のための適正取引価値形成や各種リスク管理には重要であった。これらの中で，伝統的デューデリジェンスがその大きな目的として重視してきたのは，より静態的な対象企業・事業の現在の価値であった。しかしながら，より動態的な将来に関する分析・プランニングにデューデリジェンス段階で焦点を当てなかった結果として，多くのM&Aが失敗したという現実がある。

　これからの時代のデューデリジェンスは，そのような過去の失敗例も踏まえ，より将来的・動態的思考であるべきである。すなわち，あるべきデューデリジェンスは，M&A対象企業・事業の過去の状況および現況の調査を出発点としつつ，将来性の分析や予測，シナジー効果の詳細な分析とシナジー効果発

現のためのプロジェクト・プランニング，統合に係るリスクの調査および統合プロジェクト・プランニングを含んだ，より将来思考のものであり，本書ではこのようなデューデリジェンスを，伝統的デューデリジェンスと一線を画して，「戦略的デューデリジェンス」と呼ぶ。

2 戦略的デューデリジェンス実施上のポイント

戦略的デューデリジェンス実施上のポイントは各項目ごとに以下のとおり整理される。

(1) M&A対象企業・事業の単体適正市場価値に関するデューデリジェンス

伝統的なデューデリジェンスでは，対象企業・事業の沿革，組織の概要，過去3年間程度の損益状況や財務状況の推移，直近の事業状況や財務内容，人事制度等にのみ焦点を当て，当該企業・事業単体の将来性に関する分析や検討がなおざりにされていた感がある。一度でもDCF法等の動態的手法で企業・事業価値評価をやったことがある人ならすぐに理解できると思うが，たとえばDCF法で5年間の事業計画に基づくキャッシュフローをベースに評価を行う場合，それにより最終的にはじき出される価値のほとんどは，6年目以降のキャッシュフロー価値を一斉に評価したいわゆる「残存価値」が占めることが多い。また，その残存価値は，通常，計画最終年度である5年目の損益状況をベースにその後の成長率を見込んで，永久還元法により算出することが多い。すなわち，計画5年目の損益状況がDCF法における価値評価において非常に重要なウェイトを占めている。それにもかかわらず，よく目にするデューデリジェンスでは，過去の損益状況に加えて，せいぜい計画1年目の予算程度はそれなりに分析するものの，計画1年目以降かなりの変動が見られるにもかかわらず，それ以降の計画期の数値の詳細な分析が行われていない。その一方で，その事業計画を用いて事業価値評価が行われているのであるから，何をかいわ

んやという状況である。動態的評価が主流になっている昨今の状況を考えるとき，デューデリジェンスにおいても，もう少し詳細な将来事業計画の分析・検討，さらには修正事業計画の精緻化に時間が割かれるべきであろう。

(2) シナジー効果に関するデューデリジェンス

　シナジー効果がM&Aの価格形成において重要なファクターであることは前述のとおりである。したがって，デューデリジェンスにおいても，想定されるシナジー効果の項目，範囲，金額的重要性，発現のためのコスト，発現のタイミングと持続期間，リスクファクター等に係る詳細な調査，分析が欠かせない。重要なことは，金額や時間，またリスクに関して，できるだけ定量的な分析を行うことである。そうした定量的な分析結果が，買い手価格決定モデルに落とし込まれ，買い手価格分析に寄与することになる。

　このように重要なシナジー効果に関するデューデリジェンスであるが，実際にはきちんとしたシナジー効果分析を目にすることは非常にまれである。対象会社・事業に関するデューデリジェンスで手一杯で，なかなかシナジー効果の詳細な分析に手が回らず，「Time up !」となるケースも多いように見受けられる。しかしながら，第1節のM&Aによる価値創造プロセスのところで概説したように，シナジー効果が買い手価格の一部を構成し，売り手にプレミアムを支払う際の原資となることを考えると，なおざりにすべき問題ではないであろう。それどころか，第1節で説明したとおり，M&A前に企図したシナジー効果を現実には達成できなかった割合がかなりの程度あり，それによりM&Aが失敗したケースも相当数あることを考えると，より慎重で時間をかけた調査・分析が考慮されるべきである。

　シナジーのデューデリジェンスにおけるポイントは，不確実性の高さ，必達効果とそれ以外の分類，定量化，シナジー効果発現のためのプロジェクト・プランニングである。

　まず，シナジー効果に関しては本質的に不確実性が高いので，そうした不確実性の程度を十分に勘案した分析，評価をすべきである。特に必達効果とそれ以外の分類を行う必要があるのは，第1節で説明のとおりであるが，その分類

において，不確実性の程度が十分に勘案されるべきであろう。

　また，定量化も重要なポイントである。定量化ができなければ，価格算定において織り込みようがない一方，無理に定量化した場合には達成できないリスクが高まる。一定の合理性をもって定量化するよう心がける必要がある。定量化においては，シナジー効果の金額だけではなく，シナジー効果発現のためのコストや，発現のタイミングおよび持続期間等の時間的要素の定量化も必要となる。

　さらには，デューデリジェンスの間にシナジー効果発現に係るプロジェクトのプランニングのために必要な情報を収集し，計画の土台を作成していくことが肝要である。実際にプランニングすることで，失念していた問題点やコスト等に思い至ることがあり，また，M&A後可及的すみやかにシナジー効果発現に向けたアクションに移ることができるようになる。

(3) 統合リスクおよび統合プロジェクト・プランニングのためのデューデリジェンス

　第1節で概説したとおり，統合に失敗すると，シナジー効果の発現に支障をきたしたり，M&A対象企業・事業の単体適正市場価値を毀損するにとどまらず，買収企業の単体適正市場価値をも毀損してしまうリスクがある。したがって，統合に関するリスクの評価は慎重かつ綿密に行われるべきである。場合によって，統合に大きな問題があると判断される場合に，他の面ではすべて条件をクリアしている案件であっても，M&Aを断念せざるを得ないことがある。したがって，統合のリスク評価や統合における障害のあぶり出し，そうした障害を乗り越えるための詳細な統合プロジェクト・プランニングは，デューデリジェンスおける重要なテーマの1つである。しかしながら，シナジー効果のデューデリジェンスと同様，デューデリジェンス段階で，こうした統合に係る情報の収集，分析，対応策の検討等が的確に行われているケースは非常にまれであり，案件の遂行過程において，「後回し」になっている現実がある。近年日本においても，合併の基本合意をしておきながら，その後の統合検討過程で問題が頻発し，合併を白紙撤回したケースや，システムの統合がうまくいかず

事業上の大きな問題となったケース,主導権争いから統合が遅々として進まず,その混乱が事業に悪影響を及ぼしたケース,が多々見られた。これらはすべて,案件検討段階でのデューデリジェンスによる統合リスク調査がなおざりにされ,統合プロジェクト・プランニングの策定が遅れた結果,統合問題がマネージされないまま表面化したことによるものである。

図表1-4はM&Aディールの流れと統合プロセスの連関を示している。この図表から理解できるように,M&A取引の計画段階や基礎交渉段階における統合の予備的分析に始まり,デューデリジェンスを行うタイミングでのM&A後の戦略策定や統合プラン策定など,早い段階での統合プロジェクト・プランニングが,統合成功のためには重要になる。したがって,デューデリジェンスにおいても,中心課題の1つと捉え,統合において問題となる事項に関する情報の収集・分析・対応策の検討を行うべきである。

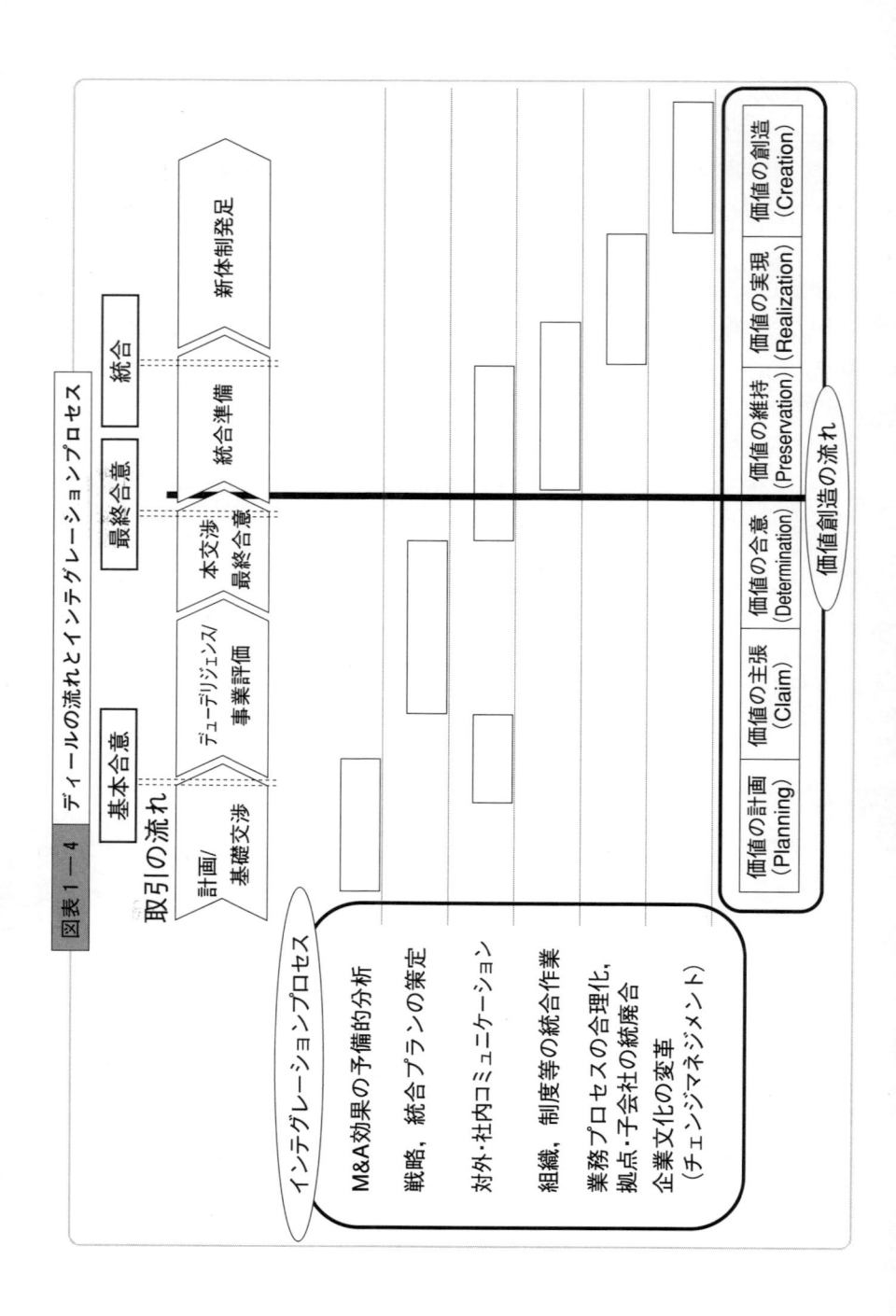

28 第1章 M&Aによる企業価値の創造とデューデリジェンス

図表1-4 ディールの流れとインテグレーションプロセス

取引の流れ：
- 基本合意 … 計画/基礎交渉
- デューデリジェンス/事業評価
- 最終合意 … 本交渉、最終合意
- 統合 … 統合準備
- 新体制発足

価値創造の流れ：
- 価値の計画 (Planning)
- 価値の主張 (Claim)
- 価値の合意 (Determination)
- 価値の維持 (Preservation)
- 価値の実現 (Realization)
- 価値の創造 (Creation)

インテグレーションプロセス：
- M&A効果の予備的分析
- 戦略、統合プランの策定
- 対外・社内コミュニケーション
- 組織、制度等の統合作業
- 業務プロセスの合理化、拠点・子会社の統廃合
- 企業文化の変革（チェンジマネジメント）

第3節 デューデリジェンスの種類・目的・プロセス

　第3節では，第2節で概説した戦略的デューデリジェンスの類型や目的，また戦略的デューデリジェンスの計画，調査実施，調査結果の分析・評価に至るプロセスに関して説明する。

1　デューデリジェンスの種類と目的

　デューデリジェンスはさまざまな切り口からいくつかに分類される。以下，いくつかの切り口からの分類を見てみよう。

(1) 調査対象分野に関する分類

　事業，財務，法務，人事，システム等の調査対象分野からデューデリジェンスを分類したものである。M&Aのデューデリジェンスに関しては，買収会社組織内部から機能横断的にさまざまな立場のものが参加するとともに，外部のさまざまな専門家が関与するのが，一般的である。すなわち，組織内部からは，経営企画，財務・経理，営業，製造・開発，購買，人事，総務，法務等の部署の責任者や現場担当者が，また外部専門家として，法律事務所や会計事務所，経営コンサルティング会社，人事コンサルティング会社，その他のコンサルティング会社（IT，不動産，環境等）が参加することが多い。そして，それら組織内外のものたちがそれぞれの分野ごとにプロジェクトチームを組み，各分野のデューデリジェンスを進め，最終的に報告書をトップマネジメントに提出する。トップマネジメントはそれら各分野の報告書に基づき，さまざまな

意思決定を行うのである。その意味で，下記の調査対象分野に関する分類は非常に重要であり，通常「デューデリジェンスの種類」というときは，この分類を指す。以下，それぞれの類型に関して概説する。

① ビジネスデューデリジェンス

　最も重要なデューデリジェンス分野は，いうまでもなく，事業性に関するデューデリジェンスである。買収対象企業のコアおよびノンコア事業や，事業買収の場合には当該買収対象事業を，ビジネスモデル，市場の概況，製・商品の特質や品質，顧客ベースや仕入先の状況およびそれらとの関係および交渉力，競合他社，代替品や新規参入の脅威，技術力・開発力や組織力，パテントやトレードマーク，営業資産（設備等）の状況，過去の損益状況，将来の事業計画等のさまざまな観点から分析し，事業のSWOT（強み，弱み，機会，脅威）を理解し，事業の将来収益性を評価する。さらには，さまざまな自社事業とのシナジー効果に関する検討や事業の統合に関するリスクを評価する。こうした事業性の評価やシナジー効果分析・事業統合リスク評価のためのデューデリジェンスを，ビジネスデューデリジェンスと呼ぶのが通常である。どんなに財務体質のよい会社でも，事業の将来性に疑問符がつくならば，戦略的M&Aの対象としては不適格であるのはいうまでもない。したがって，他の何にも増して重要なデューデリジェンスは，ビジネスデューデリジェンスである。

　ビジネスデューデリジェンスは，買収会社の経営企画や営業，製造・開発，購買等からの責任者や現場担当者が中心となり，場合によって経営コンサルティング会社の助力を得つつ，進めていくのが通常である。それぞれの専門分野ごとに調査対象の分担を行い，調査の進行過程で，定期的なミーティングを通じて，それぞれが分担した調査対象に係る発見事項等の共有化を行い，他の調査対象に関するそうした発見事項を自らの調査にフィードバックして，さらに調査を進め，各分野の調査結果を固める。そのうえで，最終的にそれらを総合的に評価し，調査対象事業の収益性を判断する。

② 財務デューデリジェンス

　財務，会計，税務に関するデューデリジェンスを総称して財務デューデリ

ジェンスという。過去の財政状態・損益状況や資金の状況を調査し，現在の財務状況や資金ポジションの評価を行うとともに，将来の損益・資金状況の予測のベースを確認することが，主目的になる。過去の事業の状況が累積して現在の財務状況となっていることを考えると，財務の状況の推移の調査は，実は過去におけるビジネスの収益性の調査でもあり，その意味で①のビジネスデューデリジェンスと表裏をなすものである。さらには，将来の事業性と過去の事業の結果は「断続」でなく，当然，「連続」であるから，将来事業計画等事業性の評価のベースとなる前提や仮定等を確認するという目的も重要である。その意味で，ビジネスデューデリジェンスと財務デューデリジェンスは，調査分野がオーバーラップすることも多く，いかに効率的・効果的なデューデリジェンスを実施できるかは，ビジネスデューデリジェンスチームと財務デューデリジェンスチームの，調査進行途上におけるコミュニケーションや相互フィードバックがいかにうまくとられるかに依存しているといっても過言ではない。

　ここで1つ留意すべき点は，重複する分野の分担を決めることにより重複する調査をしないということだけがすべてではないということである。むしろ，重要な分野に関しては，「あえて重複して調査をする」ことで，事実をきちんと理解でき，事実誤認を排除することができる場合があるということである。特にビジネスデューデリジェンスチームが，営業責任者等のビジネスのフロントにいるものに聞いたさまざまな情報に関して，財務デューデリジェンスチームが財務・経理責任者に対してインタビューして入手した過去のビジネスに関するさまざまな情報と照らし合わせ，「裏をとる」作業は，非常に重要である。この作業により，さまざまな不整合，不合理点があぶり出され，ビジネスデューデリジェンスの結果に影響を与える。

　すなわち，財務デューデリジェンスの目的は，財務の調査にとどまるものではなく，むしろより動態的な思考により将来の事業・財務・資金状況を意識した調査を行うことにより，ビジネスデューデリジェンスの「裏とり」を行うことにある。このことを意識せずに行われた財務デューデリジェンスは，ビジネスデューデリジェンスとは分断された単なる静態的な財務の分析となり，そのような状況下で行われたビジネスデューデリジェンスには多大な事実誤認の可能性がある。

さらなる財務デューデリジェンスの目的は，ビジネスデューデリジェンスと同様，シナジー効果の分析と統合リスクの評価である。シナジー効果に関しては，事業そのものの統合に関する分析をビジネスデューデリジェンスチームが中心的に行うのに対し，財務デューデリジェンスでは，主に，財務の統合，間接部門の統合，運転資金の圧縮等に関するシナジー効果を分析する。さらには，ITデューデリジェンスチームと共同で，ITシステム統合に係るシナジー効果も評価する。

また，統合リスクに関して，会計基準・処理の統合に係る影響だけではなく，上述のシナジーの多くが統合がうまくいくことを前提としていることも考慮し，財務，間接部門，IT等の統合に関するリスクを評価する。

財務デューデリジェンスに関しては，買収会社の財務，経理責任者や現場担当者と会計事務所がタッグを組んで実施する。会計事務所が入るケースでは，会計事務所が中心的な役割を担い，財務デューデリジェンスの報告書をまとめていくのが，通常である。前述のとおり，ビジネスデューデリジェンスチームとの連携が非常に重要であるため，定期的に合同で進捗報告ミーティングを開催し，それぞれの分野における発見事項を共有しながら，デューデリジェンスを進めていく。

③ 法務デューデリジェンス

法務リスクに係るデューデリジェンスである。M&A対象企業・事業に関するさまざまな法的側面の調査を行う。各種契約書のレビューが中心になるが，法的準拠性だけではなく，長期契約や異常な契約に関しては，それがビジネスに与える影響や，偶発債務等を通じて財務に与える影響等を，ビジネスデューデリジェンスおよび財務デューデリジェンスチームと協働で，評価する。また，法務リスクがある場合の，当該M&Aに与える影響を評価し，そうした法務リスクを避ける，あるいは最小化する買収スキームの提案や契約条項の立案も，付随的に行う。

このように専門性が非常に高い仕事となることから，法務部を関与させるものの，通常は弁護士（事務所）に依頼する。

④　人事デューデリジェンス

　経営戦略と組織は密接な関係があり，またその組織を動かしているのはヒトである。したがって，ガバナンスや組織構造，意思決定プロセス，職階・職責と権限委譲，人事考課・昇進制度，報酬体系，退職制度，トレーニングシステム，経営陣や中間管理職等のキーとなるポジションにいるものの適格性など，組織と人事全般の調査はM&Aにおいて必須である。こうした項目を調査するのが，人事デューデリジェンスである。項目的にその他のデューデリジェンスと重なる部分もあるので，適宜分担したり，あるいは意図的に重複して調査することがあるのは，その他のデューデリジェンスと同様である。また，シナジー分析や統合に関しても，最も重要な調査・分析項目の1つとなる。統合において最も大変なのが，組織・人事関係の統合であるのは周知のとおりであり，そうした統合なくして，シナジーの発現はあり得ないからである。

　人事デューデリジェンスは通常，買収会社の人事部・総務部責任者や現場担当者を中心に行われ，場合によって，人事コンサルティング会社や経営コンサルティング会社が関与することもある。

⑤　ITデューデリジェンス

　現代の企業においてITシステムは，人間の体の血管のようなものである。ITシステムは血管のように企業体のすみずみまで張りめぐらされ，それが機能しないと企業体の活動が停止してしまうほどの重要性を持っている。ITシステムがどのように構築されるかが，業務プロセス自体や経営・組織管理の態様に多大な影響を与えるようになっている。したがって，買収対象企業・事業が採用しているITシステムの全容を理解することは，買収対象企業・事業の組織，管理，業務フロー等を理解するうえで必須である。また，組織や管理・業務フローの統合は，したがって，ITの統合を必然的に伴うため，統合におけるリスクを評価するという切り口からの検討も必要となる。

　ITデューデリジェンスは，買収企業のIT部の責任者や現場担当者を中心に行われるが，場合によってITコンサルティング会社や会計事務所のIT関連コンサルティング部署が関与することも多い。ビジネスや財務のフロー，管

理を理解するうえで，ITシステムのフローの理解は不可欠であるため，これらデューデリジェンスチームとの連携もキーとなる。

⑥　その他の分野に係るデューデリジェンス

上記以外のデューデリジェンス分野として，環境や不動産等の分野がある。

環境デューデリジェンスは買収対象会社・事業が保有する工場等の不動産に係る環境問題の有無を調査するものである。M&Aによって環境問題がある不動産を譲り受けると，当該環境リスクが顕在化したときに莫大なコストを負担しなければならなくなるため，場合によって，環境問題はM&Aディールの破談要因（ディール・ブレーカー）となり得る。

環境問題に懸念がある不動産がM&A対象に含まれている場合には，環境コンサルティング会社の専門家にデューデリジェンスを依頼するのが通常である。環境関連法に対する準拠性などは，法律事務所の法務デューデリジェンスでカバーされることもあるが，より専門的な詳細調査には環境調査の専門家のノウハウが必要である。

不動産デューデリジェンスは，M&A対象が金額的に多額の不動産を保有している場合や，不動産に関する含み損益が多額にのぼると想定される場合，施設の老朽化が激しくM&A直後に多額の設備投資が必要と考えられる場合等に，実施される。通常は不動産鑑定会社や各種の不動産関連コンサルティング会社に依頼して行われる。

以上が調査対象に基づくデューデリジェンスの類型であるが，上記でも言及している箇所があるように，1つ気をつけないといけないのは，これら各デューデリジェンスは個別・独立して存在するものではなく，相互に重複し，連関するものということである。重要な項目に関しては，意図的に各デューデリジェンスにまたがって重複調査を行い，また重複調査が必要ない場合には適宜分担し，調査結果を共有する。さらには連関する項目も多数にのぼる。したがって，デューデリジェンスにおいては，いかに各分野の発見事項をタイムリーに共有し，自らの分野へフィードバックしていくかが重要となる。たとえば，法務デューデリジェンスで，顧客との異常な長期契約を発見したとすると，そ

の発見はビジネスデューデリジェンスの将来の事業性の評価に影響を与えるとともに，財務デューデリジェンスにおける損益状況の分析や偶発債務の検討にも影響を与える。チーム間のコミュニケーションや連携をよく保つためのプロジェクトマネジメントがデューデリジェンスの成功のためのキーとなる。

(2) 調査主体に関する分類

次の分類は，調査主体に関する分類である。(1)でも調査対象分野ごとの説明の中で言及しているが，デューデリジェンスは必ずしも買収企業内部の人材だけで行うのではない。時間的制約の中で効率的・効果的にデューデリジェンスを行うため，通常は，外部専門家を参加させ，会社内部，外部の混合プロジェクトチームをつくる。以下は，こうした調査主体に関する分類である。

① 会社内部の人材によるデューデリジェンス

最もオーソドックスなデューデリジェンスのスタイルは，買収を検討している会社の役員の１人（経営企画担当取締役等が多い）が，デューデリジェンスチームの責任者となり，経営企画，財務・経理，営業，製造・開発，購買，人事，総務，法務等の各部署の責任者や現場担当者からなるプロジェクトチームを組成してデューデリジェンスを行い，その結果をまとめて報告書を作成し，トップマネジメントに報告するというものである。

しかしながら，専門性や時間的制約下での効率的・効果的な調査，またアカウンタビリティ（説明責任）の観点から，いくつかの分野を外部専門家に委託したり，協働したりすることが通常である。

② 会計事務所によるデューデリジェンス

世界的なネットワークを有する大手会計事務所は，現在，世界に４つあり，「BIG 4」と呼ばれる。そうした大手会計事務所には公認会計士や税理士だけではなく，その関連会社に経営コンサルタントやITリスクコンサルタント，環境コンサルタントを抱えるところも多く，またM&Aのデューデリジェンスに特化したプロフェッショナルだけを集めた関連会社を組成していることも

ある。したがって，財務（会計・税務）デューデリジェンスはもちろんのこと，ビジネスデューデリジェンスやIT・環境デューデリジェンスを請け負うことも多い。その意味で，M&Aのデューデリジェンス・サポートにおいては，中心的な役割を担っている。

③ 法律事務所によるデューデリジェンス

法律事務所もまた，会計事務所と並んで，デューデリジェンス・サポートにおいて重要な役割を担う。その役割は法務デューデリジェンスであるが，派生的に，さまざまなデューデリジェンスからの発見事項を受けて，リスクを回避するための買収スキームの提案や契約条項の助言などを行い，買収企業をサポートする。業界的には，弁護士法人の大規模化が進んできている。大規模なクロスボーダーのM&A案件においては，多数のバイリンガル弁護士とともに，海外のネットワークも不可欠であるため，こうした案件をサポートできるのは，一部の大手弁護士法人に限られる。会計事務所と同様，弁護士の専門化も進んでおり，M&Aを専門とする弁護士も増えている。

④ その他の各種コンサルタントによるデューデリジェンス

デューデリジェンスに関連してサポート業務を展開しているその他のコンサルタントとしては，経営コンサルティングファーム，人事コンサルティングファーム，ITコンサルティングファーム，環境コンサルティングファーム，不動産鑑定士や不動産コンサルティングファームがあり，財務デューデリジェンス・法務デューデリジェンス以外のデューデリジェンス分野でのサポートを行っている。

(3) 売買当事者による分類

実は，本書においては，これまでの説明も，これ以降の説明も，基本的には買収企業サイドに立った視点で，一貫して行っている。すなわち，いわゆるバイヤーデューデリジェンスの説明という形をとっているわけであるが，実は，デューデリジェンスには，バイヤーデューデリジェンスのほかに，ベンダー

デューデリジェンスないしリバースデューデリジェンスといわれる企業や事業の売り手側のデューデリジェンスがある。

① バイヤーデューデリジェンス

M&Aの当事者企業のうち，買い手側に立ったデューデリジェンスである。

② ベンダー（リバース）デューデリジェンス

M&Aの当事者企業のうち，売り手側に立ったデューデリジェンスである。M&Aに先立って，売却戦略立案のために，売り手側が自らの事業に関するデューデリジェンスを実施するものである。その意義は，売却対象事業のデューデリジェンスを第三者的に行うことにより，想定される売却価格を算定するとともに，売却にあたっての障害となる事項を抽出し，あらかじめそうした問題点を整理し解決したり，あるいは売却スキームの工夫をすることでそうした障害を排除し，常にM&Aにおいて主導的なポジションを維持し，スムーズで価格的にも満足のいく売却を行うことに求められる。

こうした趣旨から，ベンダー（リバース）デューデリジェンスにおいては，「第三者としての目」が重視され，したがって，外部専門家に委託して実施することが多い。売買戦略の立案のために「よいこと」も「悪いこと」もバイアスを排して網羅的・的確に抽出する必要があり，内部的には限界があるからである。ベンダー（リバース）デューデリジェンスを実施する外部専門家は，自らが売却対象企業・事業のバイヤーデューデリジェンスを実施する気持ちで，調査を行わなければならない。ベンダー（リバース）デューデリジェンスを実施し，売買戦略を立てて，M&Aに臨んだにもかかわらず，バイヤーデューデリジェンスの結果として予期しなかった項目が問題点として挙がるようであれば，そのベンダー（リバース）デューデリジェンスは失敗であり，どこかに瑕疵があったと考えるべきであろう。

ベンダー（リバース）デューデリジェンスは，事業売却にあたって競争入札方式（複数の買い手候補者を募り競争させることにより，より高い価格，よりよい条件での売却を目指す方式）を用いる場合に，複数の買い手候補者にあらかじめ情報パッケージを渡す場合にもよく用いられる。すなわち，ベンダー

（リバース）デューデリジェンス報告書の一部を複数の買い手候補者に配布し，売り手および買い手候補者双方のデューデリジェンス負担を軽減したり，ある程度網羅的な外部専門家のデューデリジェンス報告書を開示することにより買い手候補者のデューデリジェンスにおける事実誤認リスクを軽減したりする。複数の買い手候補者のデューデリジェンス要求に答えていくことは，売り手にとって大きな負担となる一方，競争入札の方が，1対1の相対取引よりも，価格や条件面で有利なことも多いので，こうした方式が採られる。

2　デューデリジェンスのプロセス

　ここでは，デューデリジェンスのプロセスの概略を説明する。デューデリジェンスがM&Aのプロセスの中で行われていくことを考えると，M&Aのタイプやスキーム，またM&Aのプロセスによって，デューデリジェンスのプロセスもある程度影響を受けることは容易に理解されるであろう。たとえば，競争入札の場合で，まずはかなりハイレベルで限定された情報で多数の買い手候補者間で第1次入札を行い，そこで数社に絞り込まれた後，より広範な情報の開示があり，一部の売買対象企業・事業マネジメントに対するインタビューが実施され，一定範囲のデューデリジェンスが行われ，それに基づき第2次入札において拘束性のある（バインディング）オファーをし，その後コンファーマトリー（確認）デューデリジェンスを経て，売買契約締結に至るケースを想定する（図表1-5参照）。

　このケースでは，(イ)第1次入札前のかなり限定的な情報によるハイレベルなデューデリジェンス，(ロ)第1次入札後の開示情報やマネジメント・インタビューに基づくデューデリジェンス，(ハ)第2次入札後の売買対象企業・事業の各現場（本社，工場，営業所等）におけるより広範な情報へのアクセスによるコンファーマトリー（確認）デューデリジェンス，の3段階のデューデリジェンスが行われることになる。もちろん，(イ)から(ハ)は，個別・独立的ではなく，累積的なプロセスとなる。

　一方，競争入札方式を採らないで，最初から1対1の相対取引になる場合に

第3節 デューデリジェンスの種類・目的・プロセス

図表1—5 M&A プロセス（入札のケース）

```
入札者検討
   ↓
入札案内送付
   ↓
ハイレベル（予備的）
デューデリジェンス（イ）
   ↓
第1次入札
   ↓
デューデリジェンス（ロ）
   ↓
第2次入札
   ↓
基本合意書締結
   ↓
コンファーマトリー・
デューデリジェンス（ハ）
   ↓
最終契約締結
   ↓
クロージング
```

図表1―6　デューデリジェンスのプロセス

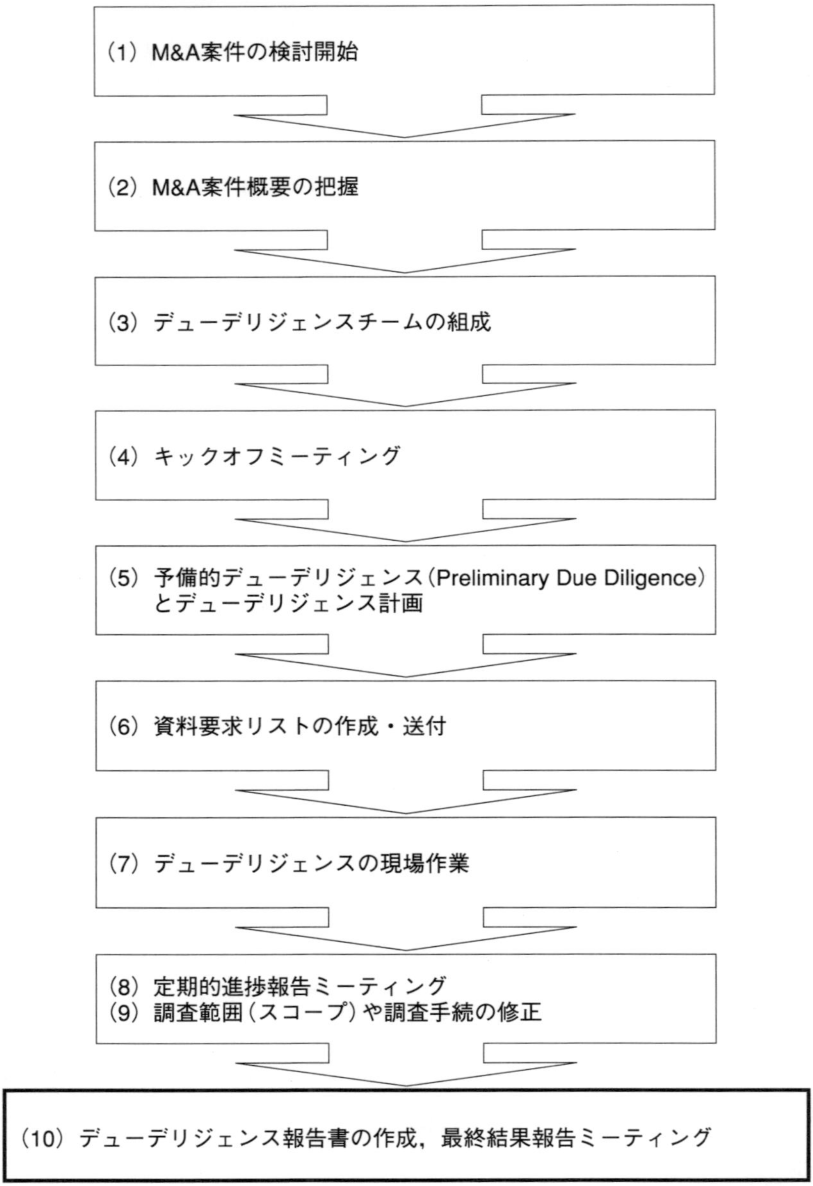

(1) M&A案件の検討開始

(2) M&A案件概要の把握

(3) デューデリジェンスチームの組成

(4) キックオフミーティング

(5) 予備的デューデリジェンス（Preliminary Due Diligence）とデューデリジェンス計画

(6) 資料要求リストの作成・送付

(7) デューデリジェンスの現場作業

(8) 定期的進捗報告ミーティング
(9) 調査範囲（スコープ）や調査手続の修正

(10) デューデリジェンス報告書の作成，最終結果報告ミーティング

は，最初からより深いデューデリジェンスに突入するプロセスになる代わり，コンファーマトリー（確認）デューデリジェンスを行わないことも多い。さらには，前述のベンダー（リバース）デューデリジェンスが利用可能な場合など，デューデリジェンスのプロセスや手続きは，さまざまに変化する。

以下ではごく一般的なデューデリジェンスのプロセスを概観するが，上述のように，場合によって多少調整する必要があることに留意されたい。

図表1-6は一般的なデューデリジェンスのプロセスの概観図である。

(1) M&A案件の検討開始

M&A案件はさまざまな形でやってくる。買収企業自らが，経営戦略を実現させるため戦略的M&Aを企図して，相手側に働きかけた結果としてM&Aプロセスが開始されることもあるし，逆に相手方が持ちかけてくることもある。また，買収企業ないし被買収企業の財務アドバイザーが提案してくるケースもある。さらには，グループ戦略の一部として，親会社や関連会社が提案ないし指示をしてくる場合もある。M&A案件の検討にあたっては，役員レベルの検討責任者がアサインされるのが通常である。当該検討責任者は経営企画や財務等のセクションからの少数のものたちから成る，プロジェクトチームを立ち上げ（検討PT），案件の検討を開始する。

(2) M&A案件概要の把握

まず，確認すべきは，当該M&A案件の概要である。確認すべき内容は主に以下である。

① M&Aの対象は何か
M&A対象たる企業・事業を確認する。特に企業か事業かの別は重要である。

② M&Aの対象たる企業・事業の概要
M&Aの対象たる企業・事業の資産，負債，売上や損益（営業利益・経常利益，EBITDA等）の規模，従業員数，製品・商品，顧客や仕入先，事業所や工場の地理的分布等を大まかに把握する。

③ M&A 対象となっている理由は何か

当該 M&A 対象企業・事業が，M&A 対象となっている理由を確認する。

④ 想定 M&A スキームは何か

想定される M&A のスキームは何かを確認する。すなわち，株式譲渡，営業譲渡，合併，会社分割等である。また，何故そのようなスキームが想定されているのかを確認する。

⑤ スケジュール感はどのようなものか

売り手が企図しているスケジュール感はどのようなものなのかを確認する。通常は売り手サイドに明確なスケジュール感，すなわち，「いついつまでにはクロージングをしたい」というターゲットがある。

⑥ M&A プロセスはどのように進むのか

競争入札か相対取引か。そのプロセスはどのようなものか。M&A プロセスにおけるキーとなる日付は何か。デューデリジェンスの方法やプロセスはいかなるものか。

これらの項目を確認し，さらに先方から得られたさまざまな情報を分析したうえで，当該 M&A の検討を続けるか否かについて，検討 PT はトップマネジメントと協議する。その結果，「継続」となった場合に(3)に進む。

(3) デューデリジェンスチームの組成

ビジネス，財務，法務，人事，IT 等の各分野におけるデューデリジェンスのチームメンバーを選択し，デューデリジェンスチームを組成する。**図表1-7**はデューデリジェンスチームの組成例を示している。

デューデリジェンスチームの組成にあたっては，上記(2)で把握した概要を十分に勘案したうえで，適材を適所に配置しなくてはならない。たとえば，案件の規模が小さい場合や比較的に複雑性がなくリスクが低い場合には，買収企業内部の人材でデューデリジェンスを行うことがコスト対効果の観点からよいかもしれない。一方，案件の規模が大きく複雑な場合には，図表1-7の組成例のように各分野に外部専門家を入れるべきであろう。

図表1-7　デューデリジェンスチームの組成例

デューデリジェンス分野	チーム
ビジネス	経営企画2名，営業2名，購買1名，製造・開発2名（以上，内部）および経営コンサルティングファームA社
財務，会計，税務	財務・経理2名（以上，内部）および会計事務所B社
法務	法務部1名（以上，内部）および弁護士事務所C社
人事	人事1名，総務1名（以上，内部）および人事コンサルティング会社D社
その他（IT等）	システム部1名他

　また，M&Aは案件の性質上，「守秘」が厳しく要求される。デューデリジェンスチームの人材選定にあたって，そのこともよく理解する必要がある。その観点から，いうまでもなく，無制限にデューデリジェンスに関与する人員を増やすことはできない。そうした制限の中で各分野の調査を十分に行うためには，その分野における広範な知識・経験があるとともに，実務能力も高い人材を配置しなければならない。また，そうした人材はデューデリジェンスのプロジェクトを行っている間は，本来の各分野での仕事に割り当てる時間がかなり制限されることが予想されるため，その面での組織的配慮も不可欠となる。

(4) キックオフミーティング

　デューデリジェンスチームの組成が終了したところで，チームメンバーを招集し，デューデリジェンスのためのキックオフミーティングを開催する。
　キックオフミーティングの議題は，通常，以下が含まれる。
- チームメンバーの紹介
- 案件および対象企業・事業の概要説明
- M&Aのプロセスと想定スケジュール
- デューデリジェンスの進め方と作業分担の概要
- デューデリジェンスのスケジュール

キックオフミーティングでは検討PTチームが入手した情報が共有化され，それに基づいて，今後のデューデリジェンスの進め方が話し合われる。チーム全体のキックオフミーティングが行われた後で，ビジネス，財務，法務，人事等の各分野ごとのブレークアウト・ミーティングが行われることも多い。

(5) 予備的デューデリジェンス(Preliminary Due Diligence)とデューデリジェンス計画

各分野のチームメンバーはキックオフミーティングで入手した，あるいはその後に入手した情報，および公開情報に基づいて，各分野における予備的デューデリジェンスを実施する。予備的デューデリジェンスの目的は，各分野におけるデューデリジェンスの調査範囲（スコープ），調査手続を決定し，またそれら範囲や手続に関する優先順位や重要性を評価しておくことである。M&Aのデューデリジェンスは，通常，かなり限られた時間の中で，守秘性からかなり限定的な情報やヒトへのアクセスを通じて行われるのに対し，調査項目は広範でかつ複雑である。したがって，調査対象項目の重要性や危険性に鑑みて，調査手続に優先順位や強弱をつけていくことが重要である。こうしたことを予備的デューデリジェンスにおいて行い，各分野ごとにデューデリジェンス計画をたてる。デューデリジェンス計画には，デューデリジェンスの範囲（スコープ），調査項目，調査手続，予定調査時間，調査担当者等が含まれる。

(6) 資料要求リストの作成・送付

(5)において立てた各分野のデューデリジェンス計画に基づいて，調査手続を行うために必要な資料の要求リストを作成し，先方に送付する。資料要求リストは時として膨大なものになるので，デューデリジェンスの進行上できるだけ早く入手すべき資料がある場合には，優先順位（たとえば，1から3，1：高い→3：低い）を付しておくと，効率的である。また，資料要求リストの送付にあわせて，各分野のマネジメントへのインタビューの設定依頼もしておく。

(7) デューデリジェンスの現場作業

(6)の資料要求リストとマネジメント・インタビュー依頼に基づき，M&A対象企業・事業がデューデリジェンスのための準備を完了させると，いよいよデューデリジェンスの現場作業に突入する。

デューデリジェンスのやり方にはいくつかある。大きく分けて，売り手サイドが資料要求リストに基づいて集めた資料をデータルームに据え置き，そこで買い手候補者に閲覧させるデータルーム方式と，それら資料の大半をハードコピーやソフトデータ化し，情報パッケージにして，買い手候補者に配布する情報パッケージ方式があるが，それら2つの方法を組み合わせた形態や先のベンダー（リバース）デューデリジェンスを利用する形態等さまざまである。ただし，いずれにせよ，対象企業・事業のヒトや情報へのアクセスがかなり制限された状況下での調査となることには変わりない。

各デューデリジェンスチームはそれぞれの分野ごとのデューデリジェンス計画書に基づいて，デューデリジェンス調査手続を進めていく。現場作業の根幹をなすのは，上述の資料閲覧とマネジメントを中心とするキーパーソンへのインタビュー・セッションである。インタビュー対象は，通常，対象企業・事業のCEO，CFOに加え，営業，財務，購買，製造・開発，人事，総務等各ラインの責任者と現場責任者である。デューデリジェンスにおいて，こうしたインタビューは非常に重要である。単体事業価値，シナジー，統合リスク，M&A契約条件に影響を与える事項のあぶり出しを常に念頭に置いて，インタビューを実施する。効率的・効果的なインタビューの実施のためには，まず資料を読み込むことにより，調査対象項目の概要を把握し，またさまざまな分析を試み，関心事や問題点を絞り込んだうえで，質疑の焦点や流れをよく考えておくことが重要である。

(8) 定期的進捗報告ミーティング

前述のように，デューデリジェンスは各分野ごとにチームを組み進めていくものの，それら各分野のカバーする範囲はしばしば重複し，また連関してい

る。そのため，相互に重複・関連する分野の調査結果を共有化しつつ，デューデリジェンスを進めていく必要がある。そこで，定期的に進捗報告ミーティングを開催し，各分野での発見事項等を報告する。これは効率的・効果的に網羅的でリスクフォーカスのデューデリジェンスを実施するうえで，非常に重要である。通常は1週間に1度程度のミーティングであるが，1日の終わりに必ず行うケースもあるし，あるいは2～3日ごとに実施する場合もある。開催頻度はプロジェクト責任者の個性や案件の性質にもよる。

(9) 調査範囲（スコープ）や調査手続の修正

(8)の定期的進捗ミーティングでの発見事項等を受けて，デューデリジェンス計画における調査範囲（スコープ），調査手続，その優先順位や強弱などを修正するとともに，スコープや調査手続の追加・省略を行う。デューデリジェンス計画は，(5)の予備的デューデリジェンスの結果を受けて策定されたものであり，実際にデューデリジェンスに入ると(5)の結果とは異なる状況であることも多い。そうした場合に，柔軟性をもって，当初想定していた調査範囲（スコープ），調査手続等を変更したり，追加したり，また省略したりする。当初のスコープや手続に固執せず，いかに柔軟に「走りながら調整できるか」が効率的・効果的なデューデリジェンスをするうえでは重要である。

(10) デューデリジェンス報告書の作成，最終結果報告ミーティング

最終的にデューデリジェンスの結果をまとめて報告書を作成し，結果報告ミーティングで，トップマネジメントに報告する。具体的な報告書の内容は後述に譲るが，要は，デューデリジェンスの結果として発見した，単体事業価値およびシナジーに影響する事項，統合リスクに関連する事項，M&A契約条件交渉上考慮すべき事項をポイントを絞って報告することが重要である。

第4節 デューデリジェンスにおける発見事項と事業価値評価・契約条件

　前述のように，戦略的デューデリジェンスは，M&A対象企業・事業の過去の状況および現況の調査を出発点としつつ，将来性の分析や予測，シナジー効果の詳細な分析とシナジー効果発現のためのプロジェクト・プランニング，統合に係るリスクの調査および統合プロジェクト・プランニングを含んだ，より将来思考のものである。戦略的デューデリジェンスは，M&Aによる企業価値の創造を，またそのためのM&Aの成功をより意識し，M&A契約成立後のアクションを見据えた動態的なデューデリジェンスである。その意味で，従来の静態的な「伝統的デューデリジェンス」とは一線を画すものである。

　一方で，M&Aにおける事業価値評価とデューデリジェンスの関係はどのようなものだろう。

　実は，歴史的に見れば，M&Aにおける事業価値評価の世界にも「静態的評価→動態的評価」という変化が起こっていたのである。M&A先進諸国においてはかなり前の出来事だが，日本ではかなり最近まで，事業価値評価に関して静態的思考がかなり色濃く残っていた。思い出してほしいのだが，いまでこそ新聞でも注釈なしで使われることが多くなった「DCF法」(Discounted Cash Flow Method) という言葉が，「耳になじみのよい言葉」として日本のビジネス界に流通しだしたのはいつだったか。それほど前のことではないことに思い当たるはずだ。そのとおり，少し前まで日本ではいわゆる「フロー」を評価してカネを払うということに抵抗感が強く，「ストック＝資産」に対してカネを支払っていたのである。銀行の融資においても不動産担保がいくらあるのかが重要で，無担保で事業キャッシュフローをベースにカネを貸す銀行はあまりなかった。同様に，M&Aの世界でも，静態的な純資産価値をベースとする評価思考が中心的であった。そうした状況下でのデューデリジェンスは必然的に静

態的なものにならざるを得ない。したがって，資産・負債の各項目を調査し，資産性（含み損や含み益）や負債の網羅性を確かめ，「ネット」でいくらの資産があるのかを確かめる貸借対照表ベースの「買収監査」と呼ばれるものが行われてきた。ビジネスデューデリジェンスもより原始的で，定量的な分析等はきわめて限定的であった。事業価値評価への反映が限定的である以上，定量化の必要性がなかったということであろう。したがって，従前の日本の未発達のM&A市場では，「事業価値評価＝静態的思考」に対し「デューデリジェンス＝貸借対照表を中心とする買収監査＋非定量的・未洗練ビジネスデューデリジェンス」という状況があった。

ところが，その後，事業価値評価の世界はどんどんグローバル化し，DCF法等の将来のフローをベースにそのフローの現在価値をもって事業を評価する手法がごく当然のものとして用いられるようになった。それに対して，デューデリジェンスのほうは相変わらず，従前の「デューデリジェンス＝貸借対照表を中心とする買収監査＋非定量的・未洗練ビジネスデューデリジェンス」という状態であった。ここで，事業価値評価とデューデリジェンスの間に不思議な一定の「非連関」という状態が生じたのである。

こうした状況に対し，デューデリジェンスもグローバル化させ，事業価値評価との連関性を取り戻さなければならない。それが，本書が提唱する戦略的デューデリジェンスの1つのテーマである。

この節では，そのような趣旨から，戦略的デューデリジェンスの発見事項を，事業価値評価や契約条件にどのように反映させるべきかのフレームワークを概説するが，その前に，その基礎として，事業価値評価手法の概要を説明する。

1 事業価値評価手法

(1) 事業価値，企業価値，株主資本価値

まず最初に「事業価値」と「企業価値」の概念を整理する。事業価値とは文

字どおり，その事業のための資本（事業用資産－事業用負債）を回転させることにより生み出される，その事業の価値（Business Value）である。一方，企業価値とは，複数の事業の事業価値の総計に，事業用に供されていない非事業性資産・負債の価値を加減算したもので，いわゆる企業全体の価値（Enterprise Value）である。非事業性資産には余剰現金やその運用として保有されている有価証券，貸付金，不動産（賃貸不動産や投資不動産），美術品および，遊休となっている不動産や設備が含まれる。これらは特定の事業の運転資本を形成していないことから，事業価値生成循環過程外にあり，事業価値を構成しない。

　一方，「株主資本価値」という概念がある。会社は基本的に株主が所有しており，会社の価値を上げるということは，理論的には「株主に帰属する価値＝株主資本価値」を上げるということになる。もちろん，会社は株主だけのものなのかという疑問もあり，このあたりはいろいろ議論があるが，そのこと自体は本書のテーマではないので，さらなる議論は他書に譲り，ここではストレートな理論説明を行う。上述の企業価値から有利子負債等の外部調達資本部分を差し引くことにより株主資本価値が算出される。これらの関係を図示したのが**図表1－8**である。

　M&Aの形態が営業譲渡の形式をとる場合には事業価値がいくらなのかが論点となる一方，株式譲渡や合併の場合等，対象が企業そのものの場合には，株主資本価値が論点となる。そこで，これら3つの価値の構成や関係をよく理解しておくことが重要である。

(2) ゴーイングコンサーン価値とリクイデーション価値

　上記に加えて，ゴーイングコンサーン価値（Going Concern Value；企業・事業継続価値）とリクイデーション価値（Liquidation Value；清算価値）の概念を理解しておくことも重要だ。通常のM&Aでは，M&A対象の企業や事業が今後も継続していくことを前提とした評価を行う。こうした前提で評価した価値をゴーイングコンサーン価値という。一方で，企業や事業を清算した場合の価値，すなわち企業や事業が継続しないことを前提に，ある時点での資産の売

■株主資本価値の評価手法

株式の適正市場価値の評価においては一般的に以下の3つのアプローチが検討され、評価目的、また評価対象の置かれている状況や事業特性等を総合的に勘案して、最も適切と思われるアプローチ方法を選択あるいは組み合わせることにより評価を行う。

図表1-8 企業（事業）価値評価分析の3つのアプローチ

[インカムアプローチ]

| 企業価値 | 余剰資産 | 有利子負債 |
| | 事業から創出されるフリー・キャッシュフローの現在価値（事業価値） | 株主資本価値 |

〈DCF法〉
企業が将来生み出すであろうフリーキャッシュフローを一定の割引率で現在価値に割り戻して事業価値を算出し事業価値に余剰資産を加算し企業価値を算出
→企業価値から有利子負債を控除し株主資本価値を算出

最も理論的かつ一般的な評価方法

[マーケットアプローチ]

| 企業価値 | 余剰資産 | 有利子負債 |
| | 他の企業（公開会社）との比較に基づき算定される事業価値 | 株主資本価値（時価総額） |

〈株価倍率法〉
公開企業の市場での株価と財務情報（売上高、キャッシュフロー、利益等）の関係を参考に当該企業の事業価値を算出
→事業価値に余剰資産を加算し企業価値を算出
→企業価値から有利子負債を控除し株主資本価値を算出

投資家から見て当該企業と比較可能な株式公開企業が存在する場合に有効

[コストアプローチ]

| 資産（時価ベース） | 負債（時価ベース） |
| | 株主資本価値（純資産） |

〈修正純資産法〉
資産と負債を時価ベースに修正後（資産の含み損益・簿外債務等を含む）の純資産価額
※営業権は反映されない

日本では客観的な評価方法として非公開企業の株式評価、合併比率の算定などに採用されてきた

却および負債の返済後残額の清算配当をベースに評価された価値が，リクイデーション価値である。リクイデーション価値は，「株主清算価値＝ある時点での資産の売却収入－負債－清算コスト」で算出される。

通常のM&Aではゴーイングコンサーン価値が価値評価の基本となるため，リクイデーション価値を意識することはそれほどないが，「ゴーイングコンサーン価値＜リクイデーション価値」となるケースでは注意が必要だ。リクイデーション価値より低い価格でのM&Aはあり得ないからである。株主にとって，ゴーイングコンサーン価値をベースに算出されたM&A価格が，リクイデーション価値を下回るケースでは，当然のことながら，そうしたM&Aに応じる経済性がないことから，案件は成立しない。即時清算したほうが株主の経済性に適うからである。経営破綻した企業のM&Aでは，この比較が非常に重要な意味を持ってくるので，留意を要する。

(3) ゴーイングコンサーン企業価値の算出手法

それでは，ゴーイングコンサーンに基づく企業価値を算出する手法としてどのようなものがあるのだろうか。さまざまな企業価値算出の方法があるが，それらは3つに類型化される。すなわち，①インカムアプローチ，②マーケットアプローチ，③コストアプローチ，である（図表1-8）。

①　インカムアプローチ

インカムアプローチとは，事業から得られる将来キャッシュフローや将来利益の価値に基づいて，企業価値を算出するアプローチである。インカムアプローチの代表的な評価手法が，DCF法（Discounted Cash Flow Method）であり，ほかにも収益還元方式等がある。

②　マーケットアプローチ

マーケットアプローチとは，評価対象企業の価値を，マーケットにおける価値を基準として評価するアプローチである。具体的には，(a)評価対象企業の株式が市場で取引されている場合にその株価をベースに企業価値を算定する株式

市価方式，(b)類似企業の株価をベースに企業価値を算定する株価倍率方式，(c)類似企業のM&A価格をベースに企業価値を算定する取引事例比準方式等がある。

③ コストアプローチ

コストアプローチとは，事業の再構築価格に基づき企業価値を算定するアプローチである。すなわち，個々の有形・無形事業資産の再構築価格を算出し，それをベースに企業価値を計算し，負債を差し引くことにより，株主資本価値を評価する。しかしながら，一般的には，実務上すべての資産の再構築価格を計算することは不可能であるため，評価対象企業の貸借対照表をベースに重要な資産・負債を時価に引き直して純資産を調整することにより株主価値を計算する修正純資産方式が用いられている。

これら3つの手法のうち，最も理論的なアプローチはインカムアプローチである。すなわち，インカムアプローチはM&A対象企業・事業の将来のフローをベースに価値を算定するアプローチであり，M&Aがそうしたフローを獲得する代わりに代価を支払う取引であることを考慮すると，最も合理的な評価アプローチである。また，このアプローチでは，シナジー効果の価値への反映も理論的・定量的に行われ得る。ただし，将来の損益やキャッシュフローの予測をベースにしているため，そこが「ブレ」ると，価値評価の結果が大きく変わってしまう危険性がある。

マーケットアプローチは，市場での価格をベースにしているというところに「説得力」があり，M&Aの価値評価においては，インカムアプローチと併用されるケースが多い。株式を上場している企業のM&Aを考えるとき，市場で取引されている株価を何らか考慮せざるを得ないのは当然である。

また，株式を上場していないケースでも，対象企業に類似している会社の株式市場での株価は一定のガイドラインになる。さらには，類似のM&A案件事例をベースにした価値評価も一定の説得力を持つ。類似企業ないし類似取引をベースにするマーケットアプローチの問題は，「類似性」にある。一般に企業は複雑で固有な組織構造をベースに，これまた複雑で固有な経営戦略を展開

している。上場会社が単一の事業だけを営んでいることはきわめてまれで，通常多角的に事業を展開している。そうした状況下，ある非上場会社がM&A対象である場合に，それとほぼ同様の上場企業を探すのは通常はきわめて困難なはずである。したがって，実務上は，数社の「ある程度似ている」会社を抽出し，それらの会社の株価と収益・損益や純資産等の連関を分析し，異常値を排除したうえで，平均し，それを適用することにより，対象会社の価値評価をしたりするが，「ある程度しか似ていない」会社群の平均値であるので，その合理性には限界がある。類似のM&A取引事例についても，類似案件を探すのがさらに困難なのが現状であり，その意味でこの手法の汎用性は限られる。

　コストアプローチのうち時価純資産法は，日本では，非上場会社株式の評価や合併比率の算定などに長らく採用されてきた歴史がある。非常に静態的な価値を算定する手法で，超過収益力（のれん）が価値評価に反映されないことから，その合理性には一定の制限がつく一方，その他の手法に比して，評価プロセスに介入する仮定・前提が限定的であり，その分比較的に「ブレ」の少ない安定的な手法である。戦略的なM&Aの企業価値評価に適合する手法とはいえないが，一定のベースバリューを提供する手法と整理しておけばよいであろう。

　それでは，あるM&Aにおける実際の価値評価にあたって，これらのうちのいずれを採用すべきであろうか。アプローチを選択する基準は何か。実は，これに対する絶対的・普遍的な回答はない。上述のように，すべての手法が長所と短所を持ち合わせており，またそうした長所・短所の影響度合いは案件の性質によって千差万別である。したがって，実務上は，とりあえず，これら3つのアプローチで価値を計算し，その結果を案件の性質と照らし合わせて，どのアプローチの結果にどのようなウェイトをかけるかを決定し，総合的に判断を行うことにより，最終的な企業価値を算出することになる。

(4) インカムアプローチ

　インカムアプローチには，将来のフリーキャッシュフローに着目するDCF方式，将来の継続可能利益をベースとする収益還元方式，将来の期待配当を

図表1−9　インカムアプローチ−DCF法

DCF法

- DCF法は、予測期間中に分析対象企業が生み出すフリーキャッシュフロー（FCF）を、分析対象企業や当該企業の属する業界におけるリスクを考慮したうえで算定される割引率によって、現在価値に還元して分析する方法である。将来FCFの現在価値への割引によって得られた事業価値に非事業資産（余剰資産）を加算したものを企業価値とし、そこから有利子負債を控除したものが株主資本価値となる。
- 割引率としては、一般的に、有利子負債の調達レートと株主の期待収益率を資本構成比で加重平均した、加重平均資本コスト（WACC：Weighted Average Cost of Capital）が使用される。

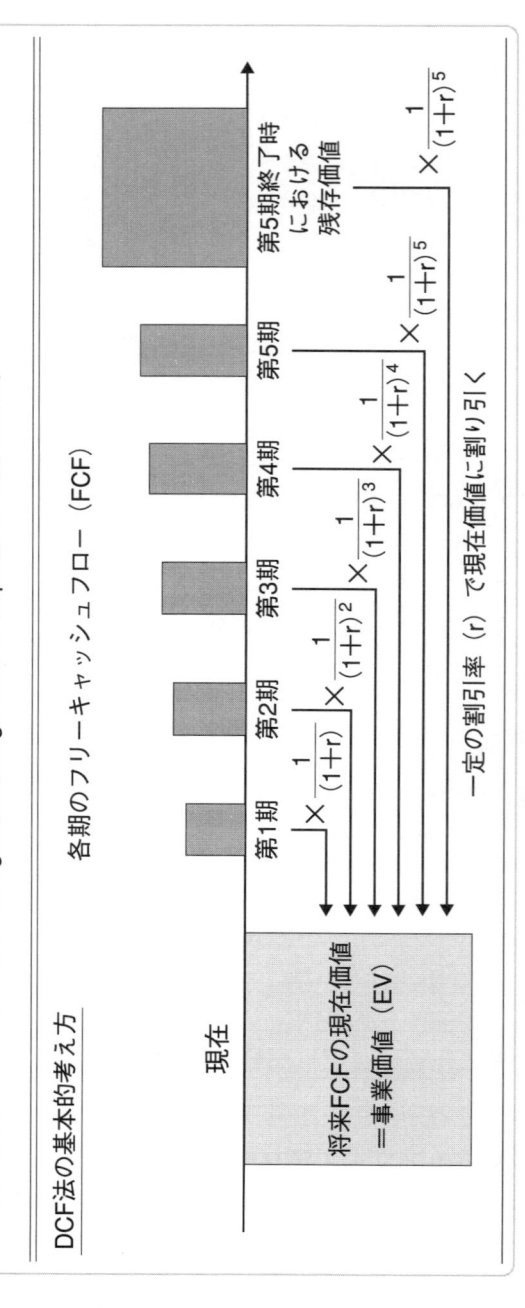

DCF法の基本的考え方

各期のフリーキャッシュフロー（FCF）

第1期　$\times \dfrac{1}{(1+r)}$

第2期　$\times \dfrac{1}{(1+r)^2}$

第3期　$\times \dfrac{1}{(1+r)^3}$

第4期　$\times \dfrac{1}{(1+r)^4}$

第5期　$\times \dfrac{1}{(1+r)^5}$

第5期終了時における残存価値　$\times \dfrac{1}{(1+r)^5}$

現在

将来FCFの現在価値 ＝事業価値（EV）

一定の割引率（r）で現在価値に割り引く

ベースとする配当割引モデル，将来の超過収益に着目する EBO モデルなどがある。ここでは，その中でも汎用性が高く，M&A の評価実務の中核をなしている DCF 方式を中心に，評価手法の詳細を説明する。

DCF 方式は，評価対象企業・事業から生み出される将来キャッシュフローの現在価値に基づいて，当該企業・事業価値を算定する手法である。DCF 方式は，その合理性から，グローバルな M&A 市場においての共通言語となっており，広く浸透している。前述のように，日本でも，M&A 市場が活発化し，M&A 取引が盛んになるにつれ，広く用いられるようになってきた。

図表 1-9 は DCF 方式のフレームワークを図解したものである。

① DCF 方式の評価ステップ

(a) 対象企業・事業の将来 5 期分（5 年分）程度の事業計画を用意する。

(b) 当該将来 5 期分の事業計画に基づいて，それぞれそれぞれの期のフリーキャッシュフロー（Free Cash Flow；FCF）を計算する。通常，FCF は，金利前税金前利益（Earnings before Interest expense and Taxes；EBIT）から実効税率で計算される税額を差し引いた金利前税金後利益（Earnings before Interest expense after Taxes；EBIAT）に，減価償却費等のキャッシュフローを伴わない費用を足し戻し，これに事業の拡大（縮小）に伴い変動する運転資金の増加・減少を加減し，最後に設備投資額（Capital Expenditure；CAPEX）を差し引くことにより，算出される（例参照）。

フリーキャッシュフロー（FCF）の算定（例）	
金利前税金前利益（EBIT）	1,000
EBIT 対する税額（40％）	(400)
金利前税金後利益（EBIAT）	600
減価償却費等の非資金費用	200
運転資金の（増加）減少	(50)
設備投資（CAPEX）	(100)
FCF	650

(c) 第 5 期終了時における残存価値（TV：Terminal Value；ターミナルバ

リュー）を算定する。通常は，第5期のFCFをベースとして，FCFの成長率を加味した還元率で，永久還元を行うことにより算定する。

> **ターミナルバリュー（TV）の算定（例）**
>
> $$TV = \frac{予想期間最終年度のFCF \times (1 + 成長率)}{(割引率（WACC）- FCFの成長率)}$$
>
> たとえば，予想最終期である第5期のFCFが600で，割引率（加重平均資本コスト＝WACC）が7％，FCFの成長率が1％とすると，TVは以下のように求められる。
>
> $$TV = \frac{600 \times (1 + 1\%)}{(7\% - 1\%)} = 10{,}100$$

(d) (b)で算定した将来5期分のFCFと(c)で算定した第5期終了時点における残存価値（TV）を，次の(g)で説明する割引率により現在価値に割り引き，事業価値を計算する。

(e) (d)で算出した事業価値に，余剰現金，有価証券，貸付金等の非事業用資産の時価および遊休資産の時価を加算し，企業価値を算出する。

(f) (e)で算出した企業価値から有利子負債を中心とする外部調達資本を差し引き株主資本価値を算出する。

(g) 将来FCFを現在価値に割り引く際に用いる割引率は，評価対象事業に内在するリスクに対して要求される期待収益率を用いる。DCFにおいて現在価値に割り引くベースはFCFであり，借入金の元利返済前のキャッシュフローであるため，有利子負債等の外部調達資本と自己資本（株主資本）のそれぞれに対して求められる期待収益率の加重平均である，加重平均資本コスト（Weighted Average Cost of Capital；WACC）が，割引率として用いられるのが通常である。

加重平均資本コスト（WACC）の算定（例）	
負債コスト	2 ％
税効果（40％）	-0.8
税効果考慮後負債コスト	1.2％
負債比率	60 ％
加重負債コスト	0.72％

自己資本コスト	9 %	
自己資本比率	40 %	
加重自己資本コスト		3.6 %
加重平均資本コスト（WACC）		4.32%

　この例では，負債コスト2％に対し自己資本に関する期待収益率は9％である。また資本構成は負債60％に対し自己資本40％となっている。実効税率40％を想定している。金利の損金算入に係る税効果考慮後の負債コストは1.2％であり，それを負債比率60％で加重すると加重平均負債コストは0.72％となる。一方，自己資本コストは9％で，それを自己資本比率の40％で加重し，3.6％の結果を得る。両者を加算して，WACCは4.32％と計算される。

　こうしたWACCの算出過程で考慮すべき事項やポイントは以下のとおりである。

　(i)　資本構成

　資本構成比率の算定にあたっては，時価ベースの資本構成比率を用いる。すなわち，時価純資産と時価ベースの負債の比率を念頭に置く。これは，株主の期待投資利回りが，1株当たりの簿価純資産額ではなく，その時点での投下資本価値である株価に対しての収益率であると考えるべきだからであり，その意味で，簿価純資産を用いると，「ズレ」が生じるからである。負債に関しては平均約定金利と実勢金利に大きな違いがなければ，そのまま簿価を用いるのが実務上の判断となる。

　DCF法において採用する資本構成には長期的視点が求められる。すなわち，無限的長期間のFCFを評価のベースとすることから，ある程度長期間の安定的な資本構成を念頭に置く必要がある。ある程度の期間にわたって資本構成が変化していくような場合，別の評価手法をとることが合理的なこともあるので，留意を要する。

　評価実務上は，対象会社と類似の事業を営む上場会社の資本構成比率を参考に資本構成を設定する場合も多い。

　(ii)　負債コスト

負債コストとしては，評価対象会社が評価基準日に長期資金借入を行うと仮定した場合の借入コストを用いることが理論的である。ただし，実務上は，評価対象会社の実際の平均借入金利が採用されることが多い。

　ただし，親会社の保証などで，評価対象会社の信用リスクを適正に反映した金利での借入となっていない場合には，そうした保証を除いた評価対象会社独自の信用に基づく負債コストを算出し，それを用いるべき場合があるので，注意を要する。

(iii)　株主資本コスト

　株主資本コストは一般的には資本資産評価モデル（CAPM：Capital Assets Pricing Model）に基づき算定される。CAPMにおいて期待収益率は，以下の算式で求められる。

期待収益率 ＝ リスクフリーレート ＋ ベータ値 × リスクプレミアム

(ア)　リスクフリーレート

　リスクフリーレートは，デフォルトリスクのない証券の利回りである。実務上は，長期国債（たとえば10年国債）の利回りが用いられる。

　ベータ値は，株式市場全体の株式投資利回りの動きと個別企業の株式投資利回りの動きの相関を表す尺度である。株式市場全体の平均ベータ値は1.0とされており，それより個別企業のリスクプレミアムが大きい場合には，ベータ値は1.0より大きくなる一方，小さい場合には1.0より小さくなる。したがって，ベータ値が1より大きい場合には，株価の変動が激しくリスクが高い株式銘柄ということになる。たとえば，東京証券取引所が四半期ごとに開示している33業種別ベータ値によれば，情報・通信業やサービス業のベータ値平均が1を超えているのに対し，化学や繊維等のベータ値平均は1を下回っている。一般的には，景気変動の影響を受けやすい業種のベータ値ほど高くなる傾向がある。

　実務的には，評価対象会社が上場企業の場合には当該企業のベータ値を用いる一方，非上場会社の場合には，類似上場企業のベータ値の平均

値や業種平均ベータ値を用いる。

　なお，実際に株式市場で観測されるベータ値は各企業の資本構成の影響を反映したベータ値（レバード・ベータ）であるため，類似上場企業の実績ベータ値の平均を用いるような場合には，レバード・ベータをそのまま用いると，各類似企業の資本構成の違いが資本コストの算定に反映されてしまう。そこで，類似上場企業のベータ値をいったん，株主資本100％とした場合のベータ値に戻した修正ベータ値（アンレバード・ベータ値）の平均値をCAPM計算のためのベータ値として用いることが行われる。

レバード・ベータ値のアンレバード・ベータ値への転換

$$\text{アンレバード}\beta = \frac{\text{レバード}\beta}{1+(1-\text{実効税率})\times\frac{\text{負債比率}}{\text{株主資本比率}}}$$

　このような平均値としてのアンレバード・ベータ値を評価対象企業に適用するためには，当該企業の予想資本構成に合わせて再びレバード・ベータ値化する必要がある。

(イ)　リスクプレミアム

　次に，リスクプレミアムは，リスクフリーレートに対する株式投資の超過収益率である。株式投資のリスクの見返りとしての超過収益率であり，一般的には，株式市場ごとに過去のそれぞれの株式市場全体の収益率と同期間のリスクフリーレートの時系列データに基づき算出される，各株式市場の超過収益率の平均値を採用する。ちなみに，日本，米国，英国，ドイツ等の先進諸国の市場のリスクプレミアムは，5％〜5.5％程度である。

(ウ)　アンシステマティック・リスクプレミアム

　企業価値評価実務においては，こうしたCAPMだけでは考慮され得ないリスクについての調整項目をCAPMに追加的に考慮した，修正CAPMを用いて株主資本コストを計算するのが，通例である。主に2つの調整項目が考慮される。1つは会社の規模に関するリスクプレミア

ムであり，もう1つは被評価対象会社に固有のリスク（スペシフィックリスク）に対するプレミアムである（合わせて，アンシステマティック・リスクプレミアムという）。CAPMでは投資家が効率的なポートフォリオ運営を行い，その分散投資効果でアンシステマティックリスクがゼロになることが仮定されている。ところが，実際には投資家がリスクを完全に分散化することを仮定することには限界がある。そこで，修正CAPMでは，一定のアンシステマティックリスクを考慮するのである。

まず，会社の規模に関するリスクプレミアムであるが，多くの実証研究でCAPMに用いられるベータ値では説明できない収益率の分布が報告されており，その代表的なものが投資対象企業の規模に関するものである。すなわち，「小規模会社への投資に関する超過収益率は，ベータ値をベースにした収益率よりも高い」という現象である。こうした企業の規模に対応するリスクプレミアムを修正CAPMにおいては織り込む。規模のリスクプレミアムに関しては，米国のイボットソン・アソシエイツ（Ibottson Associates）がイヤーブックで毎年公表している数値をベースに株主資本コストの計算に織り込むことが多い。ちなみに，同社の最新のイヤーブックによる規模のリスクプレミアムは，中規模会社（時価総額500～600億円から1.8兆円程度）で2％弱，小規模会社（時価総額＜500億円）で4％程度である。

スペシフィックリスクは，評価対象会社に対するデューデリジェンスの結果等をベースに評価担当者の主観により決定される，ある意味，非常にデリケートな部分である。評価対象会社固有の状況に基づく追加的なリスクプレミアムと考えておけばよい。たとえば，評価の基礎となった事業計画に係る財務データに粉飾等の不安定な要因があり，デューデリジェンスの結果，基礎データを修正できるところは修正したが，それでもなお不安があるような場合，それを何らかの形で評価に織り込む必要があるわけだが，そのような場合の1つのやり方が，追加的なリスクプレミアムとして織り込むことにより，株主資本コストを上げ，その結果割引率が上がることによる評価金額（現在価値額）の低下効果を得る

方法である。

　修正 CAPM は，以下の公式で示される。

> 期待収益率 ＝ リスクフリーレート ＋ ベータ値 × リスクプレミアム ＋ 規模のリスクプレミアム ＋ スペシフィック・リスクプレミアム

　㈣　非流動性割引

　非公開企業に関しては株式を簡単に市場で売却できないことから，評価上も何らかの形で，そうした「非流動性」の割引を考慮する必要がある。やり方としては，主として2つある。非流動性割引を考慮せずに評価した結果から，非流動性に相当する価値減少分を控除する方法と，株主資本コストに非流動性の追加リスクプレミアムを加算して価値評価する方法である。実務上は，前者が用いられることが多く，米国における実証研究等を参考に，30％程度の非流動性の価値減少を見込む例が多く見られる。ただし，評価に係る M&A が評価対象企業の支配権獲得を前提としたものか，それとも少数株主持分投資かにより，非流動性割引の取扱いが異なるのが通常なので，留意を要する。すなわち，支配権獲得を前提としている場合には，持分そのものの市場における流通性はないが，対象会社の経営やキャッシュフローを支配する立場となるため，投資回収の選択肢を多数有している（配当，減資等）。そこで，通常，支配権獲得が前提となっている場合には，非流動性割引を考慮することはせず，少数株主持分投資の場合にだけ考慮する。

②　DCF 方式におけるターミナルバリュー（TV）の算定

　上記の例では TV を永久還元方式で算定している。DCF 方式で企業価値評価を実際にやってみるとすぐに理解できると思うが，5年程度の事業計画をベースに評価する場合，評価の結果としての事業価値のかなりの部分が TV から構成されている。したがって，TV をどのように算定するかで評価結果がかなり左右される。その意味で，TV の算定は非常に重要であり，慎重さを要求される。

TVの算定の手法としては，永久還元方式の他に，乗数法による方法や清算価値による方法がある。

(a) 乗数法による方法

乗数法では，評価の基礎となる事業計画の最終年度（上の例では5年目）の財務指標（たとえばEBITDA）に株価倍率（たとえばEBITDA倍率）を乗じることによってTVを算定する。株価倍率には，業種平均や類似企業の株価倍率の平均値等を用いるが，これらはあくまで現在の経済・市場環境のもとでの値であり，その採用にあたっては，業種や類似企業の安定性を考慮する必要がある。たとえば，急成長等の激変が予想される場合には，株価はそれを織り込んでおり，株価倍率もその影響を含んでいるため，それを5年後の財務指標に乗じてTVを算定することの合理性を慎重に判断する必要がある。実務上は，短期的な投資のイグジット（出口）を前提に投資する投資ファンド等で，その行動形態によくマッチするため，こうした手法によるTVの算定が好んで行われる。

(b) 清算価値による方法

一般的にDCF法はゴーイングコンサーン（継続企業・事業）をベースに評価する方法であるため，TVに清算価値を用いることはまれである。しかしながら，たとえば，油田や炭鉱等の限りある天然資源に関する事業を評価する場合や，衰退産業に属する企業で，10年後以降の事業継続がかなりの確率で困難と予想される場合などでは，清算価値をTVとすることが合理的な場合もある。

③ エクイティ・アプローチに基づくDCF法

上記DCF法の説明では，株主と債権者に対するキャッシュフローに着目したエンタープライズ・アプローチに基づく方法を説明した。それに対し，株主に対するキャッシュフローをベースとしたエクイティ・アプローチによるDCF法がある。これは，債権者に対する借入金元利払い後のキャッシュフローに着目する評価手法で，金融機関など負債の比率が高く，かつ金利変動リ

スクをある程度収益に転嫁できる事業モデルに適用される。

エクイティ・アプローチによるDCF法も，基本構造はエンタープライズ・アプローチによるDCFと同様である。違いは，キャッシュフローとして株主に対するキャッシュフロー，すなわち金融収支差引後の経常利益をベースに，経常利益に対する税金を差し引き，それに有利子負債残高の増減を含めたキャッシュフロー調整（非現金支出項目，運転資金増減，設備投資増減，有利子負債残高増減）を行ったものを用いることと，割引率としてWACCではなく，株主資本コストを用いることである。

④ DCF法以外のインカムアプローチ

DCF法以外のインカムアプローチとして，収益還元方式（CME方式：Capitalized Maintainable Earnings Method）と配当割引モデル（DDM：Dividend Discount Model）がある。

収益還元方式は，将来一定の成長率のもとで継続的に稼得可能な利益（継続可能利益）を資本還元率で資本還元し事業価値を算定する方法であり，その算式は次のとおりである。

$$事業価値 = \frac{継続可能利益}{(資本還元率 - 永久成長率)}$$

資本還元率としては，基本的に上で説明したWACCが用いられる。この方法は，将来の収益・利益が安定的に推移すると見込まれる場合にDCFの簡便法として用いられる。特に，投資の検討段階の入り口でFCFの算定のための十分な情報がない場合等で，簡単に事業価値をはじく場合など，便利である。

配当割引モデルは，将来の期待配当フローを現在価値に割り引くことにより株式価値を算定する手法であるが，企業配当は配当性向などにより左右されることから，企業価値を適正に算出する手法としては，その有効性は限られる。

(5) マーケットアプローチ（株価倍率方式）

マーケットアプローチには，前述のように，評価対象企業自体の株式市場で

図表1—10 マーケットアプローチ—株価倍率方式

	A社	B社	C社	D社	E社	5社平均
主たる証券取引所	東証1部	東証2部	大証2部	東証1部	JASDAQ	
決算日	2005年3月	2005年3月	2005年2月	2005年3月	2005年3月	
【企業価値】						
1ヶ月平均株価	494	557	8,081	261	311	1,941
3ヶ月平均株価	485	540	7,429	258	300	1,802
6ヶ月平均株価	475	518	6,443	240	290	1,593
発行済株式総数（自己株除く）（単位：千株）	48,846	6,187	7,043	8,320	84,350	30,949
株式時価総額（3ヶ月平均株価ベース）	23,690	3,341	52,322	2,147	25,305	21,361
現預金	8,080	2,117	8,213	347	6,897	5,131
有利子負債	29,443	2,266	7,836	2,472	10,952	10,594
少数株主持分	192	0	0	0	44	47
企業価値（EV）	45,245	3,490	51,945	4,272	29,404	26,871
【実績】						
売上高	123,988	8,537	55,163	4,323	48,142	48,031
EBIT（営業利益）	3,450	467	4,450	321	1,146	1,967
営業利益率	2.8%	5.5%	8.1%	7.4%	2.4%	5.2%
減価償却費, その他償却費	2,353	138	379	71	1,809	950
EBITDA	5,803	605	4,829	392	2,955	2,917
EBITDA倍率	7.8	5.8	10.8	10.9	10.0	9.1

評価対象会社企業価値：評価対象会社（EBITDA）100億円×9倍（EBITDA倍率）＝900億円（推定企業価値）

の株価をベースに企業価値を算定する株式市価方式，類似企業の株価をベースに企業価値を算定する株価倍率方式，および類似企業のM&A価格をベースに企業価値を算定する取引事例比準方式等がある。

以下では，これら3つのうち，特に説明が必要と思われる株価倍率方式に関しての説明を行う。

株価倍率方式は，評価対象企業に類似する公開企業に関して，その株価に基づく株主資本価値（または企業価値）と各種財務指標（売上高，営業利益，純資産，EBITDA等）との数値関数（株価倍率）を算出し，そうした株価倍率

を当該評価対象企業の同様の各種財務数値に乗じることにより，企業価値評価を行う方法である。

たとえば，いま，評価対象企業に類似の上場企業5社のEBITDA（金利前税金前償却前利益）とそれら5社の株価から算出される企業価値（エンタープライズバリュー）の倍率をそれぞれ計算し，それらの平均値（または中間値）が9倍であったとすると，当該評価対象企業のEBITDA100億円に当該EBITDA倍率9倍を乗じた900億円が，当該評価対象企業の企業価値（エンタープライズバリュー）と算出される（**図表1-10**参照）。

株価倍率の類型は，2つに大別される。株主資本価値に関する株価倍率と企業価値（エンタープライズバリュー）に関する株価倍率である。

株主資本価値株価倍率には，PER（株価収益率），PBR（株価純資産倍率）PSR（株価売上高倍率），PCFR（株価キャッシュフロー倍率）などがあり，株主資本価値（時価総額；株価×発行済株式総数）を金利後の利益（経常利益や純利益）や簿価純資産等で除して株価倍率を計算する。

たとえば，当期純利益が10億円の企業で，株価が2,000円，発行済株式総数が1千万株とすると，（当期純利益ベースの）PERは，時価総額200億円（2,000円×10,000,000株）に対し当期純利益が10億円なので，20倍（200億円÷10億円）となる。

一方，企業価値株価倍率は，企業価値（エンタープライズバリュー）を金利前の利益（営業利益やEBITDA等）や売上高で除して算定する。ここで，企業価値（エンタープライズバリュー）は上述の株式時価総額（株価×発行済株式総数）に，純有利子負債や少数株主持分，優先株式等の普通株式以外の株式価値等を加算して，算出する。倍率の種類としては，売上高倍率，EBIT倍率，EBITDA倍率，CF倍率等がある。

評価対象企業に借入金がある場合には，企業価値株価倍率を用いることが望ましい。

株価倍率方式のポイントは類似企業の選定と，適用する株価倍率の決定である。

まず，類似企業の選定であるが，類似性の判断に際しては，業種・業界，商・製品，地域性，規模，組織や経営戦略，対面業界，財務上の特性，経営手

法等多様な項目を総合的に判断することが重要である。しかしながら，実務上は，ある程度の母集団が必要なこともあり，苦慮することも多く，まずは業種・業界や製・商品が同様の企業を選択するのが通常である。便利な情報としては，アナリストレポートがある。アナリストレポートでは，競合他社比較という切り口が用いられていることが多く，投資家が意識している比較投資銘柄の概略をつかむことができる。

評価対象企業が単一の事業に従事しているのではなく，多角化によりコア事業分野がいくつかある場合には，事業分野ごとに類似企業を選択し，事業ごとに株価倍率方式で事業価値を算出し，各事業の事業価値を合算することにより，評価対象企業の全体企業価値（エンタープライズバリュー）を算出する手法をとるべきである。

類似企業は，まずある程度の数の類似企業を抽出したうえで，それらに関する分析を行い，類似性を評価したうえで，最終的に5社から10社程度を選択することが望ましい。

次に，適用する株価倍率の種類であるが，これは評価対象企業の特性や，当該企業およびそれが属する産業において重視されている指標に基づき，決定される。実務上は，単一の指標を適用するのではなく，いくつかのキーとなる指標を選択し，それらの指標に加重をつけることにより加重平均して評価することが多い。

指標の選択にあたって重要な視点は，評価対象企業や類似企業へ投資する投資家が重視する指標は何かということである。一般的には，EBIT（Earnings before Interest and Taxes；金利前税金前利益）やEBITDA（Earnings before Interest, Taxes, Depreciation and Amortization；金利前税金前償却前利益）に関する倍率が重視される。これらが重視されるのは，これら指標が，税務ポジションや資本構造，償却の方法等の違いを排除した経常的な事業収益性をよく表す指標であるからである。当期純利益には税金や金利だけではなく，さまざまな特別損益等の一時的な損益が含まれるため，指標としての有効性に限界があり，実務上は嫌われることも多い。

このように一般的にはEBIT倍率やEBITDA倍率が株価倍率法の中心をなす指標であるが，産業によっては，それ以外の指標が重視されることもある。

ITやバイオテクノロジー，通信関連などの比較的新しい日進月歩の分野では，スタートアップ企業の参入も激しい。これらの分野では，いまだ赤字ではあるが，急激に売上を拡大し，急成長している企業がある。こうした企業ではEBITやEBITDA倍率では価値はでない。こうした企業の評価には，売上高をベースにするPSRやより特殊な指標，たとえば，インターネットポータル利用者数やケーブルテレビ加入者数等の指標を用いることもある。また，PBRやPCFRが重視される業種もある。

　類似企業の株価としては，短期的な変動の影響を排除するため，各社の過去1ヶ月から3ヶ月程度の終値の平均値を用いることが多い。直近6ヶ月程度の株価が何らかの原因から乱高下している場合には，適切な株価倍率を計算できない可能性があり，類似企業として非適格な可能性もあるので，留意を要する。

　株価倍率評価において，選択された指標に関し，直近の実績数値を用いて計算した値（実績マルチプル）と当期ないし次期業績予想をベースに計算した値（予想マルチプル）がある。株価が将来の予想を織り込んで動いていることを考えると，予想マルチプルのほうが有力な指標となることが多い。

　類似企業をいくつか選択し，また指標を選択し，対応する株価を決めると，各類似企業ごと，指標ごとの株価倍率が計算される。そのうえで，指標ごと（たとえばEBITDA倍率）の平均値（Mean）または中央値（Median）を計算し，それを適用するというプロセスになるが，その前に類似企業ごとの各数値の比較分析が必要である。各企業の数値がかなり狭い範囲に収束していれば，数値の合理性は高まるが，それが広い範囲に分散している場合やいくつかの極端に離れた数値が観察される場合には，さらなる分析が必要である。その結果として，いくつかの異常値を排除したり，あるいは基礎数値に対する修正が必要な場合には，そうした修正を施した後での倍率を計算し，さらに比較分析する。類似企業とはいっても，たとえば採用している会計基準が違えばベースは同じでも財務数値は異なるわけで，そうしたことが倍率の数字を歪めていることもあるので，留意が必要である。

　さて，このように計算された類似企業の各種指標の倍率を評価対象企業の各種指標に乗ずることにより，企業価値を算出するわけであるが，ここで，当該

指標のベースが類似企業と評価対象会社で同じでなければ，当然のことながら，適正な結果は得られない。したがって，各指標につきベースが違うと思われる場合には，評価対象会社の指標を修正したうえで，倍率を乗ずるというプロセスが必要になる。よくある修正項目としては，スタンドアローン問題，収益・費用認識に関する会計基準の相違，一時的な変動等がある。

　スタンドアローン問題とは，たとえば評価対象会社がある企業の子会社である場合に，経理，総務，人事等の間接部門機能の一部を親会社のそれら部門が担っている場合で，その対価が第三者価格（利害のない第三者間で交わされる価格）となっていない場合に，評価対象会社の財務数値が過大ないし過少表示されているケースをいい，M&A実務においてはしばしば直面する問題である。たとえば，上記例で，第三者価格以下での間接機能サービスを享受している場合に，評価対象企業のEBITやEBITDAは明らかに過大となっている。その場合，そうしたサービスを内製化している類似企業のEBITないしEBITDA倍率をそのまま乗じてしまうと，結果として算出される企業価値は過大となる。したがって，この場合には倍率を乗ずる前に，それに関する修正を行う必要がある。

　さらに，収益・費用の認識基準が類似企業とは違う場合や，倍率適用の対象となる期のEBITDAが何らかの臨時要因により通常の期に比して過大ないし過少になっている場合には，修正を要する。特に，非上場会社の会計処理は税務ベースであることが多いので，より厳格な会計基準を採用している上場会社の類似企業の数値をベースにした倍率を用いる場合，当該非上場会社の財務諸表を税務ベースから公正妥当な会計基準ベースに修正する必要が生ずるケースが多い。

　このように算定された株価倍率方式による企業価値については，最終的な結果を求めるために，いくつかの修正を施す必要がある。主として，非流動性割引と支配権プレミアムに関する修正である。非流動性割引については，上記DCFのところで概説した。支配権プレミアムとは，ある企業の経営支配権や経営に関する各種影響力を獲得するために支払われるプレミアムであり，議決権の3分の1超（特別決議拒否権），過半数（普通決議事項の単独決議可能），3分の2以上（特別決議事項単独決議可能）等の支配権や影響力行使のための

対価である。

　株価倍率法は，上記で説明してきたように，類似企業の株価と各種指標の倍率をベースとした評価方法であるが，これは通常の市場における株価をベースとしており，支配権プレミアムや影響力プレミアムは考慮されていない。しかしながら，実際にはこうした権利を獲得するためには，プレミアムを支払わなければならない。そこで，案件の性質を勘案して，株価倍率法で算出した株主資本価値に関して，支配権ないし影響力プレミアムの修正を行う。プレミアムは，議決権のうち法律上の権利という観点から重要な持株比率において（3分の1超，過半数，3分の2以上等），非連続的に上昇するという性質を持っている。たとえば，3分の1超から50％までは法的権利内容に違いがないからである。米国におけるさまざまな実証研究は米国における支配権プレミアムが30％程度であることを示唆している。また，日本に関する研究に基づくと，日本におけるプレミアムは，現状，米国のそれよりは多少低く，20％～30％程度であると考察される。実務上も，このあたりの数値をベースとして修正を加えている。

(6) コストアプローチ（修正時価純資産方式）

　コストアプローチとしては，実務上，修正時価純資産方式が採用されることが多いということは，既述のとおりである。以下，修正時価純資産方式に関して概説する。

　修正時価純資産方式とは，評価対象会社の資産や負債を構成するもののうち，時価と帳簿価格に乖離があり，含み損や含み益があるような項目に関して，時価へ引き直すことにより，時価ベースでの純資産額を算定し，それをもって株主資本価値とする方法である。このようにして計算される株主資本価値は，いうまでもなく，将来をにらんだ動態的な価値を表すものではなく，評価時点における静態的な価値を示すものにすぎない。また，のれんや知的財産権等貸借対照表に計上されずオフバランスになっている資産・負債の価値を反映しない。そのため，M&Aにおける価値評価の手法としての理論性に関しては，クウェスチョン・マークをつけざるを得ない。しかしながら，歴史的に

は，非上場会社のM&Aや合併比率の算定のベースとして用いられてきたし，いまだに用いられている。これは，DCF法等に比して比較的に恣意性が入らないという特性と，資産に裏打ちされた価値を示している安心性とでもいうべきものが，その背景にある。したがって，DCF法と株価倍率法をベースに企業価値評価を行う案件でも，一応時価純資産価値を算出してみて，その結果を比較するということを，実務上は，必ず行う。時価純資産価値ベースの企業価値に比して，DCF法や株価倍率法による結果が極端に高い場合等は注意が必要である。時価純資産価値は，投資におけるベースバリューを形づくるものであり，その意味での重要性は高い。

日本におけるM&Aにおいて，修正純資産方式での評価を行う場合によく修正項目となるものに以下がある。これら修正項目の性質はいくつかに分かれる。それは，

(イ) 会計監査を受けている会社に関して，会計基準では時価評価が要求されていないものについて，時価評価するもの
(ロ) 会計監査を受けていない会社に関して，会計基準では時価評価が要求されていないものについて，時価評価するもの
(ハ) 会計監査を受けていない会社に関して一般に公正妥当と認められる会計基準に沿って，財務書類が作られていない，すなわち一般に公正妥当と認められる会計基準に則って時価評価すべきものがされていないものについて，時価評価するもの
(ニ) （ごくまれに）会計監査を受けている会社に関して，監査人との判断の違いもあり，(ハ)のような状況があると認められ，時価評価するケース

である。

① 有形固定資産，棚卸資産，投資等に含まれる不動産

日本においては，不動産は相対的に価値が高い財であり，またバブル経済の時期をまたいで，価格が乱高下しているため，時価純資産を算定する場合に，その含み損益を反映させることは，金額的にも，重要なポイントである。不動産は有形固定資産に含まれているだけではなく，投資不動産として投資に，また不動産会社や建設会社等では棚卸資産に含まれていることもある。時価評価

のベースは，基本的には不動産鑑定書ということになるが，簡便的に，公示価格，路線価ないし固定資産税評価額等をベースに算出した見積時価額を用いることもある。

② 売掛金

上記(ｲ)ないし(ﾆ)のケース以外で，一般に公正妥当と認められる会計基準に則っていれば，通常は時価への引き直しの問題は起きない。しかしながら，通常の商取引では考えられない条件の無利息の長期性売掛金がある場合には，その時価は帳簿価格より低いことが想定されるので時価評価が必要となる。(ｲ)ないし(ﾆ)のケースは，十分な貸倒引当金が計上されていないケースで，（売掛金－貸倒引当金）が回収可能額を超えているため，上回る分の評価損計上が必要となる。

③ 棚卸資産

棚卸資産も売掛金と同様，通常であれば，低価法や滞留在庫引当金により，「帳簿価格≒時価」となっているはずであるが，上記(ｲ)ないし(ﾆ)のケースで，「帳簿価格＞時価」となっているケースが散見されるのが実態だ。そのようなケースでは，時価への引き直しが求められる。

④ 長短貸付金

金融機関等の「金貸し」を業としている企業以外では，取引先等への融資や「いわくつき」の債権が計上されていることが多い勘定科目であり，留意を要する。(ｲ)ないし(ﾆ)のケースで貸倒引当金が不十分なケースだけではなく，貸付先の信用リスクを反映していない低い金利による貸付も時価への引き直しの修正項目となり得る。銀行やノンバンク等の金融機関に関しては，通常企業の売掛金に準ずる，評価上最も重要な資産項目の１つである。

⑤ 子会社・関連会社投資，貸付金

子会社や関連会社に対する投資や貸付金に関しても，公正妥当な会計基準に基づいていれば，子会社・関連会社投資損失引当金，貸倒引当金等を通じて，

適正な時価に近い帳簿価額となっているはずであるが，実際は「バイアス」もあり，問題を孕んでいることが多い勘定科目である。業績不振会社や債務超過会社への投資や貸付金の評価には慎重さを要する。さらには，グループ内企業だということで，異常に低い金利での融資となっているケースもあり，時価評価の観点から考慮を要することがある。

⑥　有価証券・投資有価証券

公正妥当な会計処理が採用されている場合には，いわゆる「金融商品に係る会計基準」に則って会計処理されているはずであるから，時価評価の問題は起きない。しかしながら，たとえそのような場合でも，会計基準に則った処理は月次ではなく，決算日にされるのが通常であるため，評価基準日が決算日ではない場合には，直近の時価による再評価が必要となる。また，適正な会計基準に則っていない場合は，他の勘定科目と同様の修正が必要となる。非上場会社の投資有価証券に関しては，実質価額（投資対象先の時価純資産に対する持分をベースにした評価額）との比較で帳簿価格の毀損が認められる場合には，時価への引き直しが必要となる。

⑦　敷金・保証金，出資金，ゴルフ会員権等のその他の投資

賃借不動産に関して差し入れている敷金・保証金は含み損があることが多い項目の1つである。会計実務上はよほどのことがない限り，この勘定に関する引当金を考慮することがないからだ。しかしながら，調査してみると，かなり信用度の低い先に敷金・保証金を差し入れているケースもあり，またそれらの返還に伴うトラブルも多く，さらには信用度の判断に必要な情報を入手していないケースも多い危険性の高い項目である。返還可能性に問題がある場合には，一定の引当金を考慮し，帳簿価格を時価に引き直す必要がある。出資金やゴルフ会員権も同様である。

⑧　退職給付債務

従来，確定給付型の退職制度が中心であった日本においては，退職給付に関する負債は非常に重要性が高い。公正妥当な会計基準に則っている場合でも，

会計基準導入時の影響緩和措置から，移行時差異の償却に関して将来の一定年数の間の償却が認められていたりするが，これは便宜上の措置であり，時価純資産算定の観点からは，例え会計基準において認められていたとしても，簿外負債と扱うべきであろう。公正妥当な会計基準に則ってない場合には，金額的に重要な修正項目となることが多い。また，役員退職慰労引当金に関する規定や支給実績があるにもかかわらず，役員退職慰労引当金が計上されていないことも多い。これもまた，調整項目となる。

⑨　リース資産・債務

日本の現行会計上は，たとえファイナンスリースであっても，所有権が移転しない場合には，特例として，オペレーティングリースと同様の会計処理（リース料を費用計上するだけの会計処理）が認められている（注：本書執筆時点現在，こうした特例処理を認めない方向での議論や動きが進んできている）。しかしながら，その実態はファイナンスリースであるので，時価純資産を算出する目的では，いったんリース資産とリース債務を計上し，そのうえで，リース資産の時価評価を行う修正をすべきである。

2　デューデリジェンスにおける発見事項の事業価値評価ないし契約条件への反映のフレームワーク

さて，1では企業・事業価値評価の手法を概説した。それでは，これらインカムアプローチ，マーケットアプローチ，コストアプローチの各手法とデューデリジェンスにおける発見事項の関係はいかなるものか。DCF法や株価倍率法，さらには修正時価純資産法において，デューデリジェンスでの発見事項はどのように取り扱われるのか。また，M&A契約における条件とデューデリジェンスでの発見事項はどのように関係するのか。こうした論点に関する基本的な考え方やフレームワークをここで整理したい。

まず，先に説明した企業・事業価値評価の基本を思い出してみよう。買い手にとっての企業・事業価値は，M&A対象企業・事業の単体価値とシナジー効果の合計が基本である。これらの前提としてM&A後の統合成功が重要であ

るが，その論点は第5節に譲ることとし，とりあえず，ここでは統合リスクに関しては無視する。ここで，M&A対象企業・事業の単体価値算定の手法として，インカムアプローチ，マーケットアプローチ，コストアプローチに属する各手法がある。ここでは，便宜上，汎用性の高い，DCF法，株価倍率法，修正時価純資産法を考慮する。シナジー効果の分析に関しては，株価倍率法でもシナジー効果を考慮する手法がないでもないが，通常はDCFモデルでの分析が主であるので，DCF法をその分析のベースと考える。

(1) デューデリジェンス発見事項とDCF法

まず，デューデリジェンス発見事項とDCF法に関して検討する。DCF法の評価の基本を思い出してみよう。DCF法においては，評価対象企業・事業の5年程度の事業計画を入手し，それをベースにそれらの期間におけるFCFを計算する。また，事業計画最終年度のFCFや損益状況をベースに，永久還元法ないしは株価倍率法で5年経過時における残存価値（TV）を算出する。そのうえで，5年間のFCFと5年経過時のTVをWACC等の割引率で現在価値に割り引くことにより，事業価値を計算する。企業価値を算定する場合には，この事業価値に非事業性資産の時価を加算する。そのうえで，有利子負債等の他人調達資本を差し引き，株主資本価値を算出する。

また，シナジー効果の評価については，当該シナジーを織り込んだ5年間程度の買収企業と買収対象企業（事業）の統合事業計画を作成し，上記と同様の手続で，DCF法によりシナジーを加味した統合後の事業価値を計算する。この結果が，従前の買収会社のDCF法による単体事業価値とM&A対象事業の単体事業価値の単純合算を上回る額が，シナジー効果の評価額の総額である。この総額は，統合事業計画と，買収会社・買収対象企業（事業）の単体事業計画の単純合算を比較することで，比較的に容易に各シナジー項目に分解され得る。

さて，それではこのようなプロセスに鑑みるときに，M&A対象企業・事業の単体事業価値やシナジー効果に重要な影響を与える可能性があり，かつ変動の可能性が高いファクターは何であろうか。それは以下の項目である。

① M&A対象企業・事業の単体事業計画に基づく5年間のFCF

　FCFの構成要素は営業利益（税引後），非資金的支出，運転資金，設備投資である。事業計画に関するデューデリジェンスの結果として，これらの見積りにおかしな点が見つかった場合はもちろんのこと，過去の正常収益力や運転資金等に関して異常点を発見した場合にも，これら項目に影響を与える。なぜなら，通常，事業計画は過去と将来の「接点」である基準日での収益力や運転資金の現状をスタート地点として，将来と過去が連続性を保つように作成していくからである。したがって，現状認識が誤っていた場合には，通常，当然のことながら，将来計画も修正を余儀なくされる。たとえば，デューデリジェンス前に，営業利益が過去3期，100，100，120で推移していた事業に関して，将来事業計画は，直近における100から120への増益傾向をベースに，将来5期にわたって130，140，150，160，170と10ずつ増益をしていくものであったとする。ところが，デューデリジェンスの結果として，実は直近の120は会計操作により将来の利益を先取ったもので，その影響を除くと実際は，直近期の正常損益は100であったとする。その場合，損益の連続性は絶たれる。すなわち，過去100，100，120，将来130，140，150……というものから，過去100，100，100，将来130，140，150……へと変わってしまうのである。過去の100の正常収益力から将来130へのそれへとジャンプが起こっており，明らかに不自然なものとなってしまう。このように，過去の発見事項は将来予測に何らかの影響を与えるのである。この例で，他に何らかのファクターがない限りは，妥当な見積りは将来も100，100，100，100，100という計画ではないのかということになる。それでは，いま，これによりDCF法を用いた評価結果がどのように変化するのかをシミュレーションしてみよう（**図表1-11**参照）。

　図表1-11に示されるようにデューデリジェンス結果に基づいて事業計画を修正し，その修正事業計画によって評価した結果，事業価値は2,277億円から1,396億円へと881億円低下する。デューデリジェンスにおける発見事項1つで，事業価値評価結果に驚くべき影響を与えたことがわかってもらえると思う。このようにデューデリジェンスの発見事項に関しては，その発見事項の「前後左右」をしっかり確認し，どのような影響をどこに与えるのかを慎重に

図表1—11　デューデリジェンスの結果に基づく評価比較

〈修正前〉株主資本価値の算定　　　　　　　　　　　　　　　　　　（単位：億円）

	06/3	07/3	08/3	09/3	10/3	残存価値
事業計画における営業利益	130	140	150	160	170	170
税金	(52)	(56)	(60)	(64)	(68)	(68)
税引後利益　①	78	84	90	96	102	102
減価償却費　②	10	10	10	10	10	10
設備投資　③	(10)	(10)	(10)	(10)	(10)	(10)
運転資金の増減　④	(10)	(10)	(10)	(10)	(10)	
フリーキャッシュフロー ①〜④計	68	74	80	86	92	102
残存価値＝フリーキャッシュフロー×(1＋成長率)／(割引率－成長率)＝						2,601
割引率	6%					
成長率	2%					
ディスカウントファクター	0.943	0.890	0.840	0.792	0.747	0.747
現在価値	64	66	67	68	69	1,943
現在価値合計	2,277					

〈修正後〉株主資本価値の算定　　　　　　　　　　　　　　　　　　（単位：億円）

	06/3	07/3	08/3	09/3	10/3	残存価値
事業計画における営業利益	100	100	100	100	100	100
税金	(40)	(40)	(40)	(40)	(40)	(40)
税引後利益　①	60	60	60	60	60	60
減価償却費　②	10	10	10	10	10	10
設備投資　③	(10)	(10)	(10)	(10)	(10)	(10)
運転資金の増減　④	-	-	-	-	-	
フリーキャッシュフロー ①〜④計	60	60	60	60	60	60
残存価値＝フリーキャッシュフロー×(1＋成長率)／(割引率－成長率)＝						1,530
割引率	6%					
成長率	2%					
ディスカウントファクター	0.943	0.890	0.840	0.792	0.747	0.747
現在価値	57	53	50	48	45	1,143
現在価値合計	1,396					

簡便化のため経常損益・特別損益は発生しないものとした。

評価する必要がある。

② 残存価値算定のベースとなる計画期間5期目のFCFや損益状況

　DCF法では最終的な評価結果に占める残存価値部分の割合が高く，したがって，残存価値の見積りが非常に重要であるのは既述のとおりである。残存価値の算定の方法としては，主に計画最終期のFCFや損益状況をベースに将来成長率を見込んだ永久還元率で永久還元することにより事業継続価値を算出する方法と，株価倍率を用いて5年後の事業価値を求める方法があるのも，すでに説明した。よって，5年後のFCFや損益状況，さらには成長率等に関係する事項がデューデリジェンスで発見された場合には，当該事項を織り込んで評価を修正する必要がある。たとえば，現況の営業利益100が5年後に150となる事業計画があり，また5年後以降の成長率を2％とみている場合に，デューデリジェンスの結果，5年後の営業利益が120でそれ以降の成長率は，市場規模縮小の可能性等さまざまな不確実要因から，0.5％が妥当とする判断が下されたとすると，**図表1-12**にあるとおり，割引前の残存価値は2,295億円から1,316億円へと979億円減少し，DCF法による評価額は2,011億円から1,253億円へと758億円低下する。

③ 修正CAPMのスペシフィック・リスクプレミアム

　DCFでは，使用する割引率が上がると価値が下がる相関があるのはいうまでもない。リスクが高い投資案件に関しては，投資家は高いリターンを要求するため，リスクプレミアムが高くなり価値が下がるのである。CAPMおよび修正CAPMのところでも説明したが，ベータ値や株式投資のリスクプレミアムはある程度自動的に決まってくる一方，スペシフィック・リスクプレミアムに関しては，主観を入れる余地がある。M&A対象企業・事業の固有なリスクについては，スペシフィック・リスクとして，追加的なプレミアムを織り込むことが，実務上行われる。特に，デューデリジェンスでの発見項目のうち，定量化でき事業計画等にきちんと反映できるものはそのような処理が望ましいのはいうまでもないが，場合によって定量化や事業計画への織り込みが困難な発見事項もある。たとえば，デューデリジェンスにおけるマネジメントインタ

図表1―12　デューデリジェンスの結果に基づく評価比較

〈修正前〉株主資本価値の算定　　　　　　　　　　　　　　　　　　（単位：億円）

	06/3	07/3	08/3	09/3	10/3	残存価値
事業計画における営業利益	110	120	130	140	150	150
税金	(44)	(48)	(52)	(56)	(60)	(60)
税引後利益　①	66	72	78	84	90	90
減価償却費　②	10	10	10	10	10	10
設備投資　③	(10)	(10)	(10)	(10)	(10)	(10)
運転資金の増減　④	(7)	(7)	(7)	(7)	(7)	
フリーキャッシュフロー　①〜④計	59	65	71	77	83	90
残存価値＝フリーキャッシュフロー×(1＋成長率)／(割引率－成長率)＝						2,295
割引率	6%					
成長率	2%					
ディスカウントファクター	0.943	0.890	0.840	0.792	0.747	0.747
現在価値	56	58	60	61	62	1,714
現在価値合計	2,011					

〈修正後〉株主資本価値の算定　　　　　　　　　　　　　　　　　　（単位：億円）

	06/3	07/3	08/3	09/3	10/3	残存価値
事業計画における営業利益	105	110	115	120	120	120
税金	(42)	(44)	(46)	(48)	(48)	(48)
税引後利益　①	63	66	69	72	72	72
減価償却費　②	10	10	10	10	10	10
設備投資　③	(10)	(10)	(10)	(10)	(10)	(10)
運転資金の増減　④	(5)	(5)	(5)	(5)		
フリーキャッシュフロー　①〜④計	58	61	64	67	72	72
残存価値＝フリーキャッシュフロー×(1＋成長率)／(割引率－成長率)＝						1,316
割引率	6%					
成長率	0.5%					
ディスカウントファクター	0.943	0.890	0.840	0.792	0.747	0.747
現在価値	55	54	54	53	54	983
現在価値合計	1,253					

簡便化のため経常損益・特別損益は発生しないものとした。

ビューで，キーとなるマネジメントと話したところ，そのうちの何人かにおいて，場合によって，M&Aを契機に自己都合退社の可能性があることが発見されたとする。こうした場合，これらマネジメントが抜けることによる事業価値の一時的な低下やその再構築のためのコストを事業計画策定上できるだけ加味するのはもちろんのこと，それらマネジメントの引き止め策を統合問題として捉え，できる限りの努力をすることにはなるが，その影響，コスト，可能性等の見積りにはかなりの不確実性が混入する。そのような場合，最終的に定量化され得ないリスクは，スペシフィック・リスクプレミアムとして反映するしかない。また，内部統制の整備状況に問題があり，現物管理や財務数値に関する不安要因があるが，とりあえず，デューデリジェンスでは大きな要修正事項が発見されなかった場合等にも追加的なスペシフィック・リスクプレミアムを加味する誘因が働く。このように，スペシフィック・リスクプレミアムはデューデリジェンスにおける「定性的な発見事項」（定量化できない，あるいは定量化は一応できるが不確実性が残る発見事項）を価値評価に反映させるツールとなる。

④ M&A対象企業の非事業性資産の時価額

M&A対象が事業ではなく企業の場合には，M&A対象企業の事業価値だけではなく，有価証券，不動産，美術品，貸付金等の非事業性資産の時価も最終的な企業価値や株主資本価値に影響してくる。デューデリジェンスを通じて，これらの実在性や時価に関する発見事項があった場合には企業価値・株主資本価値評価プロセスにおいて考慮する。特に遊休不動産や投資不動産の含み損益等は金額的に重要な場合が多い。

⑤ シナジー効果を織り込んだ統合事業計画に基づく5年間のFCFや5年後の残存価値，適用する割引率

前述のとおり，戦略的デューデリジェンスの1つのキー項目は，シナジー効果のより洗練された定量化分析である。従前そして現状，M&A前のデューデリジェンスの段階で，シナジー効果の分析がきちんとなされていた（いる）とは思えない。その結果，シナジー効果は時として非合理的に過少に，また時と

して理由なく過大に，事業価値評価に反映されてきた。また，その当然の帰結として，M&A後におけるシナジー効果発現の責任の所在があいまいで，結果シナジー効果を最大化できず，M&Aを通じた事業価値の向上が中途半端で無計画・無管理となっていたケースが多かった。

戦略的デューデリジェンスでは，シナジー効果に関して，その内容，金額的規模，発現のタイミング，発現後の継続期間，発現のためのコストと条件等に関する詳細分析を行い，それをDCF法の企業価値評価に織り込み，買い手価格のより精緻な分析を実現する。デューデリジェンスの結果，当初予想したシナジー効果の前提や金額に誤りがある場合には，シナジー効果を織り込んだ統合事業計画を修正する必要が生じる。たとえば，M&A後共同購買を行い仕入単価を全体で10％下げることによるシナジーを1年後以降見込んでいたのが，デューデリジェンスの結果，ある程度時間がかかる見通しとなり，平均的には2年後，またそのためのさまざまなコストがその2年間に従前の見通しよりも20％多くかかることが判明したとする。その場合には，DCF価値算定の基礎となっている統合事業計画を修正し，共同購買シナジーの発現を3年目からとするとともに，最初の2年間における追加コストを見込むことになる。それにより，全体の事業価値や共同購買シナジー効果に関する価値は下がることになる。

また，単独の事業計画と同様，デューデリジェンスの発見事項によっては，5年後のFCFや損益状況に影響を与え，したがって残存価値（TV）に影響を与えるケースや，シナジー発現の条件である統合成功の不確実性が高い場合には，スペシフィック・リスクとして追加的なリスクプレミアムを乗せた割引率での評価を考慮する場合もある。

(2) デューデリジェンス発見事項と株価倍率法

次に，株価倍率法による企業価値評価とデューデリジェンスの発見事項の関係を検討する。株価倍率法は，すでに説明したとおり，M&A対象企業・事業と類似の事業を営む上場企業の株価と各種指標との関係から，それら指標に対する株価の倍率（株価倍率）を出し，それを評価対象企業・事業の当該指標に

適用することにより事業価値を算出する方法である。指標として用いられるものについては既述のとおりさまざまであるが、一般的にはEBITDAやEBIT、売上高等が用いられることが多い。したがって、M&A対象会社・事業のEBITDA、EBIT、売上高等株価倍率の指標に用いられている数値に関して、デューデリジェンスの結果、修正事項が見つかった場合には、慎重にその影響を見極め、評価に織り込まなければならない。たとえば前述の例で、過去3期、EBITDAが100、100、120（億円）で推移していたケースでEBITDA倍率8倍で事業価値を960億円（120億円×8倍）と算出していたケースがあったとする。デューデリジェンスの結果120のうち20が会計操作による来期の利益の先取りと判明したとする。その場合、正常EBITDAはいうまでもなく100であるから、株価倍率法による評価でも100を用いて算定すべきであり、修正後の事業価値は800億円（100億円×8倍）となる。結果として、160億円の価値修正が行われたことになるのである。

　この例で容易に理解できるとは思うが、株価倍率法においては、関連指標における1の動きが倍率分だけ「効いてくる」のである。したがって、倍率が10倍のときには、関連指標が10億円動けば、たちまち、100億円の影響が生ずる。したがって、株価倍率法による事業価値評価を念頭に置く場合には、用いる指標に関する適正性が非常に重要になり、デューデリジェンスでもそのことを強く意識した調査が要求される。

　さらに、デューデリジェンスでの調査結果が、株価倍率自体に影響することもある。デューデリジェンスにおいては、いうまでもなく、M&A評価対象企業のビジネスモデルや各種指標の動きだけではなく、M&A対象会社が活動している業界や競合他社についても、さまざまな調査を行う。産業構造や産業の現況・成長性、産業における競争や川上・川下産業の現況、競合他社のビジネスモデル、財務状況、損益状況等調査項目は多岐にわたる。そして、こうした調査の結果発見された事項に基づいて、株価倍率法における関連指標を見直したり、あるいは類似企業群の再考をしたりする必要が生じることがある。すなわち、当初想定していた株価倍率法のフレームワークやディテールを、デューデリジェンスの結果を反映して、見直す必要性に迫られることがあるのである。逆に、デューデリジェンスの目的として、このようなことを念頭に置いてお

くことが重要である。

(3) デューデリジェンス発見事項と修正時価純資産法

　財務デューデリジェンスと最も密接な関係があるのが，修正時価純資産法である。貸借対照表に係る財務デューデリジェンスの過程で，先に説明した各項目における時価との乖離を検討し，その結果を貸借対照表上の簿価純資産額に対して調整し，時価純資産額を算定する。いわゆる伝統的なデューデリジェンスと伝統的なM&A評価の時代から，この作業は行われている。

(4) デューデリジェンス発見事項の定量化とM&Aの契約条項・スキーム

　さて，これまで(1)から(3)で，デューデリジェンスにおける発見事項と各種価値評価手法へのそれら発見事項の反映のさせ方について，論じてきた。その中で，定量化が不能な場合で，DCFで評価している場合には，定性的な事項を「スペシフィック・リスクプレミアム」として反映させる実務的なテクニックも紹介した。しかしながら，そうしたやり方では反映させられ得ない，限界がある，あるいはもともとそうしたやり方になじまない，定量化の困難なデューデリジェンス発見事項がある。たとえば，M&A対象企業が現在深刻な訴訟案件を抱えている場合で，その結果（成否）がまったく予想できない，いわゆる「半か丁か」というような状況にあり，かつその金額的な重要性がかなり高い場合である。このような場合には，その予想結果を将来事業計画に織り込むことは困難な一方，スペシフィック・リスクプレミアムとして割引率に織り込むとしても，どの程度のリスクプレミアムが妥当なのかは判断に窮する。したがって，このような事態に直面した場合には，M&A契約書上，そうしたリスクが顕在化した時に，M&Aにおける買収企業がそうしたことに責任がない旨の契約条項を入れるか，M&Aのスキームを再検討することにより，そうしたリスクを遮断する工夫をする必要がある。たとえば，株式譲渡から営業譲渡にM&Aのスキームを切り替えることにより，そうした訴訟リスクを引き継がな

い工夫や，M&A対象会社が優良上場企業の子会社である場合に，株式譲渡契約の中で，そうした訴訟に関連して支払が生じた場合に売り手（親会社である上場企業）が責任を持つ旨の条項を入れること等，が考えられる。

　このようにデューデリジェンスにおける発見事項の中には，「評価モデルへの織り込み」だけでは対応できない，M&A契約の中で対処すべき項目やM&Aスキームの変更を伴う項目もあるので，それぞれの発見事項が持つ意味を慎重に吟味し，どのように対処すべきかを熟慮することが，大切である。

(5) デューデリジェンス発見事項の評価フレームワーク

　上記(1)から(4)を整理したデューデリジェンス発見事項の評価のためのフレームワークが，図表1-13である。

　繰り返しになるが，デューデリジェンスにおける発見事項は多岐にわたる。そうした多岐にわたる発見事項が影響する分野を慎重に見定め，またその影響のマグニチュードを客観的に評価し，契約条件に織り込んだり，事業価値評価に反映させたり，M&Aスキームの検討プロセスにフィードバックすることが，M&Aの成功のためには必須となる。そのためには，常のこのフレームワークを念頭に置いて，考え方や対応を頭で整理しながら，デューデリジェンスを進めていくことが重要である。

図表1—13 デューデリジェンス発見事項の評価フレームワーク

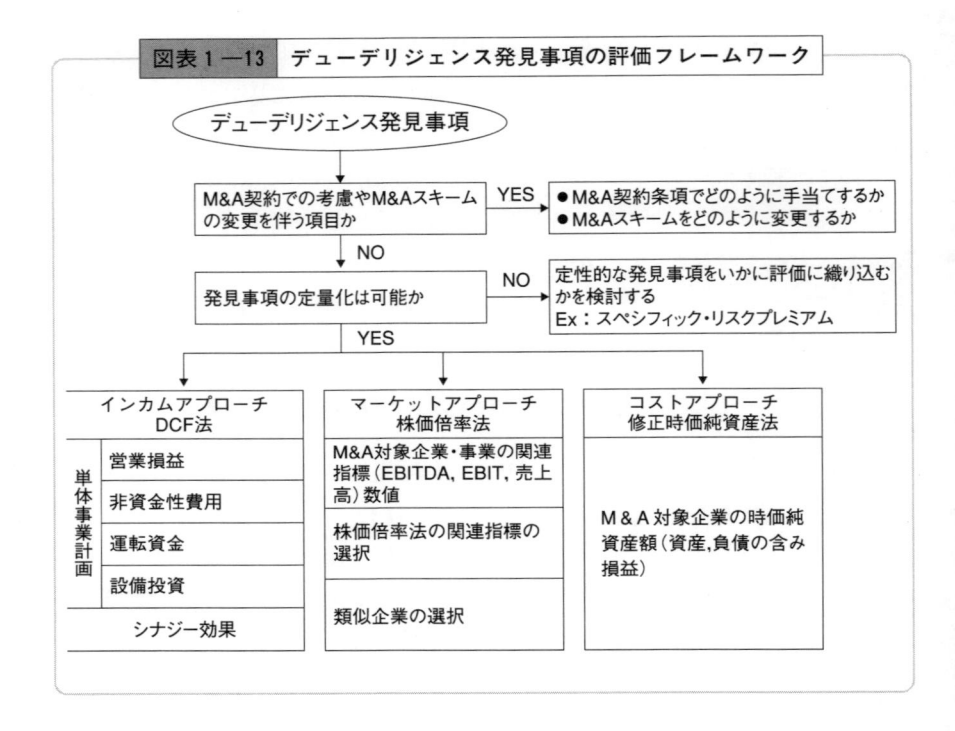

```
            デューデリジェンス発見事項
                    │
                    ▼
        M&A契約での考慮やM&Aスキーム ──YES──▶ ●M&A契約条項でどのように手当てするか
        の変更を伴う項目か                    ●M&Aスキームをどのように変更するか
                    │
                   NO
                    ▼
        発見事項の定量化は可能か ──NO──▶ 定性的な発見事項をいかに評価に織り込む
                    │                   かを検討する
                   YES                   Ex:スペシフィック・リスクプレミアム
```

インカムアプローチ DCF法		マーケットアプローチ 株価倍率法	コストアプローチ 修正時価純資産法
単体事業計画	営業損益	M&A対象企業・事業の関連指標(EBITDA、EBIT、売上高)数値	M&A対象企業の時価純資産額(資産,負債の含み損益)
	非資金性費用		
	運転資金	株価倍率法の関連指標の選択	
	設備投資		
シナジー効果		類似企業の選択	

第5節 デューデリジェンスにおける発見事項とポストM&Aインテグレーション

　すでに説明してきたように，M&Aの成功のためにはM&A後の統合の成功が欠かせない。戦略的デューデリジェンスのもう1つの大きな柱は，M&A後の統合を見据えたデューデリジェンスである。ここで，まず，これまでに何度も用いられてきている「統合（インテグレーション）」の意味を考えてみたい。「統合」という言葉はまさに2つ以上のものが合わさるということであるが，実際にはM&Aはさまざまなパターンがある。たとえば，最も「統合」という言葉と「しっくり」くるのは合併であろう。合併は2つ以上の組織がまさに一体となる組織法上の行為である。一方，M&Aの形態として株式譲渡を受けて子会社化する場合もある。こちらは時間をかけて融合していくことが多く，当座は一義的には「統合」というニュアンスが薄い。営業譲渡の場合には，合併のように組織法上の行為ではなく，取引法上の行為であり，さまざまな形態のM&Aがあり得る。いきなり「本丸」で営業を譲り受け統合するケースもあるし，子会社や受け皿会社で営業をいったん譲り受けて，「ワンクッション」置くケースもある。会社分割を用いたM&Aについても同様であり，さまざまな形態をとり得る。これらは「統合の濃度」や「統合に係る時間的なファクター」において多少の相違はある。しかしながら，何らかの「統合」がM&A後に必要なことは変わりなく，その失敗が事業を「ダメ」にしてしまうことも同様である。これは，M&Aの買収企業が投資ファンドである場合も同様である。一義的には，統合は，事業会社等の戦略的なバイヤーに固有な問題に思われるが，実はそうではない。M&Aの本質は企業や事業の所有者が変わることであり，所有者が変わること自体が，もうすでに広義の「統合」の問題なのである。

　たとえば，あるバイアウト系の投資ファンドが製造業の会社を買収した場合

を考えよう。その投資ファンドは経営陣を送り込んだり，組織体系を変えたり，評価・報酬体系を直す。また，キーポジションに自らが雇用した人を送り込んだり，組織内での上下関係を超えて抜擢人事をしたりする。そして，これらを含めて経営戦略に深く関与する。短期間で事業価値を上げるのが仕事なのだから当たり前であろう。さて，こうした状況下で発生することと，事業会社が同業他社を買収した場合に起こることに，それほどの違いがあるのだろうか。もちろん，多少ディテールは違ってくるが，よく考えると，本質的にはほとんど同じような問題をマネージしなければいけないことに気がつくであろう。そう，これもまた広義の「統合」の問題なのである。

さらに「統合」は「M&A後の経営（戦略）」ということとも同義，ないし後者が前者を包含している。M&A後の経営は「統合」を核として進むし，「統合」の成否はM&A後の経営戦略に大きな影響を与える。

これらのことを勘案すると，重要なことは，「M&A後の統合は実はとても広い意味を持っていて，それはM&A後の経営を考えることなのだ」という視点にたどり着く。まず，本書では，このような視点を読者と共有化したい。

さて，それでは，そうした視点も考慮に入れると，デューデリジェンスとM&A後の統合成功の関係はどのようなものであろうか。

伝統的なデューデリジェンスでは，「統合」はM&Aが成立した後で着手するものという基本的な視点のもと，「統合」問題の「あぶり出し」をデューデリジェンスの主目的の1つとして，組織的なアプローチで，調査することはなかった。その結果として，M&A後に統合に失敗し，シナジー効果発現のタイミングが大幅に遅れたり，あるいはずるずると「統合」が遅れる結果，M&Aが被買収会社だけではなく買収会社の企業価値も破壊してしまい，「$1+1+\alpha>2$」を目指したはずが，「$1+1-\beta<2$」というような状態になってしまうこともあった。

戦略的デューデリジェンスでは，こうした失敗を避け，M&Aを成功に導くために，M&A後の統合における諸問題を調査することを，その主目的の1つとして，統合問題に関して組織的なアプローチで調査を展開する。

1 「統合」を念頭に置いた戦略的デューデリジェンスのアプローチ

　「統合」を念頭に置いた戦略的デューデリジェンスにおいて重要なのは，M&A後のあるべき姿と当該M&Aの関連を初めに明確化しておくということである。それには，M&A後の経営戦略は何か，なぜ当該M&Aをするのか，そうしたM&A後の経営戦略を支える組織や制度はどのようなものであるべきか，そうした経営戦略の成功のためのキーは何か，また障害は何か，といったことが含まれる。これには，もちろんのこと，M&Aを利用したシナジー効果の発現や統合後の組織としての新戦略といったことが含まれる。そのうえで，まず，買収会社自らの組織や制度，システム，人材，企業文化等の内部資源を点検しなければならない。なぜならば，統合のデューデリジェンスで大事なことは，買収会社とM&A対象企業・事業の組織，制度，システム，企業文化等の違いを明らかにし，さらにはM&A後の経営戦略を成功させるために「あるべき」組織，制度，システム，また不可欠な人材と，M&A当事企業両社のそれを照らし合わせることであり，そのためには自己点検も欠かせないのである。すなわち，統合のデューデリジェンスには，2つの視点が含まれている。それは，①買収会社とM&A対象企業・事業の組織，制度，システム，ヒト，企業文化等の比較，違いの分析，②M&A後の経営戦略を成功させるために「あるべき」組織，制度，システム，ヒト，企業文化と，買収会社・M&A対象企業（事業）のそれらの比較，違いの分析，という視点である（図表1-14）。

　特に後者②の視点は重要である。統合におけるさまざまな問題の解決方法は，究極的には，(a)　買収会社に合わせる，(b)　M&A対象企業（事業）に合わせる，(c)　どちらにも合わせず，新しいものをつくって両者がそれに合わせる，の3つである。①の視点だけでデューデリジェンスや統合過程が進んでいくと，(a)や(b)の視点だけに偏ってしまい，その結果，両者間での権力争いに発展してしまったり，さらにまずい現象として，権力争いを避けるため非合理な「たすきがけ」的思想に走るようなことが起こりがちである。そこで，(c)の視点を持つこと，最初から(c)の視点も念頭に入れてデューデリジェンスを行って

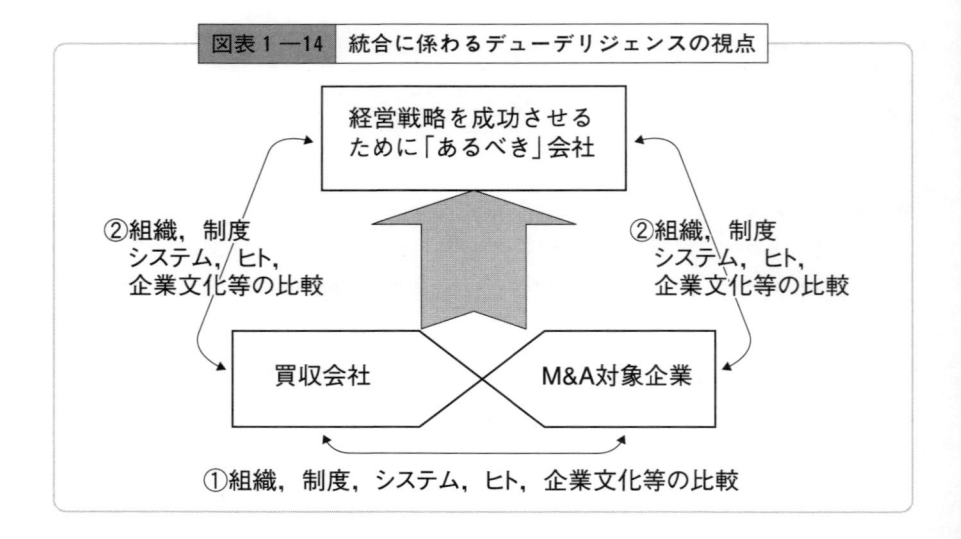

```
┌─────────────────────────────────────────────────┐
│   図表 1 —14    統合に係わるデューデリジェンスの視点   │
│                                                 │
│              経営戦略を成功させる                    │
│              ために「あるべき」会社                   │
│                                                 │
│  ②組織, 制度         ↑         ②組織, 制度         │
│  システム, ヒト,      │          システム, ヒト,      │
│  企業文化等の比較      │          企業文化等の比較     │
│                                                 │
│     買収会社    ✕    M&A対象企業                  │
│                                                 │
│   ①組織, 制度, システム, ヒト, 企業文化等の比較       │
└─────────────────────────────────────────────────┘

いくことが非常に重要になる。

## 2 統合問題の検討に係るデューデリジェンスのプロセスと調査対象

　それでは、統合問題の検討に係るデューデリジェンスのプロセスはいかなるものか。またその調査対象は具体的にはどのような項目となるのであろうか。以下でそれらを概説する。

### (1) 統合問題の検討に係るデューデリジェンスのプロセス

　統合問題の検討に係るデューデリジェンスのプロセスは、統合プロセスの一部として理解するとわかりやすい。**図表 1 -15**は統合プロセスの全体像を示している。

　統合プロセスは、M&Aのディールプロセスとシンクロしながら進んでいく。そうした流れの中で、統合プロセスだけに焦点を当ててみたのが、図表1-15である。この中で、デューデリジェンス前に行っておくべきものが、①
```

第5節　デューデリジェンスにおける発見事項とポストM&Aインテグレーション　89

M&Aによる経営戦略の全体像，大まかな枠組みの策定，②あるべき組織，制度，システム，企業文化等の枠組みの策定，および③自らの組織，制度，システム，企業文化の分析であり，一方，デューデリジェンスで行うべきことが，④M&A対象企業の組織，制度，システム，企業文化の現状把握と⑤ギャップ分析になる。その後，そうしたデューデリジェンスの結果を受けて，統合プロジェクトチームの全体像，各分野ごとのプロジェクトチームの組成方法や検討課題を含む，統合プロジェクトの計画を立て，その計画に基づき統合プロジェクトチームを組成する。そして，各プロジェクトチームで統合プランの策定を行うとともに，経営戦略の詳細策定や具体的なアクションプランへの落とし込みを行っていくというプロセスを経て，統合が進んでいく（**図表1-16**参照）。

　こうした統合のプロセスを念頭に置き，常にその流れを意識し，統合問題の検討に係るデューデリジェンスを進めていくことが肝要になる。

| 図表1―15 | 統合プロセスの全体像 |

① M&Aによる経営戦略の全体像，大まかな枠組みの策定

② あるべき組織，制度，システム，企業文化等の枠組みの策定（A）

③ 自らの組織，制度，システム，企業文化の分析（B）

④ M&A対象企業の組織，制度，システム，企業文化の現状把握（C）

⑤ ギャップ分析
　（B）と（C）
　（A）と（B）
　（A）と（C）

⑥ 統合プロジェクト・プランニング

⑦ 統合プロジェクトチーム組成

⑧ 統合プラン策定，経営戦略の詳細策定，アクションプランへの落とし込み

⑨ 統合プラン，経営戦略実行

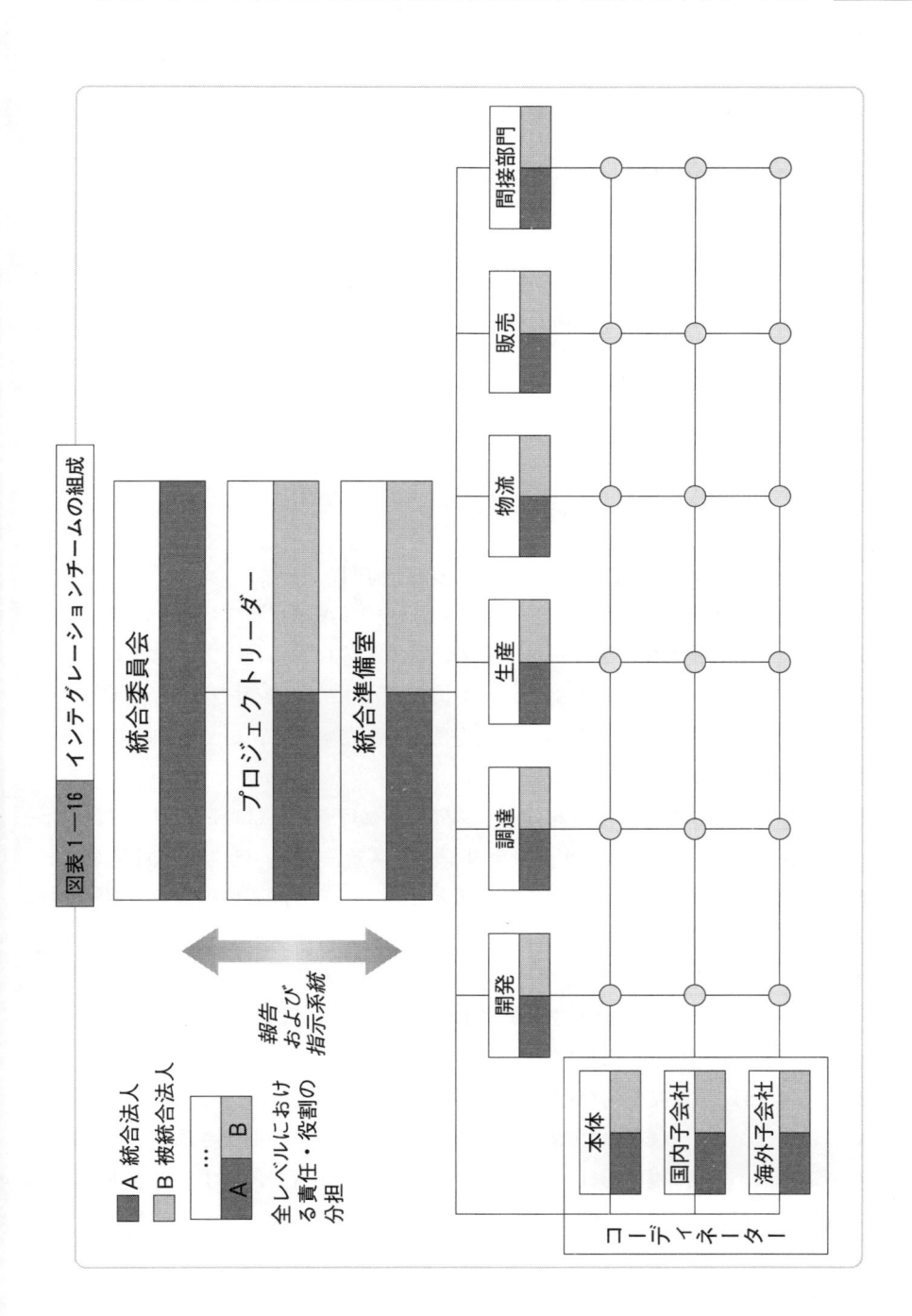

第5節 デューデリジェンスにおける発見事項とポストM&Aインテグレーション 91

図表1−16 インテグレーションチームの組成

- A 統合法人
- B 被統合法人
- A | B
- 全レベルにおける責任・役割の分担

統合委員会
プロジェクトリーダー
統合準備室

↕ 報告および指示系統

開発 / 調達 / 生産 / 物流 / 販売 / 間接部門

本体 / 国内子会社 / 海外子会社
コーディネーター

(2) 統合問題の検討に係るデューデリジェンスにおける調査対象

統合問題の検討に係るデューデリジェンスの調査対象は，主として以下のとおりとなる。
- 事業内容および事業環境
- 経営方針，経営戦略
- ガバナンスと企業文化
- 業務プロセス，業務管理手法
- 情報システム
- 組織と人材
- 人事制度・人事管理
- 会計基準
- シナジーとシナジー発現の前提となる統合条件

基本的には，これらについて，M&A対象企業・事業だけではなく，買収企業についても分析対象とし，そのうえで，両者の違い，また「あるべき」ものと両者の相違を分析し，統合にあたっての問題点・改善点を把握する。また，そうした問題点や改善点に関する解決方法について考察し，いくつかの代替案を含めて，その長所・短所を分析する。

こうした多岐にわたる調査を効率よく効果的に行うためには，ビジネス，財務，法務，人事，IT等の各デューデリジェンスチームが，その調査範囲にそれぞれ関連する統合分野の調査を含めるとともに，その調査の趣旨や重要性をきちんと理解することが重要である。そのためには，デューデリジェンス計画の中で，統合問題検討に係る重要事項を網羅的に挙げ，その「主たる調査責任」がどのチームにあるのかを決めておくことが重要である。繰り返しになるが，短い時間の中で限定的な情報やアクセスに基づき実施されるデューデリジェンスでは，「重複」的な作業は必ずしも「悪」ではない。特に重要な項目については，むしろ多面的な調査による「裏取り」効果が期待される場合もある。これは，統合問題に関しても同様である。したがって，必ずしも「主たる調査責任」があるチーム以外の調査を排除するものではないことに留意を要する。

第5節　デューデリジェンスにおける発見事項とポストM&Aインテグレーション

図表1-17　統合問題に係るデューデリジェンスの主たる調査分担例

統合問題に係る調査分野	主たる担当チーム
事業内容および事業環境	ビジネスデューデリジェンスチーム
経営方針，経営戦略	ビジネスデューデリジェンスチーム
ガバナンスと企業文化	ビジネスデューデリジェンスチーム
業務プロセス，業務管理―営業，物流，製造，調達，開発，	ビジネスデューデリジェンスチーム
業務プロセス，業務管理―財務，経理，総務	財務デューデリジェンスチーム
業務プロセス，業務管理―人事	人事デューデリジェンスチーム
業務プロセス，業務管理―法務	法務デューデリジェンスチーム
業務プロセス，業務管理―ITシステム	ITデューデリジェンスチーム
情報システム	ITデューデリジェンスチーム
組織と人材	人事デューデリジェンスチーム
人事制度，人事管理	人事デューデリジェンスチーム
会計基準	財務デューデリジェンスチーム
シナジーとシナジー発現の前提となる統合条件	業務プロセスの分担に準じて，シナジーの関連分野ごとに担当

　図表1-17は，統合問題に係るデューデリジェンスの主たる調査分担例である。

第6節 デューデリジェンス報告書

　この節では戦略的なデューデリジェンスの結果をまとめるデューデリジェンスの報告書に関して概説する。

　デューデリジェンスの報告書はM&Aに関連するさまざまな人々が目を通すことが予定されているため，簡潔かつ具体的で，要点を得た，事実誤認の可能性がないように記述された，第三者の使用に耐えるものであるべきである。デューデリジェンスの報告書はかなり厚くなるのが通常であることから，3つのパートに分けて整理することが推奨される。それは，重要な発見事項に関して記載したエグゼクティブ・サマリー（Executive Summary），本文，添付資料である。ここでは，特に重要なエグゼクティブ・サマリーの記述方法に関して説明する。

　エグゼクティブ・サマリーはデューデリジェンス結果の中で重要な項目のみを記載したものである。それは，デューデリジェンスの結果発見された重要事項とその意味や影響，さらにはそれに対する対処方法を含むものである。戦略的デューデリジェンスでの発見事項は，戦略的デューデリジェンスの目的から，次のように分類される。

- M&A対象企業や事業の単体適正市場価値に影響するもの
- シナジー効果に関連するもの
- 契約条項に反映させるべきもの
- 統合やM&A後の経営・管理に関連するもの

　そして，
- ディールの可否に関連するもの（ディール・ブレーカー；Deal Breaker）

である。

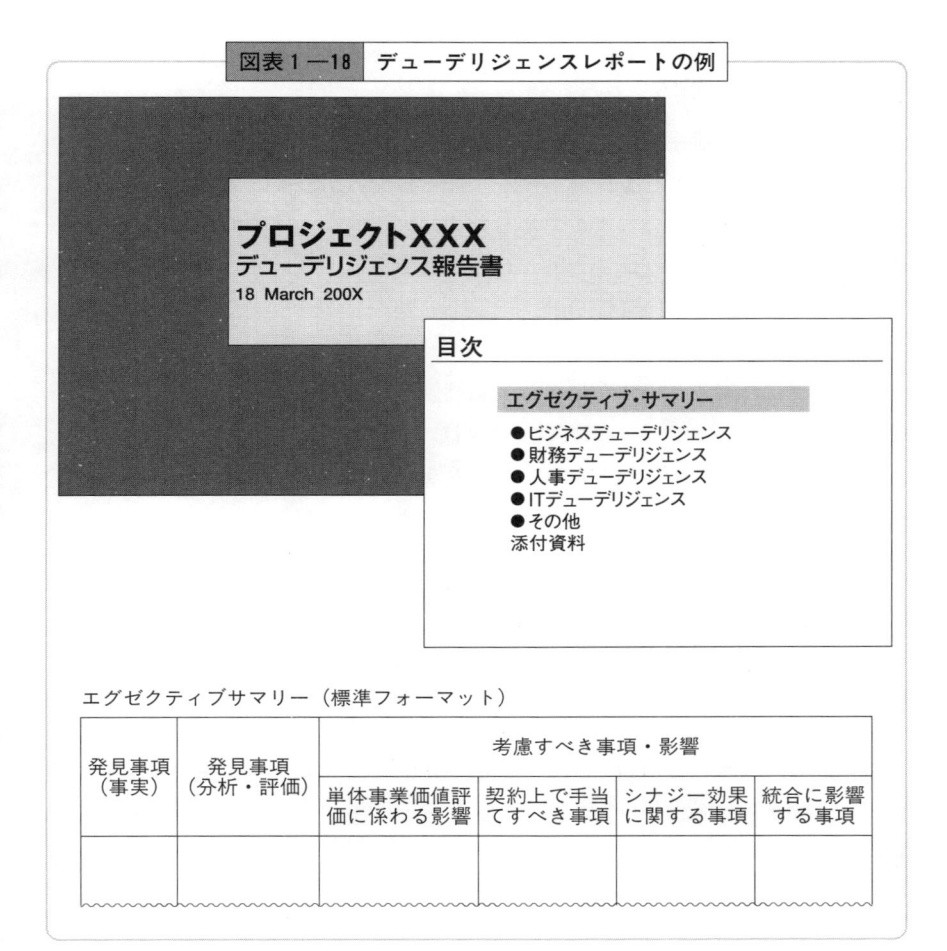

図表1-18　デューデリジェンスレポートの例

プロジェクトXXX
デューデリジェンス報告書
18 March 200X

目次

エグゼクティブ・サマリー
- ビジネスデューデリジェンス
- 財務デューデリジェンス
- 人事デューデリジェンス
- ITデューデリジェンス
- その他
  添付資料

エグゼクティブサマリー（標準フォーマット）

発見事項 （事実）	発見事項 （分析・評価）	考慮すべき事項・影響			
		単体事業価値評価に係わる影響	契約上で手当てすべき事項	シナジー効果に関する事項	統合に影響する事項

したがって，デューデリジェンスの発見事項はこれら分類に従って，発見事項ごとに，事実，影響の評価，主たる対処法，対処に係る代替案を詳細に記述すべきである。**図表1-18**はデューデリジェンス報告書のエグゼクティブ・サマリーの書式例を示している。

当然のことながら，1つの発見事項がさまざまな分野に影響を及ぼすこともあるので，その場合には，影響を及ぼす分野を網羅して記載する必要がある。また，評価に関する影響については，第4節で説明したように，主たる評価手

法として採用することとしている手法だけではなく，参考情報として採用する手法も含めて，インカムアプローチ，マーケットアプローチ，コストアプローチ等の関係する評価手法すべてに関する影響を含めるべきである。

エグゼクティブ・サマリーはディールの可否や，M&A 価格算定，契約条件交渉等の基礎となる重要なものであるため，網羅的かつ正確で，具体的，さらに，できるだけ定量的な記述を心がけるべきである。

＊　　＊　　＊

この章では，M&A の成功による企業価値の創造プロセスとそのための戦略的なデューデリジェンスの重要性を説明した。第 2 章と第 3 章では，戦略的デューデリジェンスの中核となるビジネスデューデリジェンスと財務デューデリジェンスに関して，その全体像や個別の調査手続の概要，ポイント，さらにはよくある発見事項等を説明していく。これらの章および第 4 章では基本的に製造業を前提としてデューデリジェンスを解説する。汎用性が高いという理由からであるが，一方で業種に特有の論点があるものに関しては，第 5 章で業種ごとに特殊な論点に係る解説を加える。また，基本的に買い手である買収企業としては，戦略的な買い手（Strategic Buyer）を想定する。すなわち，純粋な投資目的で投資を行う投資ファンド等の財務的な買い手（Financial Buyer）ではなく，同業他社や川上・川下会社等のシナジーを狙った経営戦略的な M&A を行う企業を想定している。これまた，汎用性があり，議論としては財務的な買い手に係る留意事項を網羅ないし包含すると考えるからである。

第2章

ビジネスデューデリジェンス

ビジネスデューデリジェンスは，対象企業・事業の事業性に関するデューデリジェンスである。経営戦略・ビジネスモデルや事業の現況に係る詳細調査であり，M&A対象企業（事業）の事業性を判断することを目的とする。M&Aの経営戦略的な目的からして，事業の将来性や買収企業の事業との親和性等がない限り，現況どんなによい会社・事業であっても，またどんなに財務状況がよくても，買収企業としてはM&Aの意思決定には至らないであろう。その意味で，ビジネスデューデリジェンスは，他のどのデューデリジェンスよりも重要な調査である。買収対象企業の各事業のビジネスモデル，当該事業を取り巻く外部環境および内部環境をよく理解するとともに，そのような環境のもとで当該企業が選択した経営戦略を分析し，各事業の事業性を判断し，当該企業が提示する事業計画の前提条件の妥当性を検討し，期待されるシナジー効果の実現可能性を評価することにより，買収価格およびM&A契約に盛り込むべき条件の検討に資する情報を提供するのに加え，M&A後の統合計画さらには新戦略策定の基礎となる情報を提供するという広範な使命を，ビジネスデューデリジェンスは持つ。

第1節　ビジネスデューデリジェンスの全体像

　ビジネスデューデリジェンスの最終的な目的は，①M&A対象企業（事業）の単体事業計画の妥当性を検討し，M&A対象企業・事業の単体事業価値算定のベースを確定すること，②シナジー効果を織り込んだ統合事業計画を策定し，シナジー効果に係るM&A価値算定に関するベースを確定するとともに，M&A後の経営戦略や事業計画策定のベースを確定すること，③事業計画には反映しきれないリスクを洗い出し，M&A契約条項での考慮やスペシフィック・リスクとしてDCF法における割引率等に反映すること，④M&A後の統

合に係るリスクを評価し，統合プロジェクト・プランニングのベースを確定すること，である。

こうした目的を達成するため，ビジネスデューデリジェンスでは，M&A対象企業・事業が事業を行っている環境や業界の理解，そうした外部環境下での経営戦略やビジネスモデルの評価，そうした経営戦略やビジネスモデルのもととなる組織，人（経営陣，従業員），製商品，ノウハウ，設備，販売・流通網，仕入・外注等の調達網，研究開発，内部統制組織等に係る詳細調査を，M&A対象企業・事業単体だけではなく，買収企業における事業との異同，シナジー効果，両者の統合における問題点等の切り口から，調査を実施していく。

いうまでもなく，過去のビジネスの結果が現在の財政状態につながっており，また会計がそもそもビジネス活動の結果を記録するツールであることから，ビジネスデューデリジェンスと財務デューデリジェンスは表裏の関係にある。ただ，調査の視点が，その性質上，ビジネスデューデリジェンスが過去から将来へ，よりフロー的なものであるのに対して，財務デューデリジェンスは過去のビジネスの結果を調査するものである点が相違する。いずれにせよ，過去と現在の連続性，より精緻な定量的な分析という観点から，過去の業績評価・分析がビジネスデューデリジェンスの原点になることはいうまでもない。したがって，ビジネスデューデリジェンスチームと財務デューデリジェンスチームは常に密接な連携をとりながら，デューデリジェンスを進めていかなければならない。

図表2-1はビジネスデューデリジェンスの全体像を示している。ビジネスを取り巻く外部環境や内部環境に係る分析・評価のフレームワークは多様である。さまざまな経営学者がいろいろな角度からのフレームワークを開発している。そうしたフレームワークの選択は，M&A対象企業・事業によって，また買収企業の嗜好で適宜行えばよい。要は，最終的に上記の目的を達すればよいので，その方法は多様であってもかまわない。ここでは，代表的ないくつかのフレームワークを紹介するが，フレームワーク自体の有効性の評価は本書の目的ではなく，必ずしもこれらに限られるわけではないことに留意を要する。

さて，すべての調査を始める前に，M&A対象企業・事業の概要を把握しなければならない。それがすべての調査・分析の基礎になるからである。これを

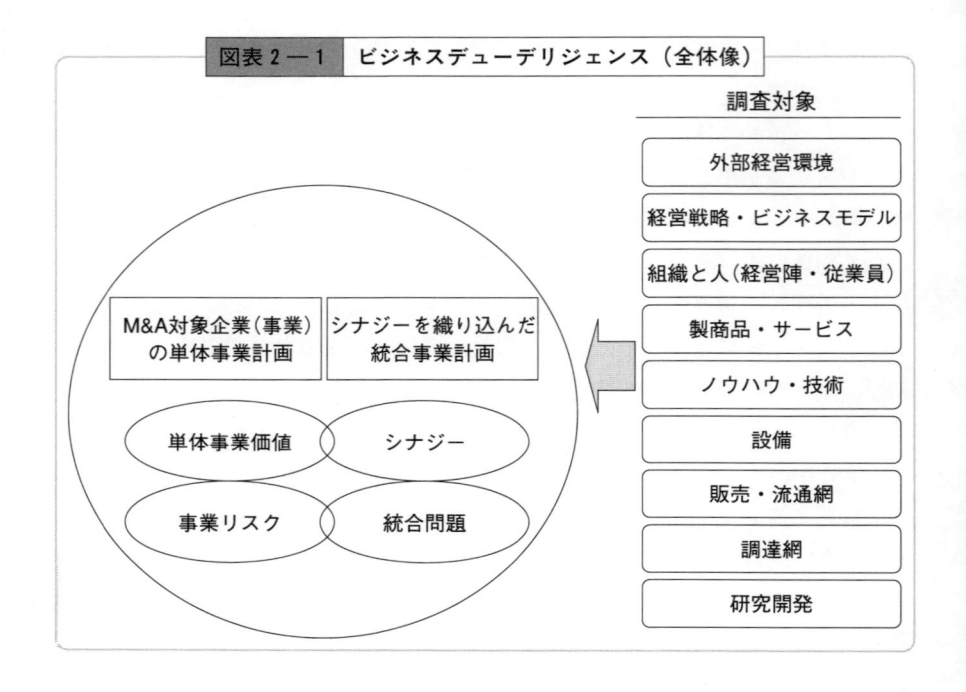

図表 2 — 1　ビジネスデューデリジェンス（全体像）

【統合事業計画の構成要素】
- M&A対象企業（事業）の単体事業計画
- シナジーを織り込んだ統合事業計画
- 単体事業価値
- シナジー
- 事業リスク
- 統合問題

【調査対象】
- 外部経営環境
- 経営戦略・ビジネスモデル
- 組織と人（経営陣・従業員）
- 製商品・サービス
- ノウハウ・技術
- 設備
- 販売・流通網
- 調達網
- 研究開発

基礎的事項の調査と呼ぶ。基礎的事項の調査対象は多岐にわたるが，その主目的はビジネスデューデリジェンスに限らず，財務デューデリジェンス等の他のデューデリジェンスを含めた各種デューデリジェンスの計画を策定するための情報を入手することである。以下，すべてのデューデリジェンスのベースとなる基礎的事項のデューデリジェンス分野とその主な手続等について概説する。

第2節

基礎的事項のデューデリジェンス

1 M&A対象会社(グループ)の沿革，事業内容，事業の状況等の概要

　M&A対象会社（グループ）の沿革，事業内容の概要等を知るうえで利用できる資料としては，外部公表資料では当該会社のホームページ，会社案内，有価証券報告書があるが，これらに加えて，次のような資料の閲覧を求めることが一般的である。
- 商業登記簿謄本
- 定款
- 会社組織図
- 関係会社関係図
- 営業報告書・附属明細書（過去3期分程度）
- 月次決算・管理レポート（過去1～2年分。必要に応じてさらなる過去分）

2 組織構造・ガバナンスと報告体系，内部統制

　会社組織図に加え，たとえば次の資料，諸規程の閲覧をするとともに，マネジメントおよび関係部門の責任者への質問を行い，ガバナンス体制，各種内部統制組織の有無および運用状況を把握する。また，経営管理に関わる報告のフロー，報告内容や頻度等を確認することにより，収益性分析等その後の手続に有用な情報ソースを知り，デューデリジェンスの効率化を図る。

- 経営監視体制（各種委員会・監査役体制，内部監査体制，社外取締役等）
- 対象企業または事業部の組織における責任者や人員構成
- 職務分掌規程
- コンプライアンス体制
- 販売，購買，製造，財務，経理，人事等の分野における諸規程や業務・管理フローチャート

3 経営戦略，ビジネスモデル，経営上重視しているKPI

　全般的な経営戦略，各事業の経営戦略やビジネスモデル，経営上重視しているKPI（重要な経営指標，Key Performance Indicator）について，マネジメントにインタビューし，また各種の経営会議資料やその他の資料を閲覧し，それらの全体像を把握する。M&Aとそのためのデューデリジェンスに先立ち，M&A対象会社の経営陣の「マネジメント・プレゼンテーション」として，これらのことが説明されることも多い。また，そうした機会はM&A対象会社の経営陣の評価を行ううえでも，重要な機会となる。自らの経営戦略やビジネスモデル，またそれらのためのKPI，SWOT（強み，弱み，機会，脅威）等を的確に説明できるか否か，またその内容が一般的に合理的かといった点から，経営陣の能力を推量する。

4 生産体制，販売網と調達網，物流

　生産体制，販売網と調達網，物流の概要に関連して，次のような資料を入手するとともに，マネジメントおよび各部門担当者に質問を行い，M&A対象会社ないし事業の営業循環を概括的に把握する。これにより，対象企業の事業においてどの活動がキーとなるかを把握し，デューデリジェンスの対象範囲における優先順位を決定するために有用な情報を入手する。

- 製商品の詳細

- 生産拠点ごとの所在地，生産能力，人員数，製造している製品あるいは担当している工程等
- 仕入から販売に至るオペレーションのフロー
- 製造工程の一部を外注している場合には，外注先の概要と業況
- 原材料の主要調達網の概要
- 販売チャネルとそれぞれの割合，主要顧客
- 物流拠点の概要

5 マーケティング

以下の事項につき，マネジメントおよび担当者にインタビューを行うとともに，可能であればマーケット・リサーチ，業界分析等に関する資料を入手する。

- 対象企業・事業のターゲット・マーケット
- 製商品の市場におけるポジショニング
- ブランド政策
- プロモーション戦略（広告宣伝等）
- 販売チャネルや販売戦略とマーケティング活動の整合性

6 研究開発

対象企業（事業）の研究開発施設や能力，予算配分等を確認する。その際，競合他社の同様の情報があれば入手し，比較する。マネジメントや研究開発担当者に研究開発戦略や現在開発中の新製品等に関して質問を行う。

7　経営陣，従業員の概要と人事報酬制度

　経営陣の経歴および現時点での権限等の情報を入手し，実質的なマネジメント体制を把握する。経営陣のほとんどが，親会社からの出向者の場合には，M&A後の残留可能性に関しても把握する必要がある。

　従業員に関して，年齢層ごと，給与レベルごと，職階ごと，性別ごと，正社員・パート等ごと等の詳細を把握する。また，労働組合の活動状況や経営陣との関係等に関してヒアリングを行う。

役員退職慰労金を含めた役員報酬制度，従業員の報酬体系・退職給付体系の概要，人事考課体制等に関して調査する。

8　各関連会社の位置づけと関連会社間取引

　関連会社関係図をもとに，関連会社の位置づけと関連会社間取引の種類，取引条件の概要，主要取引の年間取引金額とそれが全体の取引に占める割合，直近における債権債務関係等につき把握する。

9　設備投資計画

　現状の設備投資計画を入手しその内容，前提条件，作成方法等およびその進捗状況につき確認する。

　また，取締役会あるいはその他の重要な意思決定機関の議事録や稟議書をレビューし承認済みの設備投資（予定）を把握し，これと設備投資計画との整合性を確認する。

10 事業計画と予算の策定手続，現状

　事業計画と予算の位置づけ，策定方法，策定のスケジュールおよび見直しの周期等につきマネジメントおよび担当者にインタビューを行い，概要を把握する。また，実績の事業計画および予算との比較，達成状況の管理方針等についても質問する。現状進行中の予算や中期計画等につき，その達成状況や達成見通しを確認する。

11 過去の重要な調査（税務調査や監督官庁の調査）の概要

　過去における税務調査，その他監督官庁の調査の実施状況および調査の結果として生じた更正，注意，勧告，改善命令等があればその内容および対象企業の対応につき確認する。税務調査については，税務デューデリジェンス，その他監督官庁の調査については主として法務デューデリジェンスで詳細を調査することになる。

12 内部監査と外部監査の概要，結果

　M&Aの対象企業またはその親会社による内部監査が行われている場合には，内部監査の概要，監査結果およびその結果に基づく対象企業の改善プランおよびその進捗状況を把握する。
　M&Aの対象企業が法定監査の対象である場合には，外部監査人の監査報告書に加え，マネジメントレター（監査の副産物としての改善勧告書）を入手し，その内容について把握する。また，可能であれば外部監査人へのインタビューを行い，対象企業の決算体制や監査への対応状況，マネジメントレター等の不明点についての質問を行う。
対象企業が法定監査の対象でない場合にも，親会社の連結目的あるいは任意で

外部監査人の監査を受けている場合には，同様の手続を行う。

13 重要な会計方針，会計慣行

重要な会計方針および業界特有の会計慣行につき確認する。

また，デューデリジェンスの対象期間における重要な会計方針の変更の有無およびその内容と影響額についても合わせて確認を行う。

製造業で一般的に重要な会計方針は，以下のとおりである。
- 費用・収益の認識基準
- 原価計算方法
- 棚卸資産の評価
- 有形固定資産，無形固定資産の償却方法
- 減損
- 製品保証引当金
- 貸倒引当金の計上基準
- 退職給付債務の計上基準
- その他引当金

14 過去および現在進行中の組織再編，リストラの概要

過去のリストラの顛末や現在進行中の組織再編，リストラの内容についての関連資料を入手し，その概要を把握する。

15 株主総会，取締役会，その他の重要な意思決定機関の議事録

過去2～3期分の株主総会，取締役会，その他の重要な会議の議事録を閲覧する。取締役会議事録には法的に不可欠なことしか記載していないケースも多

いので，実質的な経営会議が何かを確認し，当該会議の議事録も加えて閲覧することが重要である。

16 重要なコミットメントや偶発債務

重要なコミットメントや偶発債務として，次のような事項の有無および内容につきマネジメントまたは担当者に確認する。また，上述の議事録のレビューにおいても，このような重要なコミットメントや偶発債務の有無に留意し，ある場合にはその内容を確認する。

- 係争中の訴訟事件，紛争等
- 行政機関等による調査結果
- 確定的でないクレーム
- 裏書手形，割引手形，訴求義務のあるファクタリング
- 債務保証契約
- リース債務
- デリバティブ取引
- 仕入，サービス，固定資産購入，業務委託に係るコミットメント
- リースバック契約，買戻し条件付取引等の特殊な契約
- 本M&Aにより何らかの影響を受ける契約
- その他

第3節 外部経営環境分析 －マクロ環境分析（PEST分析）

　PEST分析は，政治的要因（Political），経済的要因（Economical），社会的要因（Social），技術的要因（Technological）の4つの側面から外部環境の変化を分析するフレームワークである。外部環境のなかで業界を取り巻く最もファンダメンタルなマクロ環境が分析対象となる。これらの環境は，企業努力により直接的にコントロールはできないが，場合によってはそのような外部環境に企業が影響を与えたり，変化を促す場合もある。

　これらの外部環境の調査は，変化の影響を事前に回避したり，他社が気づく前に新しいチャンスをつかむ助けとなる。以下は，ジェネリック医薬品を主製品とする会社のM&AにおけるPEST分析の例である。

ケース　製薬業界を取り囲む外部環境分析のためのPEST分析

【政治的要因の変化】
　診療報酬改定により薬全体の診療報酬は引き下げられたのに対し，ジェネリック医薬品を使用した場合の処方箋料が値上がりしたことにより，病院におけるジェネリック医薬品処方のインセンティブが高まっている（ジェネリック医薬品とは，有効成分や効果等が新薬と同等の後発医薬品であり，新薬の特許期間満了後に市場に出される）。さらに，WHOによるジェネリック医薬品の使用促進提唱により今後も積極的な進行政策がとられることが見込まれるとすると，日本のジェネリック医薬市場は，拡大可能な市場と考えられる。

【経済的要因の変化】
　日本においては，医療用医薬品の価格は公定価格であるため，経済的要因の医薬品業界への影響は軽微であると考えられる。
　強いて挙げるならば，国民医療費高騰に対する対策の必要性から診療報酬は下落傾向にあり，医療用医薬品の代金は診療報酬の一部を構成することから，医薬

品使用量の減少や差し控えあるいは低価格のジェネリック薬品へのシフトといった傾向が今後さらに強まる可能性がある。

【社会的要因の変化】

　高齢化の進行を考えると，高脂血症，高血圧，糖尿病，排尿器障害等高齢者に多い疾病に係る医薬品市場の拡大が今後見込まれる。

　高齢化による医薬品需要の増加が見込まれることから，日本の医薬品市場の魅力度がアップし，外資系企業にとって日本の卸制度等の参入障壁よりも市場の魅力度のほうが高く感じられるようになり，外資系医薬品会社の参入の増加の原因となっている。

【技術的要因】

　ヒトゲノムの解読による創薬ターゲット発見のチャンスの大幅拡大は，創薬競争の激化をもたらしている。創薬競争で競争上の優位性を得るためには，多額の研究開発投資が必要であり，これが医薬品メーカーの大型合併の主要な誘因の1つとなっている。

　この例からもわかるように，マクロ環境は各種業界・業種に多くの影響を与え，その方向性を示唆する。これ以外の例として，建設業界における公共事業の減少（政治的要因。小さな政府への移行），さまざまな業界における少子化の影響（社会的要因），IT・通信業界における著しい技術競争（技術的要因），ハイレバレッジな産業（たとえば装置産業等の借入による大規模投資を必要とする産業）における金利の上昇懸念（経済的要因）などが重要なマクロ要因として挙げられる。

第4節 外部経営環境分析ー業界分析

1 業界図（Industry map）

　M&A対象企業・事業のビジネスを理解するうえで，それら企業や事業が活動している業界の全体像の理解は欠かせない。そうした理解を得る出発点として，M&A対象企業が業界全体のどこに位置しているのか，業界のなかでビジ

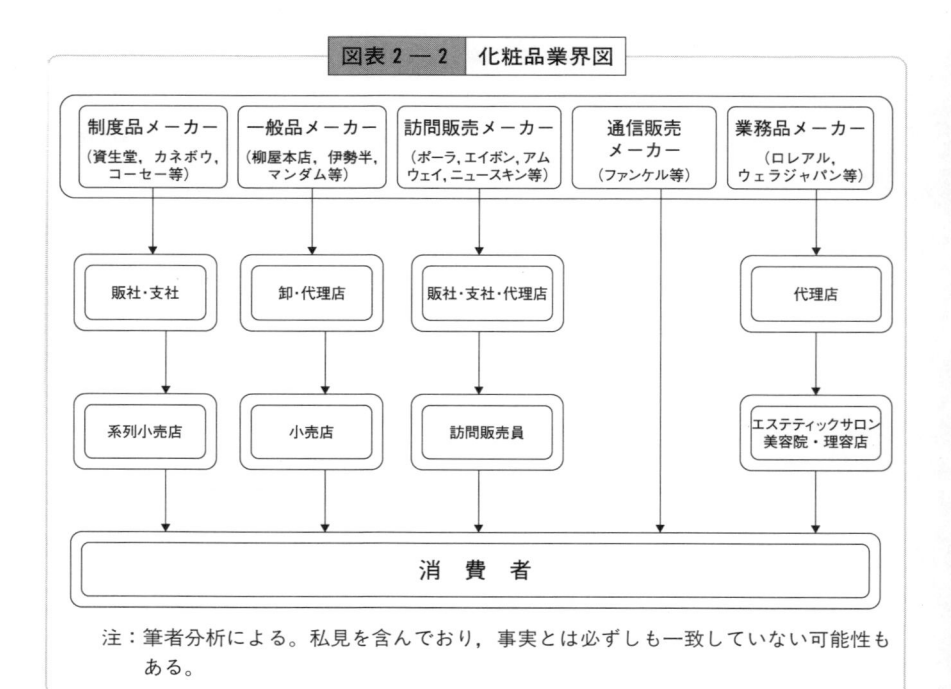

図表2－2　化粧品業界図

制度品メーカー (資生堂，カネボウ，コーセー等)	一般品メーカー (柳屋本店，伊勢半，マンダム等)	訪問販売メーカー (ポーラ，エイボン，アムウェイ，ニュースキン等)	通信販売メーカー (ファンケル等)	業務品メーカー (ロレアル，ウェラジャパン等)
↓	↓	↓		↓
販社・支社	卸・代理店	販社・支社・代理店		代理店
↓	↓	↓		↓
系列小売店	小売店	訪問販売員		エステティックサロン美容院・理容店
↓	↓	↓	↓	↓
消　費　者				

　注：筆者分析による。私見を含んでおり，事実とは必ずしも一致していない可能性もある。

ネス上重要な関係を有するのはどこかを理解することは非常に重要である。M&A対象企業・事業の業界でのポジショニングを確認することによって，その後の分析の範囲を絞り込むことが可能になる。**図表2-2**は化粧品業界の業界図を示している。

この図表からも理解できるように，ひとくちに化粧品業界といっても，実はさまざまなタイプのメーカーが存在し，それぞれの類型によってビジネスモデルが違う。特にこの例では流通経路の構造的な違いが明らかになっている。こうした分析が，次に述べるファイブフォース分析につながる。競合他社はどこか，代替品は何か，販売ルートごとの強み・弱みおよび顧客に対する交渉力等を考慮し，M&A対象企業・事業が属している業界の特定を行い，さらにその業界を詳細に分析するために，次のファイブフォース分析を行う。

2 ファイブフォース分析

M&A対象企業・事業の収益性は一義的には業界の平均的な収益性に影響を受けるはずである。したがって，その業界の現況や平均収益性およびそれらに影響を与えている事項を正しく理解することが，M&A対象企業・事業の収益性を適切に把握する第一歩となる。ファイブフォース分析は，M&A対象事業が属する業界を包括的に分析し，その業界が将来的に魅力あるものかどうかを考察するためのフレームワークを提供するツールであり，業界を分析するにあたり，次の5つ観点に焦点を当てている。

- 業界内の競争の激しさ
- 新規参入者にとっての参入障壁の高低
- 代替品・サービスの存在や脅威
- 顧客の交渉力の強弱
- サプライヤーの交渉力の強弱

たとえば，業界内競争が激しければ，値引き争い等が激化し，業界全体の収益性は低下するし，そうした業界内競争の激化は参入障壁が低い場合に引き起こされる。また，代替品が存在し，その脅威が増すと，業界全体のパイが小さ

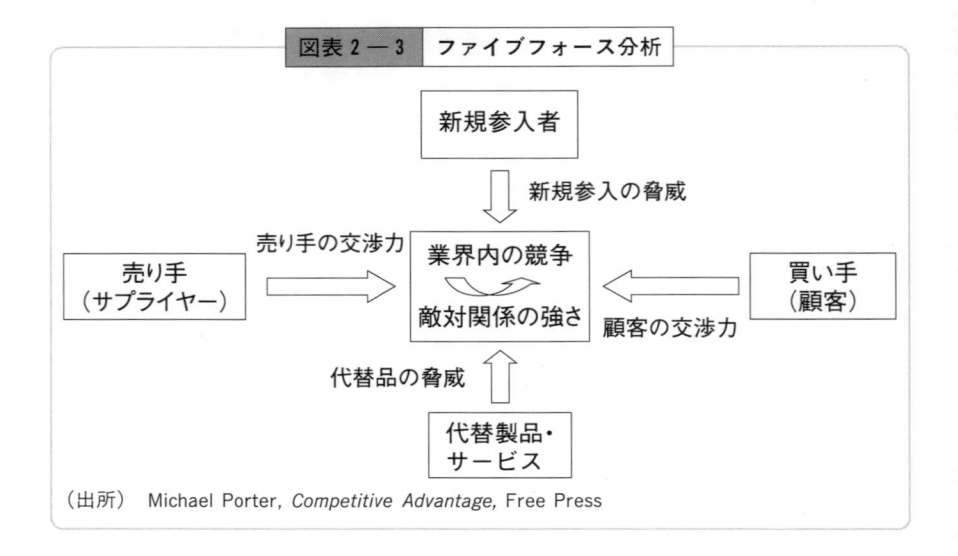

図表2－3　ファイブフォース分析

```
                    ┌─────────┐
                    │ 新規参入者 │
                    └─────────┘
                         ↓ 新規参入の脅威
┌─────────┐  売り手の交渉力  ┌─────────┐  顧客の交渉力  ┌─────────┐
│ 売り手   │ ────────────→ │ 業界内の競争 │ ←──────────── │ 買い手   │
│(サプライヤー)│              │ 敵対関係の強さ│               │ (顧客)   │
└─────────┘                 └─────────┘                 └─────────┘
                         ↑ 代替品の脅威
                    ┌─────────┐
                    │ 代替製品・ │
                    │ サービス  │
                    └─────────┘
```

(出所)　Michael Porter, *Competitive Advantage*, Free Press

くなり，その結果その業界における生き残りをかけた競争激化が発生し，収益性が低下する。加えて，売り手の交渉力や買い手の交渉力に係る力関係でその業界の収益性が左右される。このようにこれら5つの力（フォース）は互いに連関しながら，その業界の収益性に影響を与える。

ファイブフォース分析では，各フォースに関して，主として以下の観点から分析を行い，各フォースの強弱等を評価する。

(1)　業界内の競争

①　マーケットの成長率

マーケット成長率が低いあるいはマイナスである場合には，当然のことながら供給過剰状態を生み出し，業界内の競争は厳しくなる。

②　競合他社への切り替えに必要なコスト

コモディティ化されている商品・サービスを扱っている場合には，競合他社への切り替えコストは低いと考えられる。切り替えコストが低いと価格競争と

なり，競争が激化する。

③ 撤退障壁

事業の撤退に係る障壁が高いと，業界からの撤退が起こらず，競争が激化する。

④ マーケットにおける需要と供給のバランスの状況

マーケットにおける需要と供給のバランスが崩れ，供給キャパシティが需要に比して大きくなると競争は激化する。一方，逆のケースでは競争状況は緩和される。

⑤ 同レベルの製品・サービスの乱立の度合い

同じレベルの製品・サービスが乱立している場合，換言すれば，業界内の製品やサービスに差別化が見られない場合には，価格競争となり，競争は激化する。

(2) 新規参入者に対する参入障壁

① 規模の経済性

製品の差別化が比較的に少ない一方，規模の経済の享受によるコストリーダーシップが重要な産業では，新規参入者が参入しても規模の経済なしでは収益性を確保できないため，参入のインセンティブは低くなる。

② 先発企業の優位性

学習カーブが特異な形態をとる産業，特に時間の経過とともに学習効果が高まる産業においては，先発企業の優位性が絶対的であるため，参入障壁は高まる。特殊なノウハウが必要なサービス産業がこれに該当する。

③ 強力なブランドや顧客からのロイヤリティ

事業を行うにあたって強力なブランド力や顧客からのロイヤリティが重要なポイントとなる産業においては，参入障壁は高い。たとえば，経営戦略コンサルティング等のプロフェッショナルサービス業はこれに該当するだろう。

④ 業界の複雑な流通システム

複雑な流通システムは新規参入者の脅威を低下させる。

⑤ 多額の初期投資

ビジネスを始めるにあたって多額の初期投資が必要な産業では，参入障壁が高い。逆に初期投資が少なくて済む場合，参入は比較的に容易である。

⑥ 原材料・資材・人材の確保の容易さ

ビジネスを行ううえで不可欠な原材料，資材，人材等の調達ルートの確保が困難である場合，参入障壁は高まる。

⑦ 当局の許認可の要否

銀行業等ビジネスを始めるにあたって監督官庁の許認可が必要な場合には，参入障壁は高まる。

⑧ 巨額の研究開発費

製薬業界等に代表される巨額の研究開発投資が必要な産業は，参入障壁が高い。

(3) 代替品・サービスの脅威

① 高機能の代替品・サービス

同様の価格でありながら，高機能で付加価値の高い代替品・サービスの登場

は，既存産業にとって脅威となる。

② 低価格の代替製品・サービス

上記とは逆に，既存製品と代替的な製品・サービスに関して，既存製品・サービスより低価格である場合にも，既存産業にとって脅威となる。たとえば，ビールに対して低価格の発泡酒は脅威となる代替品となった。

③ 代替製品・サービスに切り替えるためのコスト

顧客が既存製品・サービスより代替製品・サービスに切り替えるコストが高い場合には，代替製品・サービスの脅威は弱まる。

④ 代替製品・サービスに切り替えることに対する顧客の心理的抵抗

顧客が代替製品・サービスを認知しながらも，既存製品・サービスからの切り替えに対する顧客の心理的抵抗が強い場合には，代替製品・サービスの脅威は弱い。

(4) 顧客の交渉力

① 顧客の購買量

比較的に顧客の数が少なく，顧客あたりの購買量が多い産業では，相対的に顧客の交渉力は大きい。

② 他社への切り替え費用

顧客が他社に仕入先を変更する場合に，多額のコストがかかる場合には顧客の交渉力は弱い。逆に，当該産業における会社が顧客を変更する際に係るコストが大きい場合には，顧客の交渉力が強くなる。

③ ブランド力

製品のブランド力が高い場合，顧客の交渉力は相対的に弱くなる。

④ 価格感応度

顧客の価格感応度が高い場合には，一般的に顧客の交渉力が強い。

⑤ 品質・サービスの差別化

製品の品質やサービスに差別化がそれほどない場合には，顧客の交渉力が強まる。

⑥ 顧客にとってのインセンティブの提供

たとえば，ポイント制度や購買量に応じた割引制度等は顧客にとってのインセンティブと考えられる。現在では小売店，航空会社，携帯電話等の通信事業はこのようなポイント制や割引制度をインセンティブとして顧客囲い込みを進めており，典型的な例といえる。こうした場合，相対的に顧客の交渉力は弱まっている。

⑦ 情報の非対称性

顧客にとって当該製品・サービスの代替となる供給源について情報入手が困難な場合には，顧客の交渉力は弱くなる。

(5) 売り手（サプライヤー）の交渉力

ほぼ上記(4)顧客の交渉力と同じ議論・ポイントであるので，記述省略。

第5節 M&A対象企業・事業の経営戦略・ビジネスモデル・内部資源の分析

1 バリューチェーン分析

　バリューチェーン分析は，企業活動はすべて何らかの付加価値を生み出すための価値創造活動であるとし，価値創造活動が相互にどのように連鎖し，どこで価値を生み出し，どこでコストが発生し，どこで他社と差別化を図っているか等を分析することで，企業が今後とるべき戦略の方向性を分析するためのフレームワークであり，マイケル・ポーター教授により開発された。企業活動は9つの価値創造活動からなり，5つの主活動（購買物流，製造，出荷物流，販売・マーケティング，サービス）と4つの支援活動（全般管理，人事・労務管理，技術開発，調達活動）に分解される（図表2－4参照）。事業は，通常，非常に複雑で多様な活動の組み合わせで営まれており，それを全体的に俯瞰するだけでは，どこにその事業の特性，特異なビジネスモデル，競争力や差別化の源泉があるのかは判然としない。そこで，バリューチェーン分析を用いて，そうした複雑かつ多様な事業活動を細分化して分析することが重要になる。M&A対象企業・事業の付加価値の創造過程を分解して分析することになり，それはビジネスモデルやSWOTの理解のベースになる。

2 アンゾフのマトリックス

　企業が長期的な成長目標を達成するためには，以下の4つの戦略を組み合わせて用いることが重要であるとする考え方である。こうしたフレームワークを

第2章 ビジネスデューデリジェンス

図表2－4 バリューチェーン分析―製造業のケース

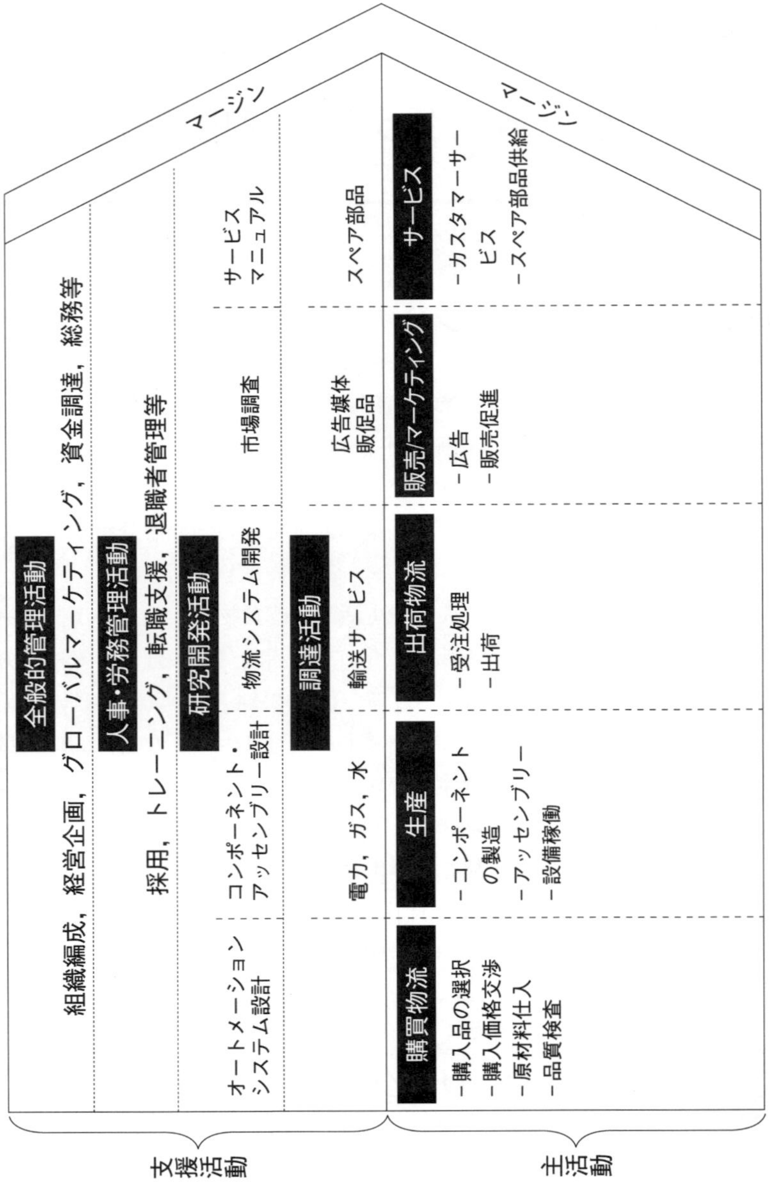

支援活動	全般的管理活動	組織編成、経営企画、グローバルマーケティング、資金調達、総務等
	人事・労務管理活動	採用、トレーニング、転職支援、退職者管理等
	研究開発活動	オートメーション・システム設計、コンポーネント・アッセンブリー設計、物流システム開発
	調達活動	電力、ガス、水、輸送サービス、市場調査、広告媒体販促品、サービスマニュアル、スペア部品

主活動	購買物流	生産	出荷物流	販売/マーケティング	サービス
	－購入品の選択 －購入価格交渉 －原材料仕入 －品質検査	－コンポーネントの製造 －アッセンブリー －設備稼働	－受注処理 －出荷	－広告 －販売促進	－カスタマーサービス －スペア部品供給

マージン

用いてM&A対象企業の成長戦略を分析するのも一考であろう。

(1) 市場浸透戦略

既存の顧客の購入や利用をもっと増やすあるいは，競合者から顧客を奪う，または未利用者を利用者に変えることによって，既存の製品の既存市場での成長を維持する戦略である。

(2) 市場開拓戦略

既存の製品の新しい潜在顧客を認識して新市場に既存製品を展開することによる成長戦略である。

たとえば，製品を小型マグネットモーターに絞り，市場を世界に求めたモーター大手のマブチモーターの戦略はこの市場開拓戦略と①の市場浸透戦略を組み合わせた戦略を採用したものである。

(3) 製品開発戦略

既存の顧客に向けた新製品を開発し販売することによる成長戦略である。

たとえば，ソニーは，ポータブルオーディオプレーヤーの分野において，ウォークマンから始まりCDウォークマン，MDウォークマン，ネットウォークマンと新製品を開発し既存顧客に販売してきており，これは製品開発戦略の典型例といえる。

(4) 多角化戦略

まったく新しい製品を，関連型・非関連型多角化を通して新市場へ導入することによる成長戦略である。

たとえば，明治製菓の医薬品事業進出は，本業のお菓子とはまったく違う医薬品市場で薬品を製造販売しており，多角化戦略の例である（**図表2-5参照**）。

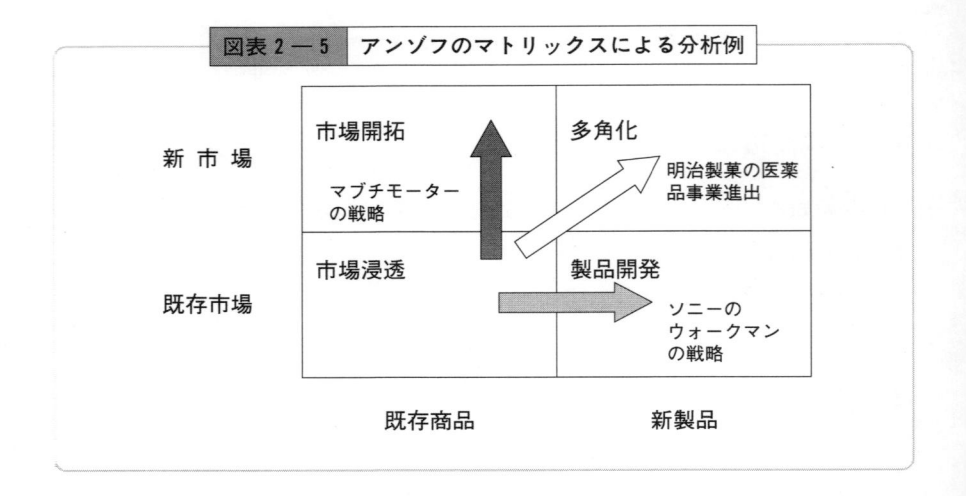

図表2−5　アンゾフのマトリックスによる分析例

	既存商品	新製品
新市場	市場開拓 マブチモーターの戦略	多角化 明治製菓の医薬品事業進出
既存市場	市場浸透	製品開発 ソニーのウォークマンの戦略

3　SWOT分析

　M&A対象企業・事業の現状分析と今後の経営戦略を考察するうえで，M&A対象企業・事業のSWOT分析を行うことは非常に有用である。SWOT分析とは，強み（Strength），弱み（Weakness），機会（Opportunity），脅威（Threat）の4つの視点から会社または事業を分析する手法である。SWOT分析を行うにあたっては，分析対象の会社または事業を取り巻く外部環境と内部環境を勘案する必要がある。外部環境を把握するためには，マクロ経済状況，各事業が属するマーケットの状況，競合他社の状況，新規参入者の情報，取引先の状況，代替品についての情報等が必要である。また，内部環境を把握するためには，企業戦略，企業風土，人材，技術，製品，顧客，組織，業務プロセス等の情報が必要となる。強み，弱み，機会，脅威の例としては以下のようなものがある。

第 5 節　M&A 対象企業・事業の経営戦略・ビジネスモデル・内部資源の分析

(1) 強み

卓越したブランド力，優れた製品，差別化されたサービス，優れた技術力，広範囲にわたる良質の販売基盤・顧客，立地条件のよい店舗，規模の経済による価格競争力，低い不良品率，卓越した工程管理技術，一歩進んだ IT システムによる優れた管理，コストパフォーマンスのよい仕入先，優秀な人材，優れた製品開発力，潤沢な資金

(2) 弱み

弱いブランド力，差別化を図れない製品・サービス，高い離職率，従業員の年齢構成の歪み，マーケット自体の長期衰退傾向，脆弱な管理体制，無能な経営陣，高い不良品率，財務的な問題，設備の老朽化

(3) 機会

新規開発商品の投入，新規大口顧客の獲得，経営陣の刷新，マーケットの飛躍的拡大，同業他社との合併によるシナジー，関連業法・規制の改正・緩和，

図表 2 — 6　SWOT 分析—衣料品会社の例

強み（Strength）	弱み（Weakness）
● 卸を経由しない直販体制のもとでの強力な販売力 ● 中国での生産体制が万全でコストリーダーシップを発揮 ● 品質と価格のバランス ● 卓越したデザイン陣	● 関西・九州地区における販売基盤が脆弱 ● 急成長のための人材不足（一部分野）
機会（Opportunity）	脅威（Threat）
● 海外（米国，アジア）への販路の拡大 ● 同業他社の M&A による規模経済追求	● 製造拠点である中国の政情や経済，疾病等に係る不安要因 ● 競合他社の M&A 動向 ● 外資系競合他社の参入

海外進出，既存製品の用途拡大，生産拠点の海外移転によるコスト優位性の追求

(4) 脅威

強力な代替品の出現，不祥事の発生による会社の信用失墜，同業他社の近隣進出，大口得意先の業績不振・倒産，労使紛争の激化，価格競争力のある海外製品の流入，カリスマ性のあったオーナー経営者の引退，製造拠点をおいている国の政情不安

第 6 節

収益性分析

　上記で説明した外部経営環境分析および経営戦略・ビジネスモデル，内部資源の分析をベースに，M&A 対象企業・事業の収益性の分析に進む。事業の収益性の分析は，事業から獲得される収益とそのために費やされる費用の差額である利益，その背後にある設備投資や運転資金の現況をよく理解し，そのうえでそれら収益性ファクターの将来性を分析するものである。収益性分析では，上記で説明した外部経営環境（マクロ，業界）の状況を踏まえたうえで，M&A 対象企業の経営戦略，ビジネスモデル，バリューチェーン，SWOT 等と，過去数年間の業績やその傾向，各種 KPI の実績値とその傾向等を照らし合わせながら，その事業の収益性を検証していく。

　ここで，KPI とは Key Performance Indicator の略であり，経営者がその管理指標として常にウォッチしている定量的な経営計数をいう。KPI は業界や業種，企業や経営者の個性を反映して多様である。経営が失敗した場合においては，そもそも経営者の KPI の選択や優先順位が誤っていたケースが多い。たとえば，売上高成長率を最重要の KPI としていた過去の経営者の多くは，低採算・赤字受注の罠にはまり，いくら売上高が伸びても利益が上がらず，逆に売上規模の拡大とともに固定費や資金需要が上がった結果として，経営や財務が逼迫して，経営に失敗した。

　KPI は先に述べたように多様であり，ある意味，経営のエッセンスのような部分もある。うまく経営している経営者の重視している KPI は同業のほかの経営者のそれと少し優先順位が違う場合が多いからである。KPI の例としては，売上高成長率，マーケットシェア，㎡当たり売上高，1 人当たり売上高，粗利率，営業利益率，経常利益率，EBITDA（金利前税金前償却前利益），工場操業度，歩留率，予算実績差異率，売上債権回転率，売上債権滞留

率，仕入債務回転率，棚卸資産回転率，滞留棚卸資産率，自己資本比率，RevPer，顧客満足度，返品率，平均資金調達原価，平均資金運用利回り，人件費率，1人当たり人件費がある。

収益性の分析にあたっては，まず，M&A対象企業・事業の各分析分野における当該経営者が管理しているKPIを調査し，KPI選択の妥当性を評価し，そのうえでKPIの選択が妥当と思われない場合には「あるべき」KPIについて考慮し，それらKPIを中心にその過去の推移や傾向，そうした動きの背景にあるものを分析していくことが重要である。

収益性の分析を行うにあたって主な分析分野は以下のとおりである。
- 売上・売上原価・売上総利益
- 人件費
- 人件費以外の費用－固定費と変動費，損益分岐点
- 運転資金
- 設備投資

以下これら分野を分析するにあたってのポイントを列挙する。もちろん前述のように，実際の調査にあたってはその企業や事業の特性，ビジネスモデルをよく理解したうえで，KPIを中心とした分析が行われることになるが，ここではより汎用的・網羅的に各分析分野におけるポイントを記述する。

1　売上・売上原価・売上総利益

(1) 売上高区分ごとの金額・構成比・売上高成長率・利益率の時系列比較分析（地域別，営業所別，部門別，商品別等）

売上高について，地域別，営業所別，部門別，商品別等の細分化された区分に分け，そうした区分ごとに金額，構成比，売上高成長率，利益率（粗利率）等の分析を行う。区分ごとの水平的な比較や時系列比較といった形での分析だけではなく，情報がとれるようであれば，競合他社比較的な要素を分析に加味することも重要である。ポイントとしては，売上高や粗利率推移の傾向把握と

第6節 収益性分析

その原因分析，売上の集中や低採算・赤字の区分等の異常事項の発見，今後の売上高推移の見込みや売上高増大・利益率向上の方策検討等が挙げられる。

(2) セールスミックスの時系列比較分析

通常，企業は単一の製商品やサービスだけではなく，複数の製商品・サービスを異なったチャネルで販売している。また本業とは異なった分野に多角化しているケースもある。そして，当然のことながら，それらそれぞれの売上区分（製商品，サービス，販売チャネル等）に関して，その利益率や必要運転資金などが異なり，結果として，それらそれぞれの売上の全体に対する構成比が変化すると，全体としての利益率や必要運転資金等が変化する。したがって，全体の利益率や運転資金の推移を分析するうえで，そうしたセールスミックスの分析は欠かせない。製商品・サービス，販売チャネル等の売上区分のセールスミックスが時系列的にどのように変化し，その結果利益率やコスト構造にどのような影響を与えたのか，また今後のセールスミックスの推移はどのように見込まれるかを分析する。

(3) 返品・値引き・リベートに係る分析

業種によっては返品，値引き，リベートが常態化しており，売上高や利益率の分析において非常に重要な部分を占める場合がある。特に小売業，卸売業などでは複雑な何層にもわたるリベート制度や値引き制度が売上高や仕入高，利益率に重要な影響を与えている場合が多いので，詳細な調査が欠かせない。また，中には，とりあえず，仮単価での仕切りを顧客ないしベンダーと行い，半年に1度や1年に1度のタイミングで，最終的な値決めを行い，仮単価と最終的な単価の差額をそのタイミングで精算するような慣行がある業界もある。そのような業界の会社を調査する場合には，調査基準日時点では仮単価による売上高ないし仕入高となっており，その後一定の調整が入ることを認識したうえで，過去の精算額の多寡や今後の見込みについて調査する必要がある。

調査の手続としては，返品・値引き・リベートの額や売上高・仕入高に対す

る率の時系列分析，それらの性質の確認，売上高・仕入高計上時からそれらが発生するまでのタイムラグの調査，返品調整引当金等の各種引当金の妥当性評価等である。調査のポイントは，いうまでもなく，正常収益力の算定という見地から，こうした項目が適正に期間損益認識されているかであるが，特にこれらの項目は不正や粉飾の温床となる可能性も高いので，その観点からの調査も重要になる。

(4) 予算・実績対比分析

過去3期程度にわたる各種予算と実績値の対比分析を入手し，その内容を確認する。特に，過年度に予算と実績に著しい乖離が生じている場合においては，詳細な原因分析が必要である。また，直近期に著しく予算と実績が乖離している場合には，当該乖離の原因が今後の事業にも影響を与えるものであるか，当期のみに影響を与えるものであるかにつき調査を行い，前者の場合には当該事項が今後の事業計画に適切に反映されているかを確認する必要がある。

事業計画のベースとなるのはその期ないし来期の予算であるため，予算達成の蓋然性は将来事業計画の評価に大きな影響を与える。実務的にいうと，毎期予算と実績に大きな乖離が生じている企業が提出した事業計画が合理的であった例はなく，そのような場合には事業計画の調査や評価において通常以上の注意が必要となる。また，事業部ごとに予算達成状況が異なる企業の場合には，予算達成状況が悪い事業部をより重点的に調査する必要がある。

(5) 顧客別・商品別販売平均単価推移分析

端的に，売上高は「販売数量×販売単価」である。顧客の価格感応度が非常に高い競争的な市場では，販売単価を上げる（下げる）と販売数量が下がる（上がる）という相関関係が比較的に強い一方，寡占的で付加価値の高い商品を販売している場合には価格感応度はそれほど強くないかもしれない。他方，販売数量や生産数量とコストは密接な関係があり，販売単価が継続的に下がる中で販売数量は一定で，結果として売上高が減少しているような場合には，販

売数量や生産数量が一定であるがゆえに売上高が下がったとしても，売上原価や販売費等のコストを下げることは容易ではない。したがって，そのような場合には粗利率や限界利益率等が低下していくビジネス展望を抱かざるを得なくなる。一方，非常にブランド力が強い製商品の場合などは，価格感応度が低いため，より付加価値をつけ販売単価を上げる戦略が利益極大化のために重要な戦略となる。このような観点から，事業や製商品の収益性や将来性を判断するうえで，売上区分ごとの詳細な販売単価推移分析は欠かせない。いうまでもなく，販売単価が継続的に下落傾向を示しているときは要注意である。

事業計画の実現可能性の評価において，事業計画の前提条件とセールスミックスおよび顧客別・商品別平均単価の推移との整合性を確認することは非常に重要である。たとえば，市場導入直後の新商品につき今後大幅な販売量の増加が見込まれているが，市場浸透に伴う価格下落が事業計画に織り込まれていない場合には，事業計画の見直しが必要となる（図表2−7）。

また，顧客別販売単価は対象会社の顧客別収益性，顧客の入れ替え等が生じた場合の影響を検討するうえで有用である。特に顧客の収益性にばらつきがあ

図表2−7　事業計画と単価分析

単価分析	実績 X3/3期	実績 X4/3期	実績 X5/3期	計画 X6/3期	計画 X7/3期	計画 X8/3期	計画 X9/3期	計画 X10/3期
売上高(百万円)								
A製品売上高	6,000	5,800	5,550	5,500	5,440	5,400	5,350	5,350
B製品売上高	—	—	900	2,321	2,785	3,342	4,011	4,813
合計	6,000	5,800	6,450	7,821	8,225	8,742	9,361	10,163
売上数量(台)								
A製品販売台数	9,800	9,500	9,250	9,200	9,100	9,050	9,000	9,000
B製品販売台数	—	—	950	2,450	2,940	3,528	4,234	5,080
売上単価(千円)								
A製品	612	611	600	598	598	597	594	594
B製品	—	—	947	947	947	947	947	947

新製品の市場導入

市場浸透に伴う単価の下落が織り込まれていない。

る場合には注意が必要である。なぜなら，顧客の変動に合わせて事業全体の収益性が大きく変動する可能性があるからであり，そうしたボラティリティの高さは事業リスクだからである。そこで，顧客により販売平均単価が著しく異なる場合には，その理由を確認し，上述の返品，値引きおよびリベート等と合わせて顧客別の収益性を調査することにより，統合後の顧客戦略立案に資する情報を得るとともに，そうしたボラティリティの高さによる事業リスクをDCF法等のベースとなる事業計画の評価に織り込む。

(6) 対象企業（事業）のマーケットシェアの推移，マーケットにおけるポジショニング分析

対象企業（事業）のマーケットシェアの推移を分析する際に，マーケット規模自体の変動をも合わせて分析することが必要である。対象会社がマーケットで高いシェアを上げている場合には，当該マーケットにおけるマーケット・リーダーとしてマーケットに対して影響力を持つことになる。逆にマーケットに多数の参加者がおり，数社が高いマーケットシェアを保持できる状態ではない場合には，対象企業を含めた個々の企業のマーケットへの影響力はあまりないと考えられる。

また，あわせて競合他社のマーケットシェアの推移を確かめる必要もある。業界再編が進み，同業者間の合併が続いているような業界では，マーケットシェアのランクは合併によりドラスティックに変わることから，このような動向にも注意を払う必要がある。

さらには，新規参入者に係る情報を入手し，マーケットにおける新規参入の動向を把握することも，マーケットの将来性やM&A対象企業（事業）の収益性評価のためには欠かせない。

(7) 製品・サービスの差別化，技術力の評価

対象企業（事業）の製品やサービスの概要を競合他社のそれらとの比較で評価する。対象企業（事業）の製品・サービスの差別化戦略に関して，その差別

化が何によりもたらされており，どのくらいの期間にわたり差別化が継続可能かを分析する必要がある。また，そうした差別化が販売単価や販売数量，製造原価，売上原価，販売費等に与えている影響，すなわち収益性に関する影響に関してできる限りの定量的な分析やデータを得る。差別化をもたらしているのが技術力である場合には，技術力の評価も必要となろう。また，対象企業（事業）がそうした製品・サービス差別化により高い収益性を実現している場合には，競合他社の追随可能性に関する評価も，将来収益性を評価するうえで重要となる。

また，特許取得により差別化できる期間が明確な薬品等については，当該特許の期限切れが近い将来に迫っている場合には，当該特許の期限切れによる収益性への影響が事業計画等に大きな影響を与えることから，事業計画に適切に反映されているかの確認が必要である。

(8) 顧客に係る分析（特定顧客への集中度，大口顧客に関する売上推移，顧客の業況）

特定顧客への集中度が高い場合には，当該顧客の業況が対象企業（事業）の収益性やひいては対象企業（事業）の財政状態や損益に与える影響が高い（たとえば，当該特定顧客が倒産した場合の貸倒損失や売上減少の影響等）ことから，当該顧客の業況に関する調査が必須となる。また，対象会社からの仕入が当該顧客の仕入総額に占める割合や，他社への変更に係るコスト，当該顧客の価格感応度等を調査し，当該顧客を失う可能性についての評価も必要であろう。

大口顧客への売上推移を時系列で比較し，大口顧客への売上が安定していれば，比較的に安定した顧客基盤を保持していると評価される。

(9) 代替品出現の影響評価

売上の減少，売上総利益の減少等が，代替品あるいは代替サービスの出現による場合には，当該代替品・サービスが対象企業（事業）の製品やサービスに

与える影響を詳細に検討する必要がある。また，いまだ影響は出ていないが，近い将来必ずや脅威となる代替品出現の可能性に関してもヒアリングする。

代替品が既存製品にとって代わるものであるのか，棲み分けが可能なものであるのか，代替品にとって代わられる場合でもそれまでにどの程度の時間を要するのかについて分析し，その結果が事業計画の数値と整合しているかを確かめる。

(10) KPIに係る競合他社との比較分析

競合他社とのさまざまな数値の比較は，対象企業（事業）の収益性の分析に関して，多くの事実や示唆をもたらしてくれる。特に，M&A対象企業（事業）のマネジメント等の現状認識が甘いと思われる場合，競合他社との比較で議論することで，対象企業（事業）の問題点を浮き彫りにすることが可能となることが多い。

こうした競合他社との比較分析は先に説明したKPIを中心に行うと，ポイントを外さず，効率的・効果的な分析が可能となる。先述のように，業界ごとに特に重視されているKPIはその業界に属する企業が皆モニターしている指標であるので，そうしたKPIを中心に比較分析をしていく。ただし，場合によっては，競合他社のデータがとれないこともあるので，その場合の代替策も考えなくてはならない。たとえば，業界平均値とのベンチマーク分析や，競合他社に関して公表されている他の数値と一定の仮定に基づき算定された予測KPIとの比較分析が考えられる。

(11) 売上原価の内訳分析，時系列推移分析

売上原価は売上高に直接的に対応するコストである。そこで売上原価率の時系列推移分析を行い，異常な売上原価率の上下変動の有無とその理由を確かめる。そのうえで，売上原価の内訳項目を分析する。もちろんその主な内訳は売り上げた商品の原価や製品の製造原価であるが，場合によって，棚卸減耗損や滞留商品引当金繰入額，リベートや値引き等さまざまなものが売上原価に含ま

れていることがある。そのうち原価性が認められる項目については問題ないが，原価性が認められず営業外損益として計上すべき事項が混入している場合もあるので留意を要する。要は，正常収益力の把握という観点から売上原価の構成内容を分析することがポイントとなる。

⑫ 製造原価の内訳分析，原価差額の分析，時系列推移分析

　製造原価の分析に際しては，まず対象会社（事業）がどのような原価計算を行っているか，どのような単位で原価計算報告書あるいは原価計算資料を作成しているかを確認する。

　標準原価計算制度を採用している場合には，原価差額の分析と，原価差額の調整方法および調整のタイミングにつき把握する。原価差額が著しく大きい場合には，その理由や詳細を確認することが必須で，これにより事業計画評価上考慮すべき点あるいは，統合後のプロセスで改善すべき点を把握できる。

　また，製造原価にも売上原価と同様，様々な項目が含まれている場合があるので，その内容を確認し，それが原価性を有するのか，それとも期間費用として処理すべきものなのかを判断し，収益性判断の基礎となっている製品原価の適正性を評価する。

⑬ 仕入先に係る分析（特定仕入先への集中度，大口仕入先からの仕入推移，仕入先の業況）

　顧客ポートフォリオや大口顧客の評価と同様，仕入網に係る評価も重要である。商品，原材料の仕入先の集中度が高いかどうかにより，商品，原材料の供給の安定性を把握することができる。ある程度仕入先が分散していたほうが，供給の安定性が高いのはいうまでもないが，分散しすぎていると仕入先の管理コストや交渉コスト等が高くなり，また交渉力的にもマイナスとなることが多い。仕入先にとって重要な顧客となり結果として交渉力を増大させるためには，ある程度仕入先を集中させていく施策も重要である。一方，あまり集中させすぎると，反対に仕入先の交渉力が高まるので危険である。こうした観点か

ら，仕入先のポートフォリオを評価する。

　商品，原材料の仕入が特定の仕入先に集中しており，かつ仕入先の業況が低迷している場合には，突然の倒産等により供給がストップされる可能性があり，対象会社が著しい損失をこうむるリスクがあるので，仕入先の業況も調査する必要がある。

　また，仕入はコストシナジーの主要分野の1つである。たとえば，水平型のM&Aで仕入先をまとめることにより仕入量を増大させ，ボリュームディスカウントを得て仕入コストを低下させたり，あるいはM&A対象企業と買収企業が同じ仕入先から原料を違った価格で購入している場合に，低いほうに合わせることにより，統合後の仕入コストを削減したりする。そこで，M&A対象企業と買収企業の仕入網の比較や仕入条件の比較等もシナジー評価の目的では欠かせない手続となる。

2　人件費

(1) 組織構造と人員配置に係る情報

　組織図等に基づき，対象会社の組織構造が中央集権型の階層的な構造になっているか，分権型のフラットな構造になっているか，各事業はどのような形態で運営されているか等を理解する。組織図に人員配置が記載されている場合には，各部門等の責任者を確認し，誰がキーパーソンなのかに関する予備的判断を行う。また，組織の役員や各部門の部門長クラスが親会社等からの出向者あるいは転籍者で占められているかどうか，関係監督官庁や取引先から出向者や嘱託者の受入等が行われているかどうか，等についての情報を得ることは，将来の人件費を予測するうえあるいは人事戦略を考えるうえで重要となる。

(2) 人員数，人員構成，給与水準，平均年齢の時系列比較分析

　部門別や職階別，事業別等の切り口により，人員数や人員構成，平均給与，

平均年齢等の時系列推移を分析する。

　人員数の時系列比較の結果，一時期に大幅に人員が減少してその後増員していない場合には，早期退職募集等を行ったことが推定される。また，なだらかな減少を示しているときには，新規採用をストップあるいは採用数を抑えて，定年退職による自然減を図っていることなどが想定される。人員数の減少は一般的には人件費の削減につながるが，他方，人材の流出はノウハウ，技術，取引先との関係の喪失につながることもあることから，これらについて適切な対応ができているか等も把握する必要がある。

　人員構成については，年齢別の人員構成，部門別の人員構成，出向者，専属，パート等の就業形態別の人員構成等を把握することが対象会社の現在および将来を分析するうえで有用である。年齢別の人員構成から近い将来において大量の定年退職者が出ることが予想される場合には，退職金の支払に係るキャッシュフローへの影響を考慮するのに加え，定年退職者が有する技術やノウハウの後任者への移転を考慮したうえで人員採用計画等が考えられているかといったことも確認する。

　部門別の人員構成，たとえば製造部門，販売部門，研究開発部門，管理部門等の現状の人員配置を理解し，部門ごとの人員の過不足の状況を把握することで，統合後の人員配置を考える際に必要な情報を得ることができる。

　出向者，専属，パートタイマー等の構成を知ることにより，人件費の固変分解の参考情報を得られる。また，出向者については，人件費の負担についての取り決めがどのようになっているかにより，過去の正常利益，事業計画の修正が必要になることもある。たとえば，M&A対象企業が，ある企業の子会社で，親会社からの出向者がM&A後も残留する場合で，現況出向者の給与の一部を当該親会社が負担している場合には，過去の利益が過大となっており，調整が必要になる（スタンドアローン問題）。

　平均給与の時系列分析では，給与の増加減少傾向を把握し，大きな増減が見られる場合にはその理由を確認する。その理由が過去の業績不振の結果としての給与やボーナスカットにある場合には，優秀な人材がすでに当該対象企業を離れている可能性もあり，さらなる詳細調査が求められる。また，同業界の競合企業との比較での給与の多寡や待遇の評価も行う。

一般的には，平均年齢の時系列分析においては，大きな変動は見られない。大幅なリストラや採用をストップしていた会社が数年ぶりに大量の新人を採用した場合等には突然平均年齢が下がる場合もあるが，いずれにしろある程度の規模の会社において，平均年齢が著しく変動している場合には，その原因の確認が必要である。日本の会社においては，平均年齢が高い場合には，1人当たりの人件費は相対的に高いのが一般的である。したがって，1人当たり人件費を競合他社と比較する場合には，合わせて平均年齢も比較する必要があろう。

(3) 人件費の金額推移分析，1人当たり人件費・1人当たり売上高人件費率の時系列比較分析

人件費は人数と1人当たり人件費に分解されるので，人件費の金額推移分析においては，変動が人数の増減によるものか，1人当たり人件費の増減によるものかをまず，把握する必要がある。1人当たりの人件費が人件費の変動の原因であると判断される場合には，さらに人件費の内訳を分析することになる。

1人当たりの人件費の分析に際して，ポイントとなるのはその変動は一時的なものか，今後恒常的に続くものかという点である。今後恒常的に続く場合には，これが事業計画に反映されていることを確認する必要がある。

1人当たり売上高人件費率は，労働効率を表す指標であるとともに，給与・賞与といった報酬がどの程度業績に連動しているかを示すものでもある。たとえば，1人当たりの人件費が増加しているが，1人当たりの売上高人件費率はほぼ一定である場合には，業績連動型の報酬制度を採用されていることが推測される。逆に1人当たり売上高人件費率の変動が激しい場合には，それが売上高の増減と整合しているかどうかをまず分析し，整合していない場合には理由を確認する必要がある（図表2-8参照）。

(4) 対象会社の人事戦略の評価

ビジネスの基本はヒトであり，経営戦略の評価においては，経営戦略を支える組織とヒトの評価も重要となる。そうしたヒトの面での評価に関して基礎と

第6節 収益性分析

図表2-8 1人当たり人件費の分析

(単位：百万円，人)

	X3/3期	X4/3期	X5/3期
売上高	400	456	502
役員報酬	30	32	35
給与	90	91	93
賞与	40	60	80
法定福利費	23	31	38
福利厚生費	7	8	9
退職金	10	11	13
人件費合計	200	233	268
在籍人員数			
役員	3	2	2
従業員	18	18	18
在籍人員数合計	21	20	20
1人当たり売上高	19.0	22.8	25.1
1人当たり人件費	9.5	11.7	13.4
売上高人件費率	50.0％	51.3％	53.3％

売上高に連動した賞与を支給する制度がある

売上高人件費率がほぼ一定している

なるのは，対象会社の人事戦略の評価である。人事戦略の評価は統合後の人事戦略を検討するうえでも，必須である。人事戦略は，採用，リストラ，人員配置，評価，報酬，トレーニング等の能力開発等多岐にわたるが，これらにつき対象会社の戦略の概要把握だけではなく，自社との比較も含めて行う必要がある。

(5) 過去の大規模なリストラの顛末に係る情報

　過去に大規模な人員リストラを実施している場合にはその概要や経営戦略上の位置づけ，経営戦略上の人員リストラ計画がすべて完了しているのか，それ

とも現在進行中（一連の人員リストラ計画のうち一部は終了した段階）なのか，過去の人員リストラ実行時に直面した問題等に係る情報を入手する。場合によって，過去の人員リストラの影響がビジネス的，財務的に残存していることがあるので留意を要する。たとえば，多大な未払退職金がある場合，人員リストラのプロセスで予期していなかった人材の流出があった場合，社内モチベーションやモラルが低下している場合がある。

(6) 競合他社との比較分析（1人当たり売上高，1人当たり人件費，売上高人件費率等）と人員削減の余地の検討

人件費は通常どの会社にとっても大きな費用項目であり，詳細な分析が必要となる。特に，1人当たり売上高，1人当たり人件費，売上高人件費率等に関して競合他社との比較を行い，大きな差異が認められる場合にはその理由を調査し，人員削減の余地等を考慮する。

(7) 間接部門人員に係る分析

間接部門はM&A後に統合し，統合効果を出すことを前提とすることが多いため，ビジネスデューデリジェンスないし人事デューデリジェンスにおいて，統合後の経営戦略や組織構造もにらんだうえで，間接部門のあり方や統合の方法を考慮するための情報を入手しておくことは重要である。また，その際，現状の間接部門の適正人員や削減余地，統合後の間接部門の適正人員といった観点からの分析も欠かせない。他の項目と同様，競合他社との比較分析も適正人員に関する意見をまとめるうえで重要な情報となる。

(8) 人事考課制度，インセンティブボーナス制度の評価

対象会社の人事考課制度，インセンティブボーナス制度を理解するとともに，その運用状況を把握する。こうした制度が過去のビジネスの状況にもたらした影響を定量的，定性的に分析する。また，自社（買収会社）のそれら制度

との差異を把握する。

(9) 退職給付に係る制度および退職給付債務・費用の分析

詳細については，「第3章　財務デューデリジェンス」に譲るが，ビジネスの問題としても損益やキャッシュフローの分析の観点から，これらの事項に関して一定の理解を得ておく必要がある。財務デューデリジェンスチームとの情報交換が望まれる分野の1つである。特に，経営不振企業等のM&Aで，M&A後に人員リストラ等の経営改善施策を考えている場合には，退職給付に係る情報の整理はそうした施策の評価のために不可欠である。

(10) 労働組合との関係

対象会社の労働組合の活動状況や経営陣との関係を把握することも重要である。場合によっては，労働組合がM&Aや統合に反対の意を表することによって，M&Aや統合自体が見送られる場合もある。また，組合が強い場合には，統合後の人員削減に対し組合から反対を受け，人員削減のシナジー効果が実現できない，あるいは実現のタイミングが遅れるというリスクも存在する。

3　人件費以外の費用―固定費と変動費，損益分岐点

(1) 費用に係るKPIの時系列比較分析―たとえば，売上高広告宣伝費率，売上高販売費率，減価償却費率等

人件費以外の主要な費用項目に関して，特にKPIを中心として，各種関連比率の時系列比較分析を実施する。たとえば，売上高広告宣伝費率，売上高販売費率，減価償却費率等がある。M&A対象企業（事業）のコスト項目のうち大きな項目についての詳細調査手続である。大きな変動があった場合には，その理由を確認するとともに，それが一時的なものなのか，それとも永続的なも

のなのかを確認するとともに，将来的なコスト削減の余地やシナジーの可能性を考慮する。また，正常収益力の算定という見地から正常営業循環過程で発生する費用以外のものが含まれていないかどうかの確認も必要となる。

(2) 固変分解と損益分岐点分析

　事業計画を策定していくうえで，費用の固変分解（固定費と変動費の分解）とそれに基づく損益分岐点分析は非常に重要である。誤解を恐れず端的にいうと，変動費は売上の増加に比例して増加するコストである一方，固定費は売上の増加に連動しない固定的なコストである。当然，通常固定費に分類されるものが，売上がどんなに増大しても不変ということはあり得ず，売上の大幅な増大や事業規模の拡大は最終的には固定費の増大も招くわけであるが，それは売上の増加に比例的ではなく，断続的で階段状の線を描くことになる。その意味で，直接的には「連動していない」わけである。事業計画では，売上を増加させたり減少させたりする「絵を描き」，それに基づいてそうした売上を達成するためのコストがいかなるものかを予想する。そこで，固変分解と損益分岐点分析がとても重要になるのである。極端な話，現在のコストをそのまま一定とし，売上高を将来にわたって伸ばしていけば，利益は増加していく。しかしながらそのようなことは実際はあり得ない。なぜなら，売上高が増加すると，少なくとも変動費は増加していくことが予想されるからである。したがって，もしそのような「ばかばかしい」計画が提示された場合には，費用項目のうち変動費目について売上に連動して増加していない理由を尋ねるべきであろう。

　費用に占める固定費割合が高い場合には，規模の経済が働くため，売上の増加により利益率が改善されることが見込まれる。これに対して，変動費割合が高い場合には，利益率の改善のためには，販売単価を上げるか，変動費の削減を行う必要がある。固定費が高く，その大半を減価償却費が占める場合には，過剰投資の可能性があることから，設備投資に係る手続で設備投資の方針等を詳しく調査する。また，減価償却方法により減価償却費の耐用年数にわたる配分のしかたも異なるため，減価償却方法や残存耐用年数等も合わせて考慮に入れる。

損益分岐点分析のための固変分解の方法としては，理論的には，費目ごとに個々に精査して固定費と変動費に区分し，集計する方法である勘定科目精査法や，高低点法，スキャッターグラフ法，最小二乗法等があるが，M&Aにおける事業計画の分析を考えるときには勘定科目精査法が前提となろう。

(3) 予算実績対比分析

予算実績対比で著しい差額が出ているものにつき理由を確認する。直近期の予算実績差異については，その差額の原因が今後にも影響を与えるかどうか，事業計画に反映されているかどうかを確認する必要がある。

4 運転資金

(1) 運転資金に係るKPIの分析―たとえば，売上債権回転日数，在庫回転日数，仕入債務回転日数，運転資金の変動幅等

売上高や費用等のKPIに加えて，これら運転資金に関するKPIを分析することも重要である。DCF法においては将来のフリーキャッシュフロー（FCF）をベースに事業価値評価を行うのが通常であり，その際運転資金の増加・減少はその重要な構成項目だからである。ここでまず重要なことは，正常運転資金額を把握するということである。運転資金を構成する売掛金等の売上債権，棚卸資産には不良債権や滞留在庫等，正常営業循環過程を外れたものが含まれていることがある。また，経営不振企業などではさまざまなベンダーに対して支払が遅れており，買掛金が膨らんでいることも多い。このようなケースで，貸借対照表上の運転資金項目の残高を単純に無修正で用いて必要運転資金額を算出しても，それが正常な運転資金額を示していないことは明らかである。したがって，財務デューデリジェンスチームとも連携して，正常な運転資金額を把握すべく調査することが運転資金に係るデューデリジェンスの出発点になる。そのうえで，対象企業にとっての正常運転資金額を競合他社のそれと

比較したり，時系列での推移を分析したりする。その際，運転資金削減余地や運転資金に係るシナジー等の観点からの考察も必要となる。

(2) 平均的な決済条件と売上債権回転日数，仕入債務回転日数の比較分析

　分析にあたり，関連会社等との決済条件が第三者との決済条件と異なる場合には，関連会社等に対する売上債権または仕入債務と，第三者に対する売上債権または仕入債務を別々に分析することが望ましい。また，売上高の季節変動が大きい場合には売上債権回転日数，仕入債務回転日数にゆがみが生じることが考えられるため，対象企業の事業の季節変動性についても勘案する必要がある。さらに，取扱製品群により決済条件が著しく異なる場合には，製品群ごとの分析が必要となる。

　平均的な決済条件に比して売上債権回転日数が整合していない場合には，その原因を確認する。

　たとえば，平均的な決済条件に比して売上債権回転日数が長い場合には，長期滞留債権が存在する疑いもある。逆に，平均的な決済条件に比して売上債権回転日数が著しく短い場合には，売上債権のファクタリング，証券化等によるオフバランス化の可能性がある。

　また，仕入債務については対象企業で資金に余裕がある場合に，仕入割引を得るために早期に決済しているために平均的な決済条件よりも仕入債務回転日数が短くなっているケースが考えられる。

　さらに，前述のように資金繰りが苦しいため，対象企業がベンダーへの支払を遅らせている結果，平均的な決済条件よりも仕入債務回転日数が長くなっているケースもある。このような場合には，M&A成立後比較的短期間に仕入先決済を正常化させるための資金負担が生じることがあり，特段の注意が必要である。

(3) 顧客・仕入先ごとの決済条件のレビュー

顧客や仕入先ごとの決済条件をレビューして，特に他の顧客や仕入先との決済条件から大きな乖離が見られる先に関して，その理由や改善の可能性の有無を調査する。また，水平的M&Aで自社（買収会社）と重なる取引先に関しては，自社の決済条件との優劣を比較分析し，M&A後の決済条件改善交渉の可能性について検討する。

(4) 過去に行われた売上債権のファクタリングや証券化に係る情報入手

運転資金の比較分析を行う場合，過去に売上債権のファクタリングあるいは証券化を行っている場合は，この影響を修正したうえで，時系列比較する必要がある。

また，証券化についてはオフバランスの条件を満たしているかどうかの確認も行う。

5 設備投資

(1) 過去の設備投資の分析
（維持保守投資と営業活性化投資に分けて分析）

過去における設備投資に関して維持保守投資と営業活性化投資の観点から，その概要を把握する。過去の設備投資が減価償却費と比較して著しく低い場合には，短期的な利益を求めるあまり長期的な投資を犠牲にしている可能性もあるため，設備投資の方針，今後の計画と設備の老朽化の状況等を注意深く調査する。

設備投資の方法や規模，タイミング等に関しては業種特性もあるので，競合他社の設備投資実績との比較も重要な情報となる。正常な設備投資行動と実際

との乖離，それに基づくM&A後の設備投資要請分野と投資額といった観点から分析を進めていく。

(2) 過去における営業活性化投資とその効果の投資対効果分析

過去の営業活性化投資とその投資効果に関してできる限り定量的な分析を行う。特に投資計画段階での投資効果予測と実際との乖離分析は重要である。大きな乖離が発見された場合にはその理由を確かめる。

(3) 設備投資計画を入手し，分析・評価

設備投資計画を入手し，分析・評価する。その際，提出された設備投資計画の性質を確かめる必要がある。すなわち，M&A対象会社の取締役会で決議・承認された計画なのか，それとも今般のM&Aをにらんで策定された設備投資計画で機関決定を経ていないものなのか等である。そのうえで，当該計画のうち，維持保守投資がどれで，営業活性化投資がどれかを確定する。また，維持保守投資の緊急性を確認する。さらに，前述の過去の営業活性化投資の投資対効果分析を踏まえて，営業活性化投資計画の効果を予測し，投資計画を評価する。

そのうえで，これら設備投資計画とその効果が事業計画上どのように織り込まれているか，また経営戦略との整合性に関して評価する。

第7節

対象会社(事業)の単体事業計画の分析

　すでに説明してきたように，M&A対象企業（事業）の単体企業（事業）価値評価において，当該企業（事業）の事業計画の分析は不可欠である。特に今日の事業価値評価手法の中心をなすDCF法等のインカムアプローチでは，そのベースとして，将来5年間程度の事業計画が用いられる。そこで，上記第1節〜第6節のビジネスデューデリジェンスの結果は，財務デューデリジェンスをはじめとするその他のデューデリジェンスの結果も含め，まずは単体事業計画のレビューにフィードバックされることになる。

　こうした単体事業計画を調査するうえでの具体的な調査手続は以下のとおりである。目的はいうまでもなく，当該事業計画の合理性や実現可能性の評価であり，もし合理性や実現可能性に乏しいと判断される場合には，修正単体事業計画の策定が最終ゴールとなる。

1　調査手続

- 単体事業計画の作成目的，作成方法および作成プロセスにつきマネジメントに質問を行い，また各種関連資料を閲覧し，理解する。
- 事業計画のベースとなっている前提条件，特に各種KPIの想定に関して理解する。
- 主として事業計画の前提となっているKPIとそれらの過去の推移の整合性を分析する。
- 事業計画の前提条件とマクロ環境分析，業界分析，収益性分析等のビジネスデューデリジェンス結果との整合を分析する。

- 上記が整合しておらず，ギャップがある場合には，その状況を分析し，マネジメント等にその理由を質問する。
- 事業計画の前提条件を想定される範囲内で動かしてその感応度を分析する（センシティビティ分析）。
- 以上の手続の結果として，当該事業計画が単体企業（事業）価値算定のベースとして十分な合理性・実現可能性を持っているかを評価する。
- 単体企業（事業）計画のベースとしての合理性や実現可能性に問題がある場合には，前提条件を見直し，修正事業計画を作成する。

このような手続で単体事業計画の分析が行われるが，実際にはM&A対象企業が提示した事業計画が無修正のまま単体企業（事業）価値評価に用いられることはまれであり，通常は何らかの修正が入る。事業計画のレビューにおけるポイントの理解を深めるために，よくある修正事項の例を見てみよう。

2　よくある修正事項

(1) 事業計画の根拠が希薄ないしほとんどない

提示された事業計画の根拠が希薄ないしほとんどないケースがある。にわかには信じがたいかもしれないが，実際にはしばしば遭遇する。来期の予算程度のものはあるが，その先に関してはほとんど何も用意されていない，あるいは，3年ないし5年計画があるにはあるが，2年目以降は数字が単に横置きしただけだったり，5％や10％で一律に伸ばしただけで根拠がほとんどないケースである（図表2-9参照）。このような場合には，M&Aに際して，「計画を分析する」というスタンスではなく，「ビジネスデューデリジェンス等の結果を受けて自ら計画を策定する」という態度で望まなければならない。当然のことながら，このようなケースでは，対象企業（事業）はきちんと経営されているとはいえず，経営陣の能力に限界があるため，M&A後の経営体制に関しても同時に考慮していかなければならない。

図表2—9　①根拠が希薄な計画

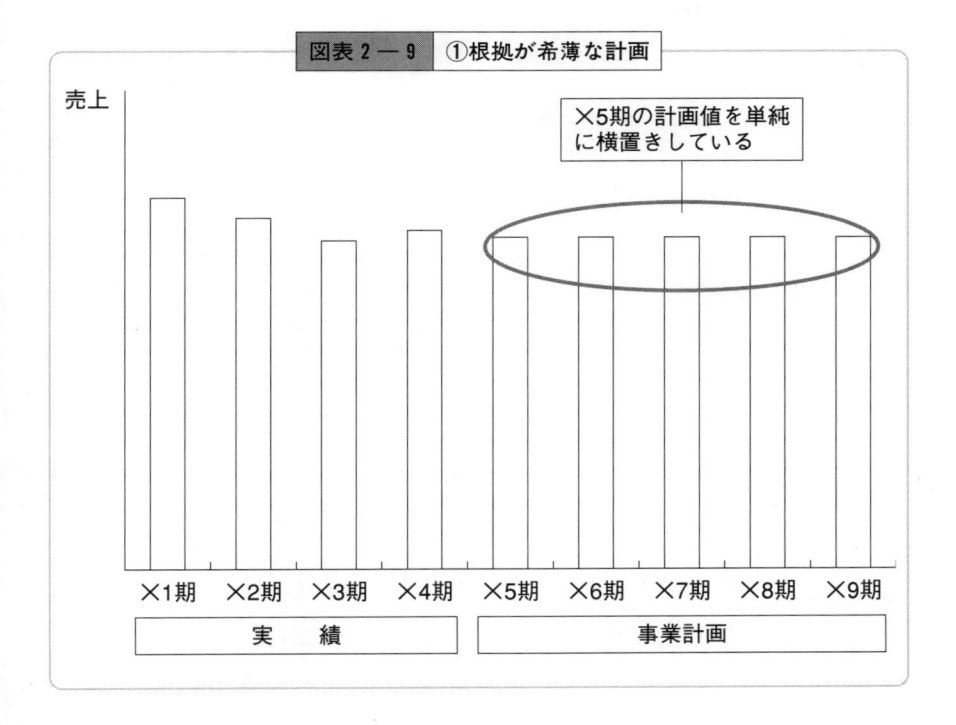

×5期の計画値を単純に横置きしている

(2) 極端に右肩上がりの楽観的な計画

　上記に通ずるところがあるが、極端に楽観的な事業計画に遭遇することもままある（**図表2-10**参照）。こうした場合には、どういう目的のために作られた計画なのかを確認することも重要である。会社はいくつかの計画を持っていることがある。たとえば、経営陣が自らその達成をコミットしている必達計画、営業現場のターゲット用のストレッチ（拡張）計画等である。いうまでもなく、必達計画とストレッチ計画では計画の目的も意味も全く違う。営業ターゲット用のストレッチ計画に基づく事業価値評価が過大評価につながることは容易に想像できる。場合によってはM&A用に急遽作られた事業計画であることもあるので、提出された事業計画の用途、目的や機関決定の有無を確かめるのは必須である。

図表2−10　②楽観的な計画

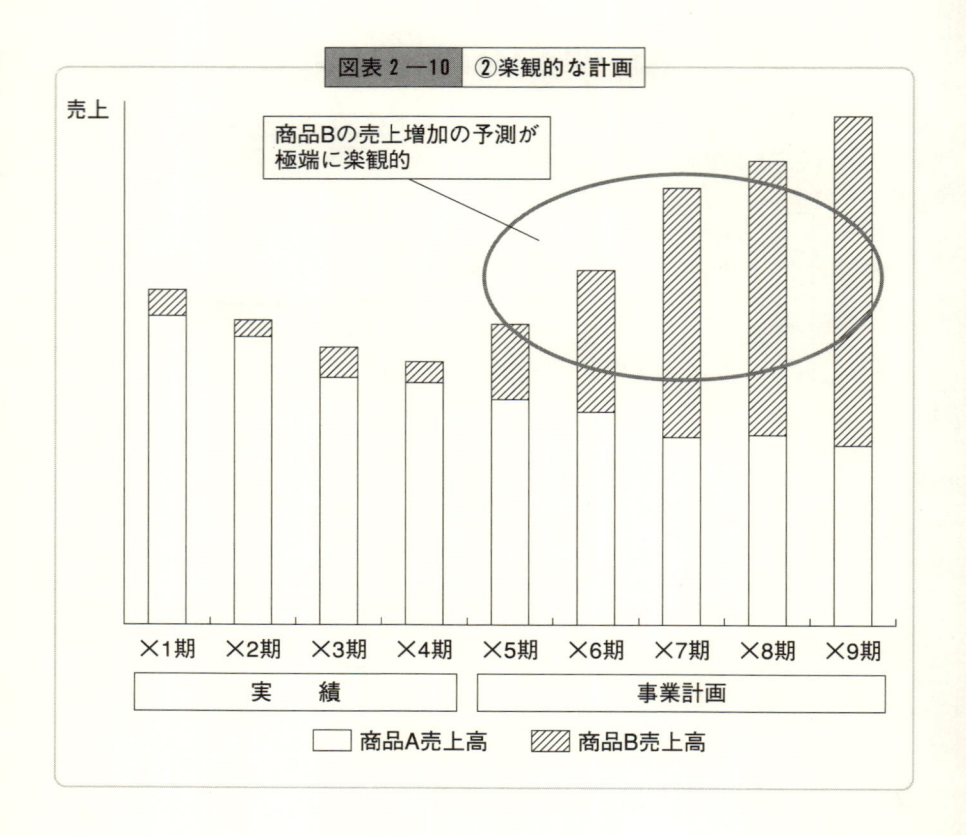

売上／商品Bの売上増加の予測が極端に楽観的

×1期　×2期　×3期　×4期　×5期　×6期　×7期　×8期　×9期

実　績／事業計画

□ 商品A売上高　　▨ 商品B売上高

(3) 事業計画の各数字間あるいは予定されている事象と事業計画の整合性がとれていない

　本来連動すべき数字が連動していない場合には，その理由を確認する必要がある。

　たとえば，製造ラインを増加させるための設備投資計画がある場合に，ラインの増設に伴い，従業員の増員も必要であるはずにもかかわらず，人員数や労務費が横置きになっている場合や，早期退職募集を予定しており，人件費の減少は計画に反映されているが，早期退職に関して見込まれる退職給付の加算金については，事業計画に反映されていないといったようなケースである。将来予定されている事象がすべて事業計画に反映されているか，関連する数字が整

合しているかといった観点から，事業計画を評価することが重要である。

(4) スタンドアローン問題を考慮していない計画

　対象会社が大手企業グループに属していたり，企業全体ではなくその1事業部門を買収する場合には，グループから離脱あるいは，現企業から切り離されることにより必要となる追加投資や追加発生費用，取引先との関係の変化等さまざまな影響を，事業計画に反映させる必要がある。以下はその一例である。

- 人事面では，対象会社の主要ポジションが親会社からの出向者によって占められている場合，これらの出向者の転籍がなければ，対象会社の事業は立ち行かなくなる可能性がある。この場合には当該出向者の転籍可能性，一部出向者が転籍不可の場合に，そのポストを埋める人材の雇用とそのコストの検討が必要となる。また，子会社支援のため，ないし親会社と子会社の給与体系の違いから，親会社が子会社へ出向させているものたちの給与の一部を負担しており，M&A後にそれらのものが対象会社へ転籍となる場合，対象会社における人件費の増加が想定されるため，それを事業計画上に織り込んでおく必要がある。

- 購買面では，親会社の集中購買システムを通じて原材料を仕入れている場合，譲渡後はこのような集中購買システムの利用が不能となるため，取引条件が悪化する可能性がある。また，親会社ないしグループ内関連会社から原材料を仕入れている場合で，その価格が第三者価格ではなく，多少格安な条件での仕入となっている場合，M&A後に仕入単価が上昇する可能性がある。

- IT面では，主要なオペレーションに係るITシステム，たとえば会計システム，購買システム，債権管理システム，固定資産管理システム等に関して親会社のシステムを利用しており，分離後は別途システムを購入あるいは構築する必要がある場合がある。このような場合，そのためのコストを考慮しなければならない。合併の場合には，いずれにしろITシステムの統合のために新しいシステムの導入あるいは，買収会社のシステムへの移行が必要となるので，必ずしも金銭的な負担が増えるとはいえないが，

データの新システムへのマイグレーション（移管）に時間を要したり，統合後の新システム導入に時間がかかる場合には，暫定的なシステムの導入が必要となり，その分のコストが余分に生じるほか，データのマイグレーションについても二度手間となる。
- 顧客面では，対象企業が属していたグループの関連会社との取引条件の交渉が，M&A 後に（第三者となることから）厳しくなる可能性がある。この場合，統合当初一定期間については取引条件の変更を行わない等のコミットメントをとることにより，急激な取引条件の変更を避けることが望ましい。他方，従前は親会社との競合関係から取引のなかった企業と，取引関係を結べる可能性があることから，そのような顧客を早期に抽出し，対策を検討することにより収益シナジーの実現に向けて努力することになる。
- 資金面では，資金調達機能を親会社が有しており，すべてのグループ会社の資金調達が親会社を通じて行われているような場合，また外観的にはそこまでではないが，実質上グループ一体としての資金調達を行っている場合，M&A にあたり当該資金の一括返済が必要となり，M&A 後の資金調達についてどうするのかの検討，またそのコストの見積りと事業計画への反映が必要となる。
- 設備等を親会社から無償で貸与されている場合には，追加コストが発生することになる。
- M&A の対象が 1 事業部門である場合には，人事，経理，総務等間接部門の人員がおらず，それらの業務に対する対価として本社費等で費用の付け替えが行われていることが多い。このようなケースで，本社費が，それらの間接業務を外部の第三者に委託する場合と同等の費用額から乖離しているときには，その差額を事業計画において考慮する必要がある。

第8節 買収会社とM&A対象企業（事業）の統合事業計画とシナジー効果の分析

　M&A対象企業（事業）の単体事業計画のレビューが終了し，単体レベルでは満足のいく（修正）事業計画が入手されたとすると，次にはその単体事業計画と買収企業の単体事業計画にシナジーを織り込んだ形での統合事業計画とシナジー効果の分析のフェーズとなる。すでに上記第1節〜第6節のビジネスデューデリジェンスや財務等その他のデューデリジェンスの結果として，あり得べきシナジーに関する分析が行われているはずである。ここではそうしたシナジーを織り込んだ形での統合事業計画の作成，またその過程でより詳細なシナジーの分析を行っていく（**図表2-11**参照）。

　シナジーの類型については第1章で概説したとおりである。コストシナジー

図表2-11　シナジー効果と統合事業計画の作成

```
   ┌─────────────────┐         ┌─────────────────────┐
   │  買収企業の       │         │ M&A対象企業（事業）の │
   │  単体事業計画     │         │  単体事業計画         │
   └─────────────────┘         └─────────────────────┘
              ↓   それぞれの単体事業計画と期待される   ↓
                      シナジー効果を分析
   ┌─────────────────────────┐   ┌─────────────────────────┐
   │     コストシナジー        │   │     収益シナジー          │
   │ ・人件費削減 ・製造コスト削減 │   │ ・新規顧客の獲得 ・顧客サービスの向上 │
   │ ・仕入コスト削減 ・物流コスト削減 │   │ ・新規市場への進出 ・新規販売ルートの獲得 │
   │ ・販売店の統合 ・研究開発費用の削減 │   │ ・販売手法の効率化 ・販売員の効率化 │
   │ ・物品・サービスの調達コスト削減 │   │ ・新商品・新製品の開発 ・抱き合わせ販売 │
   └─────────────────────────┘   └─────────────────────────┘

         単体事業計画にシナジー効果を織り込み，統合事業計画を作成
                              ↓
                      ┌──────────────┐
                      │  統合事業計画  │
                      └──────────────┘
```

と収益シナジーについて，各類型ごとにその概要，シナジーの測定，発現のタイミング，発現の期間，発現のためのコスト，発現のリスク等に関して留意すべきポイントを以下で説明していく。

1 コストシナジー

(1) 人件費

　主に人員の削減により人件費を減らすことによるシナジー効果であるが，必ずしも正社員の削減を意味していない。従前人手が回らず，パートタイマーやアルバイト等を用いていた場合に，M&Aにより人員が増加したことで，そのような正社員以外に支払う人件費をカットできるような場合もある。あらゆる型（水平，垂直，多角化）のM&Aにおいて，間接部門の共通化により間接部門の人件費を削減したり，また特に水平型のM&Aにおいて重複店舗の統合・整理により営業部員を削減したりすることによるコスト削減効果である。

　人件費に関するシナジーは，ほとんどのM&Aにおいてその効果がデモンストレートされ，また実際に達成度合いも比較的高い。これは，人件費のカットが比較的主体的に実施し得る施策であり，またそれゆえ，そのタイミングや効果の発現に関する予想が比較的容易なためである。

　発現のタイミングとしては，M&A後の組織やシステム統合等に影響を受けるが，段階的に，かつ，M&A後即座に着手されることが多い。効果の測定は従業員数の減少，パートタイマー等の減少等を見積もることにより比較的合理性をもって予想される。そして，それが統合損益計画において人件費の減少として，将来事業年度において，反映される。発現のためのコストとしては，早期希望退職制度に係る追加的な退職給付のインセンティブだけではなく，就職斡旋や心理カウンセリングのための外部コンサルタントへの報酬等が発生する場合も多い。また，退職給付支払のためのキャッシュアウトフローも考慮しなければならず，場合によってはそれらを外部調達するコストも必要になるかもしれない。これらのコストに関しても統合損益計画や統合キャッシュフロー計

画に織り込む。

　発現に係るリスクとして，労働組合との交渉が難航し，スケジュールが遅れてしまうリスクや，大幅な人員削減が従業員の士気を著しく低下させ，優秀な人材をも流出させてしまうケースが想定される。特に後者の場合には，一時的にみてコスト削減ができたとしても，長期的にはそれを上回るマイナスが生じるリスクがある。したがって，人員削減は目に見えやすいコスト削減ではあるが，タイミングや人員削減の方法・プロセスについては十分な配慮が必要である。さらに，人員削減を早いタイミングで実施する場合には，このようなリスクを軽減するために従業員の士気を高めるような，統合後の人事制度・インセンティブプランの構築が不可欠であると考えられる。

(2) 仕入

　主として購買量の増加による仕入価格の低減と，仕入先への交渉力強化による取引条件の改善によるシナジー効果である。仕入先を集約し，部品等の標準化等を進めることにより仕入に関するシナジー効果はさらに増大する。既存の共通の仕入先に関しては，買収企業とM&A対象企業の取引条件を比較し，有利な条件のほうをベースに条件交渉を行うことによる条件改善が期待できる。

　垂直型M&Aにおいては，仕入先をバリューチェーンに組み込むことによって，仕入概念とコストの変革が行われる。

　シナジー効果の測定は比較的容易に行われる。現在の仕入における単価の水準と交渉後の単価の水準やボリュームディスカウントを考慮すれば足りるからである。シナジー発現のタイミングは共同購買体制の確立のタイミングによるが，一般的には，比較的に障害は少なく，短期間内に発現させることが可能である。また発現の期間としては，いったん交渉が成立すれば，比較的長い期間の効果持続が見込める。リスクとしては，共同購買体制の確立のための発注・購買システムやデータベースの統合が遅れたり，うまくいかないリスクや，統合により特定の仕入先への集中度や重要性が増し，逆に交渉力が弱くなり，交渉がうまくいかないケースが考えられる。

(3) 販売店

　特に水平的M&A後に重複販売店の統廃合を行うことにより販売店の整理・効率化を行い、販売効率を上げるとともに人件費削減、賃借料削減、在庫低減を通し、全体的な販売店に係るコストを下げることによるシナジー効果である。

　シナジー効果は人件費や賃借料の削減、在庫削減効果等を通じて測られるが、統廃合に係るコスト（たとえば、退職金、賃貸契約早期解約ペナルティや原状回復費等）を考慮する必要があり、また店舗数減少による売上高への影響や人件費・賃借料等のコストへの影響、また在庫圧縮等による運転資金の改善など影響が多岐にわたることもあり、その効果の測定は、比較的に容易ではない。

　シナジー発現のタイミングとしては、ヒトを動かしたり、契約を解約したり、顧客に説明したりといろいろなアクションを必要とすることから、一般的には社内的に強固なコンセンサスが必要であり、多少時間を要する施策である。発現のリスクとしては、そうした社内的コンセンサスなしに実施した場合の混乱や従業員モチベーションの低下により販売効率が逆に下がったり、顧客への十分な説明なく実施したことによる顧客離れといったことがある。

(4) 仕入以外の物品・サービスの調達コスト

　広告宣伝費や保険料等M&A後に共同で行うことにより、ボリュームディスカウントを得る、ないし一本化することによる調達コスト削減によるシナジー効果である。

　広告宣伝費については、統合後の企業ブランドの統一、製品ブランドの統一等による広告宣伝数の削減あるいは、広告宣伝の発注額の増加に伴う交渉力強化による価格引下げ等のシナジーがある。

　シナジー効果の測定は削減される費用額であり、予測は比較的容易である。また発現のためのコストとしては、契約の切り替えや交渉に係るコストがあるが、一般的にはそれほど多大なコストがかかることは想定されない。発現に係

第8節　買収会社とM&A対象企業（事業）の統合事業計画とシナジー効果の分析　153

るリスクとしては，仕入と同様共同購買体制の確立ということになるが，仕入に比べると，一般的には容易であり，リスクは低いことが想定される。

(5) 製造コスト

　製造コストは，原材料費，労務費，経費から構成される。原材料費は仕入に関するシナジー，労務費は人件費に関するシナジー，経費は仕入以外の物品・サービスの調達コストに関するシナジーと同様であるが，これら以外に製造工程を効率化し，製造コストを削減することに係るシナジーがある。

　買収会社あるいはM&A対象会社において歩留率等生産管理データや実際の生産工程を比較分析し，生産管理体制をベストプラクティスに統一することにより生産効率を上げ，製造コストを引き下げる。また，各工場の操業度・稼働率の適正化を図ったり，労働力の適正配分により残業人件費を削減する。

　生産効率を上げることによるシナジー効果の測定は一般的には定量化が容易ではない。もちろん歩留率の向上による製品製造単価の低下等は原価計算上の歩留率を変化させてシミュレーションすることにより影響額を計算し，織り込むことは可能であるが，それ以前の「どの程度歩留率が改善するか」の見積りは容易ではなく，詳細な分析を必要とする。比較的安易な予測として，実務上，水平的M&Aなどにおいて，同様の製品に関してよりよい歩留率を実現しているほうに合わせた形でシミュレーション計算を行い，製品原価や粗利率に与える影響を試算したりするが，そもそもなぜ当事者のどちらかにおいて歩留率が高い，または低いのかに関する詳細な分析は行われておらず，「絵に描いたもち」的な状況であることも多い。事業評価目的の事業計画にこういった効果を織り込むにはかなり突っ込んだ分析と，改善に関する具体的なアイデアが必要になる。

　また，たとえかなり詳細な分析を行い，生産管理体制のベストプラクティス共有に関する具体的なアイデアがある場合にも，それが実現されるためには，多大な労力と時間，そしてコストがかかること，またそれゆえ，大きなリスクがあることを忘れてはならない。生産工程や生産設備の再構築や入替え，生産管理体制の見直しやシステムの導入ないし共有化・統合，ヒトの異動や交流等

多くのことが必要となり，不確実性も大きい。

(6) その他

その他のコストシナジーとしてここでは，物流費，研究費，外注費を取り上げる。

① 物流費

物流拠点の集約，共同運搬に加え，統合による規模の増加によりアウトソーシングによるコスト削減が可能な場合も考えられる。

リスクとしては，受注から納品までのリードタイムが顧客サービスの観点から非常に重要な場合には，物流拠点の統廃合は物流業務の外注化も含めて慎重な分析・判断が必要となり，実行に長期間を要するという効果発現のタイミングの遅れによるものが挙げられる。

また，物流拠点の集約化に関しては，両社の物流拠点がフル稼働状況である場合には，集約にあたり新しい物流拠点を探す必要があり，物流倉庫がリース契約による場合には，中途解約のペナルティーの支払が生じる場合もある。また，受注購買システム，物流システムの統合も必要となることから，これらを勘案して，シナジー発現の時期を見極める必要がある。

② 研究開発費

重複している研究対象につき研究費を削減するというシナジーが見込めるほか，重複している研究を競わせてよりよい製品の開発をさせるというシナジーも考えられる。

ただし，研究開発組織体制の早期統合が行われなければ，研究開発費の削減が達成されないのみならず，研究開発組織内の混乱や優秀な研究者の流出等により研究開発が滞り，ディスシナジー（負のシナジー）が発生するリスクがある。

③　外注費の削減

　物流業務，一部加工等を外注している場合には，ボリュームが増加することにより外注先に対する交渉力が強化され，外注単価の引下げが期待できる。また，物流の増大に伴い，従来自社で行っていた物流管理をシェアードサービス化することにより効率化し，コストを低減することも考えられる。リスク等に関しては，上述の他の費用削減とほぼ同様である。

2　収益シナジー

(1)　新規顧客

　M&Aにより従前にはなかった新規顧客層へのアクセスを得ることにより収益機会が増大するシナジーである。たとえば，水平的M&Aにおいて，M&A対象企業は規模的には小さい企業であるが，買収企業が関係を持っていない優良顧客を多数保有している場合を想定する。M&Aにより買収企業はそうした優良顧客に対するアクセスを得ることができ，そのことによる買収企業の収益増大効果が見込める場合，それがシナジーとなる。

　シナジーの測定のためには，まず買収対象企業の顧客ベースを確かめ，それを自ら（買収企業）の顧客ベースとすり合わせ，どのような顧客へのアクセスが可能となるかを確かめることが第一歩になる。そのうえで，そうした潜在顧客に対して自社の製品，商品，サービスをどの程度販売できるか，そうした販売活動を軌道に乗せるために必要なコスト（人件費，販売促進費等）はどの程度か，またそれに要する期間はどのくらいかを予測する。そして，こうした顧客ごとの分析結果を積み上げて新規顧客シナジーの全体像をつくる。そのうえで，それを統合事業計画に落とし込んでいく。ここで，重要なことは，顧客との信頼関係や取引量の増大のためには一定の時間が必要となるということである。一足飛びに新規顧客シナジーが発現するような「絵を描く」と，文字どおりそれは絵にすぎず，過大なシナジー効果の評価につながるおそれがあるた

め，十分な注意が必要である。また，顧客によっては1社当たりの取引量に制限を設けているケースもあり，ふたを開けてみると，M&A対象企業と買収企業の合計では思ったほど販売高が増大しないケースもある。

いずれにせよ，上述から容易に理解できるように，シナジーの規模や発現のタイミング，発現のためのコスト等に関して，コストシナジーに比して，より多くの要因が絡んでおり，予測の不確実性は高い。したがって，シナジー効果発現のリスクはさまざまな分野に及んでおり，本質的にリスクは高い。そこで，より保守的で「かたい」見積りを行うという態度が必要であろう。

また，ディスシナジー（負のシナジー）として，逆にM&Aによりどちらかの顧客を失ってしまうことも考えられるので，その面の相殺効果も考慮に入れる必要がある。

(2) 新規市場

M&Aにより新規市場へのアクセスを得ることによる収益増大シナジーである。たとえば，従前より国内市場のみで事業を行っていた企業が，海外市場へのアクセスを有する企業を買収することにより，自らの製商品やサービスを当該海外市場へも販売し収益を増大させるような場合や，垂直的なM&Aにより自らの顧客マーケットを変質させ，従来はアクセスのなかったエンドユーザーに直接販売するような場合に発生するシナジーである。これに関しても上述の新規顧客と同様の調査手続，ポイント，リスクが考えられる。

さらに，特筆すべきこととして，新規顧客と新規市場の違いとそれに伴う追加的なリスクがある。すなわち，同じ市場における新たな顧客との取引に比して，まったく異なる市場における顧客との取引が本質的によりリスキーで考慮すべき点も多いのは即座に理解できると思う。たとえば，いままでは国内のみで取引を行っていた会社がM&Aにより米国市場へのアクセスを得て，自らの製商品・サービスを米国で販売する場合を考えてみる。米国でのビジネスのノウハウはM&A対象企業にあることが想定されるが，たとえそれを前提として考えても，さまざまな事前調査や検討，投資等が必要なことが想像され，それがゆえに，シナジー実現までに比較的多くの労力，時間，コスト等が必要

になることが容易に想定される。

したがって，新規市場のシナジー効果の統合事業計画への織り込みにおいては，そうした時間軸やコストの保守的な考慮が欠かせない。

(3) 販売戦略

双方の販売戦略におけるベストプラクティスを共有化することによる収益増大効果である。よりよいブランド力を有する買収企業ブランドを有効利用することにより M&A 対象企業の収益を増大させる戦略をとったり，同種製品に関して統一的な価格設定をすることにより M&A 当事企業どちらかの販売単価の引上げを行ったりする。さらには，より優れた販売手法に統一することにより統合後法人の販売効率化を実現したりする。

このカテゴリーに入るシナジーは案件により多様であると思われるため，画一的な議論はできないが，こうしたシナジーに係る定量化は比較的に容易ではなく，統合事業計画への効果織り込みには慎重さを要する。

(4) 新商品・製品開発

たとえば，水平的 M&A において，新商品・製品開発分野で自らの先を行っている企業を買収することにより時間を買い，そうした新商品・製品開発より生み出される新製商品を自社の市場や顧客層に販売することにより達成される収益増大効果である。

こうしたシナジーを的確に見積もるためには，新商品や新製品の技術的な面の評価だけではなく，顧客への訴求力や販売単価・数量の予測等の営業面での考慮も欠かせない。

統合事業計画へのシナジー効果の織り込みにあたって留意すべき事項としては，まず，新商品や新製品の開発が成功し，商品化や製品化が実現するタイミングはいつかということである。新商品や新製品の開発にあたって土壇場で大きな障害が立ちはだかり，その完成が遅れた例は多く，シナジー効果発現のタイミングの予測において，特段の留意が必要である。極端な場合，新製品の開

発に失敗して期待したシナジーを得られないこともあり得る。また，その効果の発現する期間に関しても慎重さを要する。特許権や実用新案権でうまくプロテクトできず競合他社に追随される場合や，よりよい製商品が別の手法で競合他社に開発され，発売開始となった結果，自社の製商品の売上ががた落ちとなってしまった場合など，さまざまなリスクが考えられる。

(5) 顧客サービス

双方の顧客サービスにおけるベストプラクティスを共有化することによる収益増大によるシナジー効果である。

顧客サービスの向上による売上増大効果の定量化は容易ではない。そのため，予定されていたシナジーが発現しない可能性も高い。

(6) その他

その他，新規販売ルートの獲得，販売員の効率化，抱き合わせ販売（クロスセリング）等による収益増大のシナジー効果がある。

これらに関するリスクや留意点もほぼ(1)から(5)と同様である。

第9節 統合リスクに係る分析

　第1章で概説したように，M&Aを成功に導くためには，M&A後の統合を成功させなければならない。ビジネスデューデリジェンスにおいても，主にビジネス分野における統合リスクを分析しなければならない。デューデリジェンスで焦点を当てるべきことは，第1章で説明したとおり，M&A対象企業（事業）の組織，制度，システム，企業文化等の現状把握と買収企業のそれらとのギャップ分析および，統合後企業としてあるべき組織，制度，システム，企業文化と買収当事企業のそれらに関する現況とのギャップ分析である。
　第1章で述べたとおり，統合問題に係るデューデリジェンスの調査対象は以下のとおりである。
- 事業内容および事業環境
- 経営方針，経営戦略
- ガバナンスと企業文化
- 業務プロセス，業務管理手法
- 情報システム
- 組織と人材
- 人事制度・人事管理
- 会計基準
- シナジーとシナジー発現の前提条件となる統合条件

　この中でも特にビジネスデューデリジェンス上の論点と考えられる事業内容および事業環境，経営方針と経営戦略，ガバナンスと企業文化，業務プロセスと業務管理手法に関して，それらの調査要点，手続，発見事項等につき説明する。

1 事業内容および事業環境

　まず，M&A対象企業の事業内容とそうした事業を取り巻く事業環境を調査する。ひとくちに同業他社といってもノンコア事業を含む事業の概観や事業間シナジーの態様はかなり違う場合があるし，またたとえ同じ事業であっても，実は細かい点で，顧客チャネルが違ったりする関係上，M&A対象企業で行っているサービスを買収企業側では行っていなかったり，あるいはその逆であったりすることがある。そこで，まず詳細にM&A対象企業が営む事業内容を調査し，それを自らの事業内容と比較することが重要となる。そのうえで，それら事業を取り巻く環境を理解し，それらさまざまな事業の事業性や将来性の評価を行い，統合後の事業ドメインに関する「あるべき姿」を描くための情報を得る。

　調査手続に関しては，既述のとおりなので，ここでの重複した記述を避けるが，要はビジネスデューデリジェンスやそれに先立つ基礎的事項の調査において，ビジネスの統合を意識した視点から調査を進めていく，換言すれば常に「自社ではこうだが，こちらでは……」，「統合後の姿はこうあるべきだが，こちらでは……」という観点を念頭に置いてデューデリジェンスを進めていくことが重要になる。

　独立した企業同士の統合の場合には，統合後の経営戦略上目指すべき事業ポートフォリオに照らして，不要な事業あるいは分離したほうが効率がよい事業等の見極めが必要である。

　対象会社が過去の事業多角化政策で取得した本業と直接関連のない事業部門を有している場合には，当該事業の業績や売却可能価額等を勘案して当該事業からの撤退あるいは切り離し等につき検討する。

　また同じ事業を統合するということで進んでいる場合に，M&A対象企業の当該事業の中に微妙に異なるサブ事業を発見することがある。たとえばメイン事業はファミリーレストランのチェーンであるが，サブ事業として弁当販売店を営んでいるとか，衣服の卸売業であるが一部エンドユーザーへの小売直販をやっているような場合である。そうしたサブ事業の継続の可否も統合における

問題となることがある。

　また，事業環境への影響力という面で，たとえば統合前には業界でそれぞれ4位と5位であった企業が統合したことにより，業界でトップになった場合には，以前に比して市場での影響力が格段に大きくなる。この市場への影響力を利用して，以前と異なる戦略をとることにより収益のさらなる増大を図ることも可能となるケースもある。こうした事業環境に対する影響度と統合後の経営戦略という視点も重要である。

2　経営方針，経営戦略

　M&Aの増加に伴い，経営統合を公表していながら統合を断念するケースも散見されるようになってきた。断念の理由として，両社の経営方針あるいは経営戦略の不一致を挙げるケースも少なくない。

　統合の意思決定にあたり両社のトップの間で統合後の経営方針や経営戦略についてコンセンサスがとられていることが，あるべき姿と考えられるが，M&Aにつき対象会社の合意を得ることを優先して，表面的な話し合いで案件が進められることも少なくない。

　統合後の経営方針のすり合わせあるいは統合経営方針の立案の段階で初めて両社の考え方のギャップを知ったのでは，統合断念とまではいかなくても，統合にあたりマネジメント間に必要以上の摩擦が生じることにより後々まで統合に悪影響を残す可能性や，統合そのもののスケジュールが大幅に遅れることによりシナジー効果が当初見込んでいたようには得られず統合の目的が達成できなくなるリスクがある。

　このようなリスクを軽減するためには，可能な限りデューデリジェンスを通じて，対象会社のマネジメントの統合後の経営方針，経営戦略に対する考え方をヒアリングし，買収会社のマネジメントの統合の経営方針，経営戦略に関する考え方とのギャップを把握・分析し，それらのギャップは解消可能か，ギャップの解消にどのような方法が考えられるか，あるべき方向性はどうかといった検討に早めに着手する必要がある。

3 ガバナンスと企業文化

　企業文化の統合は統合問題のなかで，最も難しい問題の1つである。企業文化は，定量的に把握することは困難であるが，企業活動に大きな影響を与える。統合当事者の力関係が拮抗しており，企業文化の著しい違いがある場合には，これらの要素が社内政治の大きな摩擦を生んだり，従業員の大量流出を招く等の弊害を引き起こし，時として組織の機能不全をもたらす。このような場合は，シナジーの実現が困難になるのみならず，単体事業価値をも毀損するリスクがある。

　企業文化は時間とともに形成されるものではあるが，マネジメントの強力なリーダーシップによりドラスティックに変化させることも可能である。統合当事企業間の力関係が拮抗している場合には，統合に際しての企業文化統合において，ゆるやかに両社の企業文化を融合しそれぞれのよいところを生かしていく方向と，まったく新しい企業文化を最初から構築するという方向があると考えられる。いずれがよいかはケースバイケースであるが，どの方向性をとるかの検討にあたり，両社の企業文化のギャップを把握することは必要不可欠である。企業文化は定量化ができないものであり，その相違についての検討は先送りにされる傾向があるが，ディール・ブレーカーの要因となるリスクも高いことから，デューデリジェンスの早い段階で企業文化に関する調査・分析をすることが望ましい。

　ガバナンスについては，両社の組織図等で組織上のガバナンス体制を把握し，ガバナンスに係る諸規定をレビューしたうえで，マネジメントに対してガバナンス体制および運用状況につき質問し，ガバナンス体制に大きな相違がある場合には，当事者企業いずれかの体制に統一するか，または新たなガバナンス体制を構築するかを検討する必要がある。統合という点から考えると，できるだけ透明性の高いガバナンス体制の構築が望ましい。

4 業務プロセス，業務管理手法

・一般的に，特に大企業では業務プロセスの統合は後述の情報システムの統合と表裏一体の関係にある。したがって，業務プロセス，業務管理手法の統合のプランは関連する情報システム導入に要する時間を考慮して決定される必要がある。

M&Aは業務プロセスの見直しを余儀なくさせるめったにない機会であり，その機会を積極的に利用してベストプラクティスを取り込むという前向きな取り組みが，統合後の企業にとって長い目で見た場合プラスになることは疑いない。統合にあたり，統合当事者のいずれかのプロセスあるいは手法に合わせることにより，まったく新しい業務プロセス，業務管理手法を導入することによるコストや時間を節約できるという考え方もある。しかしながら，新しい業務プロセス，業務管理手法を導入し，その過程でヒトの融合，新しい統合組織への帰属感を育てることにより得られるメリットが新規導入のコストや時間に係るデメリットを上回るケースも考えられる。このように，どちらのほうが望ましいかはケースごとに異なることから，ケースバイケースでどのように業務プロセス，管理手法を統一するかを検討する必要がある。

業務プロセス，業務管理手法の統合プロセスは，それに関与する当事者の人数も多く，そうした統合プロセスを担うM&A両当事者からのプロジェクトメンバーのモチベーションをいかに持続させ，統合成功へのインセンティブをいかに高めるかが統合プロセスの成功要因であると考えられる。また，シナジー効果の実現可能性の多くは，この業務プロセス，業務管理プロセス統合の成否にかかっており，M&Aの成否の鍵といっても過言ではない。

業務プロセス，業務管理手法の統合は，まず両社の業務プロセス，業務管理手法の理解から出発する。実際の統合作業はM&A実行後に開始されるのが一般的であるが，両社の業務プロセス，業務管理手法に関する情報はデューデリジェンスを通じて把握し，ギャップ分析をすることにより，その後の統合作業を加速しシナジー効果を喪失するリスクを最小限に食い止めることができる。統合に際しては，事業における成功要因とコスト削減の優先順位を取り違

えないように留意する必要がある。たとえば，物流拠点を統廃合する場合に，一部の地域の顧客へのデリバリータイムが以前より長くかかることが判明した場合で，デリバリータイムが事業の重要な成功要因であるときに，物流拠点統廃合によるコスト削減を優先するか，販売拠点の維持ないし増強によるデリバリータイムの短縮化による顧客満足度の維持あるいはアップを優先するかについて，よく検討する必要がある。

第3章

財務デューデリジェンス

第1節 財務デューデリジェンスの全体像

　この章では，財務デューデリジェンスに関してその調査対象・項目ごとに，調査におけるポイントや調査手続，よくある発見事項等を概説する。

　効果的な財務デューデリジェンスを実施するには，まず基礎的事項の調査を行い，対象会社の全体像を把握したうえで，個別事項の調査を行うことが望ましい。基礎的事項の調査は財務デューデリジェンスに限らず，すべてのデューデリジェンスにおいてベースとなるものであり，その内容に関してはすでに第2章のビジネスデューデリジェンスの箇所で説明しているので，そちらを参照されたい。

　基礎的事項の調査により，よりリスクの高い項目に「あたり」をつけたうえで，再度個別事項の調査範囲を見直すことにより，限られた時間内で効率的・効果的に調査をすることが可能となる。

　以下，個別の項目ごとに財務デューデリジェンスに係る概説を行っていく。

第2節 個別的事項のデューデリジェンス

1 売上高と売上債権

(1) 売上高

　売上高は，M&A対象企業（事業）の経営戦略の結果としての収益力を端的に示す指標である。ビジネスデューデリジェンスと財務デューデリジェンスが密接にクロスオーバーする分野であり，財務デューデリジェンス上も調査の重点が置かれる場合が多い。

> 調査のポイント：
> ■事業別・地域別・製品別・顧客別等の過去の売上のトレンド分析により，M&A対象会社（事業）の収益源を把握する。
> ■会計処理や特殊要因により，過去の売上高計上額に調整が必要となるような事項およびその金額的なインパクトを明らかにする。特に粉飾等の有無に関しては特段の留意を要する。
> ■案件成立後の売上高の水準や収益構造およびシナジー効果実現の可能性について検討する（M&A対象会社（事業）による計画値が提出されている場合にはその達成可能性の検討を含む）。
>
> 手続／（必要情報）：
> ■調査対象期間の事業別，商品・サービス別，地域別等の売上高内訳を入手し，各区分別売上高の変動とその要因を把握する。（事業別，商品・サービス別，地域別等の売上高内訳）
> ■商品・サービス別の売上単価および売上数量明細を入手し，それらの推移の

傾向および変動要因を把握する。また，M&A対象会社（事業）の販売価格決定方針について把握する。（商品・サービス別売上単価・売上数量明細，販売価格決定方針）
- 対象期間の主要顧客別売上高内訳を入手し，得意先の集中度合やそれらの変動理由を把握する。（主要顧客別売上実績，主要顧客に変動がある場合にはその理由）
- 事業や製品ごとの売上の季節性の有無や要因について把握する。（売上の季節変動の有無，その要因）
- M&A対象会社（事業）が採用する収益認識基準を把握し，妥当な会計処理がなされているかを確認する。（収益認識基準）
- 返品やキャンセルを受け付ける場合には，業界の慣習およびM&A対象会社（事業）の顧客との取決め内容を把握する。過去の実績を入手し，期間帰属への影響を検討し，返品調整引当金の計上等適切な会計処理がなされているかを確認する。（返品・キャンセルの方針，慣習，過去の実績）
- 売上値引きを行う，あるいはリベートや販売奨励金を支払う場合には，業界の慣習や顧客との取決め内容およびそれらの取扱いに関する社内規定を把握する。過去の値引き・リベート・販売奨励金の実績を入手し，期間帰属および粗利・営業利益率への影響度合について考察する。（売上値引き・リベート・販売奨励金の慣習・取決め内容，社内規定，過去の実績）
- その他主要な契約内容について，特殊な条件がある場合には，内容や背景についてインタビューし，案件成立後の継続可否や影響について検討する。（特殊な契約条件の有無，その内容・背景・今後の見込み）
- ロイヤリティやライセンス収入がある場合には，契約書で取決め内容や条件を確認するとともに，案件成立後の継続の可能性について把握する。（ライセンス契約書等および過去実績）
- 受注販売を行っている場合には，過去および直近の受注残を入手し，その推移を分析する。（過去・直近の受注残）
- 販売チャネルの拡大等，販売の統合に伴うシナジー効果の影響を見積もる。

発見事項の取扱い：
- 特定の製品やサービス，顧客の売上高に変動が見られる場合，案件成立後の将来売上・収益性に対する影響度合について考慮する。
- 過去に粉飾を行っていたことが判明した場合には，過去に遡って損益計算書を修正し，そのうえで，売上高成長率等を分析し直す。

- ■売上が特定の顧客に集中している場合や，重要な契約を特定の顧客と結んでいる場合には，需要の継続性，契約内容の妥当性等，今後の影響度合を把握する。
- ■返品，売上値引き，販売奨励金等の会計処理の検討の結果，異常なものが含まれている場合には経常的な売上高の算定上，必要な調整を行う。
- ■ロイヤルティやライセンス収入の案件成立後の継続性について考慮する。
- ■調査結果を正常収益力に反映させ，将来のキャッシュフロー計画と整合していない場合は，DCF法による価値評価上キャッシュフロー計画を修正する。
- ■販売の統合に係る費用や，期待されるシナジー効果を統合計画に織り込む。

① 売上高内訳

　売上高は，M&A対象会社（事業）の選択した経営戦略の結果を端的に示す指標である。すなわち，M&A対象会社（事業）がどのような顧客層に対して，どのような価格帯の，どのような商品を販売しているのか，どのようなマーケットに強いのか，新しいマーケットに参入しようとしているのか，等々については，事業別，商品・サービス別，地域別等の売上高明細を入手し，分析し，これらの変動についてマネジメントにインタビューをすることにより明らかになる。買収企業が他の企業や事業を買収しようという場合，売上高（市場シェア）増大をその買収目的の1つに考えているのが通常であろうから，買収企業において獲得したい顧客層や参入あるいは拡大しようと期待しているマーケットが念頭にあるはずである。M&A対象会社（事業）の売上高内訳を分析する際には，当該買収案件によって期待している顧客やマーケットが得られるかどうかについて見極めることが重要な目的となる。

　いうまでもなく，これらの分野はビジネスデューデリジェンスと重なる部分であるため，ビジネスデューデリジェンスチームと協働しながら，調査を進めていく必要がある。

　調査の手続としては，売上高のカテゴリー別内訳を入手し，それらの変動とその要因をインタビュー等により把握する。売上高を，事業別，地域別，商品群・サービスライン別，あるいは販売形態別等，どのように分類・集計してい

るかは事業の性質と各企業の経営管理方針によるが，通常，販売経路やコスト構造の異なるものごとに分けて管理している例が多いと思われる。たとえば，半導体関連事業と「その他」事業を行っている企業の売上高内訳推移を見てみると，半導体関連事業のほうではシリコンサイクルと呼ばれる市場需要の定期的な波に売上高が直接影響を受けているのに対し，その他事業では異なる動きをしていることが明らかになるであろう。マネジメントにインタビューすると，シリコンサイクルの影響を緩和して事業を安定させるため，今後はその他事業のほうを強化していく方針であり，現在そのために経営資源を投下している最中である，といった話が聞けるかもしれない。買収企業では，M&A対象会社（事業）のこの戦略が計画している買収後戦略と整合しているかどうかについて検討する必要がある。たとえば，その他事業への設備投資計画の内容や規模はどうなっているのか，すでに開始しているのか，それが買収後戦略と折り合わないとするとその設備投資をキャンセルすることは可能なのか，といった方面で調査を進めていく必要がある。あるいは別の例で，小売業を営むM&A対象会社（事業）が販売経路によって直営店売上とフランチャイズ店売上の別に売上を集計・管理しており，フランチャイズ店売上の割合が過去から現在にかけて減少していることが判明したとする。マネジメントにインタビューすると，フランチャイズ店では本部の販売戦略が伝わりにくく，またフランチャイズ料の支払をめぐって訴訟やトラブルが発生する傾向にあるのでフランチャイズ事業は今後縮小し，徐々に撤退していく方針である，というようなことを言われるかもしれない。買収企業が同業種でありながら，フランチャイズ制を採らない方針である場合には，この情報を受けて，フランチャイズ制度をどうするかについて検討する必要があるであろう。フランチャイズ事業部分を除いて買収することは可能なのか，あるいは買収後に何らかの方法で解決することが可能なのか等，買収目的との整合性を考える必要がある。また，M&A対象会社（事業）とフランチャイズ店との間に現に訴訟やトラブルが起こっている場合には，契約関係について把握し，場合によってはフランチャイズ契約を解除することが可能かどうかについて検討しておくことも必要となるであろう。

② 商品・サービス別販売単価・数量

　至極当然のことであるが，売上高は「単価×数量」という式に分解されるので，売上高に増減がある場合，それが販売単価の変動によるものか，それとも販売数量の変動によるものなのかについて明確にしておかなければならない。これらに重大な変動や一定の傾向が見られる場合には，その理由についてマネジメントにインタビューする。これによって競合他社の存在や需要の変化といったマーケットの状況や，それに対するM&A対象会社（事業）の対応，マーケットにおけるポジションが明らかになる。ただし，販売価格や数量は，後述の値引きやリベート支払，あるいは返品に影響を受けるので，常にこれらを相殺した後の数値で見る必要がある。M&A対象会社（事業）の経理処理や経営数値管理の方法によっては，これらの影響が一目瞭然になっていない場合もあるので注意が必要である。また，販売単価・数量はもちろん粗利や営業利益との関係で見なければならない。上記は当たり前の話のように思われるかもしれないが，M&A対象会社（事業）が商品・サービス別の販売単価・数量および粗利率といった詳細情報（しかも正確なもの）を管理していない場合は少なくない。M&A対象会社（事業）自身が必要なデータを集計・管理していない場合，デューデリジェンスの段階でこれらの情報を揃えるのは実際にはきわめて難しいこととなる。M&A対象会社（事業）の担当者に詳しく話を聞いて入手可能な情報と前提を明らかにし，可能な限り仮定をおいて推定値を求めるようにするほかない。こうした場合には，いずれにしても買収が実行されれば経営情報管理体制を改善する必要があるであろうから，そのための計画とそれにかかるコストについてあらかじめ考慮しておくことも忘れないようにする。

③ 主要顧客分析

　売上高の増加（すなわち規模の増大）を買収目的の1つにしているのであれば主要顧客の分析は必須であろう。たとえば，グループ会社への売上高の多いM&A対象会社（事業）を買収し，その後顧客であるグループ会社はグループ外会社となったM&A対象会社（事業）からの仕入を抑えるようなことになれば，買収の目的は果たされないことになるからである。**図表3-1**は主要顧

図表3－1　主要顧客別販売高推移表

主要得意先	回収条件	X2年期末売掛金残高	X2年期売上高		X1年期売上高		X0年期売上高	
A社	××日締××日振込	300	1,000	13.6%	1,200	20.7%	1,500	25.0%
B社	××日締××日振込	200	900	12.2%	400	6.9%	1,200	20.0%
C社	××日締××日振込	250	800	10.9%	600	10.3%	500	8.3%
D社	××日締××日後××日受取手形	200	750	10.2%	700	12.1%	400	6.7%
E社	××日締××日振込	200	300	4.1%	400	6.9%	0	0.0%
その他		200	2,500	34.0%	1,900	32.8%	2,100	35.0%
売上高合計		1,350	6,250	85.0%	5,200	89.7%	5,700	95.0%

C社はM&Aを実施する企業のライバル企業であり，統合後C社向けの売上を失う可能性が高い

上位2社で総売上高の45％を占め，特定販売先に対する依存度が高い

客別の売上高推移である。デューデリジェンスでは，主要顧客ごとの取引高や総売上高に占める割合の推移を把握するためにこのような形式の表をM&A対象企業に提出依頼することが多い。売掛金や回収条件も同時に記載しておけば，売掛金残高と取引高の関係における異常性の有無についても一覧することが可能となる。

たとえば図表3-1では，X0年にはA社，B社への顧客依存度が高い状況であったが，その後2年間で他社に分散されていった様子がわかる。特定の顧客への依存度が極端に高い場合には業務効率性が高くなる一方，その顧客を失った場合に事業に与えるリスクの度合いが高くなる。主要顧客に対する売上の増減についてはその原因を理解しておく必要がある。たとえば，顧客を倒産等により失った場合には，M&A対象会社（事業）の与信管理に問題はなかったか，売上債権の貸倒損失は発生しなかったのかについて追加調査を進めていく必要がある。また，卸売業等で，値引き圧力が大きすぎるため取引をやめたというような説明をマネジメントから受けた場合には，顧客別利益率も同時に入手，閲覧し，マネジメントの説明がデータに裏づけられているか，当該顧客との取引を中止したことによって全体の利益率は改善しているのか等について確

認する。戦略的なデューデリジェンスを行うためには，案件成立により影響を受ける可能性のある取引関係を把握する必要がある。この点については，M&A対象会社（事業）とのインタビューを通じて行うこともちろんであるが，契約に係る問題が生じることもあるので，法務デューデリジェンスチームと情報交換を行うことも必要であろう。

④ 季節変動

業種によっては，ある特定の時期，季節に売上高が増減する場合がある。季節変動そのものが問題となることは少ないが，季節変動の影響によって運転資金が増減するため，運転資金との関係を把握しておくことが重要となる（後述「運転資金と資金繰り」の項参照）。季節変動の推移については，月次売上高の推移を入手することにより把握可能である。通常，日本企業は9月に中間決算，3月に本決算を迎えることが多いため，決算月とその1～2ヶ月前の売上高が大きくなる傾向がある。官公庁が主な得意先に含まれている場合には予算消化の関係から9月および3月，特に3月の売上高が急増する場合が多いという傾向がある。また，小売業では一般に2月と8月に売上が落ちるといわれる。財務の安定性という観点からは季節変動がなく，平準化されていたほうが望ましい。統合後の戦略を考えるうえでは，M&A対象会社（事業）の規模が大きく重要性がある場合には統合後の経営成績が季節変動を受けやすくなる点，また運転資金の必要額に季節的ブレが生まれることに留意する。

⑤ 収益の認識基準の把握

デューデリジェンスにおいて収益の認識基準が問題になるのは，主に期間帰属の観点からである。企業会計原則では，費用・収益の認識基準に関し，「すべての費用および収益は，その支出および収入に基づいて計上し，その発生した期間に正しく割り当てられるように処理しなければならない。ただし，未実現収益は，原則として，当期の損益計算に計上してはならない。」と規定し，また特に売上高の認識基準について，「売上高は，実現主義の原則に従い，商品等の販売又は役務の給付によって実現したものに限る。ただし，長期の未完成請負工事等については，合理的に収益を見積もり，これを当期の損益計算に

計上することができる。」としており，収益の認識基準は実現主義によることを要求している。しかし，どの時点をもって売上高を計上すべきかについては個別具体的なルールはなく，いわば"グレーゾーン"となっている。実務上も，出荷時，請求書発行時，顧客検収時等，企業によって微妙に異なっているというのが実態である。デューデリジェンスでは，関連資料の閲覧やマネジメントとのディスカッションを通じてM&A対象企業（事業）の業種，契約内容等を把握して，ビジネスの実態を適切に表すにはどの時点で売上を認識すべきであるかを判断していく必要がある。

すなわち，たとえば，機械装置を製造販売している企業が，顧客の工場への設置を終えた時点で収益を認識するか，顧客の検収が終わるまで収益認識を待つかについて，日本の会計基準は明確に規定していないわけであるが，デューデリジェンスでは会計基準にかかわらず事業の取引実態を把握しなければならない。機械装置の例では，保守的に見れば，あるいは米国会計基準を適用するならば検収基準とするのが適切と考えられるが，取引の実態として，顧客の工場への設置終了時点から顧客の検収終了時点までが非常に短期間であるというような場合には，設置時点という収益の認識基準に実質的な問題はないと考えてよいであろう。反対に，顧客の工場へ据付後，さまざまなテストや調整を行う，あるいは追加の作業が発生する等により顧客の受け入れまでに時間や追加コストが多くかかるのが通常であるというような場合には，工場設置時点で収益を認識，計上するのは早すぎ，顧客の検収時点をもって売上認識すべきと考えられる。

M&A対象会社（事業）の現在の収益認識基準が適切でないと判断された場合には，適切な収益認識基準を採用した場合における影響を可能な限り把握する。把握できない場合にも買収後の課題事項として考慮する必要がある。ただし，いずれにしても売上高の期間帰属の問題であるので，評価基準日時点の純資産価額には影響を与えるものの，毎期同程度の売上高を計上しているとすれば期間損益への影響は軽微となる。なお，収益の認識基準の妥当性にかかわらず，買収企業が米国会計基準を採用している，あるいは日本基準であってもM&A対象企業とは異なる収益認識基準を採用している場合には，会計基準の統合により，買収後の決算において重大な差異が発生することが見込まれる場

合もある。そのような場合には，その影響額を見積もり，買収後の決算に備えておく必要があるであろう。

⑥ 返品・値引き・リベート

返品・値引き・リベートは，業界特有の慣習やしきたりに基づいていることが多く，必ずしも契約書に明文化されていない場合も珍しくない。デューデリジェンスにおいては，これらの取決めが実態として存在することが判明した場合，インタビューや関連資料の閲覧を通じて，まずその実態を正確に把握する。M&A対象会社（事業）の経営実態を把握するためには，あるいは同業他社と比較するためには，売上高からこれらの項目を控除した"純"売上高を分析する必要がある。売上高の推移と合わせて返品や値引の実績推移を比較検討することにより，売上高に及ぼす影響度合を把握することができる。

ⓐ 返品

デューデリジェンスにおいて返品が問題となるのは，返品が異常に多い場合にM&A対象会社（事業）の製品もしくは販売方法に何か問題があるのではないかというビジネス的観点からと，適切な額の返品調整引当金が計上されているかという会計的観点からとなる。過去の返品実績を閲覧し，異常性の有無について検討する。ある特定の時期や商品に多くの返品が発生していることが判明した場合には，その理由についてインタビューする。たとえば商品のリコールが行われているような場合には，その原因と会社の対応について詳しく話を訊くことにより，M&A対象会社（事業）の管理体制とともに顧客サービスの理念やビジネスに対する姿勢も窺い知ることができるかもしれない。また，商品の不備・不具合によるリコールの場合には，返品された商品を再び販売することはできないし，手持ち在庫も処分する必要があるため，返品調整引当金だけでなく，そうした在庫の処分に関連する費用や損失も見積計上されている必要がある。このような場合には見積りに関する裏づけ資料を入手し，その合理性および網羅性について検討する。

ビジネスを行っていくうえで通常発生する程度の返品に係る返品調整引当金の計上については，主に期間帰属の問題となる。M&A対象会社（事業）の返

品に関する取扱いを理解したうえで，返品調整引当金が十分に計上されているかを検討し，不足している場合には価値評価上調整する。返品調整引当金は，理論上，以下の計算式により求められる。

> 評価基準日から遡りNヶ月分の売上高 × 返品率 × 粗利率

上の式で，返品率は異常値を排除した後の過去の平均返品率（返品額÷売上高）をとるとして，売上高を何ヶ月分遡るかについては，顧客から返品を受け入れる期間があらかじめ決まっているか，あるいは何ヶ月前の売上に対して何％の返品が発生するといった客観的な過去のデータが整備されていない限り，議論の余地が残ることとなる。期間帰属の問題であるので毎期同程度の売上高と返品を計上しているとすれば損益への影響は軽微となるが，純資産価額を評価基準にする場合には影響額が重大になる可能性もある。

ところで，返品については下記の業種に属する企業について，税務上，返品調整引当金の計上が認められており，これらの業種に属する企業が返品調整引当金を計上していることが多い。

(A) 出版業
(B) 出版に係る取次業
(C) 医薬品，医薬部外品，農薬，化粧品，既製服，蓄音機用レコード，磁気音声再生機用レコードまたはデジタル式の音声再生機用レコードの製造業
(D) 上記(C)の物品の卸売業

税務上の返品調整引当金は，下記の計算式によって計算される。

> 当期末売掛債権残高または期末直前2ヶ月間の売上 × 返品率 × 売買利益率

しかし，財務上の影響を考慮すると，必ずしも上記の金額で十分とはいえない場合があるため，デューデリジェンス上は，M&A対象会社（事業）がこれらの業種に属するか否かを問わず，将来において返品が見込まれる場合には，

返品による影響度合について見積もっておく必要がある。上記の式を見てわかるとおり、税務上の返品調整引当金では、対象となる売上高は「当期末売掛債権残高または期末直前2ヶ月間の売上」としており、返品の発生する期間が売掛債権の回収期間や2ヶ月より長い場合には引当金の額は過小に算出されることになる。また、「返品される商品の売買利益」部分に対してのみ引当金を計算するしくみとなっている。つまり、返品時になされる、

| （売上高） | 100 | （売掛金） | 100 |
| （棚卸資産） | 80 | （売上原価） | 80 |

という仕訳における売上総利益の減少額20に相当する部分（売上高100－売上原価80）に対してのみ引当金を計上する方法となっている。しかし、たとえば、「いったん、返品された商品については販売価値がほとんどなくなる」という商品をM&A対象会社（事業）が取り扱っている場合には、上記仕訳において、棚卸資産として計上される80部分の価値がほとんどないことになる。こうした環境下においては、デューデリジェンス上は80部分についても実質的な価値がないものとして、返品調整引当金以外にも、別途、（棚卸資産評価損等の）影響額を考慮する必要がある。

(b) 値引き・リベート

値引きは販売額から控除、リベートは販売額に対して払戻しがされるものであるが、いずれも販売促進のため顧客への売上に応じて行うものであり、実態は同じく売上高から相殺されるべきものである。卸売業で多く利用されており、販売促進とはいうものの、卸売業では値引き・リベートなしの正価で取引されることは通常なく、逆に小売店への厳しい値引き・リベート負担のため、メーカーからの値引き・リベートがなければ逆ざやとなってしまう取引も珍しくない。

値引き・リベートについては、必ずしも顧客との取決めが契約書等に明文化されていない点が煩雑であるが、取引先や種類が多ければ、条件を一覧できるような管理表を作成していることが通常であるので、そのような資料を入手する。こうした管理表がない場合には、インタビュー等を通じて概要を把握し自分で整理する必要がある。

値引き・リベートに関する取決めの内容はさまざまであり，契約書や合意書の形になっていないケースが珍しくないのが実態ではあるものの，これらについてはインタビュー等を通じてその内容を十分理解しておく必要がある。たとえば，M&A対象会社（事業）や仕入元メーカーの決算に合わせてリベートの額を調整したり，値引き・リベートの額や率が事後の交渉によって決められていたりする場合には，M&A対象会社（事業）の利益は非常に不安定なものとなる。また，そもそもそのような実態をマネジメントがコントロールできているのかも疑問である。業界の慣習で明文化されていないことが多いゆえ，営業担当者が独自の判断で顧客と合意を行ってしまえば，会社に損失を与えたり，不正な取引を行う原因にならないとも限らないため，M&A対象会社（事業）の値引き・リベートに関する内部統制についても確認しておく必要がある。会計的観点からは，決算期後に販売額を集計し，その結果に基づき事後的に値引きやリベート支払が行われるような取決めが存在する場合，その影響額を調整する必要があるため，デューデリジェンスにおいても，評価基準日以降に発生する値引きやリベート支払がないかを検討し，必要に応じて損益・キャッシュフロー計画や純資産価額を修正する。

⑦ ロイヤリティ収入・ライセンス収入

ロイヤリティやライセンス収入については，収入の算出方法や相手先については契約書やインタビューで把握可能であるが，案件成立後の継続の可否について，問題となる場合があり，調査のうえでのポイントとなる。株主の異動等に係る解約条件や競合勢力関係等，何らかの理由によってこれらの契約が打ち切りとなる可能性もあり，その場合には買収によりディスシナジー（負のシナジー）が働くことになる。

⑧ 受注残の状況

製造業等において，受注販売形態を採用している場合には，過去および直近の受注残を入手し，その推移を分析する。受注残の状況を過去の売上高推移との比較において把握することによって，将来の売上水準を見るうえで1つの重要な客観的データが得られる。受注残が減少している状況では将来の売上高予

測は悲観的となる。そうした悲観的な要素が適切に事業計画に盛り込まれているかが重要なチェックポイントとなる。

(2) 売上債権

　売上債権は運転資金の一部を構成するものであり，通常数ヶ月のうちに現金化されることが見込まれているものである。調査においては，その回収可能性が最大の焦点となる。デューデリジェンスではそれ以外に，売上債権の調査を通じて収益の質やキャッシュフローの状況，ならびにM&A対象会社（事業）の与信および債権管理についても把握する。

> **調査のポイント：**
> ■過去の売上債権の貸倒実績や回収可能性に基づき売上債権の価値を把握し，含み損益を明らかにする。これにより収益の質，キャッシュフローの状況を把握する。
> ■正常運転資本の把握のためのベースを得る。
> ■案件成立後の運営を考慮し，回収条件の交渉を含む与信管理の方針を把握する。
> ■案件成立後の与信管理や回収条件への影響等シナジー効果実現の可能性について検討する。
>
> **手続／（必要情報）：**
> ■回転期間分析を行う。
> ■主要な顧客の回収条件について把握する。（主要顧客の回収条件）
> ■売上債権のエージングリスト（年齢調べ表）を入手して回収状況について概観し，滞留債権の有無について確認する。また，滞留債権リスト等の管理資料の有無を確認し，売上債権回収に対するM&A対象企業の管理・手続方針を把握する。基準日において滞留債権が存在する場合には，今後の回収可能性について確認する。（売上債権の年齢調べ表，滞留債権リスト等）
> ■過去の貸倒実績，売上債権の償却基準，金額，発生率を入手する。貸倒引当金の設定方針を把握し，妥当性について検討する。（過去の貸倒実績，売上債権の償却基準・金額・発生率，貸倒引当金の設定方針）
> ■売上債権のファクタリングの有無を質問し，ある場合はファクタリングの条

件や，金額の実績について把握する。（売上債権のファクタリングの有無，その条件，実績）
■M&A対象会社（事業）の与信管理体制について，インタビュー等により把握する。（与信管理体制）
■与信管理や，回収管理の統合に係る費用や期待されるシナジー効果を見積もる。

発見事項の取扱い：
■滞留債権の回収可能性を調査し，回収可能性がないと判断される場合には，コストアプローチによる価値評価上，純資産価額を修正する。
■貸倒引当金の計上不足により過去の損益に歪みが生じていると考えられる場合には，インカムアプローチまたはマーケットアプローチによる価値評価上，正常利益を修正する。また，滞留債権差引後の正常残高に基づいて，運転資金計画を見直し，将来キャッシュフローを適正化する。
■与信管理の状況や貸倒引当金の計上基準が十分でない等，内部統制に関連する問題がある場合には，案件成立後に考慮すべき問題として取り上げる。
■与信管理や回収管理の統合に係る費用や期待されるシナジー効果を統合計画に織り込む。

① 回転期間分析

　売上債権について，全体的な回転期間分析，また主要顧客ごとの分析を行う（回転期間分析の詳細については，「棚卸資産」の項参照）。受取手形や裏書手形，割引手形がある場合には，売掛金と合わせ売上債権とし，回転期間分析を行う。また債権の一部について，債権譲渡契約に基づき債権の売却を行っている場合には，未決済のファクタリング対象債権金額についても回転期間分析に含めるようにする。以上を整理すると，売上債権の回転期間分析の要素は次のとおりとなる。

売上債権の回転期間（日数）
$$= \frac{売掛金＋受取手形＋割引手形＋裏書手形＋ファクタリング対象債権}{売上高÷365日}$$

上で算出された全体的な回転期間を主要顧客の回収条件と比較し，大きな乖離がないか確認する。ここでたとえば，算出された回転期間が主要顧客の平均回収サイトを大幅に上回るような場合には，売上債権残高に滞留債権が含まれている可能性があるので，インタビューや後述のエージングリスト等によりさらなる調査を行う。また，主要顧客ごとに同分析を行い，当該顧客の回収サイトと比較する。さらに，主要顧客間の回転期間の比較を行い，回収サイトが他に比べて長期になっている得意先についてはその理由について訊いておくと，M&A対象会社（事業）と顧客との固有の関係や力関係について知ることができる。また，案件成立後に回収を短期化することが可能かどうかについても確認しておく。

② **エージングリスト**

より直接的に滞留債権を把握するために，M&A対象会社（事業）から売掛金の年齢調べ表（エージングリスト）を入手する。

図表3-2は一般的な売掛金のエージングリストである。得意先ごとに，債権が，ある基準日から遡って何ヶ月前に発生したかを示したものである。こうした形式でエージングリストが作成されていると，時系列で債権の発生状況を把握することができ，視覚的にも理解しやすい。たとえば，得意先Bに対する500や得意先Hに対する250は発生からの期間が長期化しており，滞留債権である可能性が高いと考えられる。また，顧客Aの債権回収条件が「月末締め70日後振込み」であった場合，＊1の400は回収期限を超過しており，滞留債権ということになる。

このように，発生期間別のエージングリストは，別途，顧客別の回収条件を考慮することによってはじめてどの債権が回収遅延となっている滞留債権であるかがわかるため，滞留債権のみを効率的に把握するには多少手間を要する表であるという欠点がある。

回収可能性に疑義のある債権の把握という観点からは，回収期日超過債権リストをリクエストするほうが，滞留債権を一瞬にして把握できるという点で有用性が高い。

そこで，デューデリジェンスにおいては，滞留債権に関する情報のみを収集

図表3-2　エージングリスト

（月は未満の意）

	X年X月X日末売掛金残高	売上計上からの経過期間							
		1ヶ月	2ヶ月	3ヶ月	4ヶ月	5ヶ月	6ヶ月	1年	1年超
得意先A	2,150	1,000	450	300		*1 400			
得意先B	500								500
得意先C	1,500	800	300		400				
得意先D	1,300	700	600						
得意先E	1,600	1,200	400						
得意先F	1,700	600	400	700					
得意先G	850	350	500						
得意先H	250							250	
得意先I	400	400							
	10,250	5,050	2,650	1,000	400	400	0	250	500

*1 滞留債権である可能性が高い

図表3-3　滞留債権リスト

	発生年月	金額	滞留理由	担保等	回収可能性
得意先A	x1年11月	400	当社製品不具合による検収遅れ	なし	x2年4月に回収予定
得意先B	x0年8月	500	倒産	預かり保証金100	400は回収不能
得意先C	x2年12月	400	試運転期間未了による	なし	回収可能だが時期不明
得意先H	x1年4月	250	業績不振。倒産の可能性あり	なし	全額回収不能の可能性高い
		1,550			

する目的で，こうしたエージングリストとは別に，回収期日を超過した債権のリストである「滞留債権リスト」をリクエストすることが望ましい。「滞留債権リスト」の一例を示すと**図表3-3**のとおりである。

このような表を入手すれば，顧客ごとの回収条件との突合を行わなくとも，

滞留債権についての情報のみを直接的に入手することができる。ただし，このような管理表の場合，滞留発生の認識はM&A対象会社（事業）の判断によるものとなるため，一般的に網羅性は確保することができない。また，たとえば，請求書に記載の支払期日を過ぎていてもM&A対象会社（事業）固有の基準により滞留とはみなさないこととしているような場合（たとえば検収待ち）には，資金効率に悪影響を与えている事象があるにもかかわらず，滞留債権としては顕在化せず，見落としてしまうおそれがあるので注意が必要である。

③ 回収可能性の検討

問題となっている債権を特定したら，次に各滞留債権の回収可能性に関する検討を行う。滞留債権の回収可能性については，過去のやりとり等の滞留債権に関する充実した資料を入手できれば多くの有用な情報を得ることができるが，マネジメントが持っている回収可能性に関する判断についてもインタビューで把握しておくべきである。

回収可能性の検討において入手しておくべき情報は以下のとおりである。
- 滞留債権となった理由
- 回収可能額に関する情報

回収可能性の検討によって，債権のうち回収可能部分と回収不能部分に分ける。次に検討しなければならないのは，回収不能部分に対する引当状況の把握である。

④ 会計上の貸倒引当金の計上方法

金融商品会計基準においては，売掛金等の金銭債権は金融資産に含まれ，債権の期末評価を行う必要が出てくる。しかし，債権には一般的に市場がない場合が多く，客観的な時価を測定することが困難である場合が多いため，時価評価は行わず貸倒引当金の設定および直接減額により，債権の期末評価を行うことになっている。

金融商品会計基準では，貸倒引当金の見積りについて，債務者の状態に従い債権を区分し，区分された債権それぞれについて具体的な貸倒見積高の算定方

法を定めている。

(a) 債権の区分
債権の区分法には，原則法と簡便法がある。

(イ) 原則法
原則法とは，債務者の財政状態および経営成績等に応じて，債権を3つに区分する方法である。

債権の区分	債務者の状況
一般債権	経営状態に重要な問題が生じていない。
貸倒懸念債権	経営破綻の状態には至っていないが，債務の弁済に重要な問題が生じているかまたはその可能性が高い。
破産更生債権	経営破綻または実質的に経営破綻に陥っている。

(ロ) 簡便法
一般事業会社においては，すべての債務者について業況を詳細に把握し，財務内容に関する情報を入手することは，多くの場合困難である。そこで，原則法に代えて，たとえば債権の計上月または弁済期限からの経過期間に応じて債権区分を行う等の簡便法も許容されている。具体的な事例としては，支払期日から6ヶ月以上経過し，入金がほとんどない債権を貸倒懸念債権とする場合，法的な経営破綻の事実が生じている債権，支払期日から1年以上経過し入金がない債権を破産更生債権とする場合等が考えられる。

(b) 貸倒見積高の算定方法
(イ) 各債権の貸倒見積高算定方法
貸倒見積高の算定方法は，債権区分ごとに以下のようになっている。

債権の区分	貸倒見積高の算定方法
一般債権	貸倒実績率法

貸倒懸念債権	財務内容評価法またはキャッシュフロー見積法
破産更生債権	財務内容評価法

(ロ) 貸倒見積高算定方法の説明

(i) 貸倒実績率法(一般債権の貸倒見積高算定方法)

貸倒実績率法とは,債権について,債権全体または同種・同類の債権ごとに過去の貸倒実績率等の合理的な基準により,貸倒見積高を算定する方法である。

貸倒実績率法によると,以下のような算式によって貸倒見積高が求められる。

貸倒見積高=貸借対照表価額×貸倒実績率等(＊1)

(＊1) 貸倒実績率=算定期間内(＊2)に発生した貸倒損失額(＊3)÷ある期における債権残高
なお,当期末に保有する債権について適用する貸倒実績率を算定するにあたっては,当期を最終年度とする算定期間を含むそれ以前の2～3算定期間に係る貸倒実績率の平均値による。

(＊2) 算定期間は,一般的には債権の平均回収期間が妥当。ただし,当該期間が1年を下回る場合には,1年とする。

(＊3) 貸倒損失額=個別引当額(貸倒引当金繰入額)+直接償却額+債権放棄額

(設例)

	T－5期	T－4期	T－3期	T－2期	T－1期	T期
債権元本残高	8,000	7,800	8,200	8,400	9,000	9,500
貸倒損失額	0	5	6	10	12	10

債権の平均回収期間が3年のケースのT期の貸倒実績率

$$\left(\frac{5+6+10}{8,000}+\frac{6+10+12}{7,800}+\frac{10+12+10}{8,200}\right)\div 3(年)=0.34\%$$

債権の平均回収期間が1年のケースのT期の貸倒実績率

$$\left(\frac{10}{8,200}+\frac{12}{8,400}+\frac{10}{9,000}\right)\div 3(年)=0.13\%$$

(ii) **財務内容評価法（貸倒懸念債権，破産更生債権の貸倒見積高算定方法）**

財務内容評価法は，債権額から担保の処分見積額および保証による回収見込額等を減額した残高について，債務者の状況を考慮して，貸倒見積高を算定する方法である。

破産更生債権については，当該回収見込額を減額した残高の全額が貸倒見積高となる。

一方，貸倒懸念債権は，債務者の支払能力を判断して必要額を貸倒見積高とすることになるが，残額の50％を引き当てる簡便法の採用も考えられる。

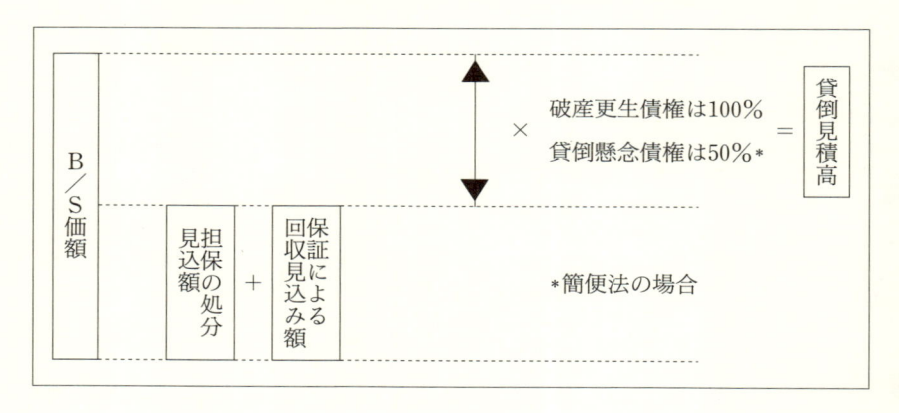

```
┌─────────────────────────────────────────────────────────────┐
│                          ↑                                  │
│  ┌──┐                    │          破産更生債権は100％   ┌──┐│
│  │B │                    │   ×                          = │貸││
│  │／│                    │          貸倒懸念債権は50％＊  │倒││
│  │S │                    ↓                                │見││
│  │価│  ┌──┐  ┌──┐                                         │積││
│  │額│  │担│  │保│                                         │高││
│  │  │＋│保│  │証│                                         └──┘│
│  │  │  │の│  │に│                                              │
│  │  │  │処│  │よ│         ＊簡便法の場合                       │
│  │  │  │分│  │る│                                              │
│  │  │  │見│  │回│                                              │
│  │  │  │込│  │収│                                              │
│  │  │  │額│  │見│                                              │
│  │  │  │  │  │込│                                              │
│  │  │  │  │  │額│                                              │
│  └──┘  └──┘  └──┘                                              │
└─────────────────────────────────────────────────────────────┘
```

(iii) **キャッシュフロー見積法（貸倒懸念債権の貸倒見積高算定方法）**

キャッシュフロー見積法とは，債権の元本および利息について元本の回収および利息の受取りが見込まれる時から当期末までの期間にわたり，当初の約定利子率で割り引いた金額の総額と債権の帳簿価額との差額を貸倒見積高とする方法である。

貸倒懸念債権の貸倒見積高の算定方法は，上記の財務内容評価法とキャッシュフロー見積法を選択適用可能である。債権の回収および利息の受取りに係るキャッシュフローを合理的に見積もることが可能であり，かつ，担保処分等による回収ではなく，債務者の収益を回収原資とする方針である場合には，キャッシュフロー見積法によるのが望ましいとされている。

会計上は以上の方法によって貸倒引当金が計上されるわけであるが，売上債権が回収不能となるのは債務者の経営状態によるものだけとは限らない。通常の売上に問題はないものの，ある特定の商品に対して顧客からクレームが起こり支払を拒否されているような場合（たとえば，図表3-3の得意先Aに対する債権400）には，クレームの内容や，交渉の状況，解決の見込み，解決方法等について詳しく話を訊き，引当金が必要な状況かどうかについて検討する。会社が実際に行った貸倒引当金の計算については，貸倒引当金の算定ワークシートを入手して確認しておく必要がある。特に，M&A対象会社（事業）が法定監査を受けていないような場合には，会計上の引当が不十分である場合も多いので，注意深く状況を確認する必要がある。

貸倒懸念債権や破産更生債権について，個別計上されている貸倒引当金の金額を上回る回収不能額があると見られる場合には，その上回る部分を価値評価上考慮する。

⑤ 貸倒案件の把握

M&A対象会社（事業）が過去に経験した貸倒案件の有無や内容について図表3-4のような表の提出を依頼し，把握する。

過去の貸倒案件の発生理由およびその後の対応状況について把握することにより，M&A対象会社の与信管理体制を間接的に評価することができる。また，会社が貸倒引当金をまったく計上していないような状況では，貸倒実績率を導出するための基礎情報ともなる。

図表3-4 貸倒債権一覧

得意先	時期	金額	発生理由	回収条件
A企画	X5年3月	50百万円	会社更生法	40百万円を債権放棄のうえ，残額を10年で回収

⑥ 与信管理

今後，重要な貸倒発生を予防できる環境にあるかどうかを把握する目的で，

対象会社の与信管理方法について調査を行うことも重要である。与信管理の主なチェック・ポイントは以下のとおりである。

(a) 与信限度額の設定方法
得意先情報の入手ルート，与信限度額の設定基準について把握する。

(b) 与信設定時の承認フロー
承認プロセスの有無，承認限度額について確認する。

(c) 与信限度額の改定頻度
定期的な与信限度額の見直しの有無，改定頻度を把握する。

(d) 与信限度額超過時の対応等
与信限度額超過時の承認フローの有無・内容，対応策等について確認する。

適切な与信管理プロセスがない場合には，債権が貸倒リスクにさらされている程度が高いと考えるべきであり，統合にあたり解決すべき事項として認識しておく必要がある。

2 仕入・売上原価と仕入債務，棚卸資産，原価計算，営業費用

(1) 仕入・売上原価

仕入・売上原価に関し，デューデリジェンスで把握しておく必要があるのは，売上高との関連，仕入先との関係，および買掛金関連である。

調査のポイント：
■事業別・製品別の売上原価・製造原価の構成要素を把握するとともに，それ

らの原価率の推移，およびその変動要因を明確にする。
- ■仕入先の集中度合や変動の有無について把握する。
- ■仕入に関するコミットメント・集中購買の有無を確認する。
- ■買収後の仕入・購買その他の戦略への影響，シナジー効果実現の可能性について検討する。

手続／（必要情報）：
- ■事業別・製品別の売上原価・製造原価の構成要素を把握し，対象期間における推移や変動要因について確認する。（事業別・製品別の売上原価・製造原価の内訳）
- ■事業別・製品別原価率の推移・変動について検討し，原価の増加により利益率が圧迫されている事業・製品について明確化し，将来の収益性について検討する。（事業別・製品別の原価率）
- ■主要仕入先別仕入高明細を入手し，変動内容や理由を明らかにする。（主要仕入先別仕入高明細）
- ■仕入について比較購買を行っているか，どのように仕入先を決定しているかについて把握する。
- ■集中購買や，長期にわたる購入契約の有無およびメリット・デメリットを確認し，それらの買収後戦略への影響について把握する。
- ■仕入・購買の統合に係る費用や期待されるシナジー効果を見積もる。

発見事項の取扱い：
- ■売上原価の構成や原価率に変動が見られる場合には，案件成立後の戦略への影響について考慮し，また事業計画を見直す。
- ■粗利率が低いあるいは赤字の事業，製品等を洗い出し，その理由や将来展望，撤退に係るコスト等に関して調査し，将来事業計画に反映させる。
- ■特定の仕入先に仕入が集中している場合や，重要な契約を特定の業者と結んでいる場合には，供給の安定性や契約内容の妥当性について検討し，事業計画や買収後戦略への影響について検討する。
- ■長期あるいは集中購買のコミットメントがある場合には，事業計画や買収後戦略への影響について考慮する。
- ■調査の結果が正常収益力の観点から将来のキャッシュフロー計画と整合していない場合には，DCF法による価値評価上キャッシュフロー計画を修正する。

■仕入・購買の統合に係る費用や期待されるシナジー効果を統合計画に織り込む。

① 過去実績の変動分析

事業別・製品別の売上原価・製造原価内訳を入手し，原材料費・労務費・間接費等の構成要素・比率について把握する。また，これらの過去の推移や変動について検討を行う。さらに，事業別・製品別原価率に関する情報を入手し，これらの推移・変動理由を把握する。原価の増加により利益率が圧迫されている（傾向のある）事業や製品がないかを確認し，ある場合には，ビジネスデューデリジェンス等により得られるマーケット情報を参考に，それら事業の将来収益性について考察する。また，売上原価には以下の項目が含まれている可能性があるため，製品や商品の販売から生じた純粋な売上総利益や売上総利益率を把握するためには，これらの項目を調整すべきことに留意しなければならない。

- 棚卸資産の評価損や廃棄損（後述）
- 原価差額（後述）

② 主要仕入先分析

対象期間の主要相手先別仕入高を入手し，当該仕入先からの仕入規模，全体に占める割合を把握する。デューデリジェンスの実務では"上位10社"とか"上位20社"という形で主要仕入先に関する情報を入手することが多い。

仕入実績と同時に支払条件（支払サイト）に関する情報も入手し，買掛金との関係を一覧表のような形式で整理するとわかりやすい。図表3-5は，M&A対象会社（事業）の仕入状況について期間比較を行った場合の例である。

主要仕入先に変動があった場合には理由について確認しておく。主要な仕入先の全体に占める割合が高い，すなわち，特定仕入先への依存度が高い場合，調達リスクはその分高まっていると見るべきである。このような場合には，他の仕入先への分散可能性および分散されていない理由について確認する。また，仕入品目の中に市況の影響を受けやすいものがあるかどうかを確認してお

第2節　個別的事項のデューデリジェンス　191

図表3－5　主要仕入先一覧

主要仕入先	支払条件	×2年期末		×1年期末		×0年期末	
A社	××日締××日振込	3,200	43.5%	2,800	48.3%	3,000	50.0%
B社	××日締××日後××日支払手形	1,000	13.6%	600	10.3%	800	13.3%
C社	××日締××日振込	800	10.9%	1,200	20.7%	400	6.7%
D社	××日締××日振込	750	10.2%	400	6.9%	0	0.0%
E社	××日締××日振込	0	0.0%	300	5.2%	300	5.0%
その他		1,600	21.8%	500	8.6%	1,500	25.0%
合計		7,350	100.0%	5,800	100.0%	6,000	100.0%

- C社との契約にはChange of control条項があり，案件成立後契約を解除される可能性がある
- B社からの購入製品は他社製品への代替は困難である
- 取引中止
- A社への依存度が高い
- 取引増加

くとよい。主要仕入先の中に取引を中止した業者がある場合には，その理由について確認する。何らかのトラブルが発生した経緯がある場合には，経営へのインパクトや，再発防止のためにとられた対応策の内容や状況についても把握しておく必要があるだろう。案件成立により影響を受ける可能性のある取引関係の有無についても把握する必要がある。Change of control条項（会社所有者の変更があった場合に契約が解除される条項）等が実質的に働く場合にはM&A後の経営に影響を与える。この点については主要顧客分析で述べたとおりである。

③　比較購買活動の有無の検討

　仕入について，比較購買を行っているかについて確認を行うことも重要である。比較購買とは，同様の商品・サービスを提供する他の事業者がいる場合に，M&A対象会社（事業）にとって有利な仕入先を選定するために，価格，仕入条件等を比較する手続である。M&A対象会社（事業）が比較購買を行っていないようであれば，仕入金額を削減できる可能性が高いと考えられるため，理由について確認しておく。特に，「グループ会社であるから」，「長い付

き合いだから」という理由のみで取引を行っていたような仕入先については，案件成立後，新たな仕入先への代替可能性について検討する余地がある。ただし，比較購買で仕入金額を削減できる可能性があるのは，仕入対象商品が代替可能な汎用品である場合であり，たとえば，品質の高さや納期の早さといった，価格とは別の要素でメリットを享受している場合には，比較購買により仕入金額を削減できる余地は大きくないかもしれない。

④ 仕入コミットメント・集中購買

原材料等の仕入に関する数量や金額のコミットメント（確約）の有無を確認する。コミットメントがある場合にはコミットメントを行った背景や内容（対象商品・期間・条件等）について，契約書やインタビューを通じて把握する。購買のコミットメントを行う場合は通常，価格等の購買条件がその時点で他と比較して有利と考えられるためにその条件を固定する目的で行うものであるが，固定金利等と同様，将来にわたり有利であるかどうかはマーケットの状況による。デューデリジェンスの時点ですでにマーケットと比較して不利になっている，あるいは買収・統合後には別のより有利な仕入取引を予定しているといった場合には，交渉によりコミットメントの条項を変更することが可能かどうかを確認しておく必要がある。また，集中購買は通常，グループ会社等で購買元を1ヶ所にして仕入をとりまとめ大量発注することによりボリュームディスカウントや管理業務の効率化を狙うものであるが，集中購買に基づく仕入価格や条件が買収後も継続して得られるとは限らないため，買収後戦略策定のため，これらの取引内容やメリット・デメリットについて把握しておく。

(2) 仕入債務

仕入債務は前述のとおり仕入と合わせて調査をしていく必要がある。財務デューデリジェンスでの調査の主なポイントとなるのは，未計上負債の存在や不正確な見積もりによる債務の過小計上である。それ以外に，売上債権のところで説明したように，正常運転資金の把握といった点も重要なポイントとなる。

調査のポイント：
■ M&A対象会社（事業）の支払サイトを把握し，運転資本への影響を推定する。特に資金繰り等の問題から支払が遅延している場合には注意が必要である。M&A後に正常な支払を要求されることにより，予想以上に資金需要が生じたり，あるいは思ったより運転資本額が大きいことがあるからである。
■ 決算に取り込まなかった債務あるいは見積計上された負債があれば実際の債務金額に修正する。

手続／（必要情報）：
■ 仕入債務の回転期間分析を行う。
■ M&A対象会社（事業）の支払サイトを入手し，仕入先によって異なる場合等について事情を把握する。（支払サイト）
■ 仕入債務残高の変動要因をインタビュー等を通じて理解する。
■ 決算に取り込まなかった債務が存在しなかったかを確認する。
■ 基準日および直近日時点の仕入先別・期日別仕入債務残高明細（年齢調べ）を入手し，滞留口座の有無を確認する。（仕入先別発生期日別買掛金明細）

発見事項の取扱い：
■ 発見事項がM&A対象会社（事業）の運転資本に与える影響を把握し，正常運転資本の把握という観点から，必要に応じて将来の運転資本予測を調整する。
■ 不利なサイトでの取引を余儀なくされている場合には，要因を把握し，事業計画や買収後戦略への影響について考慮する。
■ 簿外債務が存在することが判明した場合には，コストアプローチによる価値評価上，純資産価額の調整項目とするとともに，内部統制上の問題として統合後の課題にリストアップする。またキャッシュフローへの影響を事業計画に取り込む。

① 回転期間分析

　買掛金についても売掛金と同様，回転期間分析を行う。支払手形がある場合には，買掛金と合わせ仕入債務とし，回転期間分析を行う。算出された回転期間について支払条件（サイト）との比較を行い，異常性の有無を概観する。支

払サイトが他と比べて極端に短期または長期になっている仕入先については，理由を調査するとともに，短期になっている仕入先については案件成立後の長期化に向けた交渉可能性についても確認しておく。また，長期となっている先に関しては資金繰り上の問題から滞留している可能性もあるので，その理由，正常な支払条件を確認する。

② 未計上債務・計上不足の有無

仕入債務の調査の際にポイントとなるのは，他の負債と同様，未計上債務や不正確な見積りによる債務の過小計上がないかを確認することである。しかしながら一般に，計上されているものの裏づけをとるのと違い，計上されていないものを探すのは容易ではない。このため，M&A取引においては通常，売買契約書において貸借対照表の正確性や簿外債務の不存在についてM&A対象会社（事業）の表明・保証を取りつける。デューデリジェンスでは，上記回転期間分析や時系列比較，あるいは決算時もしくは期中月末時の買掛金・未払計上の手続についてインタビューすることにより未計上・計上不足の債務が存在する可能性を判断する。期間帰属の誤りによる未計上・計上不足であれば，評価基準日以降調査日時点までの損益計算書を見ることでこれらを発見できる可能性がある。

③ 異常残高の有無

長期滞留している口座の有無について，買掛金の発生時期がわかるような資料を入手して分析を行う。仕入品について不具合が発生し，意図的に支払を止めているようなケースでは，その経緯を訊き，その合理性について検討する。訴訟案件に発展する可能性がある場合には，法務担当者に見解を訊いたり，法務デューデリジェンス担当者と連携をとる等して本買収案件における取扱いについて検討する。長期滞留口座の最も深刻な例は，架空仕入が行われているケースである。架空仕入の例としては，買い戻すことを条件に不良在庫の未出荷売上を行い，期をまたいで買い戻す（仕入れる）等のケースがある。売上のマイナスとすると，帳簿上目立つので，あえて仕入計上を偽装するのである。同一名称の得意先と仕入先が売掛金勘定明細および買掛金勘定明細に記載され

第2節 個別的事項のデューデリジェンス 195

ていることから判明したケースがある。

(3) 棚卸資産

　製造業や卸・小売業の場合，一般に棚卸資産が貸借対照表に占める割合は大きく，また，会計方針に定める評価基準・評価方法に従って会計処理を行っていたとしても，現実には何らかの含み損を抱えている場合が多い。しかも棚卸資産は金融商品と異なり，唯一無二の時価というものもないためにデューデリジェンス上の評価においても主観的な要素の介入が不可避となる。こうした棚卸資産が持つ独特の問題から，デューデリジェンスにおいても重点調査項目の1つとなるケースが多い。

調査のポイント：
■経営の実態と照らして棚卸資産の価値を把握し，含み損益を明らかにする。
■正常な運転資本を把握するため，また案件成立後の運営を考慮し，棚卸資産の適正水準を確認する。

手続／（必要情報）：
■棚卸資産に関するM&A対象会社（事業）の会計方針を把握する。（棚卸資産に関する会計方針，棚卸資産の評価規定等）
■非継続品，損傷品等，実質的に販売不能の棚卸資産の有無，管理方法，会計上の評価について把握し，含み損益を試算する。（非継続品，損傷品等販売不能在庫のリスト，処分可能価額に関する情報）
■陳腐化，余剰等の理由により滞留している棚卸資産について，経営の実態と照らして価値を推定する。（年齢調べ表（エージングリスト），滞留期間リスト等販売可能価額に関する情報，評価性引当金の計上方針）
■過去における評価損および廃棄の実績について把握する。（損益計算書，勘定明細書，稟議書）
■未完成あるいは未完了の製品・サービスに関して，損失が見込まれるものがある場合には，引当金の計上等の手当てがなされているかを確認する。（仕掛品・未成工事支出金の内訳，プロジェクトサマリー等）

■会社の在庫管理方法を把握する。(棚卸資産管理規定，棚卸実施規定)

発見事項の取扱い：
■棚卸資産に含み損が存在していることが判明した場合，コストアプローチによる価値評価では純資産価額を修正する。また，過去において計上すべきであった含み損の存在が判明した場合には，インカムアプローチにおける正常利益の調整項目として考慮する。さらには正常運転資本という観点から棚卸資産を分析し，事業計画へ反映する。
■規定や評価性引当金の計上方法の不備等，内部統制に関連する問題がある場合には，案件成立後に考慮すべき問題として取り上げる。

① 棚卸資産の評価基準・評価方法の把握

　M&A対象会社（事業）の棚卸資産に関する会計方針を把握し，会社が採用する棚卸資産の評価基準および評価方法について理解する。評価基準とは先入先出法（FIFO）や後入先出法（LIFO）等の在庫の帳簿単価を算定するための方法であり，評価方法とは原価法や低価法等，評価基準で定めた帳簿単価を原価で評価するか（原価法），原価と時価の低い方で評価するか（低価法）を定めるものである。

　財務デューデリジェンスにおいて，会計上の評価基準および評価方法を把握する理由は，ビジネスとの関わりにおいて，M&A対象会社（事業）が棚卸資産の価値算定，言い換えれば，売上原価の算定上，どのような"仮定"を用いたかを把握するためである。

　たとえば，まず，評価方法に原価法が採用されていた場合を考えてみる。**図表3-6**はデフレ不況下においてM&A対象会社（事業）が保有する商品の簿価と時価の状況を示した図である。

　先入先出法を採用した場合には，（価格下落前の）仕入単価の高い商品が売上原価となり，（価格下落後の）仕入単価の低い商品が期末商品簿価を構成している。一方，後入先出法を採用した場合には先入先出法とはまったく逆のパターンとなり，（価格下落前の）仕入単価の高い商品が期末商品簿価を構成することにより売上原価が先入先出法を採用した場合より低くなっている（利益

図表3-6　原価法による評価

（期首：4月1日，期末：3月31日）

A商品の入荷状況

入荷時期	数量	単価	帳簿価額
期首残高	100	80.00	8,000
7月15日	90	75.00	6,750
3月30日	120	70.00	8,400
合　計	310		23,150

A商品の出荷状況

出荷時期	数量
12月15日	100
2月25日	80
3月31日	70
合　計	250

先入先出法を採用した場合

入荷時期	数量	単価	価額
期末商品	60	70.00	4,200
売上原価	60	70.00	4,200
	90	75.00	6,750
	100	80.00	8,000
	250		18,950
合　計	310		23,150

後入先出法を採用した場合

入荷時期	数量	単価	価額
期末商品	60	80.00	4,800
売上原価	40	80.00	3,200
	90	75.00	6,750
	120	70.00	8,400
	250		18,350
合　計	310		23,150

総平均法を採用した場合

入荷時期	数量	単価	価額
期末商品	60	74.67	4,481
売上原価	250	74.67	18,669
	250		18,669
合　計	310		23,150

が大きくなる）。また，総平均法を採用した場合には，期間中の平均単価で売上原価と期末商品が算定されているため，このケースでは，仕入単価とは直接結びつかない単価が払出単価として使用されることとなる。

一方，低価法を採用した場合はどうか。**図表3-7**は図表3-6の例に低価法を採用した場合を示している。先入先出法を採用した場合，期末商品は直近の仕入単価が時価より低い状況であり，低価法評価損は発生しない。一方，後入先出法を採用した場合には高い単価で計算されていた期末商品簿価を時価に置き替えるため，期末商品単価は先入先出法に近くなった。また，総平均法の場

図表3−7　低価法による評価

(期末時価を73.00と想定)

先入先出法の場合

	数量	単価	価額
期末商品簿価	60	70.00	4,200
期末商品時価	60	73.00	4,380
低価法評価損			—

後入先出法の場合

	数量	単価	価額
期末商品簿価	60	80.00	4,800
期末商品時価	60	73.00	4,380
低価法評価損			(420)

総平均法の場合

	数量	単価	価額
期末商品簿価	60	74.67	4,481
期末商品時価	60	73.00	4,380
低価法評価損			(101)

合にも後入先出法同様，期末商品簿価を時価に置き替えるため，期末商品単価はやはり先入先出法に近くなった。

　以上は簡単な机上のシミュレーションである。仕入・販売の数量や時期がまったく同一という経済事象のもとであっても，会計処理次第で財務諸表に対する影響は異なることがこれにより認識できる。棚卸資産の金額が大きい会社であればあるほど，こうした影響は無視できない程度に大きくなる可能性がある。特に損益計算書を財務デューデリジェンスの対象としている場合には，会計方針次第でこうした影響が出てくることを念頭に置いたうえで，M&A対象会社（事業）の売上原価情報を考えていく必要がある。もっとも，実務上は，過去の損益情報について他の評価基準や評価方法を採用した場合における影響額を再計算して把握できる場合はまれである。また，財務デューデリジェンスは会計監査と異なり，「後入先出法の採用は誤っている」とか「低価法を採用すべきである」等と結論づける必要はなく，あくまで，M&A対象会社（事

業）のビジネス環境に照らして，会社の実態を示すような棚卸資産の評価が行われているかという視点から考察する必要がある。むろん，案件成立後のマネジメント方法の1つとして，会計方針の見直しについて検討することは価値のあることである。

　以上は会計方針によって過去の損益情報が影響を受けることの説明であるが，理論上は，不正な会計処理を行っておらず，また，棚卸資産が正常に回転している限りにおいては，棚卸資産として計上された仕入高や労務費がいつの期に売上原価として損益に表れるかという期間帰属の問題となるため，評価基準日に計上されている棚卸資産が正常に回転しているものであることを確認することは，棚卸資産の資産性と同時に，過去の売上原価の妥当性についても確認していることになる。同じ理由により，会計方針を変更している場合には，その影響がある一期に表れ，損益に歪みが生じることになるので，正常利益の推定のため，影響額について把握しておく必要がある。

②　不良在庫の把握

　不良在庫はデューデリジェンスにおいても典型的な争点である。不良在庫をどのように判別し，評価していくかについて説明する。

(a)　不良在庫のタイプ

　ここでは，正常な営業サイクルから外れた棚卸資産を不良在庫と呼ぶこととする。不良在庫は大別すると下記のとおりである。
- 陳腐化，余剰等の理由による（良品の）滞留在庫
- 非継続品
- 損傷品（ダメージ品）

　上記のうち，非継続品や損傷品については物理的にもデータ上でも別管理をしているケースがほとんどであるため，それらのリストを入手することにより通常容易に把握・特定できる。また，それらの評価が議論になることも少ない（ただし，非継続品を値下げ販売しているような場合には，その処分価額をどう見るかについて見解の相違が生じることはあり得る）。デューデリジェンスで争点となるのは主に滞留在庫の認識とその評価である。以下で滞留在庫をど

のように発見するかについて見ていくが，M&A対象会社（事業）でリストラや経営改革等を実行済みあるいは実行中である場合には，その一環として余剰在庫について評価損を計上したり，実際に廃棄処分したりしていることがあるので，営業報告書や損益計算書等からそのような情報を得たら，インタビューや稟議書の閲覧等を通じてその詳細を把握し，評価の妥当性，対象となった資産の範囲の十分性について検討する。

(b) 滞留在庫を把握する方法
(イ) 回転月数からの把握

回転月数とは，「1ヶ月当たりの仕入（出荷）実績に対して，どの程度の月数に相当する在庫を保有しているか」を示す経営指標の1つである。

$$棚卸資産回転月数(日数) = \frac{棚卸資産残高}{過去1年間の1ヶ月(1日)当たり平均仕入(出荷)高}$$

たとえば，過去平均の1ヶ月当たり仕入（出荷）実績が100であるのに対し，棚卸資産を450保有しているとすれば，回転期間は450÷100＝4.5ヶ月となり，仕入（出荷）4.5ヶ月分に相当する在庫を保有しているという読み方となる。

過去数年間の回転期間の推移を分析することにより，在庫の保有状況の推移や滞留の可能性を探ることができる。たとえば，過去3年間の回転期間が下記のように推移している場合には滞留の可能性について疑義が生じる。

（単位：ヶ月）

	X1年末	X2年末	X3年末
回転期間	4.2	4.1	5.3

上表では，明らかにX3年末の回転期間が長期となっている。このような場合については，X3年末の長期化の理由について，原因を分析する必要がある。一般的に考えると，回転期間が長期化する理由はおおむね下記のようになる。

(I) 決算期直前に多額の仕入を行った場合
(II) 在庫水準は変わらないが,出荷量が低水準であったために仕入量も低水準であった場合
(III) 滞留在庫を保有している場合

回転月数分析では,期末在庫金額÷月当たり平均仕入高という計算式で計算しているため,滞留期間が長期となるのは分子の金額が大きくなるような事項があった場合か分母の金額が小さくなる場合あるいはその両方が同時に起こっている場合である。

たとえば,(I)のケースは下記のような場合である。

	4月	5月	6月	7月	8月	9月	10月	11月	12月	1月	2月	3月	平均仕入高	期末在庫	回転月数
X1年仕入高	100	100	100	100	100	100	100	100	100	100	100	100	100	420	4.2
X2年仕入高	100	100	100	100	100	110	100	100	100	100	100	110	102	420	4.1
X3年仕入高	110	110	100	110	100	100	100	100	100	120	180	300	128	680	5.3
X3年払出高	(100)	(100)	(100)	(100)	(100)	(100)	(100)	(100)	(100)	(110)	(120)	(140)			
月末在庫	430	440	440	450	450	450	450	450	450	460	520	680			

期末の異常な仕入の増加

このケースでは,たとえばこの会社の通常の在庫の回転期間(正常営業サイクル)が約4ヶ月であったとしても,期末の異常な仕入額の増加により,回転月数が歪められて5.3ヶ月に上昇していることがよくわかる。

一方,(II)のケースは次頁のとおりである。

	4月	5月	6月	7月	8月	9月	10月	11月	12月	1月	2月	3月	平均仕入高	期末在庫	回転月数
X1年仕入高	100	100	100	100	100	100	100	100	100	100	100	100	100	420	4.2
X2年仕入高	100	100	100	100	100	110	100	100	100	100	100	110	102	420	4.1
X3年仕入高	100	100	100	90	80	80	80	70	70	70	60	60	80	420	5.3
X3年払出高	(100)	(100)	(100)	(90)	(80)	(80)	(80)	(70)	(70)	(70)	(60)	(60)			
月末在庫	420	420	420	420	420	420	420	420	420	420	420	420			

（仕入高および払出高の減少）

（払出高と仕入高が対応しており，期末在庫が一定）

　このケースでは，期末の在庫水準は例年とほぼ同一であるものの，たとえば，景気の低迷等の要因により売上の減少に伴って仕入も減らしている場合が該当する。

　また，(Ⅲ)のケースはたとえば以下のような場合である。

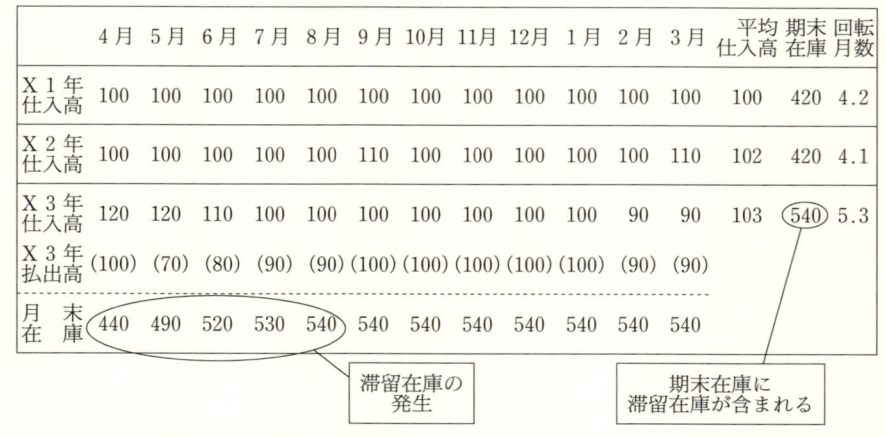

	4月	5月	6月	7月	8月	9月	10月	11月	12月	1月	2月	3月	平均仕入高	期末在庫	回転月数
X1年仕入高	100	100	100	100	100	100	100	100	100	100	100	100	100	420	4.2
X2年仕入高	100	100	100	100	100	110	100	100	100	100	100	110	102	420	4.1
X3年仕入高	120	120	110	100	100	100	100	100	100	90	90	90	103	540	5.3
X3年払出高	(100)	(70)	(80)	(90)	(90)	(100)	(100)	(100)	(100)	(100)	(90)	(90)			
月末在庫	440	490	520	530	540	540	540	540	540	540	540	540			

（滞留在庫の発生）

（期末在庫に滞留在庫が含まれる）

　X3年の回転月数は前年より1.2ヶ月も上昇している。原因は，X2年とX3年の年間平均仕入高に大きな変化はないものの，X3年の前半に払出高が仕入高を下回る月が続いたことにより，仕入分の一部が在庫として積み上がったためであるということがわかる。こうした在庫として積み上がった滞留部

分は回転期間を上昇させる要因となる。

　回転月数による滞留分析の限界は，正常に営業活動を行っていれば3月末の在庫の構成要素にはなりにくい4月や5月といった古い時期のデータが計算式に自動的に含められてしまう点にある。この欠点を補う方法として，「カウント・バック」方式による滞留期間分析を紹介する。この「カウント・バック」方式では，ある一定時点の在庫（この例では，期末在庫）が過去何ヶ月分の仕入実績値から構成されているかを月次データをもとに分析する方法である。前出の(I)のケースによれば，期末在庫は680となっているが，「カウント・バック」方式ではこの680から，まず直近の3月の仕入実績300を控除し，次に直近である2月の仕入実績180を控除するという具合に差し引いていって，回転月数を求める。

```
3月末在庫　680－3月仕入300＝　380
　　　　　 380－2月仕入180＝　200
　　　　　 200－1月仕入120＝　 80
　　　　　  80－12月仕入100＝ －20
```

　このように最後の月はマイナスとなってしまう場合は，その月に平均的に仕入がなされたものと仮定して，回転月数を簡便的に

$$80 \div 100 = 0.8 ヶ月$$

とする。「カウント・バック」方式による回転月数は3ヶ月＋0.8ヶ月＝3.8ヶ月となった。単純な回転期間分析で計算された5.3ヶ月という一見異常な回転月数も実は見かけ上大きくなっていたということがわかる。会社の正常回転期間も約4ヶ月ということから，「カウント・バック」方式からは異常な滞留の兆候は見られないという結論となる。「カウント・バック」方式は，在庫金額を構成している可能性が高い仕入のみを直接回転月数の計算に取り込んでいるため，期末付近に仕入の変動があるような場合でも，より確度の高い回転月数の把握が可能となる。

期末付近で仕入が増加した点については，もちろんヒアリング等で確認していく必要があるが，少なくとも，単純な回転期間分析で「重要な滞留在庫が含まれている可能性がある」という調査結果であったものが，「カウント・バック」方式によって「重要な滞留在庫が含まれている可能性は低い」という心証を得られるに至ることは重要な進展である。

(ロ) エージングリストによる把握

回転期間分析よりも，より直接的に滞留棚卸資産を把握するには，棚卸資産の年齢調べ表（エージングリスト）や滞留資産リストの分析が効果的である。M&A対象会社（事業）から棚卸資産のエージングリストや滞留期間リストを入手し，在庫の「滞留」状況について把握する。たとえば，エージングリストとして**図表3－8**のような資料が提出されたとする。

会社によっては，エージングリストを作成していないところもあるが，網羅的な滞留在庫の管理上，エージングリストは必要不可欠の資料であると考えられる。M&A対象会社（事業）が在庫を保有するビジネスモデルである限り，エージングリストの開示は必ず要求すべきであり，もし，管理していない場合には買収後の要改善事項とすべきである。

さて，図表3-8においてまず確認しなければならないのは，「3ヶ月以内」等の期間を示すと考えられる用語についてである。これらが"何"から「3ヶ月以内」を指しているかでこの表の意味はまったく異なる。常識から考えると，入荷後や完成後である可能性が高いと考えられるが，"最も直近に販売された時期から経過した期間"を示したリストである可能性もある。提出された資料やデータがデューデリジェンスチームの意図したものと一致

図表3－8　エージングリスト

	3ヶ月以内	3～6ヶ月	6ヶ月～1年	1年～2年	2年超	合計
商品A		144,000	62,400		7,500	213,900
商品B			12,000	20,000		32,000
商品C	900,000				36,000	936,000
	900,000	144,000	74,400	20,000	43,500	1,181,900

するかどうかは必ず確認しなければならない。

　図表3-8が質問によって入荷後の経過期間を示したものであるということが判明した場合，財務デューデリジェンス上の評価はどのように考えればよいであろうか。もちろん，この表だけでは，最終的な判断に至るための情報が不足しているといわざるを得ない。最低限，下記の情報は追加的に入手する必要がある。

(i) **製品ごとの在庫保有方針・正常な回転期間**

　これは，表のうちどの期間までが正常営業サイクル過程の中で保有している在庫なのかを把握するために必要となる。逆にいえば，この期間を超過する部分が評価減の対象たる在庫ということになる。

(ii) **今後の販売方針・処分方針**

　正常営業サイクル期間から乖離した在庫に対する，M&A対象企業の今後の対応方針を把握する。売価を下げて販売するという場合であれば，収益性に問題が出る可能性があり，廃棄処理する予定であるという場合には価値評価の問題や過去の正常収益力の問題（過去に定期的に廃棄していれば，収益性は悪かったであろうという問題）になる場合もある。仮に現状のままでも販売できるという場合でも，その根拠については慎重に確認する必要がある（現状の販売体制によって正常営業サイクル期間を外れたのであるから）。

(iii) **滞留資産に対する評価引当の方法**

　税務上は，棚卸資産に対する評価損の損金計上は認められていないため，会計監査を受けていない会社では，会計上も評価引当金を計上していないケースは多い。M&A対象会社（事業）が評価性の引当金を計上している場合にはどのような方法によって計上しているのかを把握する。評価引当金の計上方法と上記の正常営業サイクルの期間との関係を把握することによって，在庫評価に対するM&A対象会社のスタンスも把握することができる。

　以上の情報入手の結果，販売による回収が困難な部分とすでに計上されている引当部分に関する情報が入手できたのであるから，その差額については引当の不足（場合によっては過大）として，修正事項として考慮す

る。

しかし，現実には販売による回収が困難な部分を見積もることは容易ではなく，詳細な分析が求められることに留意を要する。

(ハ) 原価割れ在庫の把握

長期滞留には至らずとも，帳簿価格以上での販売が難しく，原価割れで販売を行っているような棚卸資産が存在することもある。製品別の帳簿価格と直近の販売価格を比較し，原価割れ在庫の有無を分析する。こうした原価割れ在庫のうち，売価を上回る簿価部分は将来実現することはなく，価値のない在庫であるから，評価減の対象として取り扱う必要がある。

③ 仕掛品・未成工事支出金の評価

M&A対象会社（事業）の製造サイクルが長い場合，棚卸資産に仕掛品の占める割合が大きくなる。M&A対象会社（事業）が建設業等である場合は未成工事支出金勘定が仕掛品に相当する。これらの勘定残高が重大である場合には，仕掛品の計算根拠やプロジェクトシート等個別の裏づけ資料を入手し，それらの資産性について検討する。損失が見込まれるものがある場合には，引当金の計上等の手当がなされているかを確認する。プロジェクトベースで業務を行っている場合の収益・費用の認識および仕掛品もしくは未成工事支出金勘定の評価については第5章第1節「建設・不動産業」を参照されたい。

④ 在庫管理

いうまでもないが，棚卸資産は資産であるから，その管理を適切に行っているかについて確認することは重要なことである。たとえば，年に1度の棚卸で原因不明の数量不足が発生し，そのため多大な在庫損を毎期計上しているような会社があるとすれば，早急に在庫管理方法を改める必要がある。

具体的には，M&A対象会社（事業）の行っている棚卸手続についてインタビューや規定の閲覧を通じて把握する。また，直近1～2回の棚卸実施の結果報告書や帳簿調整額を入手し，多額の調整額が発生していないか，盗難や紛失による損失は発生していないか，発生している場合はそれに対して会社はどのような対応をしたのか，発生させないための内部統制機能は整備・機能してい

るのか，等々につき把握する。改善が必要と見られる場合には，買収後の課題としてリストアップしておく。

(4) 原価計算

　M&A対象会社（事業）が製造業である場合には原価計算制度が存在する。デューデリジェンスにおいてM&A対象会社（事業）の原価計算制度の詳細について見てみると，会社ごとに細かなアレンジが加えられているケースもよくあり，会計方針を見ただけでは，その会社の原価計算の実態を正確に把握することは困難である。このため，詳細な調査を通じて，M&A対象会社（事業）の採用する原価計算方法を的確に把握し，売上原価や棚卸資産に集計されている金額の意味を読み取る必要がある。

調査のポイント：
- ■M&A対象会社（事業）の採用する原価計算制度を理解し，売上原価や棚卸資産がどのように算出されているかを把握する。
- ■買収後の製造プロセスや在庫管理等への影響，およびシナジー効果実現の可能性について検討する。

手続／（必要情報）：
- ■採用している原価計算制度についてインタビューし，M&A対象会社（事業）の製造活動が，財務諸表にどのように反映されるのかを理解する。（原価計算の方法）
- ■標準原価計算を採用している場合には，標準原価の改定頻度や，製造間接費の配賦方法，原価差異の発生内容・差異実績・差異分析・経理処理について把握する。（当該事項のサポート資料）
- ■原価差額の発生状況を分析し，予定原価や標準原価の設定が適切に行われているかを検討する。
- ■M&A対象会社（事業）の採用する原価計算と，買収企業の原価計算制度が異なる場合には，案件成立後の統合方法やその影響について検討する。
- ■製造プロセスの統合に係る費用や製造コスト削除などの期待されるシナジー

を見積もる。

発見事項の取扱い：
■製品原価や仕掛品原価の算定が適切に行われていない場合には，正常収益力に影響を及ぼす。
■原価差額の配分が適切に行われていない場合には，売上原価および棚卸資産の修正要因となる。
■買収企業とM&A対象企業の原価計算制度が大きく異なる場合には，統合における大きな問題となる可能性がある。
■製造プロセスの統合に係る費用や期待されるシナジー効果を統合計画に織り込む。

① 原価計算制度の把握

M&A対象会社（事業）が製造業に属し原価計算制度を有している場合，デューデリジェンスで原価計算の調査を行うことが通常である。理由は，原価に占める費用構造を把握すること，および会計方針だけからは見えない真の原価計算の実態を把握し，売上原価や棚卸資産が実態を表しているかの検討に役立てるためである。また，買収企業が，案件成立後，自社の原価計算方法との調和をいかに図っていくかは重要であるため，自社との差異を把握するためにもM&A対象会社（事業）の原価計算制度を知っておく必要がある。

原価計算制度の概要を把握するためには，まず原価計算規定と勘定連絡図を入手し，どのような流れで原価が集計されているかを俯瞰的に把握するとよい。通常，原価計算は費目別計算，部門別計算，製品別計算という順序で計算していくので，この順で追ってみる。費目別計算では，原材料費，労務費，経費の区分ごとに正しく費用が集計されているか，特に，労務費や経費については，販売費及び一般管理費との区分方法がポイントとなる。また，払出原価に予定原価を使用している場合には予定原価の設定に問題がないかが主なチェックポイントとなる。次に部門別計算では，部門直接費と部門間接費の区分基準，部門費の払出しに予定原価を使用している場合には，やはり予定原価の設定に問題がないかがチェックポイントとなる。製品別計算においては，仕掛品

の計算方法に会社ごとの特徴が出やすいため，注意を要する。まず，仕掛品に集計される原価の範囲を確認する。加工を伴う会社であれば労務費や経費等も仕掛品の計算に含めなければならないが，仕掛品に原材料費しか含めていないといったケースは比較的多く見受けられる。次に，進捗率の把握方法を確認する。製品原価に進捗率を乗じて仕掛品を計算するような原価計算方法が採用されている場合においては，進捗率の計算方法が製造工程と整合するものであるかの検討が必要である。進捗率は仮定の計算要素であるため，合理的な率が採用されているかについて定期的な見直し作業が行われているかも確認しておいたほうがよい。

② 予定原価・標準原価が採用されている場合

　原価計算の簡便化，迅速化を目的としてM&A対象会社（事業）が予定原価計算を採用している場合には，予定原価の設定資料を入手して予定原価の設定に問題がないかを確認する。たとえば，直接作業時間1時間当たりの加工費レートが定められているような場合において，年間の加工費予算額と年間の生産計画から導き出された直接作業時間を使用して加工費レートが算定されていれば，加工費レートの設定は合理的になされているといえるが，それ以外の要素が計算上使用されているとすれば，その理由について確認し，合理性について検討する必要がある。

　また，標準原価は原価計算の理論上は「理想的な状況のもとにおける原価」とされるが，単に予定原価を指す用語として使用されている場合も少なくない。標準原価が採用されている場合には，標準原価表（本来の意味での標準原価計算制度を採用している場合には存在する）を入手し，どのような状況のもとで発生する原価としているかについて確認する。また，その状況と，予算や過去の実績との乖離についても比較するとよい。

　予定原価や標準原価が採用されている場合には，見直しの頻度についても確認する必要がある。物価の変動や製造技術の進歩の結果，予定原価や標準原価も常に変動するものであると考えられるため，まったく見直しが行われていないようであれば，やはり理由について確認する必要がある。

③ 原価差額の要因分析

予定原価や標準原価を原価計算に使用している場合には，ほぼ必ず原価差額が発生する。原価差額は要因分析を行うことが望ましく，内部統制の一環として，原価差額の原因報告がなされているような体制であれば，原因分析資料を入手する。原価差額の発生そのものは問題ではないが，原価差額が多額に発生している場合には，背景に特別な経済事象が発生した可能性が高く，理由について調べる必要がある。また，常に不利差異（借方差異）あるいは有利差異（貸方差異）が発生するような場合には，予定原価や標準原価そのものが正しく設定されていない可能性がある。発生原因の分析がなされていない場合は問題点として認識する。

法人税法上の規定によって，原価差額は最終的に期末時に売上原価および仕掛品ならびに製品に按分されるため，当該按分計算が正しくなされていれば，デューデリジェンスの観点からは，詳細分析の必要性はないという見解もあるが，経験上，原価差異の分析がしっかりなされている会社は原価計算制度全体の管理もしっかりなされている，換言すれば，しっかりとした原価計算制度なくして詳細な原価差異分析はできないと思われるので，原価差額の差異分析はその会社の原価計算に対する取り組み姿勢を把握するよいバロメーターともいえる。

④ 変動費・固定費の把握

費用の固変分解については，次項参照。

(5) 販売費及び一般管理費

販売費及び一般管理費（以下，「販管費」と略す）の調査の目的は主に2つある。1つは，費用構造の把握である。収益との関連において，どのような費用がどのような割合で発生したかという情報を得ることである。そのビジネスの費用構造を明らかにすることにより，将来の対策が見えてくる。もう1つは，正常収益力の把握である。会計処理上は営業損益と営業外損益・特別損益

という「本業に関連する費用・収益か，そうでないか」という括りで大きく2つに区分できるが，区分に問題がある重要な項目がある場合には正常収益力に対する判断を誤らしめるような分析結果を導きかねない。

調査のポイント：
■販管費の内容，変動内容・要因を把握することによりM&A対象会社（事業）の費用構造を理解し，収益性への影響について検討する。
■正常収益力算定という観点から異常な事項を抽出する。
■案件成立後の費用負担水準について，推定する。
■買収後の組織や人事，その他の戦略への影響，シナジー効果の実現可能性について検討する。

手続／（必要情報）：
■販管費の内容を把握し，過去の期間比較分析を行う。推移や変動要因についてインタビュー等により把握する。（販管費明細，変動理由）
■一時的に発生した費用や，案件成立後に必要あるいは不要になる費用について把握し，案件成立後の経常的な販管費の水準を把握する。販管費のコスト削減余地の有無について分析する。
■固定費・変動費の分解をもとに損益分岐点分析を行い，現在の売上水準との乖離状況について把握する。（固定費・変動費に関する情報）
■対象期間における，販管費予算および対応する実績データを入手し，M&A対象会社（事業）の費用のコントロール状況を把握する。M&A対象会社（事業）の予算設定方針を把握する。（販管費の予算・実績データ・分析，予算設定方針）
■M&A対象会社（事業）がグループ会社の一員で，親会社や他のグループ会社からの配賦費用がある場合には，配賦基準について把握し，経理処理や金額的合理性を確認する。（配賦費用の有無，配賦基準，経理処理方法）
■組織，人事等の統合に係る費用や期待されるシナジー効果を見積もる。

発見事項の取扱い：
■重要な販管費の変動が見られる場合には，今後の変動可能性および案件成立後の費用構造への影響について分析し，コスト削減の余地がある場合には，

事業計画や買収後戦略へ反映させることを検討する。
- ■M&A対象会社（事業）が過去予算を上回る販管費を計上している場合には，会社の利益計画との整合性について検討する。必要に応じ，利益計画を修正する。
- ■一時的な費用を排除し，案件成立後必要あるいは不要となる費用を明確にし，案件成立後の費用水準を推定する。
- ■発見事項を反映し正常収益力を調整する。
- ■組織，人事等の統合に係る費用や期待されるシナジー効果を統合計画に織り込む。

① 期間比較分析

まず過去数期間の数値を比較する期間比較分析を実施する。期間比較は各費目別に行うことも意味があるが，費用の性質ごとに分けて比較分析することも大変有用である。デューデリジェンス上分析対象となることの多い主な区分は以下のとおりである。

- ●人件費，マーケティング関連費用，流通関連費用，施設関連費等の機能別分類
- ●変動費，固定費等の売上高との関連による分類
- ●統制可能費，統制不能費の統制可能性による分類

上記のうち，機能別費目については，業種に応じて重要と考えられる指標（たとえば，1人当たり人件費，マーケティング費用の対売上高比率）を算出して同業他社比較を行えば，マーケットにおけるM&A対象会社（事業）の強み・弱みが見えてくるであろう。期間比較の結果，異常な変動が見られる場合には，理由・背景についてマネジメントに対してインタビューを行う。変動は，会計方針の変更や勘定処理の変更等による場合も多く見られるため，あらかじめこれらの事象の有無についても別途，把握しておく必要がある。期間比較を行う目的は，①真の収益力を把握するために異常項目の有無を確認すること，および，②会社の費用構造の推移を特に売上高との推移とあわせて把握することにより，過去の経営努力の成果や今後の費用削減の余地についての手掛かりを得ることにあるといえる。

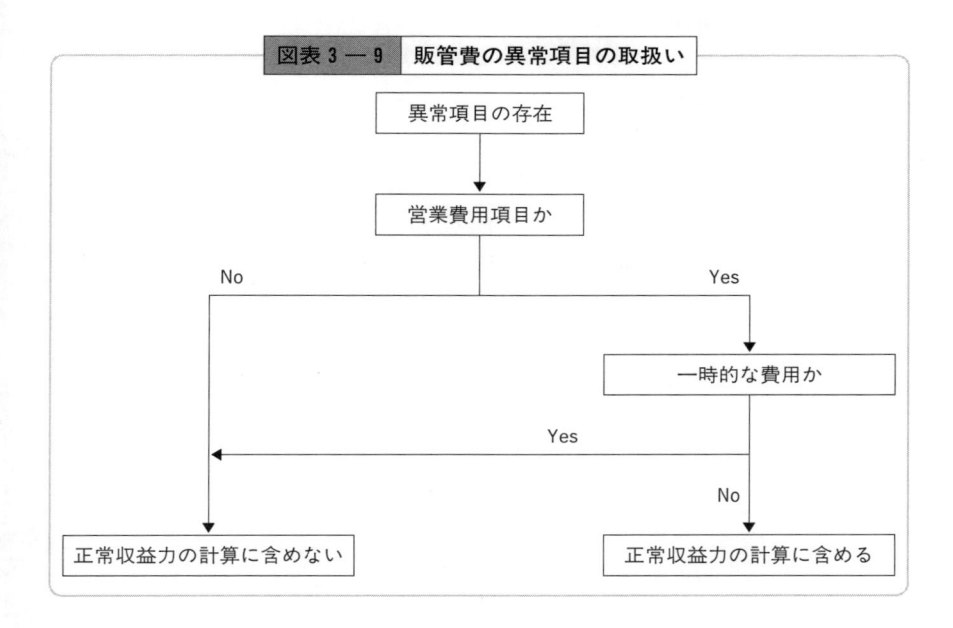

図表3—9　販管費の異常項目の取扱い

```
異常項目の存在
      ↓
営業費用項目か
  No ↙    ↘ Yes
            一時的な費用か
         Yes ↙    ↘ No
正常収益力の計算に含めない    正常収益力の計算に含める
```

　調査の結果，異常項目があることが判明した場合には，特に①の目的に関連してどのような影響があるかを考慮する必要がある。まず異常項目が販管費の区分に属すべきものでない場合には，正しい処理に修正した場合の影響を考慮する。逆に，販管費としての処理は正しいものの，異常項目が一時的に発生したもので今後は発生することが予見されないような場合には正常収益力の把握上，正常費用から除く必要がある。今後も発生が見込まれる項目である場合にはそのままの処理とする。以上の流れを簡潔に示すと**図表3-9**のとおりとなる。

②　変動費・固定費の把握

　変動費，固定費の把握の目的は損益分岐点分析を行うことにある。損益分岐点とは，利益の額がゼロとなるような売上高のことを指し，損益分岐点分析とはそのような売上高を求める分析である。（損益計算書上の）どの利益を損益分岐点分析に使用するかは分析目的によって異なるが，本業の業績分析が目的の場合は，営業利益を使用することが多い（**図表3-10参照**）。

図表3-10　損益分岐点分析

（縦軸：営業費用・営業利益／横軸：売上高。固定費、損益分岐点売上高、限界利益率（＝1－変動費率）を示す図）

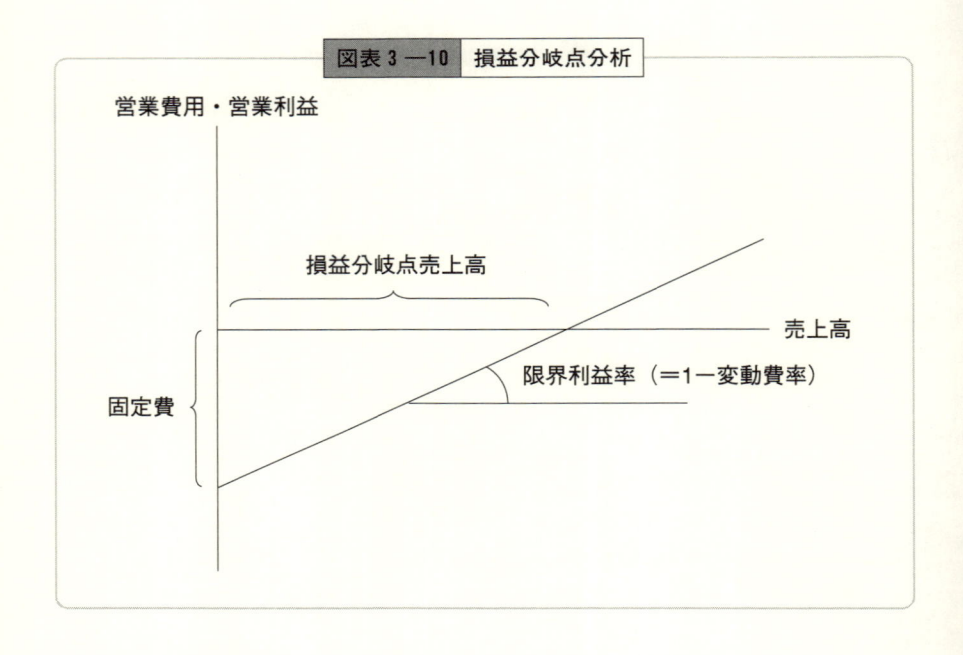

　変動費・固定費の分解について，固変分解の関連データはM&A対象会社（事業）から入手したほうがよい。しかし，必ずしもすべての会社が損益分岐点分析を行っているわけではなく，固変分解データがない場合も多い。そのような場合には，マネジメントにインタビューを行い，各費目について固定か変動かの区別を行わざるを得ない。上記で把握した「正常利益に含めるべきではない費用」については，当然ながら，固変分解の対象からは除くことに留意する（**図表3-11**参照）。

　また，計算技術的にはより高度な方法となるが，過去数期間の売上高情報および利益情報をもとに，回帰分析の手法を用いることにより，固定費金額および損益分岐点売上高を算出することも可能である。

③　予算実績比較

　各期の予算との比較も重要である。会社により意味合いの違いはあるものの，予算は各会社が過去の実績と近い将来の経営環境を考慮して策定した計画値であり，本来守られなければ（あるいは，守る努力をしなければ）ならない

第2節 個別的事項のデューデリジェンス 215

図表3-11 簡易的な固変分解および損益分岐点分析

(単位:百万円)

科目名	変動費固定費の別	X4/3/31 実績	X4/3/31 売上比	X5/3/31 実績	X5/3/31 売上比
売上高		11,698	100.0%	12,934	100.0%
売上原価					
材料費	変動	1,419	12.1%	1,529	11.8%
外注加工費	変動	359	3.1%	423	3.3%
固定労務費	固定	2,439	20.9%	2,593	20.0%
パート労務費	変動	1,694	14.5%	1,839	14.2%
電力料	変動	429	3.7%	491	3.8%
減価償却費	固定	491	4.2%	503	3.9%
その他経費	固定	402	3.4%	414	3.2%
売上原価計		7,233	61.8%	7,792	60.2%
売上総利益		4,465	38.2%	5,142	39.8%
販管費					
人件費	固定	301	2.6%	312	2.4%
広告宣伝費	変動	292	2.5%	320	2.5%
荷造運賃	変動	396	3.4%	437	3.4%
販売手数料	変動	158	1.4%	192	1.5%
通信費	変動	104	0.9%	117	0.9%
印刷費	変動	115	1.0%	130	1.0%
地代家賃	固定	104	0.9%	103	0.8%
減価償却費	固定	34	0.3%	32	0.2%
その他	固定	560	4.8%	601	4.6%
販管費計		2,064	17.6%	2,244	17.3%
営業利益		2,401	20.5%	2,898	22.4%
変動費合計		4,966	42.5%	5,478	42.4%
固定費合計		4,331	37.0%	4,558	35.2%
限界利益		6,732	57.5%	7,456	57.6%
損益分岐点売上高		7,532		7,913	

インタビュー等により固定費変動費を区分する

限界利益率は57.5%程度である

ものである。予算との乖離が見られる項目については，インタビューを通じて理由を把握しておく必要がある。毎期予算を超過している状況が続いているようであれば，予算の設定方法そのものに問題があると考えられるため，理由について確認しておく。予算に関する主なチェックポイントは，下記のとおりである。

- 予算の設定方法
- 予算の見直し時期・頻度
- 予算の達成状況のモニタリング
- 予算超過の際の対応，処罰，翌期予算への反映方法
- 過去の予算達成状況

　予算についてこのような検討を行う目的は，M&A後の予算制度の統合のための情報を得ることはもちろんであるが，事業価値評価の対象として使用される（予算の延長線上にある）事業計画の信頼性に関する情報を入手することにもある。

④　配賦費用の分析

　M&A対象会社（事業）がグループ会社の一部である場合，販管費にグループ共通費の配賦額が含まれていることがある。M&A案件においては，こうした配賦費用の調査が必須となる。これは，配賦計算には"仮定"が用いられており，実態と乖離している可能性があるためであり，さらにいえば，案件成立後はこうした配賦費用がなくなる代わりに自前で新たな費用を負担しなければならないからである。たとえば，グループ会社の買収案件でグループ費用の中に「情報技術関連コスト」が含まれており，案件成立後も一定期間，当該グループのITサービスの提供を受けることが確定している場合には，対価金額の適正性に関する検討が必要になってくる一方，サービス提供が受けられない場合にはそうしたサービスを買収企業が代わって提供する，あるいはそうしたサービス部門をM&A対象企業に新たに構築するコストを考えなければならない。いずれにせよ，それらに係るコストは現状の配賦費用とは異なる可能性が大きい。また，ある事業の営業譲渡案件において共通費の中に「本社建物の減価償却費」が含まれていた場合，案件成立後はこの費用がなくなる代わり

に，新規に賃借したとすれば賃借料が発生することとなる。過去の収益力を把握するうえでも，配賦結果が実態と異なるようであれば，修正が必要になる。1つの企業であっても社内的に部門や事業部に本社費等の共通費を配分しているような場合には，部門や事業部の収益性の分析時に考慮する。

3 運転資金と資金繰り，現金預金，借入金

運転資金や資金調達の方法に関する情報は事業計画の評価という側面だけではなく，買収後の財務運営のためにも重要な情報である。また，買収価格の実質的な増加とならないためにも一定の運転資金が引き継がれるよう売買契約書で保護しておくことを検討する。

調査のポイント：
- 運転資金の推移，傾向，変動理由について把握し，資金需要を推定する。
- 正常運転資金の額を推定する。
- 運転資金の調達方法について把握する。金融に関する諸々の条件について把握する。
- 上記の結果と価値評価のもととなるキャッシュフロー計画，利益計画との整合性を検討する。
- 買収後の資金繰りや財務その他の戦略への影響，シナジー効果実現の可能性について検討する。

手続／（必要情報）：
- 月次の運転資金残高を算出し，運転資金レベルの推移，傾向について把握する。（月次貸借対照表）
- 運転資金レベルの変動理由についてインタビュー等により把握する。
- 上記に基づき運転資金需要を推定する。
- 拘束性預金等の有無につきインタビュー等により把握する。
- （必要に応じ）現預金残高の実在性を金融機関の発行する残高証明書等により確認する。（必要な場合，預金残高証明書等）

- ■借入条件を借入契約書等により把握する。（金銭消費貸借契約証書等）
- ■借入金に係る保証，担保の差入状況，財務コベナンツ等の有無について借入契約書，インタビュー等により確認する。
- ■（必要に応じ）借入金残高の網羅性および担保等の借入条件を金融機関の発行する残高証明書により確認する。（必要な場合，借入金残高証明書）
- ■資金調達の統合に係る費用や期待されるシナジー効果を見積もる。

発見事項の取扱い：
- ■必要となる運転資金および現預金残高の水準について，クロージング時点のこれらの残高がその水準を満たした状態で買収企業に引き継がれるよう買収契約書に条件を設定しておく。
- ■運転資金水準の過去の推移や将来の戦略により，買収後の資金調達について計画しておく。
- ■M&A対象企業が第三者取引と異なる条件で親会社やグループ会社と資金の融通を行っている場合には，インカムアプローチまたはマーケットアプローチによる価値評価上，キャッシュフロー計画または利益計画を修正する。
- ■預金引出しに関する制限がある場合には，買収後の財務戦略の考慮に入れる。
- ■借入金に期限前弁済不可の条件や財務コベナンツが付されている場合には，買収後の財務戦略との整合性について考慮する。
- ■預金や有価証券，設備・不動産等の資産を借入金の担保に差し入れている場合には，それらの使用や処分に関する制限を買収後戦略の考慮に入れる。
- ■調査の結果が正常運転資本の観点からキャッシュフロー計画と整合していない場合には，DCF法による価値評価上，キャッシュフロー計画を修正する。
- ■資金調達の統合に係る費用や期待されるシナジー効果を統合計画に織り込む。

(1) 運転資金と資金繰り

運転資金は一般的には，下記の計算式により求められる。

$$運転資金＝売上債権＋棚卸資産－仕入債務$$

しかしながら，運転資金の額を算出するのに何の項目を含めるべきかについ

第 2 節　個別的事項のデューデリジェンス　219

て普遍的な定義はない。理論的には，通常の事業を運営していくうえで短期的に発生するキャッシュ・インフローとキャッシュ・アウトフローで構成されている必要があり，営業活動と直接関係のない事項，たとえば，法人税，金融費用，設備投資等は必要資金には違いないものの，通常運転資金には含まれない。また，単発または非経常的な事項，および通常とは異なる条件の売上債権・仕入債務についても，平均的な運転資金の水準を測るうえでは除外する必要がある。資金需要を検討することが目的であるので，減価償却費等の非現金項目も除く。通常の事業活動が何かによって必要な資金の内容も異なって当然であるので，デューデリジェンスにおいては M&A 対象企業の事業をよく理解したうえで，何の項目を含めるべきかについて注意深く検討して決定する。たとえば，小売業においては顧客および仕入先向けのリベートを含めるべきかもしれないし，産業用機械の製造業では製品保証引当金を考慮する必要があるかもしれない。また，関係会社間債権・債務は，通常の営業活動と関連している限り運転資金に含める必要があるであろう。

　上記のような背景により，運転資金について調査する際には M&A 対象企業の事業サイクルについて十分理解し，営業債権・債務，棚卸資産等に関する調査を行い，これらの残高に歪みがないことを確認，あるいは歪みを修正したうえで検討を行う。

　運転資金の水準は，通常，売上高の季節変動や売上債権と仕入債務の回転期間の差異によって変動するため，月次で推移を見る。M&A 対象企業から過去 2〜3 年程度の月次貸借対照表を入手し，上記の計算式あるいは適宜調整を加えた計算式によって運転資金の額を算出する。折れ線グラフ等を作成することにより推移が明らかになる（**図表 3 -12，3 -13**参照）。

　一般的には，過去 2〜3 年程度の月次推移を見ることにより何らかのパターンが明らかになり，資金需要の最大値・最小値を推定することができるが，変動理由および資金需要については M&A 対象企業の財務担当者にインタビューを行い，デューデリジェンス担当者の理解が正しいことを確認しておく。

　運転資金水準は，もちろん，買収後の財務運営のために必要な情報であるが，それだけではない。買収を実行することが決定したら買い手側は買収後に

図表 3―12　M&A 対象会社の月次貸借対照表

(単位：百万円)

科目名	X02年 3月	4月	...	X04年 7月
資産の部				
流動資産				
現金	2	2		57
当座預金	4,291	6,197		1,808
普通預金	33	34		190
受取手形	3	2		4
売掛金	224	345		228
商品	6,793	6,635		6,207
貯蔵品	4	4		2
仮払金	147	146		130
⋮				
負債の部				
流動負債				
支払手形	4	5		4
買掛金	2,112	3,811		3,409
未払金	233	254		335
未払消費税	82	―		―
未払法人税等	78	78		―
⋮				
運転資本の算出				
(＋)営業債権	227	347		232
(＋)棚卸資産	6,797	6,639		6,209
(－)営業債務	(2,116)	(3,816)		(3,413)
運転資本	4,908	3,170		3,028

必要な運転資金を確保しておく手はずが必要となる。運転資金は買収後第１日目から必要になるからである。通常買収価格は現預金残高を除いて決められるため、買収直後にキャッシュを注入することになれば実質的な買収価格の増加となる。また、仮にM&A対象企業の親会社が対象会社に対する売掛金の回収を早めてクロージング時点までに現預金を引き揚げてしまえば、買収価格の実質的な引上げになるとともに買収直後の支払に支障をきたすことになる。買

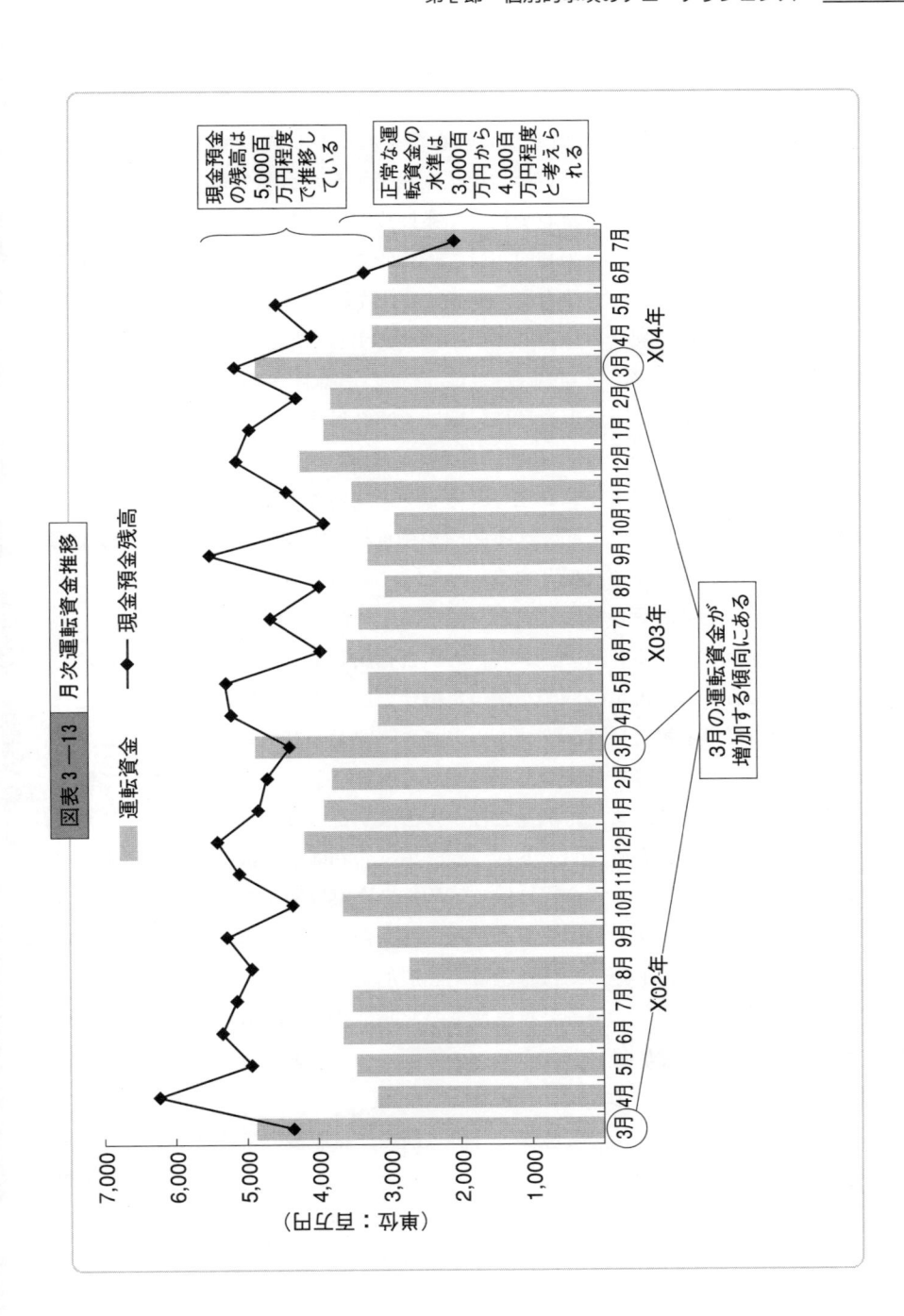

第2節　個別的事項のデューデリジェンス　221

図表3−13　月次運転資金推移

凡例：運転資金／現金預金残高
（単位：百万円）

現金預金の残高は5,000百万円程度で推移している

正常な運転資金の水準は3,000百万円から4,000百万円程度と考えられる

3月の運転資金が増加する傾向にある

（X02年3月〜X04年7月の月次推移グラフ）

収後第1日目の運転資金に不足をきたすことがないようにするには，最低限必要となる運転資金および現預金残高の水準をあらかじめ見積もっておき，クロージング時点における運転資金，現預金残高がその水準を満たした状態で買い手側に引き継がれるよう買収契約書に条件設定しておくことが重要となる。最低限必要となる運転資金のレベルは，一般的には前述の方法によって見積りが可能であるが，M&A対象企業が過去に買収を繰り返していたり，業容を変化させていたりする場合には，過去の平均が必ずしも最良の指標とはならないので注意が必要である。その場合には，直近の運転資金の変動を参考にしつつ，M&A対象企業の財務担当者に詳細にインタビューする。

　運転資金の変動パターンと必要水準が明らかになったら，次にM&A対象企業が運転資金をどのように調達しているかについて把握する。運転資金の水準が過去から現在にかけて高くなる傾向が見られる場合には，買収後の資金調達を考慮しておくことが必要となる。

　M&A対象企業がその親会社やグループ会社と資金を融通するスキーム（いわゆるキャッシュマネジメントシステム）を利用しているような場合には注意が必要である。外部の金融機関を使った場合の取引条件と比較して有利または不利になっている場合には，インカムアプローチおよびマーケットアプローチによる価値評価に影響を与えるため，M&A対象企業の金融費用について修正を加える必要がある。また，関連会社から借入を行っていない場合でも，たとえば買掛金のサイトを延長してもらう等，第三者間取引では通常難しいような条件で取引を行っている場合には，実質的には金融機能を果たしているのと同様であるので，買掛金のサイトを修正して運転資金需要を再計算する等の分析を行い，価値評価にあたっては金融費用を追加するなどの調整が必要になるかもしれない。あるいは，M&A対象企業の関連会社との取引と同様またはそれより有利な条件を買収後に買収企業側で提供できるかといったシナジー効果の可能性について検討する。

　いずれの場合も買収後の資金繰り計画に備え，買収後の条件に置き換えて資金繰りのシミュレーションを行っておくとよい。その際，下記の現金預金・借入金の調査結果についても資金繰りに影響するものをフィードバックさせる。逆にいうと，シミュレーションを行うに足りる情報を収集しておく必要

がある。

(2) 現金預金

　たとえば外国為替取引を行う条件として最低限維持しなければならない預金残高を金融機関によって決められている，預金残高を借入金の担保に差し入れている等，現預金に関する制限がないかを確認し，必要に応じて買収後の財務戦略の考慮に入れる。

　通常買収価格は現預金残高を除いて算定されるため，財務デューデリジェンスにおいて評価基準日時点の現預金残高の確認を行う必要性は低い。しかしながら，M&A対象企業の現預金に関わる内部統制について検討する手続の一環として現預金勘定の実在性・正確性を確認するのであれば，金融機関の残高証明書を入手するのが最も確実な方法である。

(3) 借入金

　金銭消費貸借契約証書等の借入契約書の閲覧もしくはインタビューにより，利率，返済方法，期限前弁済の可否，財務コベナンツの有無等，借入条件について把握する。期限前弁済不可の条件や，一定の財務指標（たとえば，インタレストカバレッジレシオ＝（営業利益＋受取利息）÷支払利息か純資産額）を下回ったり，2期連続当期損失等の場合に，財務制限条項（財務コベナンツ）に抵触し，借入条件を見直すことに応じる条件が付されている場合には，買収後の財務戦略との整合性について考慮する必要がある。たとえば，買収後追加借入を予定しているのに財務コベナンツに抵触し借入コストが上昇しそうであるとか，買収後は買収企業の与信による有利な条件への借換えを予定しているのに期限前弁済には追加コストが発生するといった場合には，それらのコストを見積もり，統合後の資金繰り計画に織り込んでおく。

　また，保証および担保の状況について把握する。オーナー企業で社長個人が連帯保証を行っている場合には買収後は買収企業に保証を求められる可能性がある。信用保証協会等の保証が付されている場合にはその費用を把握してお

く。担保を差し入れている場合は，担保資産の使用あるいは売却に関する制限となり得るので情報を得ておく。これらの結果を買収後の財務戦略の考慮に入れる。たとえば，統合により重複する資産を売却処分する計画であるにもかかわらずそれらが担保提供されていれば，計画を修正する必要があるかもしれない。

借入金残高については通常，売買契約書において貸借対照表の正確性や簿外債務の不存在についてM&A対象企業の表明・保証を取りつけるため，残高確認を行う必要性は低いが，金融機関の残高証明書を入手すれば，担保や利率等の借入条件について確証が得られる。

4 有形固定資産と設備投資

有形固定資産の帳簿価額は必ずしも資産の実際の価値を反映していない。M&A対象企業の主要な価値が不動産や製造プラント等の有形固定資産である場合には，帳簿価額にかかわらず，別途それら資産の価値評価を行うことが必要となる。しかしながら，そのようなケースあるいは部分を除き，買収価格算定の便宜上，減価償却後の帳簿価額を実際の価値とみなすことが実務では多く行われている。

調査のポイント：
■ M&A対象企業の採用している会計方針の妥当性および会計処理の正確性について検討する。
■ 設備の機能・稼働状況について確認する。資産の実在性について確認する。
■ 遊休あるいは低稼働となっている資産の有無について確認する。
■ 過去の設備投資が適正水準で行われてきたかどうかについて把握する。
■ 買収後の資産戦略への影響，シナジー効果実現の可能性について検討する。

手続／（必要情報）：
■ 有形固定資産の内訳を閲覧し，主要な設備を把握する。（有形固定資産の内

訳）
■主要な設備について減価償却の方法や耐用年数を確認し，減価償却費が適切に計上されているかを検討する。（減価償却の方法と耐用年数）
■遊休資産あるいは低稼働となっている資産の有無についてインタビュー等により確認する。
■主要な設備の機能・稼働状況についてインタビューまたは実地調査により確認する。（主要な設備の機能・稼働状況）
■有形固定資産の実在性をどのように確認しているか質問し，必要に応じて棚卸しを実施する。（有形固定資産の棚卸実施状況）
■減損会計の適用の有無について確認する。（減損会計に係る情報）
■過去の設備投資実績に関する資料を閲覧し，過去の投資が適正水準で行われてきたかどうかについて検討する。（設備投資実績）
■資産の共有化によるコスト削減効果や重複する資産の処分にかかる費用等を見積もる。（資産の処分価格および費用見積）

発見事項の取扱い：
■減価償却費が過小計上されていたことが判明した場合には，コストアプローチによる価値評価では純資産価額を，インカムアプローチまたはマーケットアプローチによる価値評価では正常利益を修正する。
■固定資産の時価を推定することが可能な場合には，含み損益を算出し，コストアプローチにおける純資産価額を修正する。
■過去の一時期あるいは長期にわたり設備投資または設備費用を節減させていたことが判明した場合には，インカムアプローチまたはマーケットアプローチによる価値評価上，キャッシュフロー計画や正常利益を修正する。
■統合後の資産の共用化によるコスト削減効果や重複する資産の処分にかかる費用等，買収後の資産戦略に影響する事項を統合計画に織り込む。

　いうまでもないことであるが，有形固定資産の帳簿価額は実際の価値とは異なる。帳簿価額は，会計方針である償却方法や会計上の見積りである耐用年数によるものであるからである。したがって，M&A対象企業の主要な価値が不動産や製造プラント等の有形固定資産である場合には，帳簿価額にかかわらず，別途それら資産の価値評価を行うことが必要となる。しかしながら，事業

用不動産や生産設備等の事業用固定資産の価値評価を行うには，事業の価値評価と同様，コストアプローチ，マーケットアプローチ，インカムアプローチ等さまざまな方法があり，それ自体煩雑なプロセスを伴うものであるため，そのようなケースあるいは部分を除き買収価格算定の便宜上，減価償却後の帳簿価額を実際の価値とみなすことで売り手・買い手双方で合意する例は多い。

(1) 減価償却・含み損益等の把握

まずは固定資産台帳等の内訳を入手し，主要な資産を把握する（**図表3-14**）。

固定資産台帳等では，耐用年数，償却方法が著しく不合理に設定されていないか，利益操作の目的でそれらを中途変更した経緯はないか等についてインタビューとあわせて調査する。

外部監査を受けていない会社では，利益を押し上げるために減価償却を一時的に停止したり，減価償却率を低下させたりしている例も珍しくないので注意が必要である。インタビューもしくは減価償却費の推移を見ることにより判明することが多い。

調査の結果，そのような事実が判明した場合には，合理的と考えられる範囲まで減価償却費および減価償却累計額を修正する。コストアプローチによる価値評価では減価償却累計額が過小計上されているため資産が過大評価されており，インカムアプローチまたはマーケットアプローチによる価値評価では各期の減価償却費が過小計上されているため利益が過大評価されていることになり，それぞれ価値評価に影響を与えるためである。

なお，非事業用資産の不動産については，企業価値算出上，時価を把握する必要があるが，不動産鑑定書があればそれに基づき，含み損益を把握する。不動産鑑定書が利用できない場合には，公示地価や路線価あるいは固定資産税評価額等を用いて時価を推定することも可能であり，前提条件つきの含み損益を算出することで代用することもある。

有形固定資産を帳簿価額に基づいて評価する場合でも，社内または社外の専門家を動員するなどして，機能・稼働状況について確認しておくことは重要で

図表3―14 固定資産台帳の例

(単位:千円)

資産番号	勘定科目	資産名称	取得年月	耐用年数	償却率	取得価額	期末簿価	償却累計額
1413450	建物	第2工場	198107	38	0.059	396,063	107,998	288,065
1519750	建物	クリーンルーム建設	199709	31	0.072	107,420	100,188	7,232
...	...	...	...	...	...	...	...	...
	建物 計					12,738,207	3,567,301	9,170,906
1430440	構築物	構内排水工事	198304	15	0.142	29,451	1,472	27,979
1431400	構築物	駐車場 外灯・舗装	199612	10	0.206	21,359	2,980	18,378
...	...	...	...	...	...	...	...	...
	構築物 計					847,908	79,423	768,485
1659290	機械	8010DVP	200207	4	0.438	59,104	11,162	47,941
1659620	機械	C-7035	200209	4	0.438	317,898	66,567	251,331
1750890	機械	洗浄設備	200406	11	0.189	54,161	43,474	10,686
...	...	...	...	...	...	...	...	...
	機械 計					14,197,196	2,949,259	11,247,936
2170020	車両	JUMBO SVX	200308	6	0.319	1,513	746	766
...	...	...	...	...	...	...	...	...
	車両 計					33,307	12,710	20,597
1699520	工具器具備品	シーケンサ	199809	4	0.438	1,226	61	1,165
2192899	工具器具備品	C-3035GAM07ROBO	200111	5	0.369	10,033	1,936	8,097
1793330	工具器具備品	磁気測定機	200311	5	0.369	61,250	29,689	31,560
...	...	...	...	...	...	...	...	...
	工具器具備品 計					4,147,708	317,146	3,830,562
	総計					31,964,329	6,925,841	25,038,487

インタビューの結果不稼働であることが判明した。

過去に償却を実施しなかったため,約40百万円の償却不足がある。

ある。また,一見基本的すぎることのようであるが,有形固定資産の実在性について確認しておくことも重要である。有形固定資産の棚卸を定期的に行っていない会社は意外に多い。外部監査を受けていない会社ではその可能性はより高い。まずはインタビューにより固定資産の棚卸を定期的に行っているか,最後に行ったのはいつか等,状況について把握したうえで,実在性に懸念がある場合は,現物チェックをデューデリジェンスの手続に含めることを検討する。

今日日本の多くの企業ではリストラが進み,多大な非事業用の遊休資産を抱

えている例は少なくなったようであるが，事業用・非事業用とも遊休あるいは低稼働となっている資産がないかについて確認しておく。

(2) 減損会計

2005年4月1日以後開始する事業年度から「固定資産の減損に係る会計基準」（減損会計）が導入され，投資額の回収が見込めなくなった固定資産については減損処理を行うことが義務づけられることになった。「固定資産の減損に係る会計基準」の概要は以下のとおりである。

① 適用対象と手順

対象となる資産は，原則としてすべての固定資産であるが，他の基準に評価に関する定めがある次の資産を除く。
① 金融資産
② 繰延税金資産
③ 市場販売目的のソフトウェア
④ 前払年金費用

また，長期前払利息等財務活動から生ずる損益に関する経過勘定項目も除く。

減損損失の認識は以下の流れで行う。

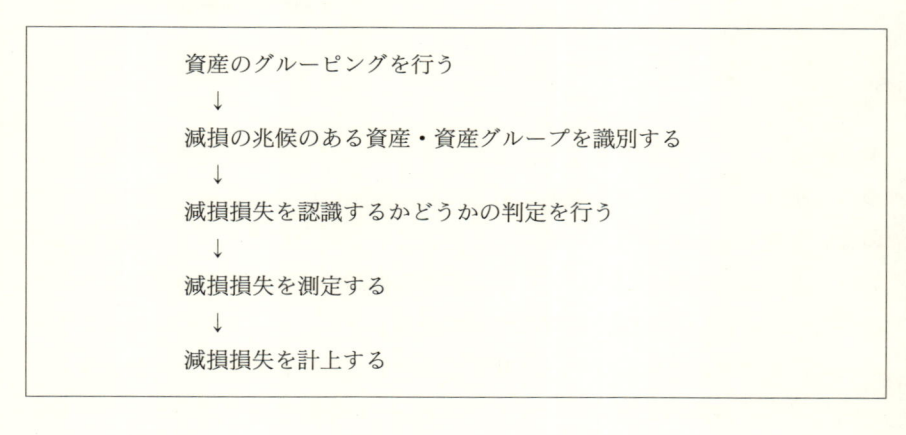

```
資産のグルーピングを行う
        ↓
減損の兆候のある資産・資産グループを識別する
        ↓
減損損失を認識するかどうかの判定を行う
        ↓
減損損失を測定する
        ↓
減損損失を計上する
```

同会計基準では，減損の兆候の有無の検討およびそれ以降の手順を行うにあたっては，資産をグループ分けし（資産のグルーピング），そのグループ（資産グループ）を単位とすることとしている。資産グループとは，他の資産または資産グループのキャッシュフローからおおむね独立したキャッシュフローを生み出す最小の単位と定義される。実務的には管理会計上の区分や投資の意思決定を行う際の単位等を考慮してグルーピングの方法を定める。「固定資産の減損に係る会計基準の適用指針」では，たとえば以下のような手順によりグルーピングが行われるとしている。

① 継続的に収支の把握がなされている単位を識別し，グルーピングの単位を決定する基礎とする。
② 継続的に収支の把握がなされている単位から生ずるキャッシュ・インフローが，製品やサービスの性質，市場などの類似性により他の単位から生ずるキャッシュ・インフローと相互補完的であり，当該単位を切り離したときには他の単位から生ずるキャッシュ・インフローに大きな影響を及ぼすと考えられる場合には，当該他の単位とグルーピングを行う。

② 減損の兆候・認識・測定

減損の兆候とは，資産または資産グループに減損が生じている可能性を示す事象であり，企業の内部管理目的の損益報告や事業の再編等に関する経営企画などの企業内部の情報および経営環境や資産の市場価格などの企業外部の要因に関する情報に基づき，減損の兆候がある資産または資産グループを識別する。同適用指針では，減損の兆候の具体例として以下の事象を挙げている。

① 営業活動から生ずる損益またはキャッシュフローが継続してマイナスの場合
② 使用範囲または方法について回収可能価額を著しく低下させる変化がある場合
③ 経営環境の著しい悪化の場合
④ 市場価格の著しい下落の場合

減損損失の認識は将来キャッシュフローに基づいて行う。すなわち，減損の兆候がある資産または資産グループについて，これらが生み出す割引前の将来

キャッシュフローの総額がこれらの帳簿価額を下回るときに，減損損失を認識する。ここでキャッシュフローを割引前のものとしているのは，減損損失の測定（後述）は，将来キャッシュフローの見積りに大きく依存するが，「将来キャッシュフローが約定されている場合の金融資産と異なり，成果の不確実な事業用資産の減損は，測定が主観的にならざるを得ないため，減損の存在が相当程度に確実な場合に限って減損損失を認識することが適当」と考えられているためである。

減損損失を認識すべきと判定された資産または資産グループについては，帳簿価額を回収可能価額まで減額し，損失計上する。

減損損失の測定は，以下のように行われる。

減損損失＝帳簿価額－回収可能価額
ここで回収可能価額は，以下のいずれか高いほうの金額となる。
・売却による回収額である正味売却価額（資産または資産グループの時価から処分費用見込額を控除して算定される金額）
・使用による回収額である使用価値（資産または資産グループの継続的使用と使用後の処分によって生ずると見込まれる将来キャッシュフローの現在価値）

上記により測定された減損損失を計上する。減損損失は固定資産に関する臨時的な損失として，原則として，特別損失に計上する。

なお，減損処理後は，減損損失の戻入れは行わず，また，減損処理を行った資産については，減損損失を控除した帳簿価額に基づき減価償却を行う。

③ 適用にあたってのグレーゾーン

減損会計を適用することにより，理論上は貸借対照表上の資産価額に回収の見込めなくなった資産の価額が含まれることはないことになるが，ここで注意が必要なのは，減損会計で減損損失を認識するまでには，まず減損の兆候で識別し，その後割引前の将来キャッシュフローで減損の認識を判定する，といったステップを踏むことになっており，実際に損失を計上するまでの「クッション」が敷かれている点である。これは，同会計基準においては，減損損失を計

上するのは減損の存在が「相当」程度確実な場合に限ることをその基本的な考え方としているため，そのことは一度計上した減損損失はその戻入れを行わないこととしていることに回帰するが，これによって減損認識の判定には広いグレーゾーンができてしまい，資産のグルーピングの方法や将来キャッシュフローの見積り等に入り込み得る恣意性によって，実際には，保守的に考えると，減損損失を認識すべきケースで認識が行われていない，あるいは減損損失が過小と判断されることも多い。

さらに，減損会計は時価主義会計とは異なる点に注意が必要である。同会計基準の基本的考え方は，「金融商品に適用されている時価評価とは異なり，資産価値の変動によって利益を測定することや，決算日における資産価値を貸借対照表に表示することを目的とするものではなく，取得原価基準の下で行われる帳簿価額の臨時的な減額」である。すなわち，減損会計では投資期間を通じて回収が見込める場合には減損を認識しないため，ある一時点において資産の時価が低下した場合や，ある一時点で回収見込額が帳簿価額を下回っているというだけでは減損は認識されない。したがって，ある一時点の資産価値が重要である場合には，減損会計を導入していてもその財務諸表が買い手にとって必要十分な情報を与えてくれているとはいえない。買収を目的とした固定資産の価値評価にあたっては，時価による評価を考慮すべきケースが多い。

(3) 設備投資の状況

IT関連投資も含めれば，設備投資はほとんどすべての業種にとって競争力を維持・向上させるために必要不可欠な投資であり，経営の鍵を握るものといえる。過去の設備投資実績を入手し，投資の内容と金額の水準・推移が合理的かどうかを確認する。たとえば，経営状況が厳しい時期に一時的に設備投資やメンテナンス費用を抑える方針をとる例は多い。過去の設備投資不足は将来の支出の増加あるいは競争力の低下による利益の減少を招くことになるため，DCF法等のインカムアプローチに基づく価値評価を行う場合には事業価値に直接影響を及ぼす。

調査の結果，一時的に設備投資や設備費用を節減させていたことが判明した

場合には，必要十分と考えられる設備投資および設備費用の水準について検討し，将来キャッシュフローや正常利益の推定にあたり加味する必要がある。また，短期的な利益を求めるあまり長期的な投資を犠牲にしてきたような会社の場合には，過去の実績はベンチマークとはならないので，同業他社の設備投資・設備費用の水準と比較することも重要な手続の1つとなる。

M&A対象企業の過去から現在に至る有形固定資産の状況が把握できたら，統合後の資産戦略について考察する。たとえば，統合後共用できる資産はどの程度あるのか，統合により重複する資産はいつどのように処分するのか，といったことである。資産の共用化を図ればコスト削減効果が期待できる一方，資産を処分するのに重大な損失や費用が発生することもある。買収後の資産戦略の実現性について，期待されるシナジー効果や必要となるコストを統合計画に織り込み，検討する。

5 ソフトウェア

有形固定資産と同様，ソフトウェア勘定の帳簿価額は実際に保有するソフトウェアの価値とは異なる。しかしながら，買収企業がM&A対象企業と同業種である場合には，買収企業と同様の会計方針を採用して会計処理した場合の資産の帳簿価額に置き換えて価値を比較可能にするということもよく行われており，会計上の帳簿価額の正確性を検討することが調査の焦点となる例は多い。以下では，価値評価がソフトウェアの帳簿価額と関連するケースを前提としている。

調査のポイント：
■M&A対象企業の採用している会計方針の妥当性および会計処理の正確性について検討する。
■システムのアップデート等必要な投資がなされているかを確認する。
■買収後のIT戦略への影響，シナジー効果実現の可能性について検討する。

手続／(必要情報)：
■ソフトウェア勘定の内訳を閲覧し，その内容，特に自社利用のソフトウェアか市場販売目的のソフトウェアかの別について把握する。(ソフトウェアの内訳)
■M&A対象企業の採用している会計方針を理解し，会計基準に則っているか等，その合理性について検討する。(会計方針)
■会計方針どおりの会計処理が行われているかどうかについて，勘定内訳の閲覧やインタビューを通じて検討する。(勘定内訳)
■減損会計の適用の有無について確認する。(減損会計に係る情報)
■過去の設備投資実績に関する資料を閲覧し，システムのアップデート等必要な投資がなされているか確認する。(設備投資・費用実績)
■ITシステムの統合にかかる費用もしくは共同開発等により期待されるコスト削減効果を見積もる。

発見事項の取扱い：
■自社利用のソフトウェアに関し，利用可能期間の短期化による償却費の補正や価値減少部分に関する損失処理を適切に行っていない場合には，コストアプローチによる価値評価では純資産価額を，インカムアプローチまたはマーケットアプローチによる価値評価では正常利益を修正する。
■自社利用のソフトウェアについて減損会計を適用した結果，投資額の回収が見込めないことが判明した場合は，価値評価上，純資産価額を修正する。
■市場販売目的のソフトウェアについて，経済価値が著しく陳腐化したと考えられるにもかかわらず価値の減少部分について損失処理を行っていない場合には，価値評価上，純資産価額や正常利益を修正する。
■過去の一時期あるいは長期にわたりIT関連設備投資または設備費用を節減させていたことが判明した場合は，インカムアプローチまたはマーケットアプローチによる価値評価で，キャッシュフロー計画や正常利益を修正する。
■ITデータの共有やシステムの統合にかかる費用，およびシナジー効果が期待できる場合にはそれらを統合計画に織り込む。

　有形固定資産と同様，企業・事業の買収を目的とする場合，資産はその「実際」の価値に基づいて評価すべきものであるため，ソフトウェアについても

M&A 対象企業の会計方針の妥当性や会計処理の正確性は，ソフトウェアの価値の評価に直接関連するものではない。しかしながら，実務上，会計基準に定められるとおりの会計処理を行っていれば帳簿価額を実際の価値とみなすことで売り手・買い手双方で合意する例は多い。また，買い手が M&A 対象企業と同業種である場合には，買い手と同様の会計方針を採用して会計処理した場合の資産の帳簿価額に置き換えるという考え方もある。

(1) ソフトウェアの把握

　無形固定資産におけるソフトウェアは，会計上，自社利用のソフトウェアと市場販売目的のソフトウェアの2種類に大別される（「研究開発費等に係る会計基準」による）。市場販売目的のソフトウェアとは，文字どおり販売することを目的に開発されたソフトウェアのことであり，M&A 対象企業がソフトウェアの開発を事業として行っている場合にはこれに該当する。自社利用のソフトウェアとは，自前の開発によるもの，外部から購入したものにかかわらず，自社の業務の運営のために使用されるものをいう。まずはソフトウェア勘定の内訳を入手し，その内容，特に上記の別について把握する。

　すでに M&A 対象企業の有価証券報告書や営業報告書を入手している場合には，その中の重要な会計方針の項を見ると，多くの例では以下のような記述となっているであろう。

重要な会計方針
　固定資産の減価償却の方法
　　無形固定資産
　　　定額法を採用しております。
　　　なお，自社利用のソフトウェアについては，社内における利用可能期間（5年以内）に基づく定額法によっております。

　また，市場販売目的ソフトウェアを保有する場合は，通常以下のような記述が追加される。

> 市場販売目的ソフトウェアについては，見込販売数量に基づき償却（3年均等配分額を下限とする）しております。

(2) 自社利用のソフトウェア

　自社利用のソフトウェアは，会計処理上，有形固定資産の器具・備品と同様に見られていることが多いが，利用可能期間を毎期見直すことが求められている等会計基準における取扱いは同じではない。「研究開発費等に係る会計基準」におけるソフトウェアの取扱いは，おおむね以下のとおりとなっている。

> 　自社利用のソフトウェアは，そのソフトウェアの利用により将来の収益獲得または費用削減が確実であると認められる場合にのみ無形固定資産への資産計上が認められる。確実であると認められない場合，または確実であるか不明な場合には費用処理される。資産計上された自社利用のソフトウェアは，利用可能期間により合理的と考えられる減価償却の方法で償却する。利用可能期間は原則として5年以内，減価償却の方法は一般的には定額法が合理的とされている。さらに，利用可能期間については，毎期見直しを行うこととし，各事業年度における減価償却額の計算にあたっては，見直し後の残存利用可能期間に基づき償却費の額を補正する。あるいは，見直しを要することとなった要因等により，当該自社利用のソフトウェアの価値減少部分を一時の費用または損失として処理することが適切な場合には，見直し後の利用可能期間に基づき期首時点における未償却残高の再計算を行い，当該期首時点でのみ償却残高の要修正差額を経済価値の減少部分として捉え，一時の費用または損失として処理する。

　したがって，M&A対象企業が「研究開発費等に係る会計基準」を適用し，会計方針に従って適切に会計処理していれば，ソフトウェアの帳簿価額が買収目的上の資産価値と大きく乖離することはないと推定される。具体的には，固定資産台帳や費用勘定内訳により利用可能期間や減価償却費推移の合理性について確認するとともに，上記会計基準にあるとおり，利用可能期間を毎期見直し，必要に応じて償却費の額を補正する，あるいは，価値減少部分について一

時費用または損失として処理する，といった手続をとっているかどうかについてインタビューおよび資料の閲覧を通じて確認する。

また，無形固定資産は固定資産の減損会計の対象となっており，投資額の回収が見込めなくなった場合には減損処理を行うことが義務づけられる（有形固定資産の項参照）。ただし，時価主義会計とは異なることに注意を要する点については有形固定資産の場合と同様である。

(3) 市場販売目的のソフトウェア

一方，市場販売目的のソフトウェアの会計上の取扱いは，自社利用のソフトウェアのそれとは大きく異なっている。「研究開発費等に係る会計基準」によれば，研究開発費はすべて発生時に費用として処理しなければならない。市場販売目的のソフトウェアの制作費のうち，研究および開発のために費消した原価は研究開発費として，また製品マスターの機能維持に要した費用は発生時の費用として処理し，これら以外の原価は製品マスターの取得原価として製造原価（または直接，無形固定資産）へ資産計上することとしている。すなわち，販売用ソフトウェアの制作・製造過程を，製品マスター（複写可能な完成品）を制作する過程と，製品マスターの複写，使用説明書の作成，包装等，製品としてのソフトウェアを製造する過程の2つに分け，前のプロセスに係る費用については研究開発費として費用処理，後のプロセスに係る費用については製造原価として資産計上することとしている。厳密には，前のプロセス（製品マスターを製作する過程）にも，研究開発に該当する部分と製品の製造に相当する部分があるため，研究開発の終了時点は，製品番号を付すこと等により販売の意思が明らかにされた製品マスターが完成するまでとされている。

研究開発終了時点以降に発生すると考えられる費用としては，バグ取り等，機能維持に要した費用，および製品マスターの機能の改良・強化に要した費用があり，前者は発生時に費用として処理，後者は，著しい改良と認められない限り，資産計上することとされている。一方，製品の製造に相当し，製造原価として資産計上することとされているものの例としては，「研究開発費およびソフトウェアの会計処理に関する実務指針」によれば，ソフトウェアの保存媒

体のコスト，製品マスターの複写に必要なコンピュータ利用等の経費，利用マニュアルまたは使用説明書等の制作のための外注費，販売用とするための製品表示や包装に係るコスト，（製品としてのソフトウェアの）制作に携わった従業員の人件費など，が挙げられている。

　同実務指針では，製品マスターの資産計上および償却費の計上にあたり，望ましい方法は以下によるものとしている。
① 製品マスターの制作原価は製造原価として計上し，当期製造費用から制作仕掛品と完成品を無形固定資産に振り替える
② 製品マスターの償却は販売したソフトウェアに対応する償却額とし，ソフトウェアの売上原価に計上する
③ 製品としてのソフトウェアで販売されなかったものおよび複写等制作途上のものについては，棚卸資産の仕掛品として計上する（製品マスターの償却費は販売されるべき原価が確定しないため当該仕掛品の原価には含めない）

　また，市場販売目的のソフトウェアに関して採用すべき減価償却の方法について，同会計基準では，当該ソフトウェアの性格に応じて，見込販売数量に基づく償却方法その他合理的な方法によることとしている。ただし，毎期の償却額は，残存有効期間に基づく均等配分額を下回ってはならないこととされているため，毎期の減価償却額は，見込販売数量等に基づく償却額と残存有効期間に基づく均等配分額とを比較し，いずれか大きい額を計上することになる。同実務指針では，販売可能な有効期間の見積りは，原則として3年以内の年数とすることとしている。さらに，販売開始後の各年度において，見直しの結果，当初予見することのできなかった原因により，見込販売数量（または見込販売収益）の著しい減少が見込まれる場合には，当該ソフトウェアの経済価値が著しく陳腐化したものと考えられるため，経済価値の減少部分について一時の費用または損失として処理することが妥当であるとしている。また，市場販売目的のソフトウェアの経済価値は，将来の収益獲得能力に基づくものと考えられるため，各年度の未償却残高が，翌期以降の見込販売収益の額を超過している場合には，当該超過額について，一時の費用または損失として処理することが妥当であるとしている。

以上のことから，M&A対象企業がソフトウェア開発を事業として行っており，「研究開発費等に係る会計基準」を正しく適用しているとすると，ソフトウェアの開発に係る大部分の費用は研究開発費として費用処理されていることになる。同会計基準では，「研究開発費は，新製品の計画・設計又は既存製品の著しい改良等のために発生する費用であり，一般的には原価性がないと考えられる」としているためである。

ちなみに，これ以前の会計基準に従えば開発に係る費用は繰延資産として計上され，費用は繰り延べられることになっていた。有形固定資産の項の冒頭で述べたとおり，事業用固定資産の価値評価を行うにはさまざまな方法があり，絶対的に正しい方法というものはないため，たとえばコストアプローチをとる場合には，旧会計基準に基づき資産計上された開発費用は再調達原価の1つの目安となるかもしれない。

(4) IT投資の状況

IT投資についても有形固定資産と同様，多くの場合，企業の競争力維持のための重要なファクターであるため，過去におけるIT関連設備投資実績を入手し，経営状況が厳しい等の理由により必要な新規投資やアップデートを遅らせたり，メンテナンス費用を削減させたりしていないか，投資の内容と金額の水準・推移が合理的かどうかについて検討する。インカムアプローチやマーケットアプローチに基づく価値評価を行う場合には事業価値に直接影響を及ぼす点についても有形固定資産の場合と同様である。

帳票類や顧客関連情報をはじめとしたあらゆる経営管理情報は，今日ほとんどが情報システムにより記録，集計，管理，保存されているため，買収後，データやシステムをどのように共有あるいは統合させていくかはきわめて重要な課題となる。このため，データやシステムの統合にかかる期間や費用を見積もっておく必要がある。一方，共同開発等により既存のIT関連費用を削減できる可能性がある場合には，この効果も見積もり，ともに統合計画に織り込む。

6 投資有価証券

　企業・事業買収を目的とした場合，投資有価証券は評価基準日における市場価格に基づいて時価評価するのが原則である。しかしながら，会計上の投資有価証券勘定は時価評価されていない部分があるのが通常であるため，これらについても時価を推定し，含み損益を算定する必要がある。

調査のポイント：
- M&A 対象企業の採用している会計方針を把握する。
- 時価と比較し，含み損益を明らかにする。
- 買収後の戦略に照らし，売却の可否について把握する。

手続／（必要情報）：
- 投資有価証券勘定の内容について把握する。（投資有価証券勘定の内訳明細（銘柄，数量，帳簿価格，市場価格））
- M&A 対象企業の会計方針について把握する。（会計方針）
- 基準日時点の帳簿価格を市場価格と比較し，時価評価されていない場合には，時価評価し，含み損益を算定する。（市場価格のある有価証券について各銘柄の基準日時点の時価）
- 市場価格のない有価証券については，投資先企業の直近の財務諸表等に基づき持分相当株主資本価額を算出し，含み損益を推定する。（市場価格のない有価証券について投資先企業の直近の財務諸表）
- 保有理由についてインタビューし，売却の可否について把握する。（保有理由）

発見事項の取扱い：
- 算出された含み損益について，コストアプローチによる価値評価上，純資産価額を修正する。
- 保有する有価証券の売却に関してなんらかの規制がある場合，それに関する交渉，取決めを行い，売買契約書にその旨を明記するようにする。

(1) 会計方針の把握

　企業・事業買収を目的とした場合，投資有価証券は評価基準日における市場価格に基づいて時価評価するのが原則である。しかしながら，いくつかの理由により会計上の投資有価証券勘定は時価評価されていない部分があるのが通常である。

　まずはM&A対象会社が投資有価証券についてどのような会計方針を採用しているかについて把握する。すでにM&A対象企業の有価証券報告書や営業報告書を入手している場合には，その中の重要な会計方針の項を見ると，多くの例では以下のような記述となっているであろう。

重要な会計方針
　有価証券の評価基準および評価方法
　　(1)　子会社株式および関連会社株式
　　　　移動平均法による原価法
　　(2)　その他有価証券
　　　　時価のあるもの
　　　　　決算期末日の市場価格等に基づく時価法
　　　　市場価格のない有価証券
　　　　　移動平均法による原価法

　上記は日本の会計基準に則っている例であるが，会計基準が投資有価証券について時価評価を求めているのは一部にすぎない点に注意が必要である。

(2) 含み損益の把握

　M&A対象企業が「金融商品に係る会計基準」を適用していれば，投資有価証券は以下の4つのいずれかに分類され，会計処理が行われているはずである。

① 売買目的有価証券

　時価の変動により利益を得ることを目的として保有する有価証券。時価をもって貸借対照表価額とする。評価差額は当期の損益として処理する。

② 満期保有目的の債券

　満期まで保有することを目的としていると認められる社債その他の債券。原則として償却原価法に基づいて算定された価額をもって貸借対照表価額とする。

③ 子会社株式および関連会社株式

　取得原価をもって貸借対照表価額とする。連結財務諸表においては，子会社株式は子会社純資産の実質価額が反映され，関連会社株式は持分法により評価される。

④ その他有価証券（上記①から③までのいずれにも分類できない有価証券）

　時価をもって貸借対照表価額とする。評価差額は，原則として，当期の損益として処理することなく，税効果を調整のうえ，資本の部において他の剰余金と区別して記載する。ここで評価差額は，毎期末の時価と取得原価との比較により算定することとするので，期中に売却した場合には，取得原価と売却価額との差額が売買損益として当期の損益に含まれることになる。ただし，保守主義の観点から，時価が取得原価を上回る銘柄の評価差額は資本の部に計上し，時価が取得原価を下回る銘柄の評価差額は損益計算書に計上する方法によることも可能。

　上記により，①売買目的有価証券と④その他有価証券については時価評価が原則であるので，会計基準に則って作成された貸借対照表価額は企業買収を目的とした場合においても有用な情報を与えてくれると考えられる。しかしながら，同会計基準では市場価格をもって貸借対照表価額とすべき有価証券であっても，市場価格のない有価証券については，取得原価または償却原価法に基づいて算定された価額をもって貸借対照表価額とすることとしているので，これらについては時価あるいはそれに準じた評価に評価替えし，含み損益を推定す

る必要がある。

投資有価証券を評価基準日の市場価格に置き換えるために，まずM&A対象企業から投資有価証券勘定の内訳明細を入手する。

内訳明細を入手したら，帳簿価額の合計が貸借対照表残高と一致していることを確認したうえで，上場株式については評価基準日の株価をインターネット等により調べ，帳簿価額との差異，すなわち含み損益を銘柄ごとに算出する（図表3–15）。

市場価格がない等の理由により時価以外の価額により評価されている銘柄については，含み損益を把握するための代替策として，市場価格の代わりに持分相当株主資本価額により含み損益の有無を把握するのが比較的容易で一般的な方法である。持分相当株主資本価額は，投資先企業の直近の財務諸表を入手し，純資産の額（時価純資産額が入手できればよりよい）にM&A対象企業が保有する割合を乗ずることにより算出する。これを帳簿価額と比較し，差額を含み損益とみるのである。

たとえば，投資先企業であるⅠ社の純資産の額が100百万円で，発行済株式総

図表3―15　上場投資有価証券の明細

	株数 （株）	帳簿価額 （百万円）	帳簿単価 （円）	基準日 時価単価 （円）	含み益(損) （百万円）
A株式会社	38,050	48	1,261	1,188	(3)
B株式会社	136,460	227	1,663	1,703	5
C株式会社	5,830	6	1,029	1,085	0
D株式会社	35,390	32	904	114	(28)
E株式会社	247,110	88	356	379	6
F株式会社	13,580	9	663	632	(0)
G株式会社	8,640	8	926	1,195	2
H株式会社	10,000	14	1,400	1,313	(1)
		432			(19)

D社は基準日直前に不祥事が発覚し株価が暴落した

コストアプローチに基づく価値評価上純資産額を調整する

数が1百万株，M&A対象企業はそのうち0.1百万株を保有していたとする。また，M&A対象企業のI社株に関する帳簿価額は12百万円とする。

この場合，M&A対象企業が保有するI社株式の持分相当株主資本価額およびそれに基づく含み損益は次のように計算される。

持分相当株主資本価額＝100百万円÷1百万株×0.1百万株＝10百万円
含み損＝10百万円－12百万円＝▲2百万円

ただし，この方法による評価はあくまでも代替策であり，有価証券の適正な公正価値を求める方法とは言い難いということに留意を要する。また，実務的には必ずしもM&A対象企業の評価基準日と同日付の投資先企業の財務諸表を入手できないことも多く，投資先企業の財務諸表の日付以降に損益状況が急変したり，純資産に重大な影響を与える後発事象が発生していたりすることもあり得るため，可能な限りこういった情報を得るようにすることも重要である。たとえば，投資先企業の重大な売上債権が財務諸表の日付以降に貸倒れとなっていたことが判明した場合には，貸倒損失額の持分相当についてM&A対象企業の投資勘定を評価減する必要がある。

M&A対象企業の投資有価証券については，これらを保有する理由についてインタビュー等により把握しておくことも重要である。たとえば，M&A対象企業が業務上の理由により保有している場合等，事実上売却できない状況であるとすると，買収後の取引や保有資産に関する戦略によって現在保有している株式等を売却したいと考えた際，その障害となる。また，保有理由を質問することによって未知であったM&A対象企業と投資先企業との関係が明らかになることもある。

調査の結果明らかになった含み損益については，コストアプローチによる価値評価上，純資産価額を修正する。

(3) その他の留意点

売却に関して事実上の規制があり，それらの承継を望まない場合には，あらかじめ売り手やM&A対象企業のグループ他社に引き取ってもらう等の交

渉・取決めを行い，売買契約書にその旨を明記するようにする。
　さらに，買収後M&A対象企業の保有分が加わることにより連結の範囲が変わることも考えられるので，この点についても考慮しておく。
　なお，M&A対象企業が子会社株式あるいは関連会社株式を保有する場合には，上述の評価方法にかかわらず，連結あるいは持分法を適用した財務諸表をデューデリジェンスの対象にすべきである。重要性の高い子会社・関係会社の財務状況についてはデューデリジェンス調査の対象に含め，子会社・関係会社の個別の事業活動とともに関連当事者間取引についても内容を理解し，グループ全体としての損益，資産・負債の状況について把握することが重要となる。

7 資本金

　デューデリジェンスにおいて資本項目は，配当可能限度額や自己株式の取得限度額の計算，および増資・減資の手続や，法定準備金の積立て，剰余金の処分のための手続など，法令順守に関連する項目が多く，これらは基本的に法務デューデリジェンスで調査・検討される項目であるが，配当限度額計算等必ずしも法務デューデリジェンスで完全にカバーされないこともある。そのため，配当限度額計算などがM&A取引ストラクチャーにおける重要な要因となる案件においては，法務デューデリジェンスを担当する弁護士等と緊密な連携をとり，財務，法務双方の担当者がそれぞれの専門性を生かして効率的かつ網羅的に作業を実施することが望ましい。

調査のポイント：
■対象会社の資本政策を理解する。
■財務分析上，あるいは株価倍率法による企業価値評価等に必要な財務指標で資本に関連する項目を把握する。
■利益処分実績および処分可能利益計算および関連する法令遵守の状況を把握する。

手続／（必要情報）：
- 資本の部の構成要素および重要な変遷を把握する。（貸借対照表，利益処分計算書，資本の部の変動，過去の組織再編の詳細）
- 発行済株式総数を確認する。自己株式がある場合，自己株式に係る株式数を把握する。（直近の商業登記簿謄本，取締役会議事録，株主名簿，自己株式の株式数）
- 希薄化の要因となる潜在的株式の状況を把握する。（潜在株式の一覧，転換社債の詳細，ストックオプションの詳細）
- 利益処分の状況を把握する。（対象期間および直近の利益処分（配当，役員賞与など）の詳細，過去の利益処分に係る政策および配当性向）
- 自己株式の有無と会計処理を確認し，保有する自己株式が法令上の保有限度額を超過していないことを確かめる。また，自己株式の売却が予定されている場合は含み損益を把握する。（自己株式の有無，ある場合は帳簿価額，自己株式の保有目的および処分の方針，売却予定の場合は処分見込み額，自己株式に係る会計処理）

発見事項の取扱い：
- 基準日以降での利益処分が確定している場合，純資産の調整項目とする。
- 対象会社の会計処理において，自己株式が資本の控除項目になっていない場合，純資産（自己資本）の調整項目とする。
- 過去の利益処分あるいは自己株式の取得実績が法定限度額を超過している場合，あるいはそのおそれがある場合には特段の留意を要する。

(1) 貸借対照表に計上されている資本項目の把握

　総資産と総負債の差額である資本は，資本金，資本剰余金，利益剰余金，自己株式，および株式等評価差額金から構成される。この区分は分配可能利益を算出するうえで重要な意味を持つ。

　会計基準の新設や改正により，資本の部に直接計上される評価差額金等の項目が増えている。法改正等の影響から自己株式の取得や資本の部の変動要因が増加しており，貸借対照表の資本項目の内容と推移が複雑なものになっている。デューデリジェンスにおいては，減資等により配当可能利益を確保するな

どの資本政策の状況を理解することが重要である。また，新株予約権など株式希薄化につながる要因の認識も必要である。対象会社の資本項目に変動が多い場合は，株主資本等変動計算書を作成することで現在の資本項目の残高の内訳およびその推移の理解の一助になり，また配当可能利益の把握も容易になる（図表3-16）。

(2) 発行済株式総数

契約上取得する株式の持分比率が明記される場合を除いて，取得する株式が発行済株式に占める割合を明確にするため発行済株式総数を正確に把握することは重要である。そのために直近の商業登記簿や取締役会議事録・株主総会議事録等を閲覧することで，発行済株式総数の推移に関する情報を入手する。財務分析上1株当たり利益や1株当たり純資産額は重要な財務指標の1つであり，その面からも，発行済株式数を正確に把握する必要が生じる。なお，1株当たり利益の計算においては加重平均発行株式数を用いるため，月次の株式総数の増減推移を把握する。また，自己株式がある場合，自己株式に係る株式数は控除されるため，自己株式の株式数も確認する。

(3) 希薄化の要因となる潜在的株式の状況

転換社債やワラントなどの潜在株式が存在する場合には，今後どの程度の転換が行われる可能性があるか，また，それが1株当たり利益に与える影響を検討する必要がある。転換権や新株引受権の本質は企業が売り手となったコールオプションであり，権利行使するかどうかはオプションの買い手の一方的な意思決定であり，この潜在株主の意思決定次第により，既存株主の持分シェアが変動する。デューデリジェンスにおいて，希薄化につながる潜在株式の有無とその影響額を認識することは重要である。

なお，潜在株式を考慮する場合の1株当たり利益の計算のポイントは以下のとおりである。

図表3-16 株主資本等変動計算書の書式例

(単位：百万円)

	資本金	株主資本 資本剰余金 資本準備金	その他資本剰余金	資本剰余金合計	利益剰余金 利益準備金	その他利益剰余金	利益剰余金合計	自己株式	株主資本合計	評価・換算差額等 その他有価証券評価差額金	繰延ヘッジ損益	評価・換算差額等合計	新株予約権	純資産合計
X0期末残高	10,000	8,000	100	8,100	500	(4,000)	(3,500)	(300)	14,300	2,000	200	2,200	3,000	19,500
(X1期変動額)														
新株の発行	500	500		500					1,000					1,000
資本準備金の利益剰余金への振替		(4,000)		(4,000)		4,000	4,000		—					—
その他有価証券評価差額金当期変動額(純額)										40		40		40
繰延ヘッジ損益当期変動(純額)											(50)	(50)		(50)
当期純利益						500	500		500					500
当期変動額合計	500	(3,500)	—	(3,500)	—	4,500	4,500	—	1,500	40	(50)	(10)	—	1,490
X1期末残高	10,500	4,500	100	4,600	500	500	1,000	(300)	15,800	2,040	150	2,190	3,000	20,990
(X2期変動額)														
新株予約権の行使	1,000								1,000				(200)	800
新株予約権の発行													600	600
新株予約権の失効													(300)	(300)
剰余金の配当					20	(220)	(200)		(200)					(200)
自己株式の売却			50	50				200	250					250
その他有価証券評価差額金当期変動額(純額)										(260)		(260)		(260)
繰延ヘッジ損益当期変動額(純額)											90	90		90
当期純利益						400	400		400					400
当期変動額合計	1,000	—	50	50	20	180	200	200	1,450	(260)	90	(170)	100	1,380
X2期末残高	11,500	4,500	150	4,650	520	680	1,200	(100)	17,250	1,780	240	2,020	3,100	22,370

(a) 転換社債については転換を想定した場合の税引後換算の金利減少額を分子の当期純利益に加え，転換株式数を分母の発行済株式数に加える。
(b) 新株引受権（ストックオプション等）については，行使を想定した場合の増加株式数と時価発行増資で同一金額を想定した場合の増加株式数との差異（行使に伴う流入資金全額を自社株購入に充てたと想定した場合の純増株式数と同じ）を分母の発行済株式数に加える。
(c) 希薄効果がない潜在株式，すなわち転換を想定すると逆に1株当たり利益が増加することになる転換社債および行使を想定すると発行済株式数が純減することになる新株引受権は上記計算からは除外される。

(4) 種類株式

対象会社が種類株式を発行している場合は，当案件で入手する株式が表章する権利を他の株主の権利との関係で相対的に理解するために，種類ごとの株式数および貸借対照表への計上額を把握する。なお，新会社法において種類株式は以下が列挙されている。

- 剰余金の配当につき内容の異なる株式
- 残余財産の分配につき内容の異なる株式
- 株主総会において議決権を行使することができる事項につき内容の異なる株式（議決権制限株式）
- 譲渡制限株式
- 取得請求権付株式
- 取得条項付株式
- 全部取得条項付種類株式
- 拒否権付種類株式
- 取締役・監査役選任権付種類株式

(5) 剰余金の分配

企業評価上，インカムアプローチの配当還元方式を重視する場合，投資家に

とって，どのタイミングでいくらの配当を得られるかは重要な問題である。デューデリジェンスにおいて，過去の剰余金の分配の状況，配当性向，配当可能利益の状況を理解し，事業計画を考慮して将来の配当を検討する。

① 利益の配当等

2006年4月から開始する事業年度以降に適用となる新会社法では，これまでそれぞれの根拠規定や分配可能額が異なっていた利益の配当，中間配当，資本および準備金の減少に伴う払戻しを「剰余金の配当」として整理し，自己株式の有償取得とあわせて，統一的に財源規制（配当等の分配可能限度額）を行うこととなった。

現行の商法および新会社法における配当（剰余金処分）限度額計算は以下のとおりである。

(現行の配当限度額の計算方法)

> 配当限度額＝B／S上の純資産額－控除項目（商法290条1項，施行規則124条）

(新会社法における分配可能限度額の計算)

> 剰余金の分配可能額＝分配できる額(a)－分配した額（(b)+(c)）
> (a) 最終のB／Sの利益剰余金とその他資本剰余金と，当期の資本金または準備金の減少差益の合計額
> (b) 最終のB／Sの自己株式の価額とその他法務省令に定める額
> (c) 当期に分配した金銭等の価額の合計額

新会社法では，利益の配当等は中間配当，期末配当にかかわらず，いつでも実施できる。期中に行う剰余金分配の可能額には，原則として，期中の期間損益は反映できないが，期中の一定の日（臨時決算日）における計算書類（臨時計算書類（貸借対照表と損益計算書））を決算に準じた手続により作成した場合は，期首から臨時決算日までの期間損益を分配可能額に反映することができるようになった。決算手続に準ずるため，臨時計算書類の監査役あるいは会計

監査人の監査も必要である。ただし，新会社法において，資本金の額にかかわらず，純資産が300万円未満の場合には，剰余金があってもこれを株主に分配することができない点に留意が必要である。

② 役員報酬

わが国では役員報酬は発生時に費用として取り扱い，役員賞与については利益処分により未処分利益の減少とする会計処理が永らく行われていたが，2002年の改正商法によって創設された委員会等設置会社においては，利益処分として取締役または執行役に対して金銭を分配することができないため，報酬・賞与ともにすべて発生時に費用処理されることになった。これに伴い，監査役（会）設置会社においても，業績連動型の報酬（賞与を含む）を発生時に費用処理する考え方がとられるようになってきた。企業会計基準委員会が2004年3月に公表した「役員賞与の会計処理に関する当面の取扱い」では，役員賞与を費用処理することが妥当であるとしながらも，これまでの慣行に従い，費用処理しないことも認められる旨の取扱いを示している。デューデリジェンスにおいて，対象会社の役員賞与が期間損益に反映されていない場合は，期末未払費用として正常損益および実態純資産の調整項目とすべきである。

(6) 自己株式

① 会計処理

会計基準上，期末に所有する自己株式はその取得価額をもって資本の部において控除する方法で表示することになっているが，監査を受けていない中小企業の場合，まれに投資勘定に含まれている場合がある。投資勘定に多大な自己株式を計上している会社では，当該自己株式を資本の部に振り替える処理をした結果，実質的に債務超過に陥ってしまうこともあり得る。自己株式の数が発行済株式総数に対してどのくらいの割合を占めているかの確認が必要である。また，自己株式の金額が重要な場合，保有目的あるいは保有の経緯について把握しておくことが重要である。

② 自己株式取得のための財源規制

かつては資本充実のため原則的に禁止されていた自己株式の保有は取得のための一定の手続、および財源に関する一定の条件のもと、原則的に期間や数量の制限なく認められている。なお、新会社法において自己株式の取得に関する財源規制は分配可能利益の規制に統一されている。ただし、自己株式取得の財源規制の例外として、自己株式の有償取得のうち、以下のケースのように、会社が不可避的、あるいは法律の規定に基づき義務的に取得するものは、財源規制の対象外とされている。

- 合併、分割および営業全部の譲受けにより、相手方の有する自己の株式を取得する場合
- 合併、分割、株式交換、株式移転、営業譲渡および営業譲受けの際の反対株主の買取請求に応じて買い受ける場合
- 単元未満株主の買取請求に応じて買い受ける場合

③ 自己株式の処分

自己株式の保有目的として、将来減資として償却する、ストックオプションの行使時に使用する、外部に売却するなどが考えられるが、売却による処分を前提としている一方、自己株式の取得価額と時価が乖離している場合がある。その際は、将来の売却損益に相当する金額を純資産評価において考慮すべきである。

8 退職給付引当金

M&A対象企業に退職給付制度がある場合には、退職給付引当金は負債勘定の中でも重大な金額を占めることが多く、また、簿外債務が存在する可能性が高いため、デューデリジェンスにおける重点調査項目の1つとなる。

調査のポイント：
- 退職給付債務の過小計上または簿外債務がないかを検討し，ある場合にはその金額を推定する。
- 役員退職慰労金に係る簿外債務がないかを検討し，ある場合にはその金額を推定する。
- 制度の統合に関わる課題，問題点を抽出する。

手続／（必要情報）：
- M&A対象企業の採用する退職給付制度の内容について理解する。（退職給付金規定等の制度概要書）
- M&A対象企業の会計方針について把握する。（会計方針）
- 退職給付債務算定のための基礎率について検討する。（年金数理計算書）
- 退職給付債務の積立状況について確認する。（年金資産の時価評価書，複数事業主制度を採用している場合は基金の財政計算報告書等）
- 役員退職慰労金について規定内容や支払実績を把握する。（役員退職慰労金規定，支払実績明細）

発見事項の取扱い：
- 退職給付債務が過小計上されていることが判明した場合，および未積立退職給付債務がある場合には，コストアプローチによる価値評価上，純資産価額を修正する。また，インカムアプローチまたはマーケットアプローチによる価値評価では，退職給付債務は有利子負債と同様に取り扱い，株主価値から控除する。
- 役員退職慰労金に係る引当金が未計上または過小計上となっている場合も，価値評価上，同様の修正を加える。
- 制度の統合に関して検出された課題や問題点を買収後の人事戦略に反映させる。

　退職給付引当金は，該当ある場合には負債の中でも大きな金額を占めることが多く，後述のとおり簿外債務が存在する可能性が高いため，M&A対象企業に退職給付制度がある場合には，退職給付引当金は負債側の重点調査項目の1つとなる。

退職給付制度では，退職一時金制度および企業年金制度が代表的であるが，その他にもさまざまな種類があるので，まずは M&A 対象企業の退職金規定を読むなどして制度について理解し，退職給付債務は発生するのか否か，するとすればどういう時に発生するのかについて把握する必要がある。たとえば，外部確定拠出型の制度に関しては，将来の退職給付に関する負担は生じないため，拠出時に費用処理し，退職給付引当金を計上する必要はない。また，営業譲渡の形態をとる場合には，そもそも制度を引き継げない（従業員はいったん解雇，再雇用される形となり，退職給付金は払い出される）ケースもあり，その場合には退職給付債務を引き継ぐことはないので関連債務について懸念する必要はない。ただし，買収によって移籍する従業員が不利益を被らないように配慮をし，これまでに積み上がった退職給付金に何割かを追加して支払うといった措置をとるケースも見られ，これを買い手側が負担することを買収契約の条件の1つにする場合には，会計上の債務にかかわらず売り手側が算出した，支払うべき退職給付金の金額が正しく計算されているかについて確認する必要がある。

(1) 退職給付制度の種類

退職給付制度には，掛金（contribution）を基準にするか給付（benefit）を基準にするかによって，確定拠出型制度（defined contribution plan）と確定給付型制度（defined benefit plan）があり，退職給付債務が発生するのは確定給付型制度である。日本の退職給付制度の中心は（少なくともこれまでは）退職給付債務の発生する確定給付型制度であった。これには大きく分けて退職一時金制度と企業年金制度がある。また，外部の信託銀行や生命保険会社等と契約して実施する外部積立制度と社内のみで実施する内部引当制度の2通りがあり，退職一時金制度は通常内部引当，企業年金制度の多くは外部積立になっている。さらに，企業年金制度には，社内年金制度，厚生年金基金制度，適格退職年金制度，および非適格年金制度がある。

退職給付制度は従業員報酬制度の重要な一部分を占めるものであるため，買収後の運用は人事戦略の広い枠組みの中で考えていく必要がある。また，制度

```
┌─────────────────────────────────────┐
│  図表3－17    退職給付制度の種類      │
│                                     │
│  ■ 確定拠出型制度                    │
│  ■ 確定給付型制度                    │
│    ○ 退職一時金制度                  │
│    ○ 企業年金制度                    │
│      ■ 社内年金制度                  │
│      ■ 厚生年金基金制度              │
│      ■ 適格退職年金制度              │
│      ■ 非適格年金制度                │
└─────────────────────────────────────┘
```

の移管については買収スキームによっても事情が異なってくる。制度移管の可否やそれに関連して発生する（可能性のある）費用，さらに新しい人事戦略を導入するために必要と見込まれる費用等について正確な情報を得るため，早めに弁護士や人事コンサルタント等の専門家に相談しておくことが望ましい。

(2) 退職給付債務および数理計算上の基礎率

　日本では，2000年4月1日以降に開始する事業年度より「退職給付に係る会計基準」（退職給付会計）が導入された。退職給付会計では，債務の評価は予測給付債務（projected benefit obligation, PBO），資産の評価は時価に基づく。M&A対象企業に退職給付債務の発生する退職一時金制度や適格退職年金制度等があることが判明しても，退職給付会計を採用していれば，第一関門クリアということになる。退職給付会計を採用していない場合は，退職給付債務は，退職一時金制度では自己都合要支給額，年金制度では責任準備金（厚生年金の場合，数理債務）で計上されているのが一般的である。この場合，貸借対照表上の債務の額は実態を示していない可能性があるので，実態について把握する必要がある（後述）。

　退職給付会計に従えば，退職給付債務は，予想退職時期ごとの退職給付見込額のうち期末までに発生していると認められる額を，一定の割引率を用いてそれぞれの残存勤務期間にわたって現在価値に割り引き，当該割り引いた金額を合計することにより算出する（「退職給付会計に関する実務指針」による）。こ

図表 3 ―18　企業年金の数理計算で使用される基礎率

■ 経済変数的な基礎率：割引率，期待運用収益率，予定昇給率のうちベースアップに相当する部分等，経済のインフレ率や成長率を反映するもの
■ 人員統計的な基礎率：予定退職率，予定死亡率，予定昇給率のうち定期昇給に相当する部分，予定一時金選択率等，人員集団全体としての特性を反映するもの

（出所：平成14年5月14日　日本アクチュアリー会　日本年金数理人会「退職給付会計に係る実務基準」［第4回改定］）

れは退職一時金制度でも年金制度でも同様である。また，企業年金制度の場合，退職給付に充てるため外部に積み立てられている年金資産があり，貸借対照表上に記載された退職給付引当金の額は，上により算出された退職給付債務の額と年金資産の時価との差額に基づいて計上されたものである。

　ここで注意が必要なのは，退職給付債務の算出には多くの前提が絡んでいるということである。退職給付見込額の算定には退職時期を予想する必要があり，年金の場合には退職率や死亡率を加味し，期末までに発生していると認められる額の計算には期間定額基準（退職給付見込額を全勤務期間で除した額を各期の発生とする方法）等の前提が必要であり，さらに，現在価値に割り引くための割引率を見積もらなければならない。言い換えれば，これらの前提を変えることにより退職給付債務の額は大きく変動する可能性があるということである。このため，退職給付債務について調査する際には，退職給付債務算定のための基礎率について確認しておくことがきわめて重要となる。

　デューデリジェンスの実務では，まず年金数理人の作成したアクチュアリーレポート（年金数理計算書）を入手する。数理計算で使用される基礎率は**図表3-18**のとおり数多くあるが，数理人は，対象となる集団の現在および過去の実績データを用い，企業年金の数理実務で行われている一般的な方法により各基礎率を算定しているので，第三者の数理人の作成によるものであれば基本的に妥当と考えられる。

　しかしながら，上の基礎率のうち割引率と期待運用収益率の決定には恣意性の入り込む余地が大きく，またこれらの変更が退職給付債務の金額に与える影響は非常に大きいため，注意深く検討する必要がある。割引率は，「安全性の高い長期の債券の利回りを基礎として決定」されるものである。また，期待運

図表3-19　退職給付債務等の計算の基礎に関する事項の例

（有価証券報告書　財務諸表　注記事項）

	2005年3月期
割引率	2.5%
期待運用収益率	2.5%
退職給付見込額の期間配分方法	期間定額基準
会計基準変更時差異の処理年数	15年
数理計算上の差異の処理年数	16年
過去勤務債務の処理年数	20年

用収益率は，各事業年度において期首の年金資産に対して見込むことのできるその年度の運用収益率（期首の年金資産額について合理的に期待される収益額の当該年金資産額に対する比率）である。インタビュー等により，担当者に現在使用している割引率や期待運用収益率についてどう決めたか，外部監査人と何らかの議論があったか等について聞き，たとえば調査対象翌年度から割引率を引き下げる予定であるといった情報が得られた場合等，調査対象年度で使用している割引率が高すぎる可能性が考えられる場合には，低減後の率を調査対象年度に対して適用した場合の退職給付債務の額を試算することを要求し，影響が大きい場合には債務の額を修正することを検討する。この場合，コストアプローチによる価値評価では純資産価額を修正する。また，価値評価上退職給付債務は有利子負債と同様に見て株主価値から控除するのが一般的であるので，インカムアプローチまたはマーケットアプローチによる価値評価においても株主価値に影響を与える点に注意を要する。期待運用収益率は，市場の動向以外に，保有している年金資産のポートフォリオ，過去の運用実績，運用方針に基づくものであるため，極端な例を除き，理論上個々の企業によって異なってしかるべきであるが，割引率は，同じ日本の経済環境の中で営業していることを前提にすれば，同時期に企業ごとに大きな差異が見られることは考えにくい。このため，有価証券報告書等，一般に入手可能な情報により他社の状況と比較検討するのも1つの手である（**図表3-19**参照）。

(3) 退職給付債務の積立状況

　退職給付債務の額と年金資産の額との差額が未積立退職給付債務となるが，このうち，会計基準変更時差異，過去勤務債務，および数理計算上の差異については，会計処理上，平均残存勤務期間内の「一定の年数」で按分した額を毎期費用処理することとされている。すなわち，**図表 3 -20**の2005年 3 月期の例でいうと，予想退職時期ごとの退職給付見込額のうち期末までに発生していると認められる額を一定の割引率で現在価値に割り引いて算出された退職給付債務は4,030百万円であり，それに対して保有する年金資産の時価は875百万円であるから，3,155百万円は積立不足の状態となっている。にもかかわらず，その積立不足額のうち会計基準変更時差異，数理計算上の差異，および過去勤務債務については，会計処理上，平均残存勤務期間内の一定の年数（図表 3 -19の例では，それぞれ15年，16年，20年）で按分した額を毎期費用処理することが認められているため，2005年 3 月末時点で未処理となっている残高については積立不足額から計算上控除され，退職給付引当金として計上されているのは1,378百万円にすぎない。言い換えると，2005年 3 月末時点における3,155百万円の積立不足のうち，1,777百万円は簿外債務とすることを会計基準により認められているのである。さらにいえば，1,777百万円のうち，771百万円は数理計算上の差異であるが，これはさまざまな基礎率を前提に行った数理計算が実際の数値と乖離してしまったために発生したものである。たとえば上述の期待運用収益率を実情と離れて恣意的に高く設定すれば，この金額は大きくなり，

図表 3 —20　退職給付債務に関する事項の例

（単位：百万円）

	2005年 3 月期
退職給付債務	△4,030
年金資産	875
未積立退職給付債務	△3,155
会計基準変更時差異の未処理額	1,353
未認識数理計算上の差異	771
未認識過去勤務債務	△347
退職給付引当金（貸借対照表計上額）	△1,378

これを10年で償却すれば，退職給付債務の認識を10年にわたって先送りできることとなる。会計基準は継続企業を前提としているので，ある一時点で企業を買収しようとする買い手の目的，すなわち，一時点またはそれ以降に見込まれる利益に基づいて企業価値を評価する目的とは必ずしも一致しないのである。価値評価においてはこうした簿外債務を修正事項として取り上げ，株式価値評価に反映させるのが一般的である。当然のことながら，すべての売買契約は当事者同士の交渉により決められるものであるから，会計基準どおり計上されていれば簿外債務については株式価値評価に反映させないという合意がなされていれば，これには及ばない。

また買収後は，合併であればもちろん，子会社であっても基本的に会計方針を統一する必要があるため，M&A対象企業の会計方針や基礎率が買い手のそれと大きく異なる場合には，その影響額について試算しておく必要がある。

(4) 簡便法を適用している場合

退職給付会計基準では，従業員数が比較的少ない（原則として300人未満）小規模企業等にあっては，原則法を適用することが相当な事務負担になることが考えられ，また，高い信頼性をもって数理計算上の見積りを行うことが困難である場合や退職給付債務の重要性が乏しい場合も考えられるため，このような場合には，期末の退職給付要支給額を用いた見積計算を行うなど，簡便な方法を用いて退職給付債務等を計算することを認めている。退職給付会計基準で簡便法として認められている方法は以下のとおりである。

<退職一時金制度>
1. 退職給付会計基準の適用初年度の期首における退職給付債務の額を原則法に基づき計算し，当該退職給付債務の額と自己都合要支給額との比（比較指数）を求め，期末時点の自己都合要支給額に比較指数を乗じた金額を退職給付債務とする方法（翌年度以降においては基礎率等に重要な変動がある場合は，比較指数を再計算する）
2. 退職給付に係る期末自己都合要支給額に，「退職給付会計に関する実務

指針」資料 5-1 および資料 5-2 に示されている平均残存勤務期間に対応する割引率および昇給率の各係数を乗じた額を退職給付債務とする方法
3. 退職給付に係る期末自己都合要支給額を退職給付債務とする方法

<企業年金制度>
4. 退職給付会計基準の適用初年度の期首における退職給付債務の額を原則法に基づき計算し、当該退職給付債務の額と年金財政計算上の責任準備金との比（比較指数）を求め、直近の年金財政計算における責任準備金に比較指数を乗じた金額を退職給付債務とする方法（翌年度以降において基礎率等に重要な変動がある場合は、比較指数を再計算する）
5. 在籍する従業員については上記 2 または 3 の方法により計算した金額を退職給付債務とし、年金受給者および待期者については直近の年金財政計算上の責任準備金の額を退職給付債務とする方法
6. 直近の年金財政計算上の責任準備金をもって退職給付債務とする方法

　退職給付会計を適用していない会社では、退職一時金については期末要支給額、年金では責任準備金に基づいて退職給付引当金を計上していることが多い。このため、M&A 対象企業が退職給付会計の原則法を適用していない場合には、原則法を適用した場合と比較して、退職給付債務に大きな差異がないかを確認しておく必要がある。

　期末要支給額とは、期末時点で従業員が全員退職したと仮定した場合に支給される退職給付金の総額で、将来に関わる要素をまったく含まない数値となる。原則法では、将来の昇給を見込んだうえで予想退職時の給付見込額を算出し、これを期間比（入社から当期末までの勤務期間÷入社から予想退職時までの勤務期間）により配分して期末時点までの債務とし、予想退職時から当期末まで割り引くという方法をとるため、期末要支給額に基づく計算方法と比較すると、主として昇給率と割引率による違いが発生することになる。M&A 対象企業が退職給付会計の原則法を適用していない場合には、原則法に則って数理計算を実施する（あるいは実施してもらう）のが退職給付債務を正確に把握するうえで最も確実な方法であるが、デューデリジェンスにおいては往々にして時間や費用に制限があり、必ずしも現実的な方法とはいえない。M&A 対象企

業が退職一時金に係る引当金について期末要支給額を退職給付債務として計上している場合には，上の簡便法の２を適用してみるのも一案である。

　責任準備金とは，「適格退職年金制度において将来の給付を賄うために計算時点で保留すべき準備金（理論上保有すべき年金資産）のことで，将来の給付見込み額の現在価値（総給付現価）から将来の標準掛金の収入見込み額の現在価値（標準掛け金収入現価）を控除することによって算出される。厚生年金制度ではこれを「数理債務」という。」（『企業年金からみた退職給付会計の実務』三菱信託銀行株式会社編，中央経済社）。上の６の方法においては，予定利率と割引率が同率であれば責任準備金は退職給付債務を上回るが，割引率が予定利率より低くなると，会計上は積立不足が発生する可能性がある。M&A対象企業が企業年金制度に係る引当金について責任準備金の額を退職給付債務として計上しており，数理計算を実施することが現実的でない場合には，上記簡便法の５の方法を適用することが考えられる。一時金選択率が高い場合には年金受給者および年金受給待機者の部分の影響は少ないとみることができる。

(5) 複数事業主制度を採用している場合

　複数事業主制度とは，複数の事業主が共同して１つの企業年金制度を設立するもので，連合設立型厚生年金基金，総合設立型厚生年金基金，共同委託契約および結合契約の適格退職年金制度がある。M&A対象企業が複数事業主制度を採用している場合にM&A対象企業に未積立退職給付債務が存在するかどうかについて確認するには，複数事業主制度のうちM&A対象企業に起因・帰属する退職給付債務と年金資産を算出する必要がある。「退職給付に係る会計基準」では，複数事業主制度を採用している場合でも，「合理的な基準」に基づいて年金資産等の計算を行うこととしているため，M&A対象企業が退職給付会計を採用し，合理的な基準に基づいて年金資産等の計算を行っていればこれらの情報により積立状況を確認することができる。しかしながら，同会計基準では，「自社の拠出に対応する年金資産の額を合理的に計算できない場合」には，掛金拠出割合，制度の加入人数，制度の給与総額のいずれかの比率によって年金資産の額の注記をすることが求められているのみである。すなわち

退職給付債務はオフバランスとなる。この場合には，年金基金等の財政計算報告書を入手し，注記の情報（たとえば，掛金拠出割合）に基づき，同基金の繰越不足額のM&A対象企業分を推定する。積立不足が将来の掛金の増加につながることは単独の基金制度と同様であるが，単独の制度と異なる点は，たとえば，M&A対象企業がグループ会社の年金基金制度に加入している場合は制度を脱退することになる可能性が高く，その場合には積立不足が一時費用として発生することが見込まれることである。また，中途で制度を脱退すると従業員が不利益をこうむることが考えられるため，対応策について考慮しておく必要があるかもしれない。

(6) 役員退職慰労金

　役員の退職慰労金については，労働の対価との関係が必ずしも明確でないという理由により退職給付会計の対象とはなっていない。したがって，会計上は他の引当金と同様の取扱いとなり，発生の可能性が高く，金額を合理的に見積もることができる場合に引当金を負債計上する。しかしながら，外部監査を受けていない場合等，未計上になっているケースも比較的多く見受けられるので，引当金が貸借対照表上に見られない場合には確認しておく必要がある。いずれの場合もまずは内規等があるかを確認し，あれば規定どおりの前提に基づいて引当金が算出されているかを検討する。内規等が存在しない場合は，過去の支払実績に関する情報を入手し，将来支払が発生する可能性がないか，また，その可能性があれば金額を見積もり，純資産価額や将来キャッシュフローに修正を加える。

9　その他の資産項目

　その他の資産項目では，貸借対照表に計上されているものの実在性および帳簿価額の妥当性あるいは帳簿残高の回収可能性について検討するのが原則である。

> 調査のポイント：
> ■貸借対照表に計上されているその他の資産の実在性，帳簿価額の妥当性，および帳簿残高の回収可能性について検討する。
>
> 手続／（必要情報）：
> ■M&A対象企業の会計方針を把握する。（会計方針）
> ■資産項目の内容について理解し，含み損益を推定する。（貸借対照表残高の内訳明細）
>
> 発見事項の取扱い：
> ■含み損益が明らかになった場合は，コストアプローチによる価値評価上，純資産価額を修正する。また，将来事業計画に与える影響を検討する。

(1) 営業権，連結調整勘定

　会計原則に基づくと，営業権は，「有償で譲受け又は合併によって取得したものに限り貸借対照表に計上し，毎期均等額以上を償却しなければならない」ものとされている。また，連結調整勘定は，連結財務諸表原則に基づき，親会社の子会社に対する投資とこれに対応する子会社の資本との相殺消去にあたり生じた差額であり，原則として計上後20年以内に定額法その他合理的な方法により償却しなければならないものとされている。したがって，M&A対象企業の営業権や連結調整勘定に関する会計処理の妥当性を判断するには，資産計上されている営業権・連結調整勘定が上記の会計原則に従って計上，償却されているかについて確認すればよい。しかしながら，営業権・連結調整勘定は理論上，被合併・被買収会社の超過収益力を示すべきものであるから，M&Aを目的とした価値評価においては，あくまでもその超過収益力の実現性あるいは今後の収益による回収の可能性について検討することが調査のポイントとなる。すなわちここでは，貸借対照表時点のこれらの資産残高は会計上の見積りである償却期間に影響を受けるということのほか，営業権・連結調整勘定の発生の経緯とその際の会計処理が重要となる。現実に，営業権・連結調整勘定がさま

ざまな事情に基づく損失隠しまたは損失の繰延べに利用されている例がしばしば見受けられる。

まずは当初営業権を取得，資産計上した経緯について調査する必要がある。以下に不正に計上された例を挙げる。

ケース1

　A社（M&A対象企業）はB社から営業を譲り受ける契約を結んだ。この際，B社に多額の債権を保有していたC社の計らいにより，赤字に陥ったB社の債務（C社に対するものも含む）の返済資金を賄うため，営業譲渡に係る営業権は意図的に高く設定された。ただし，この状態であるとA社が一方的に損失をこうむることになるため，同時に，A社のC社からの仕入についてはC社からリベートを受け取る契約を結んだ。これにより，C社の貸倒損失は，A社へのリベート支払という形に繰り延べられ，A社にとっては一時的に営業譲渡の対価というキャッシュアウトが発生するものの，営業権に資産計上され，その後償却費は発生するがリベート収入を得られることになる。この営業権には（少なくとも市場価格より高く設定された分については）資産性がないと考えられるので，買収目的上は資産価値から減算する必要がある。

ケース2

　Y社（M&A対象企業）にはX社に対する多額の貸付金があったが，X社の経営が破綻し，この貸付金は貸倒れとなった。しかしながら，Y社は，決算書を取引先に提出するにあたり貸倒損失が決算書に表示されることを嫌い，貸倒損失を計上すると同時に，架空の営業権と同額の収益を計上することにより，貸倒損失が表れないよう計らった。またこれにより損失額を営業権の償却という形で繰り延べる意図も兼ねていた。当然ながらこの営業権はまったく根拠のないものであるので，買収目的の財務情報としては，営業権および収益の仕訳はなかったものとしてこれを調整する必要がある。

以上の例からも理解できるように，まずは営業権・連結調整勘定を計上した経緯およびその際の会計処理について詳しく話を聞くことが重要となる。M&A対象企業にとって不利な情報でも，特に詰問せずとも情報を提供してくれる例は意外に多いものである。ただし，営業権・連結調整勘定に限らず意図的

な不正会計処理では,担当者あるいはM&A対象企業がその事実を隠そうとすれば買い手側でその事実を探り当てることは実際には難しいといえる。ケース1では,営業譲渡価格の算定根拠に関して質問し,C社からのリベートが不自然に高くないか,高ければその理由について説明を求める,といった手続を行うことにより事実が判明するかもしれない。ケース2では,そもそも営業権取得の背景となる事業の合併や買収がないことに疑問を持つことになるだろう。また,Y社には過去にX社に対する債権があり,X社が経営破綻した事実が判明していれば,貸倒損失が損益計算書上に見当たらないことについて説明を求めるべきである。

上のケースではM&A対象企業が外部監査を受けていなかったためかなり極端な例になっているとしても,子会社買収時に投資差額について原因分析せず投資消去差額の全額を連結調整勘定として処理しているケースは珍しくない。

ケース3

> P社（M&A対象企業）は,ある年3月31日付でS社を買収,子会社化したが,連結決算は6ヵ月後の10月1日から実施し始めた。P社は3月31日時点の投資差額とS社の同年4月1日から9月30日まで6ヶ月間の損益である純損失の額の合計を連結調整勘定として計上した。3月31日時点の投資差額については,その時点においてS社の価値を評価した結果超過収益力が認められたということであれば計上の経緯としては問題ないと考えられるが,S社の6ヶ月間の損失については超過収益力の根拠とは考えにくく,実質的には連結調整勘定の償却を通じてS社の損失が繰り延べられる結果となる。M&A目的の価値評価上,この部分について資産性はないと考えられるので,純資産価額を調整する必要がある。

ケース3では,買収時点でS社の超過収益力あるいは連結調整勘定の資産性が認められたと仮定しているが,M&Aを目的とした価値評価では,当初資産計上時だけではなく,調査日時点において資産性があるか,すなわち,当該投資の回収は調査日時点以降も見込めるのかについて見極める必要がある。具体的には,当該子会社についてもデューデリジェンスの対象に含め,その事業予測を勘案する等の手続を行う。

なお，営業権は「固定資産の減損に係る会計基準」（有形固定資産の項参照）の適用範囲である。「固定資産の減損に係る会計基準の適用指針」によれば，通常，のれん（営業権および連結調整勘定）は独立してそれ自体では減損の兆候があるかどうかを判断できないため，原則として，のれんを含む，より大きな単位で判断する。また，のれんの帳簿価額を各資産グループに配分する方法を採用した場合には，のれんに減損の兆候があるかどうかにかかわらず，その帳簿価額を各資産グループに配分することとなり，当該配分された各資産グループ単位で減損の兆候の有無を検討することとしている。M&A対象企業が減損会計を適用していれば，それは営業権・連結調整勘定の資産性を評価するうえで1つの有用な情報とはなるが，上述のとおり減損会計には他の多くの会計基準と同様，認識の有無やその金額について合理的と考えられる範囲に幅があり，また時価会計とも異なるため，M&A目的の価値評価上は必ずしも同じ結論とはならないことがある点に注意を要する。

(2) 特許権，商標権

特許権および商標権では，会計上，これら資産の取得のために支出した金額が資産計上され，償却累計額を控除した価額が帳簿価額となる。しかしながら，これらの貸借対照表項目および残高は，たとえばソフトウェアやコンテンツ事業の価値の源であるノウハウ等の無形の資産やその価値とは本質的に異なるものである点に注意が必要である。この意味での無形資産の価値はたとえば，米国会計基準を採用している企業が，子会社の取得に伴ってその子会社に商標，顧客リスト，ノウハウといった無形の資産価値を認めた場合に，「識別可能な無形固定資産」として貸借対照表に表示される。日本では2003年10月31日に公表された「企業結合に係る会計基準の設定に関する意見書」の「取得の会計処理」において，「取得した資産に法律上の権利又は分離して譲渡可能な無形固定資産が含まれる場合には，取得原価を当該無形資産等に配分することができる」ものとされている。今後「企業結合に係る会計基準」が導入されれば，米国会計基準と同様の取扱いになり，企業結合が行われる場合には上述のような無形の資産の価値が会計上の貸借対照表上に表示されることとなる。

デューデリジェンスではM&A目的の価値を明らかにすることが目的であるから，会計上の帳簿価額にかかわらず，実態価値評価が原則となる。

(3) 電話加入権

電話加入権の会計上の取扱いは，原則として取得原価に基づき資産計上するということであり，減価償却の対象外となっている。これは，電話加入権にはそもそも担保価値があり売却可能であるという前提に基づくものである。しかしながら，近年市場での取引価格は年々下がり続け，実際の売却価格は1回線当たり数千円程度と見られている。このような現状を受け，会計上も「固定資産の減損に係る会計基準」（有形固定資産の項参照）または「金融商品に係る会計基準」（投資有価証券の項参照）のいずれかを適用して損失処理することも容認される傾向にあるようである。電話加入権は事業を営んでいくのに必要なものであることに変わりはないので，使用している限りは帳簿価額を修正する必要はないという考え方もあるようであるが，M&Aにおける価値評価上は，時価評価の考え方に準じ，帳簿残高と回線当たりの時価（ゼロから数千円）との差額を含み損として純資産価額を調整するのが一般的である。

(4) 敷金・保証金

敷金は事務所等の賃借に関するもの，保証金はこのほかに仕入等サプライヤーから求められて差し入れるもの等が例として挙げられる。いずれの場合も資産に計上されている金額について全額返還可能かどうかについて検討することが調査のポイントとなる。

残高の一部または全部が返還されない可能性としては，主に契約によるものと差入先の信用リスクによるものが考えられる。契約によるものとは，賃貸借契約や仕入契約に保証金の一部または全部が返還されない条件が定められている場合が該当する。典型的な例としては敷引や原状回復費が挙げられる。これらについては，契約書を閲覧し，返還されない場合の条件について理解し，該当する場合には純資産価額を調整する。

原状回復費は通常，賃借中の物件を退去する場合にのみ該当するので，買収後の戦略とあわせて検討する必要がある。すなわち，買収後に営業所を統廃合するなどして当該賃貸借契約を解除する計画がある場合には，原状回復費は即時に発生するのでこれを見込んでおく必要がある。ところで，このようなケースでは，そもそも契約の解除が可能かどうかについてあわせて確認しておくことが必要となる（オフバランス項目の項参照）。

敷引とは，差し入れた敷金について一定の期間を経過した時点でオーナーの収益となるもので，オーナーの収益に取り込まれた分については返還されない。したがって，賃貸借契約にこのような条件が含まれている場合には，当初資産計上した敷金を期間に応じて償却するというのが正しい会計処理といえる。M&A対象企業がこのような会計処理を行っているかどうかについて確認し，行っていない場合には時点によって敷金が過大評価されている可能性があるので，必要に応じ純資産価額を調整する。

差入先の信用リスクに関しては，マネジメントが何らかの形で管理しているのが通常であるので，まずは管理担当者にインタビューするなどして確認する。金額の重要性が高い場合やオーナーの返還能力が疑われる場合等，必要に応じてオーナーの信用調査を行う。貸倒れの危険性があると考えられる場合には，引当金に相当する額を推定し，純資産価額を調整する。

(5) 長期貸付金

長期貸付金は，会計上は「金融資産」として「金融商品に係る会計基準」（投資有価証券の項参照）が適用となる。貸付時に貸付金額を資産計上し，必要に応じて貸倒引当金を計上する。デューデリジェンスでは，残高の相手先内訳明細およびインタビューにより調査時点の回収可能性について検討する。残高の全部あるいは一部が回収不能となっている，あるいは回収不能となる可能性があると考えられる場合には，引当金に相当する金額を推定し，純資産価額を調整する。

(6) 長期前払費用

長期前払費用とは，その回収期間が1年を超えるものについて支払った費用であり，典型的な例としては保険料支払が挙げられる。会計上は，実際に支払った金額を投資その他の資産に計上し，定額法により償却していくのが通常である。デューデリジェンスでは，残高の内訳明細あるいはインタビューにより内容を理解し，償却の妥当性や資産性について検討する。

(7) 繰延資産

財務諸表等規則に従えば繰延資産には，創立費，開業費，新株発行費，社債発行費，社債発行差金，開発費，および建設利息が含まれる。創立費とは，同規則によれば，会社の負担に帰すべき費用，たとえば，定款および諸規則作成のための費用，株式募集その他のための広告費，その他会社設立事務に関する必要経費等であり，これらは資産計上され，償却累計額控除後の残高が帳簿価額となる。繰延資産勘定では，いずれも一時に発生した費用が償却期間にわたり平準化されて計上される効果が働くので，原則として調査基準日時点の貸借対照表に残っているこれらの費用ついて対応する収益が実現すると見込まれるか，利益操作の一助になっていないかについて検討することがポイントとなる。しかしながら実際には，繰延資産の帳簿残高が重大な金額になっている例はあまり見られず，重大な金額でない限りはデューデリジェンスにおける重要性は低い。

10 その他の負債

負債項目では，不適切なカットオフ（期間帰属）や不正確な見積り等により貸借対照表に計上されている負債の額が過小になっていないか，また，貸借対照表に計上されていない，いわゆる隠れ債務がないかについて検討する。

> **調査のポイント：**
> ■貸借対照表に計上されている負債残高の適正性および網羅性について検討する。
>
> **手続／（必要情報）：**
> ■M&A対象企業の会計方針について把握する。（会計方針）
> ■各負債項目の内容を理解し，計上額に見積額が含まれる場合には見積方法を把握し，その合理性について検討する。（貸借対照表残高の内訳明細，見積りの計算根拠）
> ■各負債項目のカットオフ（期間帰属）の適正性について検討する。
> ■インタビューや過去・今期の損益計算書の閲覧を通じ，負債残高の網羅性について検討する。
>
> **発見事項の取扱い：**
> ■負債の未計上または過小計上が明らかになった場合は，コストアプローチによる価値評価上，純資産価額を修正する。

(1) 賞与引当金

　賞与引当金は，評価基準日時点までに従業員に対して債務が発生しているがいまだ現金支払がされていない賞与について，その見積額を負債計上するものである。したがって，M&A対象企業の貸借対照表に賞与引当金が計上されている場合には，その見積額が妥当であるかについて，また，M&A対象企業の貸借対照表に賞与引当金が計上されていない場合には，評価基準日時点までに従業員に対する債務が発生していないか，すなわち負債計上の必要がないかについて，調査する必要がある。

　計上された賞与引当金の額が妥当かどうかについて検討するには，まず，M&A対象企業の賞与支払規定について把握する必要がある。いつからいつの期間の勤務に対して，いつ，いくら支払われるのかといったことである。

> 　たとえば，M&A対象企業では，毎年1月1日から6月30日までの勤務に対して給与の約2ヶ月分を夏季賞与として7月15日に，7月1日から12月31日までの勤務に対して給与の約2ヶ月分を冬季賞与として12月15日に支払うことになっているとする。年間の給与は100百万円と仮定する。評価基準日を3月31日とすると，同日時点までに従業員は1月から3月まで3ヶ月間勤務しているので，賞与に関して会社が従業員に負っている債務は，7月に支払う予定の金額の3か月分と考えられる。よって評価基準日時点で計上されているべき賞与引当金の額は次のように推定される。
> 　100百万円×2/12ヶ月（夏季賞与2か月分）×3/6ヶ月（1月～3月）
> 　＝8.3百万円
> 　前年7月1日から12月31日までの勤務については，12月15日に支払が済んでいるため，3月31日時点で債務はない。

　上のように算出した金額と貸借対照表上の賞与引当金残高を比較し，大きく乖離している場合には，理由について説明を求める必要がある。もちろん，上の例は計算のロジックを説明するために単純化しており，給与には賞与の対象となる基本給以外の手当て等は含まれていない，1月1日から3月31日までの間に従業員の変動は一切ない，等を前提としている。逆にいうと，これらの前提は通常実際とは異なるため，実際に計上されている賞与引当金の金額は推定のために算出した金額と一致しない。デューデリジェンスでは，計上金額と推定金額の差異がこの前提の違いによって説明されることを確認する。また，調査時点ですでに支払が済んでいる場合（上の例では7月15日以降に調査を行う場合），実際に支払われた額が入手可能であるので，これに基づいて評価基準日時点の正確な債務額を知ることもできる。具体的には，実際に支払われた金額の3/6ヶ月分を3月31日時点の計上額と比較する。

　M&A対象企業の貸借対照表に賞与引当金が計上されていない場合には，前年期の支払実績やインタビューに基づき，評価基準日時点で計上されているべき債務が実際に発生していなかったかどうかについて確認する。

(2) その他の引当金

　企業会計原則では，将来の特定の費用または損失であって，その発生が当期以前の事象に起因し，発生の可能性が高く，かつ，その金額を合理的に見積もることができる場合には，当期の負担に属する金額を当期の費用または損失として引当金に繰り入れることとしている。したがって，M&A対象企業の財務諸表が企業会計原則に則って作成されていれば，上述の退職給付引当金や賞与引当金のほか，必要な引当金は負債に計上されているはずである。デューデリジェンスにおいては，計上された引当金残高の妥当性および期間帰属の正確性，ならびに計上項目の網羅性について検討する必要がある。

　計上額の妥当性について検討するには，計上額の根拠となる計算資料等を入手し，見積方法の妥当性について検討して再計算を行う。またこの際，当該費用・負債の発生原因がいつの期に属するかについて明確にし，費用・負債および引当金の期間帰属が正しいことを確認する。

　計上項目の網羅性について検討するには，そもそも貸借対照表に表れていない項目を探し出す作業であるから，インタビューによるか，損益計算書の検討を通じて行うほかはない。インタビュー事項については，オフバランス項目の項を参照されたい。事業を営んでいくうえで経常的に発生する費用または損失であれば，過去期の損益計算書にすでに計上されているはずであるので，これらについて引当金を計上する必要がないかどうか検討する。たとえば製品保証引当金やポイント値引引当金がこれに当たる。経常的に発生するものではないものについては，評価基準日以降調査日時点までの損益計算書を見ることで発見できる可能性がある。評価基準日以降に重大な費用・損失が発生している場合，その原因となる事象が評価基準日時点で発生していたかどうかについて検討し，そうであれば評価基準日時点の財務諸表に計上するよう修正する必要がある。

11 営業外損益，特別損益

M&Aを目的とした価値評価では，M&A対象企業の本業に関わる営業活動から生み出される収益力をその基準としているため，デューデリジェンスにおいては，本業の営業活動に関わる損益とそれ以外とを明確に区別することが重要となる。

調査のポイント：
■本業の営業活動に関わる損益が営業外損益または特別損益項目に混在していないかについて確認する。

手続／（必要情報）：
■営業外損益および特別損益の各残高の内容を理解し，非営業項目であることを確認する。（貸借対照表残高の内訳明細）
■計上額の妥当性について検討する。（計上額の根拠）

発見事項の取扱い：
■営業損益が営業外損益または特別損益に混在していることが判明した場合は，インカムアプローチまたはマーケットアプローチによる価値評価上，正常利益を修正する。

M&Aを目的とした価値評価では，本業の営業活動から生み出される収益をその基準としており，財務デューデリジェンスでは本来の正常収益力を推定することが1つの重要な目的となっている。これによりデューデリジェンスにおいては，本業の営業活動に関わる損益である営業損益とそれ以外とを明確に区別する。すなわち，営業外損益および特別損益を調査する際には，本業の営業活動に関わる損益が営業外損益または特別損益に混在していないかを確認する必要がある。

(1) 営業外損益

　企業会計原則に従えば，営業外損益には，営業活動以外の原因から生ずる損益が含まれる。通常含まれるものとしては，受取利息・割引料および支払利息・割引料，有価証券売却損益，有価証券評価損益等が挙げられる。

　上記企業会計原則に基づく営業外損益の定義は，M&Aを目的とした価値評価においても変わりなく，M&A対象企業が会計原則に従って会計処理をしている限りにおいてはデューデリジェンスでも特段の修正は必要ないと考えられる。しかしながら，特にM&A対象企業が外部監査を受けていないような場合，管理目的等により，または粉飾等の特定の意図から，独自の判断で営業損益項目を営業外損益に計上しているケースがしばしば見受けられるので注意が必要である。卸売業を営むある会社では，メーカーからの受取リベートと小売店に対する支払リベートのうち，特定の条件に基づくものを，他のリベートと区別するため営業外利益と営業外損失にそれぞれ計上していた。リベートは，もちろん，M&A対象企業の本業に関わる収入・費用であるので，営業損益に含める（具体的には，受取リベートは売上原価のマイナス，支払リベートは売上高のマイナスにする）べきである。純損益には影響がないが，インカムアプローチまたはマーケットアプローチによる価値評価では正常利益を修正する必要がある。

　営業外損益のうち支払利息については，資金調達コストを表す科目であるので平均利率を算出するなどにより，M&A対象企業の資金調達の効率性を測ることができる。

> 平均利率＝支払利息÷[（有利子負債期首残高＋有利子負債期末残高）÷2]

　上記の方法により算出された利率と借入契約書等による利率とを比べて，乖離が大きいと思われる場合には，借入金残高の期中の変動が大きいことが考えられる。この場合には，期首と期末の平均ではなく四半期末あるいは月末ごとの平均をとることにより数字は近くなるはずである。上記にもかかわらず数値の説明がつかない場合には，有利子負債または支払利息勘定に把握しきれてい

ない要素が含まれている可能性があるので，残高の根拠となる資料や内訳書を入手したり，インタビューを行うことにより原因を追究する。

また，こうした借入金の期中変動と前述の運転資金の季節変動の整合性を確かめることにより，ビジネスにとっての正常な運転資金変動以外から生じている資金ニーズについてさらなる調査や分析を進めていくことになる。

(2) 特別損益

企業会計原則に定められる特別損益とは，「臨時損益」および「前期損益修正」であり，「臨時損益」に含まれるものは，固定資産売却損益，転売以外の目的で取得した有価証券の売却損益，災害による損失，「前期損益修正」に含まれるものは，過年度における引当金の過不足修正額，過年度における減価償却の過不足修正額，過年度における棚卸資産評価の訂正額，過年度償却済債権の取立額等となっている。

上記企業会計原則に基づく特別損益のうち，前期損益修正に関する損益，なかでも営業損益に関するものについては，M&A目的の価値評価上，正常損益の推移を正確に捉えるため，過去に遡って各年度の損益を修正する。臨時損益については，それが真に「臨時」あるいは非経常的であるならばM&A目的の価値評価上も同様の解釈であり，特段の修正は必要ないが，実際には経常的に計上すべきと考えられる営業項目についてそれをせず，ある特定の期に「臨時」的にまとめて損益認識するというケースがしばしば見受けられるので，こういった例についてはインカムアプローチまたはマーケットアプローチによる価値評価上正常利益を過去に遡及して修正する必要がある。例としては，棚卸資産の評価減を特別損失に計上しているケースが挙げられる。棚卸資産で発生する不良・陳腐化・過剰在庫は，事業を営んでいく限り（金額の大小は別として）経常的に発生する性質のものであるので，将来発生する損失を見込んで見積額に基づき定期的に費用計上していなければ，損益計算書は事業の実際の収益力を示すことにならない。棚卸資産に対する引当金を一定の見積基準に基づき定期的に計上しているにもかかわらず，なんらかの予測不能な突発的な理由，たとえば火災事故により追加的な損失が発生してしまったような場合に

は，もちろん，価値評価上も特別損失と考えられる。

特別損益に計上されている金額については，それが実績値であれば正確性に問題がある可能性は低いが，見積額に基づくあるいは見積額を含む場合には（たとえば事業再編費用），その計算根拠を入手して見積方法の妥当性について検討する必要がある。

12 オフバランス項目

オフバランス項目では，財務諸表に表れていない，買い手にとって不利益となる事項が存在していないことを確認することがその目的であるので，主にインタビューにより調査を行う。該当がないと思われる事項についても，責任ある役職者から直接，該当ない旨の回答を得ること自体が重要なプロセスとなる。

調査のポイント：
■財務諸表に表れていないが将来費用，損失，あるいはキャッシュアウトが発生する可能性のある事項について明らかにする。

手続／（必要情報）：
■訴訟事件等の有無について確認し，ある場合には内容を把握して損害賠償等の金額・敗訴や和解等で当該損害賠償額の支払が現実化する可能性について検討する。（訴訟事件等の有無，その詳細情報）
■税務当局等の公的機関からの更正・査定・賦課の有無について確認し，ある場合には内容を把握して金額・現実化する可能性について検討する。（これらの事項の有無，詳細情報）
■契約による偶発債務の有無について確認し，ある場合には内容を把握して金額・現実化する可能性について検討する。（これらの事項の有無，詳細情報）
■債務保証の有無について確認し，ある場合には，内容を把握して債務が発生する可能性・その金額について検討する。（これらの事項の有無，詳細情報）
■重大なクレームの有無について確認し，ある場合には内容を把握して損失ま

たは費用が発生する可能性・その金額について検討する。（これらの事項の有無，詳細情報）
- ■解約不能のリース契約の有無について確認し，ある場合には契約内容と残リース債務の詳細を入手する。（これらの事項の有無，契約書，残リース料計算書）
- ■買戻条件付売買契約，セール・アンド・リースバック契約の有無について確認し，ある場合には内容を把握して損益や資産・負債が適正に計上されているかどうかを検討する。（これらの事項の有無，契約書，会計処理）
- ■デリバティブ取引の有無について確認し，ある場合にはM&A対象企業の会計方針を把握して時価評価による含み損益を推定する。（デリバティブ取引の有無，会計方針，契約書等取引詳細）
- ■資産の使用に関する制限の有無について確認し，ある場合にはその内容を把握する。（これらの事項の有無，詳細情報）
- ■重要な契約における株主の異動条項（Change of control 条項。株主が変動する際に契約が解除になる等の条項）の有無について確認し，ある場合にはその内容を把握する。（これらの事項の有無，詳細情報）
- ■設備投資等に係るコミットメントの有無について確認し，ある場合にはその内容と金額を把握する。（これらの事項の有無，詳細情報）
- ■インセンティブボーナス等業績連動型報酬の有無について確認し，ある場合には報酬支払が現実化する可能性を検討し，その金額を見積もる。（これらの事項の有無，詳細情報）
- ■計画中または実行中のリストラの有無について確認し，ある場合にはその内容および今後見込まれる費用について把握する。（これらの事項の有無，詳細情報）
- ■重大な後発事象の有無について確認し，ある場合にはその内容を把握し，価値評価あるいは買い手の買収に関する意思決定に与える影響について検討する。（これらの事項の有無，詳細情報）
- ■関係会社・グループ会社との取引の有無について確認し，ある場合にはその内容および条件について把握し，第三者取引との差異を推定する。（これらの事項の有無，詳細情報）

発見事項の取扱い：
- ■買収後戦略との整合性について考慮する。
- ■該当ある場合，価値評価上，純資産価額，正常利益，あるいはキャッシュフ

> ロー計画を修正する。

　オフバランス項目については，基本的に財務諸表に表れていない情報を探すわけであるから，調査の方法としては，(a)マネジメントへのインタビュー，(b)経営会議等の議事録や稟議書のレビュー，(c)外部監査人の監査調書や指摘事項等のレビュー，(d)内部監査資料のレビュー，(e)各種契約書のレビュー等によりリスクになりそうな事項を見つけることから開始する。リスクになりそうな事項を発見したら，事実関係に詳しい担当者にインタビューする，裏づけとなる資料を入手する，リスクを定量化する，法務デューデリジェンスを担当する弁護士に連絡をとって専門家の意見を聞く，等のステップに進む。一般的には下記の事項について検討するが，該当なしと思われる事項についても，責任ある役職者から直接該当なしという回答を得ること自体が重要なプロセスとなる。

(1) 訴訟事件等による偶発債務

　M&A対象企業を被告として現に裁判上で係争中の事件や未確定の係争案件がある場合，または賠償請求を受けている件がある場合には，事件の経緯，請求されている金額，現在の状況，顧問弁護士の見解等の詳細情報を入手し，損失負担が発生する可能性および予想される損失の金額について検討する。M&A対象企業の引当状況と比較して，必要と考えられる場合には，買収価格に修正を加える，買収契約書に売り手の補償条項を加える等の措置について検討する。

(2) 公的機関からの更正・査定・賦課による偶発債務

　M&A対象企業に税務調査が入り更正通知を受けている場合，あるいは更正通知を受ける可能性がある場合には，関連資料やインタビューにより詳細情報を得て，発生する可能性および予想される税債務の金額について検討する。M&A対象企業の引当状況と比較して，必要と考えられる場合には，買収価格

に修正を加える，買収契約書に売り手の補償条項を加える等の措置について検討する。

環境調査により環境汚染の責任あるいはその可能性が指摘されている場合も，回復費用等の関連債務について上記とほぼ同様の手続をとる。

(3) 契約による偶発債務

たとえば，M&A対象企業がJV（ジョイントベンチャー）等に出資していてそのJV契約で出資先企業の財務状況が悪化した場合には追加出資することに合意している場合には，出資先の財務状況次第で追加出資が発生する可能性がある。JV契約書やインタビューにより詳細情報を得て，追加出資の義務が発生する可能性および見込まれる出資額について検討する。追加出資額が貸し倒れる可能性もあるため，純資産価額に影響を与えたり，価値評価上損益計画やキャッシュフロー計画に修正を加える必要があるかもしれない。また，当該JV契約の承継を望まない場合には，あらかじめ売り手やM&A対象企業のグループ他社に引き取ってもらう等の交渉・取決めを行い，売買契約書にその旨を明記するようにする。

契約による偶発債務のその他の例として，M&A対象企業が本件の前にM&A取引を行っており，その売買契約の中で価格調整条項を結んでいるが調査日時点で価格調整手続が完了していないケースを考えてみる。このような場合，その価格調整の条件および結果次第では，追加の買収価格を払ったり，または受け取った売却代金の一部を払い戻したりしなければならない可能性がある。多くの場合，価格調整手続は調印後数ヶ月以内には完了するため，調査中にこういったケースに遭遇する例はそれほど多くないと思われるが，価格調整条項やその他の補償・免責条項の中には対象期間を長くとってあるものもあるので注意を要する。こういったケースを発見するためには，まず，過去数年内にM&A取引が行われたか否かについてマネジメントにインタビューし，該当ある場合には関連契約書を閲覧し，契約内容について把握することが必要になる。

> **ケース**
>
> 　P社（M&A対象企業）の子会社であるS社がI社からの出資を受けることになったが、この出資に関しては、ある一定の条件の下でI社から要求があった場合には、P社はI社の所有するS社株式を買い取る義務がある、という契約内容になっていた。P社を対象会社とする財務デューデリジェンスを行っていたとすると、S社の株式をI社から買い取る義務を偶発債務として取り扱う必要がある。具体的には、「ある一定の条件」について把握したうえで、この債務が発生する可能性について検討し、状況に応じて買収価格を下方修正する、買収契約書でS社株の買取りが不利に行われることのないよう何らかの条件を設けておく等の措置をとる。

(4) 債務保証

　M&A対象企業が他社の借入金等の債務に対して保証を行っていると、債務不履行となった場合にM&A対象企業の保証に対して履行請求がなされるので、デューデリジェンスでは偶発債務と同様に取り扱う。債務保証の有無について確認し、ある場合には、関連契約書やインタビューにより詳細情報を得て債務が発生する可能性および予想される債務の金額について検討する。M&A対象企業の引当状況と比較して、必要と考えられる場合には、買収価格に修正を加える、買収契約書に売り手の補償条項を加える等の措置について検討する。

　なお、M&A対象企業がその子会社の債務に対して保証を行っている場合で連結グループを買収する場合には、連結財務諸表ベースでみれば（子会社の債務は貸借対照表に計上されているため）影響がないが、買収範囲が連結グループ全体ではない場合など、状況次第では考慮が必要となる。

(5) 重大なクレーム

　M&A対象企業が販売した商品等に関して販売先顧客からクレームを受けて

いるような事実がある場合には，その後の成り行き次第で，貸倒損失が発生したり，訴訟事件に発展する可能性がある。顧客から重大なクレームを受けているような例がないかを確認し，ある場合には，関連資料やインタビューにより詳細情報を得て，損失あるいは費用が発生する可能性および予想される損失・費用の金額について検討する。M&A対象企業の引当状況と比較して，必要と考えられる場合には，買収価格に修正を加える，買収契約書に売り手の補償条項を加える等の措置について検討する。

(6) 解約不能のリース契約による残リース債務

「リース取引に係る会計基準」では，リース取引はファイナンス・リース取引とオペレーティング・リース取引の2種類に分けられ，ファイナンス・リース取引とは，リース契約に基づくリース期間の中途において当該契約を解除することができないリース取引またはこれに準ずるリース取引をいうとしている。したがって解約不能の（または法的には解約可能であっても解約に際して相当の違約金を支払わなければならない等の理由から事実上解約不能と認められる）リース契約がある場合には，ファイナンス・リース取引として原則は通常の売買取引に係る方法に準ずる会計処理（「売買処理」）が行われる。すなわち，借り手はリース物件とこれに係る債務をリース資産およびリース債務として財務諸表に計上する。しかしながら，同会計基準では同時に，ファイナンス・リース取引であっても，リース契約上リース物件の所有権が借り手に移転すると認められるもの以外の取引については，通常の賃貸借取引に係る方法に準ずる会計処理（「賃貸借処理」）に準じて会計処理を行うことができるとしている。実際には多くの場合がこれに該当し，リース債務は計上されていない。しかしながら，解約不能またはこれに準ずるリース取引では，将来のリース期間にわたり，もしくは中途解約に伴いリース料もしくは違約金の支払（キャッシュアウト）が起こることを想定しておく必要がある。

(7) 買戻条件付売買契約, セール・アンド・リースバック契約等による利益操作

　監査委員会報告第27号「関係会社間の取引に係る土地・設備等の売却益の計上についての監査上の取扱い」に記載のとおり，土地・設備等は，著しく時価と乖離した帳簿価額が付されているものもあるので，利益操作に利用される場合が多い。たとえば，関係会社に土地・設備等を譲渡して利益を捻出した後，当該資産を正当な理由なく買い戻したような場合は，形式上売買契約など法律上の要件が満たされた取引であっても，会計的には，固定資産について評価益の計上が行われたと同一の結果を招くことになり，妥当な処理とは認めがたい。同報告では，関係会社間の土地・設備等の取引について，いくつかの留意事項を設けており，それらの事項を総合的に判断して会計上の利益が実現したかどうかの判定を行うこととしている。また，買戻しがあった場合の監査上の取扱いについてもいくつかの基準が設定されている。したがって，これに基づいて会計処理および監査が行われている場合には，益出し目的の売買取引による不適切な利益がM&A対象企業の過去の損益計算書に認識されていることはないと考えられるが，必ずしも会計基準に則っていない可能性もあるので，買戻条件付売買契約・取引がないかをマネジメントにインタビューすると同時に，過去数年において土地・設備等の売却が行われている場合には，取引の概要について調査する。特に関係会社との取引について注意すべきであるが，それ以外の取引についても確認する。

　セール・アンド・リースバック取引も上と同様の観点から調査すべきである。セール・アンド・リースバック取引とは，物件の所有者がその物件を売却し，売却先から当該物件のリースを受ける取引である。リース取引の会計上の取扱いは，通常の賃貸借取引に係る方法に準ずる会計処理（「賃貸借処理」）または，通常の売買取引に係る方法に準ずる会計処理（「売買処理」）のいずれかによるが，セール・アンド・リースバック取引においては，リースの対象となる物件の売却に伴う損益の会計処理が重要なポイントとなる。「リース取引の会計処理及び開示に関する実務指針」によれば，セール・アンド・リースバック取引について売買処理を行う場合は，借り手は，リースの対象となる物件の

売却に伴う損益を長期前払費用または長期前受収益等として繰延処理し、リース資産の減価償却費の割合に応じ減価償却費に加減して損益に計上する。ただし、当該物件の売却損失が、当該物件の合理的な見積市場価額が帳簿価額を下回ることにより生じたものであることが明らかな場合は、売却損を繰延処理せずに売却時の損失として計上するものとしている。また、賃貸借処理を行う場合にも、リース物件の売却に伴う損益は、上記の売買処理による場合と同様に繰延処理し、費用に計上したリース料の割合に応じリース料に加減して損益計上することとしている。したがって、M&A対象企業がセール・アンド・リースバック取引を行っていても、同実務指針に基づいて会計処理を行っていれば、利益操作を目的とした取引により不適切に利益を認識していることはないと考えられる。デューデリジェンスにおいては、少なくともインタビュー等で取引の有無について確認し、該当がある場合には取引の経緯について理解したうえで、行われた会計処理が経済実態に則しているか、言い換えれば、当該取引を利用して利益操作が行われていないかどうかについて検討する必要がある。

(8) デリバティブに係る繰延ヘッジ処理・オフバランス取引

　デリバティブ取引には、先物取引、先渡取引、オプション取引、スワップ取引等がある。比較的よく目にするのは、金利スワップ、金利オプション、通貨オプション、為替予約等であろう。「金融商品に係る会計基準」では、デリバティブ取引により生じる正味の債権および債務は、時価をもって貸借対照表価額とし、評価差額は、原則として、当期の損益として処理することとしている。したがって、同会計基準を適用し、原則に従って会計処理が行われていれば、デューデリジェンス目的でも財務諸表を調整する必要はないと考えられる。しかしながら、同会計基準では、同時にヘッジ会計を導入しており、デリバティブ取引がヘッジ手段として有効と認められる場合（「金融商品会計基準」に定めるヘッジ取引時の要件およびヘッジ取引時以降の要件を満たす必要がある）には、ヘッジ会計が適用される。ヘッジ会計では、時価評価されているヘッジ手段（たとえば、金利スワップ、金利オプション）に係る損益または評

価差額は，ヘッジ対象（たとえば，固定または変動金利の借入金）に係る損益が認識されるまで資産または負債として繰り延べられる。この場合，たとえば，ヘッジ手段を時価評価した結果評価損であった場合，この評価損は繰延ヘッジ損失として資産に計上される。これは，ヘッジ対象の相場変動等による損失の可能性がヘッジ手段によってカバーされているという経済実態が反映されているという考え方に基づくものであるが，M&A を目的として財務諸表を見た場合に，評価損である繰延ヘッジ損失は，その時点で実現すれば損失であり，資産価値があるとは認めがたい。実際，米国会計基準では，その他包括利益のマイナス（資本の減少）として計上されるものであり，実質的な企業価値という観点から見れば純資産価額から控除すべき性格のものと考えられる。

さらに，金利スワップの特例処理を適用している場合や，為替予約，通貨スワップ，通貨オプション等で振当処理（「外貨建取引等の会計処理に関する実務指針」による）を適用している場合にはデリバティブ取引はオフバランスになっているので，デューデリジェンスにおいてはその実態について調査しておく。すなわち，時価を入手して含み損益について把握しておく必要がある。

⑼ 資産の使用に関する制限

預金や投資有価証券，設備・不動産等の資産を借入金等の担保に差し入れている場合，それらの使用や処分に制限があり，買収後の戦略によっては支障が起き得るのでその実態を把握しておく必要がある。

⑽ 株主の異動条項

M&A 対象企業の事業にとって重要な販売契約，購買契約や，借入金，株主間契約に，株主の異動があった場合に当該契約が無効あるいは見直しとなる旨の条項が含まれている場合，買収後の経営に重大な影響を及ぼすおそれがあるので，この種の契約がないかを確認しておく必要がある。しかしながら実際には会社が締結している契約書の量は膨大であり，契約を個別に閲覧することにより網羅性を確保するのはきわめて難しい。このため通常は売買契約書にこれ

に関する表明・保証条項を入れておくようにする。また，これに関しては，法務デューデリジェンス結果とのすりあわせを行うことも重要である。

(11) 設備投資等に係るコミットメント

設備投資等重大なキャッシュアウトを伴うものについて，評価基準日時点において，発注済みかつキャンセル不能であるが商品や役務の提供をまだ受けていないとすると，財務諸表には計上されないが，将来キャッシュアウトが発生することは確実である（このような事項を「コミットメント」という）。コミットメントは将来の利益とキャッシュフローに影響を及ぼすので，このような事項の有無，ある場合には，その内容および金額について情報を入手し，利益計画やキャッシュフロー計画に反映させる。貸借対照表上は資産と負債が同額増加するだけであるので影響がない。

コミットメントの他の例としては，長期にわたる購買契約が挙げられる。

(12) インセンティブボーナス等業績連動型報酬

会社がその従業員に対して会社の業績に基づきボーナスを支払うことを約束している場合には，会社の業績が確定するまで支払うべきボーナスの額が確定しないため，引当金が未計上になっている可能性がある。正しくはボーナス支払の基準となる業績が達成される確率と見込まれる支払見積額に基づき負債計上するべきであるので，M&A対象企業にこの種の制度があるかどうかを確認し，ある場合には詳細情報を得て負債計上すべき金額を見積もる。価値評価上，純資産価額を修正し，将来の利益計画やキャッシュフロー計画にも反映させる。

(13) リストラ費用

M&A対象企業がリストラを計画あるいは実行中の場合には，さまざまな損失や費用が通常多額に発生する。このため，リストラ計画の有無について確認

し，ある場合にはその内容および今後見込まれる費用に関する詳細情報を得る。価値評価上，必要に応じて純資産価額を修正し，将来の利益計画やキャッシュフロー計画に反映させる。

⑭ 後発事象

評価基準日から調査日時点までに発生した事象（後発事象）は，評価基準日の財務情報に反映されていないため，M&A対象企業の価値評価あるいは買い手の買収に関する決断に重要な影響を与える可能性のあるものがないかについて確認する必要がある。財務諸表に表れていない情報を探すので，基本的にはマネジメントへのインタビュー，直近の経営会議議事録や稟議書のレビュー等により調査する。該当事項がある，ない，いずれの場合も M&A 対象企業の責任ある役職者の正式な回答を得る必要がある。なんらかの情報開示を受けた場合には，価値評価あるいは買い手の買収に関する決断に与える影響について検討し，対応策をとる。該当ない旨の回答を得た場合には，売買契約書で表明・保証を得るようにする。

⑮ 関係会社・グループ会社との取引

M&A 対象企業がその関係会社やグループ会社と行っている取引については，それらが第三者との取引に準ずる条件になっているかどうかについて検討する。関係会社・グループ会社との取引においては，M&A 対象企業にとって有利な条件になっている場合も不利な条件となっている場合も両方あり得るが，有利な条件になっている場合には特に，M&A 対象企業の損益計算書が過大評価されていることになり価値評価を不利に見誤ることになるし，また買収後にそうした取引の条件が正常化されることにより，追加費用が発生することになる。これらについては可能な限り第三者取引価額との差異を見積もり，価値評価のもととなる利益計画やキャッシュフロー計画に反映させる必要がある。通常の仕入・販売取引のほか，キャッシュマネジメントシステムによる資金の融通に係る受取または支払金利，事務所・設備の賃貸借，経理・法務等の

管理機能について一定のマネジメントフィーもしくは無償でサービスの提供を受けている場合等についても見過ごさないよう注意する。

13 税金，繰延税金資産・負債

　M&Aにおいて税務関連項目は，M&Aスキームによっては大きなキャッシュ（イン・アウト）フローをもたらす可能性があり，将来のキャッシュポジションに直接影響を及ぼす重要な項目である。ただし，株式取得の場合は対象会社の課税関係を引き継ぐ場合が多いため税務上検討すべき点が多いが，営業譲受（資産取得）の場合には税務上のリスクおよびベネフィットの移転はきわめて限定的なものとなる。したがって，スキームが株式取得か営業譲受のいずれかにより，税務デューデリジェンスの作業範囲は大幅に変わることに留意が必要である。以下では株式取得を前提に説明を行う。

調査のポイント：
■会社の税務ポジションを理解する。
■税務関連の簿外資産・負債が存在する可能性と当該簿外資産・負債が顕在化する蓋然性を確認する。
■繰越欠損金の利用可能性に関するリスクを把握する。
■繰延税金資産の回収可能性を検討する。

手続／（必要情報）：
■財務諸表に計上されている税務関連項目を理解し，実効税率等を分析する。（貸借対照表，損益計算書，法定実効税率と実際の税負担率の差異原因分析資料）
■過年度の税務申告書および更正通知等によりM&A対象会社の税務ポジションを理解する。（法人税・地方税申告書，消費税申告書，固定資産税申告書，決算報告書，勘定科目明細，税務上の届出）
■税務関連リスクマネジメント体制を理解する。（税務申告書の作成者，M&A対象会社内税務マネジメント体制，関与税理士の略歴，関与年数および関与

状況，過去の税務調査の状況，結果，ならびに結果に対する対応状況）
■繰越欠損金の発生状況および期限到来状況，ならびに利用可能性を把握する。（法人税申告書別表 7，当期および将来の課税所得の見込み，過去の合併・現物出資等の組織再編行為による繰越欠損金への影響）
■繰延税金資産・負債の内容の把握および回収可能性を検討する。（繰延税金資産・負債の帳簿価額の内訳および計算シート，タックスプランニング等の繰延税金資産の回収可能性検討資料）
■移転価格に関連する項目を把握する。（関連当事者間との取引の状況および取引価格，移転価格税制に対する取り組みの状況，および移転価格に関連する税務調査の状況）

発見事項の取扱い：
■将来の税務調査において指摘される可能性がある項目について，その影響額とリスクが顕在化する可能性の程度を確かめ，M&A 取引スキームや契約条項，価値評価等に織り込む。
■更正の請求により還付請求が可能と考えられる項目について，その影響額を価値評価等に織り込む。
■税務負債が過少あるは過大に計上されている場合，その影響額を確認し，価値評価等に織り込む。
■繰延税金資産の実現可能性に疑義がある場合，その影響額につき純資産（自己資本）の調整項目とする。

　上記の税務関連項目について，効果的かつ効率的なデューデリジェンスを実施するためには，税務リスク顕在化の蓋然性に対する見識が求められることもあり，最新の税制および税務調査の状況に精通し，かつ M&A の経験が豊富な税務専門家が調査を実施することが望ましい。

(1) 税務関連項目の財務諸表計上額を理解する

① 損益計算書

　税引前当期純利益に対する法人税等の負担率（法人税等÷税引前当期純利益）と法定実効税率が乖離している場合，差異の原因分析が必要である。差異の原因として，負担率は高い場合は，交際費等の永久差異となる項目が多いことが考えられ，負担率が低い場合は，税制上の優遇措置を受けている場合や，繰延税金資産の評価引当金による場合がある。事業計画策定等の観点からは，現在の税負担率が今後も継続するものであるかどうかを検討することが重要である。

　固定資産税，事業税，事業所税等の会計処理（売上原価，販売費及び一般管理費，あるいは法人税等に含められているか）を確認し，現在の発生水準および課税対象となる資産等重要な発生根拠を理解する。これらの理解を踏まえ，将来におけるこれらの税負担水準の見込みを検討する。

② 貸借対照表

　未払法人税等に含まれる内容を理解する。重要な未払税金や未収還付金が計上されている場合はその内容と経緯，および支払あるいは入金の予定時期を確認する。

(2) 過年度の税務申告書および更正通知等により会社の税務状況を理解する

　税務関連項目デューデリジェンスにおいては，過去数年間の税務申告書を入手し，会社の税務ポジションを正しく理解することが重要である。ただし，申告書記載事項だけでは会社の税務リスクを理解することは難しく，過去の税務調査の結果である更正通知書や修正申告書を基にその更正・修正に至った経緯等を税務担当者に質問することで，税務リスクの状況を明らかにする。

　会計と税務の乖離を理解するうえで重要なことは会計上の当期利益を課税所

得に調整している別表4に記載される調整項目である。ここには会社の税務上のポジションが示されており、その処理から税務上の簿外資産・簿外負債が判明する可能性がある。また、会社が税務当局へ提出した申請書を確認し、連結納税の採用の有無や、税務上採用すべき会計方針と財務会計上採用している会計方針との相違等を理解する。また、税務上のリスクとは直接関係ないが、税務申告書に記載される情報は財務会計の観点からも重要な情報が含まれることがあるため、税務申告書の理解は必須である。たとえば、決算の早期化により、財務会計上の収益を見積計上する場合や、売上計上漏れがある場合、税務申告書の提出期限は事業年度終了の日から2ヶ月後（延長申請している場合には通常3ヶ月後）であるため、税務申告書においては、見積りを実際の値に置き換えて申告調整されている場合などがある。

税務上の簿外資産・負債が存在する可能性がある主な項目として、収益認識のカットオフの状況、税務上資産計上すべき項目の費用計上の有無、および実質的に役員賞与とみなされる費用の有無等には注意を要する。例として、以下の項目が挙げられる。

(a) 過去押し込み売上等を行ってきた会社においては、会計上は過年度の売上を翌年取り消せばよいかもしれないが、税務上はその取消しが損金として簡単には認められないこともあるので注意が必要である。
(b) 毎期税務上損失を計上してきたような業績不振企業においては、いずれにしても税金は発生しないとの認識から、税務処理がずさんになっていることが多い。このような場合、会社の把握している申告書上の繰越欠損金の額を正しく調整することで、M&A後に含み益のある不動産等を売却したり、債務免除を受ける場合に発生する利益に対して、繰越欠損金が当初の予定よりも大幅に少なくなる結果、課税所得が発生してしまい、不動産売却や債務免除等を実施した際に多額の税金支払が発生する場合があり得る。
(c) オーナー企業の場合は、実質的に役員賞与となる費用が発生している場合や、役員退職慰労金の支給が過大であると認定される場合があるため注意を要する。

(3) 税務関連リスクマネジメント

　税務関連の事務手続，および担当者の能力を理解し，税務リスクがどのように認識・管理されているかについて把握することは，税務処理の信頼性および潜在的な税務リスクの程度を推測するうえで重要である。具体的には，税務申告書等の作成に責任を負っている社内担当者の知識と経験のレベルや，顧問税理士の関与の程度の把握が必要となる。M&A対象会社内に税務の経験と知識が豊富な担当者が存在せず，かつ顧問税理士の関与が限定的である場合は，税務上のリスク管理体制が不十分である可能性がある。税務上の疑問や問題が生じた場合の対応方法について顧問税理士を含む外部の専門家から書面による回答を得ている場合は，その書面を閲覧し，可能であれば顧問税理士に対してヒアリングを実施することが望ましい。

　また，過去の税務調査でどのような点が指摘されたかを把握することは非常に有益である。調査の際，更正決定を受けている場合は，更正通知書を入手し内容を理解する。また，指摘を受けた事項について，調査以降どのように処理しているかを確認し，税務調査を受けていない期間についてのリスクを検討する。

(4) 繰越欠損金

　繰越欠損金がある場合，タックスベネフィットを享受できる可能性が高いが，取得後ベネフィットを最大化するためのタックスストラクチャリングを慎重に検討することが望ましい。そのためには，対象会社すべて（子会社，関連会社を含む）の法人税申告書別表7を入手し，いずれの会社でどのように繰越欠損金が発生し，いつまで利用可能であるかを明確に把握する必要がある。この場合，過去，M&A対象会社が合併，現物出資等の企業再編行為を行っているときに，その再編行為が繰越欠損金にどのような影響を与えるかを検討する必要がある。時として別表7に記載されている繰越欠損金の全額が利用できないケースもあるため，十分な検討が必要となる。

　また，直近の課税所得の見込額を入手することで，直近の繰越欠損金の利用

可能残高を検討することが，M&A実施時におけるタックスストラクチャーの策定上重要である。特に海外の会社を含む複数の会社を同時に買収する案件の場合，各会社の繰越欠損金の状況が，買収企業グループにおけるどの会社が買収主体会社となるべきか（グループの中心企業本体，既存の子会社か，あるいは新設する子会社か）など，ディールストラクチャーそのものに大きな影響を及ぼす事項となる場合がある。

2001年4月1日以後に開始した事業年度において生じた欠損金額について欠損金額に係る更正の期間制限が，現行の5年から7年に延長された。また，2004年4月1日以後に法定申告期限等が到来する法人税について，脱税以外の場合の過少申告に係る更正の期間制限が，3年から5年に延長された。この改正により，税務調査の状況次第では，法人税に関して，過去5事業年度を税務デューデリジェンスの対象期間とすることが必要となる。また，繰越欠損金の利用可能性についての精査が必要な案件においては，対象期間を過去7事業年度とすることも検討すべきである。

(5) 繰延税金

繰延税金資産の回収可能性の検討がポイントである。手続として，繰延税金資産・負債の内容一覧および計算シートを入手し，内容および金額の根拠を理解する。また，繰延税金資産に対して評価引当金が設定されている場合はその計算根拠を把握する。そのうえで，将来の課税所得の見込みおよびタックスプランニングに関する資料を入手し，繰延税金資産の回収可能性を検討する。通常，繰延税金資産の回収可能性の検討は，上述の繰越欠損金の利用可能性の検討とあわせて行われる。なお，繰延税金資産の回収可能性の判断のためのポイントは以下の3点である。

① 収益力に基づく課税所得の十分性

繰延税金資産として貸借対照表に計上されている税務上の便益を，合理的な繰越期間において利用しきれるだけの十分な収益力（課税所得）が将来見込まれるかどうかを検討する。特に，繰越欠損金の利用可能期間が問題になる。将

来の課税所得発生のタイミングによって，繰越欠損金の一部または全部が利用できなくなることが見込まれる場合，繰越欠損金に対応する繰延税金資産の回収可能性に疑義が生じ，評価引当金を計上することの検討が必要になる。

② タックスプランニングの存在

含み益のある固定資産（土地等）や有価証券等を売却することで，通常の事業活動とは別に課税所得が発生する。このような計画に基づくタックスプランニングの効果を前提として繰延税金資産の回収可能性の担保としている場合には，当該タックスプランニングにおける資産売却等がどの程度確実に実施されるものであるか（取締役会決議等を経ているかなど）の検討が重要になる。

③ 将来加算一時差異の十分性

圧縮対象の償却性資産や，税務上一定の期間で取り崩される特別償却準備金等に関連する繰延税金負債がある場合，その解消による課税所得の増加のタイミングとの関係から繰延税金資産が回収できるものであるかについての検討が必要になる。

(6) 企業再編税制

M&A対象会社において，過去に会社分割等による組織再編が実施されている場合，その組織再編が税制上，適格であったか非適格であったかを確認することが重要である。税法上の要件を満たし，税制適格とされる再編では資産・負債は税務上の帳簿価額で移転され，移転に伴う税務上の損益は発生しない。これに対し，税制非適格の組織再編は，実質的に売買取引とみなされ，移転の対象となる資産・負債の税務上の帳簿価額と時価に差がある場合には，税務上，譲渡損益を認識しなければならない。

税制適格なものとして資産・負債を帳簿価額で移転した組織再編が，実際には税制非適格であった場合，追加的な譲渡益課税が生じる可能性がある。また，税制非適格なものとして資産・負債を時価で移転し，税務上の譲渡損失を認識する処理を実施した組織再編が，実際には税制適格であった場合には，そ

の譲渡損失が税務上の費用として認められない可能性がある。さらに，税制適格の要件を満たし，税制適格の処理を適切に行っていた場合でも，繰越欠損金や含み損の利用および引継ぎに制限があるため注意を要する。

(7) 移転価格等

M&A対象会社が海外子会社等と重要な取引を行っている場合，当該海外子会社等との取引の内容および取引価格決定の方法を確認する。通常M&A対象会社にヒアリングを実施すると，「第三者取引価格を用いている」旨の回答を得ることが多いが，移転価格税制に関するリスクの判断においては，当該第三者取引価格の根拠がどのように決められているかが問題となる。また，相手国によって移転価格税制に関する考え方や，リスクが異なるため注意が必要である。M&A対象会社が移転価格のスタディーや，課税当局に対する事前合意等の処置を講じている場合は，その内容を把握する。

また，国内子会社・関連会社や関連当事者との間の取引関係に関しても，取引条件が第三者との取引条件と同様の水準であるかという観点からの検討が求められる。第三者との取引条件と比較して，有利あるいは不利な条件で取引を実施している場合，寄附金あるいは受贈益認定の問題が生じる。

(8) その他

上記以外にも，財務デューデリジェンスの他の分野や法務デューデリジェンスでの発見事項に関して，税務上も論点がある場合が多い。このため，デューデリジェンスのすべての発見事項とそれに派生する問題に関する税務インパクトを分析することが重要となる。

第4章

その他のデューデリジェンス と 留意点

第1節 法務デューデリジェンス

1 法務デューデリジェンスの主要な目的と必要な情報

　法務デューデリジェンスの主な目的は，M&A対象企業を法務の観点から理解し，価値評価に影響を与える法律問題について把握することはもちろんのこと，最適なM&Aスキームや統合プロセスを検討するために法的な状況を理解すること，および株式譲渡契約書等の作成や交渉を効果的かつ効率的に実施するための前提条件となる状況を把握することにある。

　これらの目的のために，法務デューデリジェンスで焦点を当てるべきポイントは大きく以下の3点に集約される。

(1) 案件成立の障害となる法的事項

　M&A対象企業および買収企業の業種やマーケットシェア，あるいは予定しているスキーム等によって，当該M&A案件を実行することが独占禁止法や外国為替及び外国貿易法等によって認められない，または何らかの制約がある可能性がある。その場合，案件を断念，あるいはスキームを大幅に変更する必要に迫られる。したがって，できるだけ早い段階でこのような法的障害の有無について確認し，結果に対して適時かつ臨機応変な対応をとることが，時間およびコストの浪費を抑え，効果的に作業を進めるためには重要である。

(2) M&A対象企業の法的なリスク（法務上の瑕疵）

　M&A対象企業の法的なリスクの把握とは，主にM&A対象企業の法務上の瑕疵の認識と，その法的・財務的な影響を把握することを意味する。法務上の瑕疵の発見が買収等の実行後であっても，損害賠償請求の訴訟を起こすことにより手当てが可能な場合もあるが，損害の立証が困難であったり，訴訟の時点で売り手に支払能力がなかったりする場合もある。また，いずれにせよ，一定の手続や交渉等にかなりの時間がかかる。そのためM&A対象企業および案件の瑕疵をM&Aの実施以前にできるだけ網羅的に把握し，瑕疵に伴うリスクの程度を分析し，価値評価や契約に織り込むことが重要である。

(3) M&A案件の成立・実行のために必要な法的手続

　M&A案件の成立・実行に際して必要な許認可や届出には何があるか，また売り手および買い手が案件成立までに完了していなければならない機関決定等の社内手続は何かに関して，対象となる会社の業種・国籍，M&Aの取引ストラクチャー等によって大きく異なる場合があるため，十分な理解が必要になる。とりわけ，海外での事業の重要性が高い場合には，各国固有の許認可等の事情に精通した専門家が関与すべきである。

2　法務上の瑕疵が発見された場合の取扱い

　法務デューデリジェンスの結果，法務上の瑕疵が発見された場合，その取扱いについて，通常以下のいずれかの選択（複数の選択になる場合もある）がなされる。

(1) 瑕疵が重大なため買収を断念する

　発見された瑕疵が重大で，一定の期限までに瑕疵を治癒することが困難であ

る場合，ディールを断念することが最も合理的な選択肢である場合もある。

(2) 検出された瑕疵を買収前に売り手に修正させる

発見された瑕疵が重大であっても，M&A案件のクロージングのタイミングまでに売り手のコストで瑕疵を治癒することが可能であれば，問題にならない。ただし，この場合，瑕疵を治癒するために必要十分な具体的な手続を売り手がとることをクロージングの前提条件とする旨の記載を株式売買契約書上に含めることが望ましい。

(3) 買収価格を調整する

発見された瑕疵に起因するリスクに見合うだけの調整を買収価格に織り込んだうえで当該リスクを引き継ぐことは，買い手にとって経済合理性のある意思決定である。売り手にとっても偶発債務を金銭で買い手に移転させることで，負担関係を確定できるメリットがある。しかしながら，リスクに見合う調整額の見積りは容易ではないことが多く，情報の不足などから瑕疵の存在が不明確な場合や，瑕疵に起因する法的効果が発現する蓋然性の予測が困難であるなどの場合，売り手と買い手との間で当該瑕疵に関連するリスクの程度についての認識が大きく異なることがある。このような場合，両者が合意できる調整額を決定することが困難になる。また，複数の買い手による入札を行う状況下にある場合，当該リスク見積額を単純に入札額へ反映させてしまうことは，買い手にとって競争上不利になる場合がある。

(4) 将来法的瑕疵が発現した場合に売り手が関連するコストを負担する旨の保証を得る

法的瑕疵のリスクを買収価格に反映させることが困難な場合や，法的瑕疵の存在そのものが不明確な場合などの状況において，株式譲渡契約書上に表明・保証として，将来特定の条件が発生した場合，売り手が一定の補償をする旨の

条項を入れることも考えられる。

(5) 瑕疵に伴うリスクをそのまま受け入れる

　法的瑕疵に伴うリスクが低いと判断された場合等で，当該瑕疵をそのまま受け入れて案件を実行するケースもある。この場合，潜在的なリスクの程度を十分に見極めたうえで受け入れるべきである。

　上記の意思決定は，法的瑕疵の内容,性質,事業遂行上の障害となる可能性，経済的な影響額，影響が生じる蓋然性などの総合的な判断に基づくべきである。法務デューデリジェンスは，法的な瑕疵に関連して買収企業が上記の意思決定を行うために有用な情報を提供することを念頭に実施される必要がある。

3　法務デューデリジェンスの調査対象項目

　法務デューデリジェンスにおいては，M&A取引のストラクチャーやM&A対象企業（事業）が持つ潜在的法的リスクなどのさまざまな要素によって，調査対象項目およびその重点は変わってくるが，自社にとって有利な株式譲渡契約書の作成のために有用な情報を収集すること，および将来の統合プロジェクト・プランニングの実施を念頭に置いた作業が行われることが望まれる。ここでは株式取得のケースを想定し，一般的な調査対象項目を以下に列挙する。

(1) M&A対象企業の概要

　他のデューデリジェンスと同様，法務デューデリジェンスにおいても，M&A対象企業の組織の状況や主要事業・取引の概要等を全体の調査の土台として理解する。法務特有の観点として，M&A対象企業の業種，ビジネスの形態等や，買収企業の業種，およびビジネスの状況次第で，独占禁止法や外国為替及び外国貿易法等の規制に抵触し，案件の成立そのものが困難になるケース

もある。そのため，M&A 対象企業や事業の概要に対して十分な理解が必要である。

　また，案件の対象となる会社の法人格の確認が重要になる場合もある。売り手に悪意がなくても，同時に多数の会社を売買の対象とする案件の場合など，売り手の担当者が売却対象の一部について正確に理解していない場合もあり得る。その際，実際の法人名と提示されている法人名が異なる場合や，会社そのものが法的に存在していない場合等，売り手から提示された法人格等に関する基本情報に誤りがある可能性もあるため注意を要する。

　M&A 対象企業の概要を理解するうえで，重要な会議体の議事録の閲覧は不可欠である。取締役会議事録や経営会議等の実質的な意思決定機関の議事録に重要なことが記述されていることを前提とすれば，過去の議事録閲覧により重要な事項が把握でき，重要事項の調査を比較的網羅的かつ効率的に進めることができる。なお，重要な会議体の議事録を閲覧する際には添付資料等にも注意を要する。データルーム等で開示される取締役会議事録に添付資料が含まれていないことが往々にしてあるが，実質的な議論の内容はこれらの添付資料に記されていることが多い。

　M&A 対象企業が過去に合併や営業譲渡等の企業再編を経ている場合には，その際の法的手続を確認するとともに，関連契約書を閲覧する必要がある。その契約により特定事項につき重大な表明・保証を行うことによる重大な損害賠償リスクや，競業避止条項が存在していることも考えられるため注意を要する。

　M&A 対象企業が中小規模の会社である場合には，取締役会が開かれずに（議事録が残されていない），あるいは必要な決議がないまま重要な行為が実施されている例が往々にしてあるが，法令定款によって取締役決議が必要な場合もあり，案件に重要な影響を及ぼす可能性のある事象については，その法的有効性を検討する必要がある。

　M&A 対象企業の概要を理解するために入手すべき主な資料は，以下のとおりである。

(a) M&A 対象企業の歴史，沿革およびこれまでの事業内容の概略を記載した会社案内等

(b) 会社定款
(c) 最新の商業登記簿謄本
(d) 設立以来の増減資，組織変更，M&A 対象企業の子会社・関連会社の解散・清算等の一覧（日付，取引内容，取引金額，相手先）およびそれぞれの契約書，計画書等
(e) 設立以来の会社分割，合併，株式交換，株式移転，営業譲渡・譲受，子会社・関係会社株式の譲渡等の組織再編の一覧（日付，取引内容，取引金額，相手先）およびそれぞれの契約書，計画書等
(f) M&A 対象企業とそのグループ会社との資本関係の現状および設立以来の変動ならびに事業内容・取引内容の概要を記載した関係図その他の資料
(g) M&A 対象企業における子会社・関連会社の管理，指揮命令，監査に関する規則および管理状況，結果に関する資料
(h) 社内組織図およびそれぞれの分掌業務・事務内容が示された資料
(i) 本店・支店・営業所等の一覧
(j) 所在地，業務内容，所有・賃借の別，営業所の利用を制限する規制・契約，建物の瑕疵・欠陥等
(k) 取締役会規則その他重要な会議体に関する規則，分掌規程，権限規定など
(l) 株主総会議事録，取締役会議事録，監査役会議事録，その他経営会議等会社の経営に影響力を持つ重要な会議体の議事録
(m) 各種会社規則

(2) 株式の状況

　株式譲渡ということはいうまでもなく，M&A 対象企業の株式を取得することを意味する。デューデリジェンスにおいて，取得を予定している株式が表章する権利の内容について，案件の成立の前に把握しておくことが重要である。つまり，売り主から譲渡された株式が表章する権利が，買い手の期待する権利と相違するリスクについて十分な調査が行われる必要がある。
　① 売主が保有する株式が表章する権利を理解するため，発行済株式総数，

種類株その他特殊な株式がある場合にはその状況を把握するために以下の手続を実施する。
- (a) 株式に関する規則（株式取扱規則など）を入手し，M&A 対象企業の株式の取扱いを理解する。
- (b) 過去の新株発行，株式の分割，併合，償却，償還，および新株引受権，新株予約権，転換社債，新株引受権付社債等の発行に関する資料を入手する。また，株式に関連する質権，対等権その他権利制限または負担の有無を把握する。

② 譲渡対象株式について正当な持分としての実在性および過去の譲渡等の権利移転の適法性を確認するための以下の手続を実施する。
- (a) 譲渡対象の株券のコピーを入手し，株主名簿との突合せを実施する。
- (b) 過去の株式の所有関係の変動（株主の推移）に関する資料を入手し，株式の異動の適法性を確認する。
- (c) 過去の譲渡等の権利移転の原因となった事由，移転時期，譲渡人，譲受人，移転株式数，株券交付の有無を確認する。
- (d) M&A 対象企業の定款に株式の譲渡制限規程がある場合は，過去の譲渡等の権利移転について取締役会での承認の有無を確認する。

③ 株式の譲渡には株券の交付が必要であるため，株券発行の有無の確認が重要である。また，株券および株主名簿の管理状況に不備がある場合，将来株主名簿に記載されていない者が株券を提示し株主としての権利を主張してくる可能性が高くなる。株券の状況を把握するための具体的な手続は以下のとおりである。
- (a) 株券の発行または株券不所持の申し出の有無を確認する。
- (b) M&A 対象企業の株主が保有するすべての株券および M&A 対象企業が保有する子会社・関連会社の株券のコピーを入手する。株券不所持の場合は，不所持に関する書類一式を入手し，確認する。
- (c) 株券の失効，再交付の状況について把握する。

④ 売り手以外の株主の状況に関する理解も重要である。重要な株主に反社会勢力等が含まれる場合，そのような会社の株主になることはレピュテーションリスク（名声を損ねるリスク）を高めることになり，また，将来

IPOや株式の転売を予定している場合，大きな障害となる可能性があるため，注意を要する。具体的な手続は以下のとおりである。
(a) 最新かつ網羅的な株主名簿を入手し，株主構成を把握する。
(b) 主要な株主に関する情報を可能な範囲で入手する。

(3) 重要な契約

　会社は通常，取引（基本）契約，外注契約，ライセンス契約，共同事業（ジョイントベンチャー）契約等，会社の営業に直接関わる契約のほか，賃貸契約，消費貸借契約，債務保証契約，保険契約等さまざまな契約を締結している。これらの契約書を閲覧し，その契約内容と法務上のリスクを検討する。また，契約書等の書面で規定された条件と実際の取引条件の相違の有無や，明確な契約等を交わすことなく行われている取引または便益の供与（資金，サービス，債務保証等）の有無についても把握しておくことが重要である。

　株式譲渡の場合，譲渡の対象となる会社の契約は基本的にそのまま継承されるが，契約にいわゆる Change of Control の条項（支配権移転の場合の契約解除権）が付されている場合には，契約相手からの契約解除権が発生する場合があるので注意が必要である。特に，ジョイントベンチャー契約，ライセンス契約などは同業者同士で締結されている場合が多く，この Change of Control 条項が含まれていることが往々にしてある。

　借入に関する契約には財務制限条項等のいわゆるコベナンツが含まれていることがある。すなわち，契約上の一定条件に該当する場合に期限の利益喪失事由となる場合や，支配株主変更にあたり事前の通知義務が付されている場合があるので留意する必要がある。なお，期限の利益喪失事由として，「2期にわたって経常赤字になる場合」や「純資産の額が一定金額を下回る場合」などの財務条件がある場合には，財務デューデリジェンス担当者と連携をとり，現在の財務状況がそうしたコベナンツに抵触する可能性につき，早期に検討することが望ましい。

　そのほかに契約上留意すべき項目は，契約の有効期限・自動更新条項，解除権の有無・解除事由およびペナルティ，製品保証，秘密保持義務，競業避止義

務や独占権の有無等である。
　契約に関連する主な調査手続は以下のとおりである。
① 　会社の重要な契約の概要として以下を理解する。
　(a) 　業務の概要（業務内容，業務ごとの収支，取引の流れに関するフローチャート，主要取引等）を理解する。
　(b) 　顧客獲得に関する競業事業者との情報交換，取引先またはその担当者へのキックバック，リベートその他の商慣行を理解する。
② 　業務に関する契約およびその影響を理解するため，以下の項目を確認する。
　(a) 　取引基本契約・代理店契約・業務委託契約等
　(b) 　重要な購入先
　(c) 　重要な納入先
　(d) 　その他の重要な取引先
③ 　ファイナンス契約の状況を理解するため以下の項目を確認する。
　(a) 　借入金その他資金調達に関連する契約書類等
　(b) 　デリバティブ取引，オフバランス取引，先物取引その他これらに類する契約書等
　(c) 　債務保証・担保提供等に関する契約（M&A対象企業が子会社・関連会社または第三者の債務に関して保証する契約，経営指導念書など名称を問わず，実質的にM&A対象企業が子会社・関連会社または第三者の債務を補填し，またはこれらのために担保を設定し，その他責任を負う可能性のある一切の契約）
④ 　重要・特殊な内容の契約等として以下の項目の有無を確認し，該当がある場合は内容を把握する。
　(a) 　長期継続している契約
　(b) 　競業禁止などM&A対象企業の活動を制限する可能性のある契約
　(c) 　契約相手方以外と取引をしない等の排他的条件，または契約相手方に最も有利な条件を付与する条項を含む契約等
　(d) 　多額の金銭を支払うことなく終了させることができない等，終了させることが困難な契約等

(e)　株主構成の変動など，本案件の成立の影響から，終了または解除事由となり得る契約等
　(f)　本案件の成立により，M&A対象企業に対し，損害賠償義務，買戻義務，契約等の相手方当事者の同意・承諾等を取得すべき義務，事前通知義務その他一定の義務を発生させる契約
　(g)　相手方にリベートその他特別な利益供与をする旨の内容を含んだ契約等
　(h)　本案件成立により，購入品の単価や，手数料の額が変化するなど，契約条件の内容に変動が生じる契約等
　(i)　本案件の成立によりM&A対象企業が一定の行為を行うことが制限される，ないし行うことを強制される契約。情報開示やライセンス付与を強制される契約等
　(j)　一般的な取引に比べ特に不利な条件や特別な条件で行われている契約
⑤　株主・グループ会社間契約の状況を把握する。主に金銭消費貸借契約，代行契約，販売契約，業務委託契約，業務提携契約，サービス契約，リース契約，経営指導契約等
⑥　債務不履行もしくはそのおそれのある契約，または近い将来に解除，解約，または更新されない予定のある重要な契約の有無
⑦　業務提携契約，業務委託契約，代理店契約，経営委任契約等，事業遂行上重要な契約

(4) 知的財産権

　特許権，商標権等の知的財産権が会社の主要な価値の源泉となっているケースも多くある。特定の知的財産権を問題なく行使できない場合，期待されたビジネス展開ができず，シナジー効果の発現が期待できない場合があるため注意を要する。法務デューデリジェンスでは知的財産権の状況，案件に関連して懸念される問題点等を把握することが重要である。また，案件スキームによっては，知的財産権の有効性，有効期限とともに，その譲渡可能性についての検討が必要な場合もある。株式譲渡契約等において，重要な知的財産権の移転が可

能であることを表明・保証させる場合もある。

　知的財産権に関連する主な調査手続は以下のとおりである。

① 保有または使用する特許権，商標権，意匠権，著作権，ドメインネーム，サービスマーク，ノウハウその他の企業秘密等につき，その内容を理解し，権利の存在・帰属について検討する。

② 業務システムのハードウェアおよびソフトウェアの概要，およびその利用権限，使用の対価等を確認するとともに，案件成立後における利用権限の移転の可否を検討する。

③ ライセンス契約，システム契約，その他知的財産権に関連する契約の内容を検討する。

④ M&A対象企業が第三者の知的財産権を侵害しているおそれ，またはM&A対象企業が保有あるいは使用する知的財産権に関連する訴訟，紛争，クレーム，その他潜在的な紛争案件がある場合はその内容を確認し，法的な影響を検討する。

(5) 従業員・役員

　人事関連事項に法的な瑕疵が存在する場合，当局から重要な勧告や命令を受ける場合や社会問題に発展する場合があり，従業員のモチベーションや財務状況に大きな影響を及ぼす可能性がある。また，従業員や役員との契約や人事制度，その他の取決め等が統合時に重要な制約となる可能性もあるため，現状の契約や人事制度等に対する十分な理解が求められる。なお，人事デューデリジェンスを別に実施する場合，人事関連項目の調査において，人事デューデリジェンス担当者との連携が重要である。法務デューデリジェンスの人事関連項目の調査では，人事関連の契約・協定，および人事制度の内容把握と，法令等の遵守状況の調査，ならびに従業員，役員，労働組合との紛争等の状況の確認に重点が置かれる。また，法務デューデリジェンスで検出された問題点については，財務デューデリジェンス担当者と連携して，可能な範囲で金額的な影響額を明確にすることが望ましい。従業員に対する重要な簿外債務が存在する場合，譲渡価格での調整や，譲渡以前に精算する取り決めを株式譲渡契約に織り

込む場合もある。

従業員・役員に関連する主な調査手続は以下のとおりである。
① 役員・従業員に関する社内規則（就業規則，報酬規則，退職金規則等）を入手して理解する。
② 従業員の雇用形態（正社員，契約社員，派遣社員，出向者およびパート・アルバイトなど）ごとに，人数，業務内容・役割，雇用条件・処遇の相違，報酬体系（月給制，年俸制，退職金制度の有無，退職年金制度の有無など）を把握する。
③ M&A対象企業および子会社・関連会社の役員の履歴・経歴，選任の経緯（M&A対象企業従業員からの抜擢または派遣役員など），および役員・従業員の兼任状況を把握する。
④ 役員・従業員が代表者である会社との有効な契約を確認する。
⑤ 現在または過去に役員・従業員等との有効な業務委託契約，コンサルティング契約，顧問契約およびこれらに類似する契約があったかを確認する。
⑥ 残業時間および休日出勤の実態，およびそれらの把握方法ならびにサービス残業の実態を把握する。
⑦ 労働組合に関する情報および労働協約書，労使協定を確認する。
⑧ 役員，従業員に対する懲戒事例を把握する。
⑨ 過去の解雇，リストラの状況を把握する。
⑩ 役員および従業員による違法行為，不祥事，不正行為の状況を把握する。
⑪ 労働局，労働基準局，労働基準監督署，または社会保険事務所等から受けた指導，指摘を把握する。

(6) 許認可

許認可が必要な業務を営んでいる会社がM&A対象である場合には，事業基盤としての許認可の有効性を確認することが重要であり，当案件成立後もその有効性を維持することが可能かどうかを確認し，維持できない場合には新た

に許認可を得るために必要な手続や，その難易度を検討することがポイントとなる。また，重要な許認可を移転できることを条件として案件を実施する旨の条項を株式譲渡契約等に含める場合もある。

　許認可に関連する主な調査手続は以下の通りである。

① 業務遂行に必要な許可，認可，届出，登録，承認等につき，それぞれの名称，取得年月日，根拠法令，有効期限，許認可に係る条件等を確認する。

② 必要な許認可のうち，取得できていないもの，取り消されるおそれのあるもの，または本M&A取引に関して，官公庁等の承認・合意や，変更許可申請，届出等が必要なものを把握する。

③ 会社の業務に関連して遵守を要求される法律，規制，規則，条例，業界団体の規制，自主ルール等の内容および遵守状況を確認する。

④ 過去に行政庁，業界団体から受けた命令，指導，注意，指示，罰則，営業停止処分，立入検査，行政指導等の内容を把握する。

⑤ 加入しているあるいは関連する業界団体，私的団体を把握する。

(7) 訴訟紛争

　現在係属中の訴訟等に限らず，それ以外の紛争あるいは予期し得る紛争について網羅的に認識することが重要である。予期し得る紛争とは，たとえば，製造業においては特許権侵害の可能性や，リストラを強行後の労働紛争の可能性などである。また，顧客からのクレーム等の多寡とクレームに対する会社の対処方法について理解を得ることで，将来のリスクをある程度予見することが可能な場合もある。訴訟紛争に関連する主な調査手続は以下のとおりである。

① 会社あるいは役員，従業員が当事者となっていて，現在裁判所等で係属中の訴訟，仲裁，その他の法的手続および紛争の状況を把握する。

② 過去一定の期間の重要な紛争の内容および関連する判決，決定，命令，和解，誓約書等を確認する。

③ 会社，役員，従業員，および労働組合が顧客，業界団体，競争事業者，取引先，暴力団その他反社会的勢力等から過去一定期間に受けたクレー

ム，警告書，催告書，誹謗中傷，その他潜在的な紛争案件の内容およびその対応の状況を確認する。
④　上記につき，M&A対象企業の法務担当者，および，M&A対象企業の顧問弁護士や，その他特定の訴訟案件に関与している弁護士へのヒアリングを行う。

(8) 環境

　環境リスクは，近年の環境意識の高まりとともに，企業にとって見過ごすことのできない重大なリスクとなってきている。特にM&A対象企業が製造業の場合には，重要な調査項目である。法務デューデリジェンスの一環としての環境関係の調査は，M&A対象企業の法令への遵守状況の調査，当局の調査結果や，当局への報告書類等の調査，過去にM&A対象企業が行った調査報告書のレビュー等により行われる。より詳細な調査は，環境の専門家による環境デューデリジェンスによって行われることが多いが，法務デューデリジェンスと環境デューデリジェンスが連携して実施されることが望ましい。環境問題は金額の影響が不確実でかつ，大きな財務的な影響がある場合も多いため，株式譲渡契約等における条項の記載には十分な注意を要する。また，環境問題はその影響の大きさから，株式譲渡契約書における「表明・保証」の項目に「開示された以外の環境問題が存在していない」旨を表明し，「存在した場合には処理費用を売り手が負担する」旨の保証を記載することが多い。また特定の環境問題が明らかな場合，関連費用の負担関係をあらかじめ株式譲渡契約書上定めておく場合もある。そのためにも，M&A対象企業の環境問題に関連する情報を広い視野から十分に検討することが望まれる。
　法務デューデリジェンスとしての環境調査の主な実施項目は以下のとおりである。
①　環境問題（排水，汚水処理，産業廃棄物，有害物質，土壌汚染，水質汚濁，騒音，振動，臭気等）に関連して，官公庁から受けた通知，指導，勧告，および第三者から受けた苦情等を確認する。
②　会社が実施した環境調査の概要・結果を把握する。

③　産業廃棄物等の運搬および処理などの環境関連の許認可の状況あるいは契約関係を理解し，本 M&A 成立に及ぼす影響の有無を確認する。

第2節

人事デューデリジェンス

1　M&Aにおける人事問題と人事デューデリジェンスの重要性

　M&A後の統合において，間接部門の人件費削減や，重複する店舗を統合整理することによる営業部員の人件費削減など，人事に関連するコストシナジーの発現が期待されることが多い。人材および組織（以下，総称して，人的資源という）は企業を支えるために不可欠な要素である一方，人的資源の生産性はリーダーシップやモチベーションといった，ややソフトで見えにくい要素に大きく影響を受けるため，人的資源を維持・管理することは容易ではない。M&Aの失敗の原因として人事および組織の問題が多く挙げられるのは，人的資源が持つこのような不確実性がその理由の1つであると考えられる。

　人的資源を十分に活用し，組織を機能させ，M&Aの実行で期待されるシナジーを発現させるためには，人材および組織の状況やモチベーションの源泉となる要因等に関する調査（すなわち人事デューデリジェンス）を実施し，その結果をもとに十分な統合プロジェクト・プランニングを行い，統合プロジェクト・プランニングで策定された計画に従って統合プロセスをマネージすることが重要である。

2　統合における人事上の諸問題

　統合にあたって検討すべき人事関連の経営課題は大きく，(1)期待されたパフォーマンスを維持・拡大することと，(2)期待されたコストシナジーを発現さ

せることに主眼が置かれる。統合プロジェクト・プランニングの実施にあたり，統合対象となるそれぞれの会社の人事制度や企業文化等の違いをよく理解したうえで，これら2つの命題を同時に満たすために具体的な統合計画の策定をする必要がある。

(1) パフォーマンスを最大化するための問題

統合後に期待されたパフォーマンスを上げるために以下の要因に対する検討が必要になる。これらは主にリーダーシップやモチベーションに影響を及ぼすものである。

① 統合される会社の経営陣をいかに組成するか
② キーとなる人材をいかに確保するか
③ 人事制度や評価制度をいかに統合するか
④ 公正な人材の配置と登用をいかに行うか
⑤ 従業員向けのアナウンスメントおよびコミュニケーションはいつどのように実施するか

(2) コスト削減の問題

統合によって期待されるコストシナジーを発現させるために検討すべき要因は以下である。

① 人員削減を伴う組織のリストラクチャリングをいかに円滑かつ低費用で実施するか
② 報酬制度（給与・賞与）をどのように統合するか
③ 年金や福利厚生およびその他のインセンティブプラン等をどのように統合するか

ただし，これらは同時にモチベーションにも影響を及ぼすものであるため，パフォーマンスの維持・拡大を図りながらもコストを削減するという，相反する命題をうまくバランスさせ，マネージする必要がある。

3　人事デューデリジェンスの要点

　人事デューデリジェンスでは，M&A対象企業の人材および組織について，経営層の能力・適性・マネジメント行動や，経営計画の実行状況，労働組合と経営層との関係，要員構成，人件費の業界水準との比較，人件費の変動比率，経営戦略や経営環境と整合性のとれた人事制度を実施しているか，といったことを調査していく。統合を意識した人事制度および組織の調査が必要である。事業統合後もしくは事業取得後の人事政策に関連する項目については，優秀な人材の散逸を防ぎ円滑な事業の承継を促進するためにも，スムーズな統合を目指し，早い段階から対処することが重要である。

(1) 組織構成と運用状況

① 組織構成と運用

　M&A対象企業の組織構成，職務権限関係，職務分掌を確認し，意思決定がどのように行われているのかを把握する。経営理念や行動基準が明確となっているかを確認し，役員会の運営方法，社員への方針伝達，意思決定ルール，レポートラインを把握することで，トップマネジメントのビジョンや重点領域が従業員に適切な形で適時に伝達されるしくみになっているかを確認する。

② 労使関係

　労使関係を理解するうえで，まず労働組合組成の有無を確認し，労働組合が存在する場合は，加入率や上部団体の状況，社外の政党系組合員の存在などを確認し，労働組合の性質を理解する。また労働協約の内容やこれまでの重要な労使交渉の経緯についても把握しておく必要がある。

(2) 人件費

① 給与体系および給与水準

給与体系を理解し，水準については賃金（月例給・賞与・インセンティブ）のみならず，福利厚生（退職金制度，住宅関連制度，貸付金制度等を含む）についても総合的に調査することが必要である。また，これらを含めた1人当たりの人件費の絶対額や推移を把握し，同規模の同業他社，同地域の他社等と比較調査する。

人員構成別の比較も重要である。貢献度からみた世代間人件費配分が不公平であるなど，給与体系のひずみは，モチベーションの低下をもたらす可能性がある。モチベーションの低下から案件成立後の新戦略の実現に必要な優秀な人材の士気を下げ，人材の散逸といった最悪の事態を招く可能性もある。

② 福利厚生制度・その他のインセンティブ

法定福利厚生（健康保険組合，厚生年金基金），法定外福利厚生（退職金制度，住宅関連制度，貸付金制度等），およびその他のインセンティブプランについても総合的に調査する。

③ 年金・退職金

統合後の従業員給付制度全体を見直すためには，できるだけ早い段階から退職給付制度を慎重に検討することが特に重要となってくる。日本企業の場合，退職給付自体が生涯賃金に占める割合が高いうえに，多くの場合は確定給付型の退職金・退職年金制度となっているから，退職給付債務の額が巨額である企業が多い。また確定給付型の制度のもとでは金利水準の推移，年金資産の運用状況等の管理不能な外部要因が今後の退職給付費用に大きな影響をもたらす。見方を変えれば，M&Aは制度設計をし直す絶好の機会でもあることから，退職給付制度をはじめとした報酬体系全般の見直しを検討することが望ましい。

(3) 労働条件とその運用状況

　労働条件は，統合時に社員にとって給与の次に目のいく事柄である。特に労使双方にとって重要なのが就業条件である。M&A等において，2つ以上の組織が統合される場合には，すべての就業条件が同じであることはあり得ず，まったく相容れない就業条件を持った組織が1つにならなければならない例は少なくない。この場合にはまず，それぞれの就業条件の洗い出しが必要である。どこがどのように異なるのかを細部まで正確に把握する。そのために，就業規則・付属規程類，ならびに運用規程などの内規も照らし合わせ比較表を作成する。健康保険の給付内容など通常目に触れないもの，あるいは人事慣行となっている事柄についても明らかにすることが重要である。その後，終業時間，休日，有給休暇，育児休暇，福利厚生等各項目について業界における競合他社の状況，ならびに新組織としてのあるべき姿にも鑑み，統合後のあるべき姿について検討する。ここで重要になるのは，合併における経営面での要件をにらみながら，就業条件全体のバランスをとることである。これは「トータルコンペンセーション（金銭面だけで捉えない人事，総報酬制度とも呼ぶ）」の考え方にもつながるものである。組織統合の場合，すべての項目においてよりよい条件を選ぶことは，コストの制約もあるため，通常は不可能である。統合両者の不利益と好条件をうまくバランスさせ，組織全体の経営・人事戦略にも鑑みながら，どちらの組織に所属する社員にとっても明らかな不利益とはならないよう，かつ，モチベーションを保ち，より活性化した組織をつくるべく，線を引くことが肝要である。デューデリジェンスでは，このようにM&A後の統合も念頭に置き，調査を進めていく。

(4) 人材

①　経営層の調査

　経営層の能力・適性・マネジメント行動の質について確認するための手続として，経営層の能力調査が挙げられる。その際，会社と経営層との間にかなり

特殊な雇用契約が締結されている例もあるので，契約内容に関しては注意深く理解しておく必要がある。

経営層の調査にあたっては，まずその経歴，バックグラウンドを把握する。勤続年数，過去・現在のポスト，過去の職歴，経験等が重要な項目として挙げられる。

マネジメント能力やスキルについては当該経営者へのインタビューとともに，他のキーパーソンとのインタビュー結果も踏まえて総合的に判断する。社内の派閥の理解も重要である。同族会社や社長が創業者社長である場合には，特に経営陣同士の関係の把握が今後の人事配置を考える際のキーとなることも多い。

経営陣との雇用契約や報酬については，役員報酬のみならず，役員賞与，ストックオプション，役員退職慰労金等すべての役員給付の状況を調査する。一部の経営者を残し，外部から優秀な人材を招き入れる場合には，そのための適正なコストを検討する必要がある。

② 従業員の調査

従業員に関してはまず事業部別，雇用形態（正社員，契約社員，嘱託社員，パートタイマー，派遣社員等）別，役職・等級別等に従業員数，および賃金の現状と推移を把握する。また，雇用形態別に雇用契約内容を調査する。さらに，特に正社員については，性別，平均年齢，年齢分布，勤続年数も把握する必要がある。また出向契約の有無やその給与負担の状況についても調査が必要である。

③ キーパーソンの把握

キーとなる従業員が誰であるかを把握する。特に技術者，研究者や，取引先とのつながりが強い人材等の散逸は企業に決定的なダメージを与える可能性もある。これらのコア人材については，経験，スキル，過去の人事評価の結果と昇進，ポジション，給与水準等を調査する。これらの情報をもとに，キーパーソンの流出を防ぐために有効な手段を検討する必要がある。

④ 採用・離職の状況

会社の採用方針，採用者の推移，離職率についても調査する。また，同じ離職率であっても，コア人材の離職・ノンコア人材の定着の場合には注意が必要であるから，退職者の経験，スキル等についても適宜調査する。

⑤ モチベーションの源泉の検討

従業員のモチベーションの源泉となるものは，業種や従業員の年齢構成などの違いからさまざまであり，さらには個人ごとにも異なるものでもある。モチベーションの重要な源泉として，一般的に給与水準およびその他の福利厚生の水準が挙げられるが，そのほかにトップマネジメントの経営理念やカリスマ性，将来のビジョンを明確に示している形成姿勢やコミュニケーションの能力の高さ，業種や組織構造に起因する企業文化，会社のブランド力や特定の取扱商品に対する評判などが，従業員にとって金銭的なインセンティブよりも強力なモチベーションの源泉となっている場合がある。特にキーパーソンにとってのモチベーションの源泉を正しく理解することは，キーパーソンを効果的に引き留めるため，また，統合された会社の組織運営を考えるうえでも重要である。

4 他のデューデリジェンスとの関連

(1) 法務デューデリジェンスとの関連

現状の人事関連の規則および運用が，法令等に遵守したものであるかを検討する。

具体的には，就業規則およびその附属規則（賃金規定，育児／介護休業規定，退職金規定，旅費規程等），労使協定・労働協約，雇用契約，時間外手当の支給状況（サービス残業問題等で最近特に注目されているリスク），社会保険の加入（パート社員を多く雇用している企業では特に注意が必要），出向契

約，業務委託契約に係る法令遵守状況を確認する。

(2) 財務デューデリジェンスとの関連

　調査を実施した結果，M&A 対象企業の財政状態，あるいは統合後新会社の収益やキャッシュフローに影響を及ぼす項目については，財務デューデリジェンスチームと協力して資産価値あるいは事業価値へのインパクトを検討すべきである。すなわち，人件費（社員および役員）に関連して，基本給，賞与，ストックオプションなどのインセンティブの詳細を調査検討し，また，有給休暇の未消化残高，退職給付債務，および時間外手当の未支給残高等を明らかにし，財務インパクトを見積もる。

第3節

IT デューデリジェンス

1 企業における情報技術(IT)への依存とM&AにおけるITの重要性

　今日ほとんどの企業において情報技術（IT）は業務の根幹をなしており，企業の業務プロセスとITのプロセスが同義であるほどITに大きく依存している。ITを利用した業務フローをはじめ，蓄積された各種データや，Eメール等のコミュニケーションのためのインフラなど，ITは企業が価値を創造するための重要かつ不可欠な要素になっている。M&Aにおいて，ITシステムの統合は事業プロセスの統合と同義であり，円滑な統合を実現するうえでの重要性はきわめて高い。M&A対象企業の付加価値の源泉となる業務が，ITシステムに大きく依存している場合，案件成立後に競争力の源泉を継続・維持できるかどうか，また，付加価値や競争力を維持するために必要な投資はどの程度であるかを検討しておく必要がある。

　統合によって期待されるシナジー効果として，重複する業務の集約化，業務の効率化，拠点の集約等によるコストシナジーが挙げられる。これらコストシナジーを発現させるため，また，ITコストの削減を実現するためには，情報システムおよびデータの統合がキーとなる。情報システムやデータ統合に必要なコストや投資は往々にしてキャッシュフローや損益に与えるインパクトが大きく，また，組織やシステム統合が，企業統合の正否に大きな影響を与える。したがって，デューデリジェンスの段階から，M&A後の統合を踏まえた調査が必要である。また，システム移行・統合時に重要なコストの発生が予想され，価値算定に大きな影響を与える場合，ITシステム，データ，業務オペレーション，組織等の移行におけるリスクやコストを事前にできるだけ正確に

把握することが重要である。

　さらには，会社の一部を切り出した事業（カーブアウト）が売買の対象となる案件や，それまで親会社等のシステムに依存してオペレーションを実施してきた会社が対象となる案件では，事業存続に必要なITシステム・データ・業務オペレーションの切り出しが必要であるが，容易に行えることのほうがまれである。独立事業として存続し，付加価値を維持するために必要なITシステム，データ，業務オペレーション等を把握し，切り出した要素が機能するための条件を理解したうえで，切り出しの難度や方策，問題点を分析し，計画を立案する必要がある。また，資産価値や利用価値の高いデータやITシステムがある場合，その切り出しが可能か否かによって，事業価値に大きな影響が出ることもあるので留意が必要である。

　さらに，現行のシステムやソフトウェアが所有権や著作権の問題で案件成立後，継続使用できない場合や，システム使用のライセンスがグローバルライセンス契約になっており，ソフトウェアライセンスの継続利用に追加コストが発生する場合，また，業務委託先との契約等の理由で，サービス内容やコストに変更が見込まれる場合などは，M&A後これまでと同じコストで現行のITシステムを運用することができなくなる場合があるため注意を要する。

2　ITシステム統合プロジェクト・プランニングとITデューデリジェンス

　今日多くの企業において，業務プロセスの見直しはITシステムの見直しを意味している。M&A後の統合プロセスにおけるITシステムの統合は，ITシステムと業務フローを，これまでのしがらみを断ち切って，長期的な視野に立った最適な構成にデザインし直すための絶好の機会となり得る。このシステムの変更において，当初は開発コストやデータ統合のコストがかかるが，効率的なシステムに置き換えることで，保守運営コストなど，トータルのITコストの削減に結びつくことが期待できる。コストシナジーとしてのITコストの削減とシステム統合の混乱を避けて円滑な統合を実現するためには，十分な統合プロジェクト・プランニングが不可欠である。ITシステムの統合プロジェ

クトにおいては，問題が後になって発見されてしまうと必要なコストが増加するため，できるだけ早い段階から，検討を開始する必要がある。また，ITシステムに関する統合プロジェクト・プランニングの結果，予定されているスケジュールでの統合が困難であると判断された場合には，統合のスケジュールあるいはスキーム自体の見直しが必要となる場合もある。M&A対象企業のITリスク（すなわち業務リスク）を検討し，円滑な統合を実施するための統合プロジェクト・プランニングを十分に行うためには，ITデューデリジェンスの実施が重要になる。資料の閲覧，担当者へのインタビューを通じ，現在使用しているシステム，データ，業務フローの概要と会社の管理体制についての情報を得ることがその出発点となる。

3　ITデューデリジェンスの対象領域

　ITシステムは通常，業務プロセスに直結しているため，ITデューデリジェンスの対象領域は他のデューデリジェンスとの関わりがある場合が多い。財務デューデリジェンスとの関係として，主にシステム投資や保有運営・管理にかかる費用，キャッシュフローについては，連携して効率的な調査を実施することが望ましい。また，ライセンスの状況等については法務デューデリジェンスとの連携が望まれる。**図表4-1**は，ITデューデリジェンスの対象領域とIT以外の領域との関連を示したものである。

4　ITデューデリジェンスの対象項目

　ITデューデリジェンスの調査項目は以下であるが，早期に統合プロジェクト・プランニングを実施するために，効率的に必要な調査を実施することが望まれる。また，調査内容がITの専門分野に及ぶため，M&A対象企業のIT部門の責任者に対するヒアリングを実施することが望ましい。

図表4－1　ITデューデリジェンスの対象領域

	事業モデル	人・組織	業務オペレーション	法務	財務	コンプライアンス
【企業全般に係る対象事項】	・事業戦略 ・IT戦略 ・競争優位性 ・付加価値 等	・情報化推進体制 　-社員 　-派遣社員 　-アウトソース ・保有技術スキル ・企画力、 プロジェクト推進力 等	・財務会計 ・管理会計 ・人事・給与 ・顧客管理 ・製造管理 ・在庫管理 ・販売管理 ・Webサイト ・ナレッジマネジメント 等	・ソフトウェア ライセンス等のIP 資産 ・ベンダーとの契 約条件 等	<B/S> ・ハードウェア資産 ・ソフトウェア資産 ・リース資産 <P/L> ・運用費 ・保守費 ・IT投資計画、実績 ・外部業務委託費 ・ライセンス費 等	・セキュリティポリシー ・個人情報管理 ・各種業務規定 ・監査実施状況 等
【IT特有の対象事項】		<技術基盤> ・ネットワーク基盤 ・技術プラットフォーム ・ソフトウェア 等	<保守・運用> ・セキュリティ ・パフォーマンス ・効率性 ・可用性/冗長性 ・キャパシティ/データ処理量 ・障害、問題管理 等		<その他> ・バックアップ方法と実施状況 ・コンティンジェンシー体制 ・Web掲示板等の風評対策 ・建物等の耐震・火災・漏電対策 等	

(1) 技術基盤の把握

① システム構成の概要として，各システムの名称と位置づけ（フロント・ミドル・バック，業務系・情報系），主な機能，対応取引，リリース日，開発属性，ハードウェア，ソフトウェア，用途，取扱データ，ユーザー部門，協力会社およびその作業内容について把握する。
② ハードウェア・ネットワーク・アプリケーションシステム・ソフトウェア・ツール構成を理解し，その管理手続およびライセンスの内容を把握する。
③ ネットワーク基盤および技術プラットフォームの概要を理解する。

(2) 開発体制，システム投資

通常会社は環境の変化に伴い，業態・業容について変化を求められる。新しい業務の開始や，業務フローの見直しが必要になった場合，また業務の拡張を実施する際，システムの新規導入あるいは見直しが不可欠となる場合が多い。したがって，システム開発を戦略的，論理的，効率的に実施できる体制を維持することが重要であり，デューデリジェンスにおいて，開発体制およびシステム投資の現状を十分に理解することが統合プロジェクト・プランニングには不可欠である。

① 開発体制

開発体制として，社内に専門人員がどの程度いるか，あるいは開発の外注はどのベンダーにどのような内容の開発を依頼しているかを把握する。

② システム投資

システム投資の適正性を把握する尺度として，TCO（Total Cost of Ownership）評価が知られている。TCOはコンピュータシステムの導入，維持管理などにかかる費用の総額を意味している。従来コンピュータシステムのコストは製品価格（導入費用）で評価されることが多かったが，近年のコンピュータ

システムの複雑化や製品価格の下落などにより，コンピュータシステムの維持・管理やアップグレード，ユーザーの教育，システムダウンによる損失など，導入後にかかる費用（ランニングコスト）が相対的に大きな存在となったため，企業ユーザーの間で注目されるようになったものである。IT関連の投資対効果を判断するためには導入費用ではなく，TCOを用いる。

過去のシステム投資実績および将来のシステム投資計画を理解するため以下の手続を実施する。

① 過去のシステム開発・更改の履歴を入手分析し，過去のシステム開発実績の論理性および効率性を検討する。
② 短期情報システム計画書，中期・長期情報システム計画書を入手分析し，現在のシステム環境との整合性を検討する。
③ システム開発計画・案件選定の状況として，案件名および概要，開発ベンダー，費用見積，開発期間に関する情報を案件別に把握する。
④ 外注しているベンダーに対する管理状況を確認し，無駄なコストが発生していないかを検討する。

(3) 情報システム部門の状況

システムの保守・運用は業務プロセスを円滑に継続するために重要な役割であり，管理に関わる適当かつ十分な人材が不足している場合は，適切なレベルの人材の確保，あるいはアウトソース化等の対応が必要になる。調査手続として，情報システム部門の組織構造と職務権限および情報システム部門に属する人員のバックグラウンドを把握する。また，ネットワーク管理の状況，システムトラブル等の管理規定/手順，障害管理・問題管理の状況，ポリシー規定の整備/遵守状況について把握する。

(4) セキュリティ対策

セキュリティ対策の状況として，M&A対象企業のセキュリティーポリシー，セキュリティースタンダード，アクセス管理（ID/パスワード等の登録

抹消手続，コンピュータ室等への入退出管理手続とこれらの運用），ネットワークの外部接続に関する情報，およびウィルス対策等に関して理解する。

(5) 可用性・冗長性

可用性・冗長性とは，システムの安定性を確保するための手立ての程度を意味している。ハードウェアの二重化や，ミラーサーバ，バックアップ方法と実施状況，障害回復手続，災害復旧手続，建物等の耐震・火災・停電対策などのコンティンジェンシープランなどを把握し，システムダウンに係るリスクを検討する。

(6) キャパシティ・データ処理量

データ処理の容量を確認し，今後取り扱うデータ量が増加した場合における現行のシステムでの対応可能性を検討する。

(7) 運用コスト

システムの運用コストとして，システム保守，業務委託，システム関連の外部委託契約の内容，およびハードウェア・ソフトウェアのリース契約の内容を確認する。

(8) その他

そのほかにWeb掲示板等の風評対策や，個人情報保護法への対応状況について確認し，関連するリスクを検討する。

第4節 環境デューデリジェンス

1 環境問題の重要性と環境デューデリジェンスの意義

　社会の環境への関心の高まりに相応して、企業の環境問題の重要性が増す傾向にある。土壌の汚染状況を知らずに会社等を取得した場合、将来の汚染浄化に必要な費用や近隣への補償などのために予測外の損失を被る可能性がある。したがって、M&A対象企業が保有する施設や土地等に関連する環境汚染の状態を事前に調査し、リスクを適切に把握することが重要である。

　環境問題は現在の事業の内容や規模に関係なく、企業の存立そのものに影響するほどの莫大な金額的影響を及ぼす可能性がある。そのため、M&Aの実務上の意思決定において、環境問題はしばしばM&A案件実施の可否を左右する重要な要因（ディールブレーカー）となる。このように、環境リスクの評価は投資リスク評価における重要な要素の1つであることから、会社の事業に関連する排水、排気、土壌および地下水汚染、騒音等の環境リスク評価を行う環境デューデリジェンスの重要性は高い。

　近年、わが国においても環境法制の整備が進み、その結果、環境関連の法令遵守は企業の重要なリスク要因としての重要性が高まっている。環境デューデリジェンスは、環境関連の法令遵守の状況や現在の訴訟の状況等の把握との関係から、弁護士による法務デューデリジェンスの一環として実施されることも多い。しかしながら、潜在的な環境リスクの把握や、環境リスクの金額的影響の推定は高度な専門知識が必要とされる。そのため、環境問題に関する技術的専門性を有する者の関与が望ましい。また、仮に重要な環境リスクがある場合でも、環境法令等の立法趣旨や運用上の問題から法令遵守上問題ない場合があ

ることに注意を要する。さらに，環境法令は国による差異が大きく，M&A対象に外国の会社あるいは不動産等が含まれる場合は，対象国の環境関連法令の理解はもちろんのこと，その実際の運用上の位置づけを把握することが効果的な環境デューデリジェンス実施の鍵となる。

2 日本における主要な環境関連法令（土壌汚染対策法）

　日本における種々の環境関連の法令は都道府県等により制度や運用の実態が異なる場合もあるので，M&A対象企業の所在地等についても注意を要する。ここでは，現在最も重要な環境法制とされる土壌対策汚染法の概要を以下に示す。

　土壌汚染対策法は，健康被害が懸念されるほどに汚染された，あるいはそのおそれのある土地所有者に対して，土壌汚染の状況調査と土壌汚染による健康被害の防止措置としての汚染の浄化等を行うことを義務づけるものとして，2003年2月に施行された。同法の骨子は鉛やヒ素，トリクロロエチレンなどの人の健康に係る被害を生ずるおそれがある有害物質を製造していたり，使用していた工場または事業所跡地を宅地へ用途変換したりする際に，都道府県知事が「土壌汚染のおそれがある」と認めた場合，当該土地の所有者等（所有者，管理者または占有者）が一定の基準による土壌調査を求められるものである。調査の結果汚染が確認されると，その除去等の措置として浄化処理を実施しなければならない。同法において都道府県知事は土地の所有者に対して健康被害を防止するために必要な限度において，汚染の除去を命じることができると規定されている。また，汚染原因が現在の所有者以外の行為によって発生したことが明らかな場合は，都道府県知事は汚染原因となる行為を行ったものに対して汚染の除去を命令できるとしている。ただし，行政実務上，都道府県知事の命令が発動される基準が必ずしも明確ではなく，仮に汚染の事実があっても，現状の使用で汚染が拡大するおそれが重大ではないと判断された場合や，土地の用途に変更がない場合，また，土地や製造設備が一定規模を下回る場合には同法による規制対象とはならない。

3 日本での最近の環境問題の事例

(1) 重金属汚染された旧工場用地等を居住用住宅として販売

　X社が，精錬所跡地を再開発した不動産（高層マンション，オフィスビル，ホテル等商業施設が入居する再開発地区）について，地下湧水から基準を超えるヒ素とセレンが検出された。ただしこれは土壌汚染対策法に抵触するものではなかった。本件では汚染の事実を知りながら告知せずに住宅を販売したとして，宅建業法違反（重要事項の不告知）を問われていたが，これについても起訴猶予となっている。ただし，約75億円の補償金を住民に支払う旨の合意がなされた。

(2) アスベスト被害

　大手機械メーカーY社が同社旧工場の従業員ら78人がアスベストを原因として発症するガン「中皮腫」で死亡していたことを公表したことを契機に，建材メーカー，造船・自動車・鉄道車両メーカー，電力・ガス会社などから相次いでアスベストによる死亡や健康被害の報告がなされた。アスベスト被害は労災の問題から公害に発展する可能性さえ見られる状況にある。アスベストの輸入禁止・使用禁止の法規制は1988年から2004年にかけて段階的に実施されたものであり，被害が明らかになった一連の企業は基本的に法規制に抵触してない。ただし，道義的に補償負担を行っている企業が多い。

(3) 違法排水および水質データ改ざん

　Z社製鉄所で有害なシアン化化合物を含む違法排水を続けたことに加え，水質データを改ざんして報告していたことに対して，A市は水質汚濁防止法に基づく行政指導と，公害防止協定の順守を求める改善指示を行った。

4 環境法令上の責任と実質的な環境に対する責務

　上述の重金属汚染土地の転売やアスベスト被害のように，企業に法的な落ち度があるとは必ずしもいえない場合においても，道義的に何らかの責任を負う必要が生じる可能性がある。また，日本では法解釈で争うよりは和解で解決するケースが多いため，法的に問題ないことがイコール環境リスクに伴う財務的リスクがないとは必ずしもいえない。特に土壌汚染対策法は基本的に土壌汚染等に伴う健康被害を食い止めるために最小限必要と考えられる処置について規制したものであり，同法で規定される，環境調査および汚染除去の実施命令は，行政の判断の余地が大きく，過去に実際の行政命令が出されたのは「著しい」あるいは「重大な」健康被害が生じる可能性があるとされた事例に限定されている。したがって，行政命令がないということで，汚染の程度が軽微であるとは必ずしもいえない。また，上述した水質データ改ざんの例のように，違反に対するペナルティが行政指導等に留まり，重大ではない現状において，M&A対象企業が実施している環境関連調査および行政当局への報告が環境リスクを検討するうえで必ずしも有用であるとは限らない。
　したがって法務デューデリジェンスによる環境法制等に関する法令遵守の状況に関する調査のみでは，将来に重大な影響を及ぼす可能性のある環境リスクを看過してしまうかもしれない。

5 欧米の環境法令

　M&A対象が海外の会社，あるいは海外に拠点を有する会社である場合，対象となる国の環境法制の特徴を知ることで，環境法令遵守が意味するところを理解することが，効果的な環境デューデリジェンス実施のうえで重要である。以下に米国とヨーロッパ（EU）での環境法制の特徴を示す。

(1) 米国

いわゆる「スーパー・ファンド法」と呼ばれる CERCLA（Comprehensive Environmental Response, Compensation, and Liability Act of 1980）により，一定の土壌汚染等が発見された場合，汚染土地に関与するすべての者（汚染原因者に限定せず現在の保有者や使用者等）が一義的に包括的連帯責任により，完全に浄化する義務を負う。すなわち，過去から存在した汚染の事実をまったく知らずに購入した者であっても，所有履歴に名を連ねただけで，義務を負うことになる。もちろん最終的には汚染原因者に対して賠償請求を行うことになるが，民事訴訟のための時間とコストがかかり，また，汚染原因者がすべての責任を負うだけの財務上の負担能力がない場合，結果として求償ができない可能性がある。したがって，汚染可能性のある土地が米国にある場合，仮に株式譲渡契約書において環境に関する潜在的な債務をすべて売り手側の負担としてリスクを回避したとしても，売り手の財務状況次第では意味をなさない可能性がある。なぜならば，米国の環境当局である EPA（Environmental Protection Agency）は資金余力のある当事者から洗浄費用を徴収する傾向にあり，徴収した後の当事者間での求償行為には一切関与しないからである。EPA による環境債務の徴収は日本の親会社あるいは経営者個人にまで及ぶ可能性がある点にも注意を要する。

(2) ヨーロッパ（EU）

ヨーロッパ（EU）の環境規制は一般に他に比べて厳格であるといわれており，一定の基準・書式による環境調査および報告の実施要領が詳細に定められている。したがって，環境法制に対する遵守の状況が調査対象の環境リスクを図るうえで特に重要となる。法定の報告書が他国に比して，対象企業の環境リスクを反映しているといわれる。したがって環境デューデリジェンスの実施において，当該報告書の閲覧の重要性が比較的高いと考えられる。重要な法制の例として，電気電子製品リサイクル指令（WEEE）や，電気電子機器に含まれる特定有害物質の使用制限に関する指令（RoHS）等に対する対応が求めら

れている。

6 環境デューデリジェンスの手続

　環境デューデリジェンスは一般的にフェーズ1，フェーズ2に区分され，フェーズ1では環境リスクの程度を定性的に，フェーズ2ではリスクを定量的に把握するという点に違いがある。実際の作業のうえで最も顕著な相違はボーリング作業を実施するか否かである。また，フェーズ1手続の実施の要否や範囲を検討するためにフェーズ1以前の初期手続として入手可能な資料をデスクトップで分析し，リスク項目の洗い出しの作業を実施する場合もある。

(1) フェーズ1（定性的なリスクの把握）

　フェーズ1では，調査対象となる会社あるいは事業所に関連して開示された書類を読み，M&A対象企業の責任者および近隣へのインタビューの実施，行政機関への確認作業，および現場視察等を通して当該企業，事業所の定性的な環境リスクの把握を行う。すなわち，どのような有害物質を使用し，どのように処理しているかを調べることで重要な環境リスクが存在する可能性を検討する作業を行う。主要な調査項目は以下のとおりである。

① 調査対象の環境管理体制

　M&A対象企業の環境に対する意識が低い場合，環境リスクは高まる。M&A対象企業全体の環境意識を把握するために，環境関連の部署の有無を確認し，環境担当者の知識や環境に対する意識について理解する。また，大気，土壌，水質，廃棄物，騒音などの環境項目に関し，環境関連法令等への遵法性を会社としてどのように確保する体制をとっているかを確認する。また，M&A対象企業に事業所，工場が複数存在し，環境マネジメントが一元的に行われていない場合には，各事業所単位において，規定，環境記録の閲覧，環境管理責任者等へのヒアリング，製造工程，設備，敷地，周辺状況の視察などを行

うことでそれぞれの環境管理体制を確認する必要がある。

②　環境に関連する許認可の状況

M&A対象企業が行う事業において必要とされる環境関連の許認可の内容を理解するともに、必要な許認可が適切に取得されていることを確認する。具体的には廃棄物の処分・運搬等に関する許認可、および特定物質の使用に関する届け出の状況等が例として挙げられる。

③　廃棄物管理体制

事業所や工場等で発生する産業廃棄物はその保管や処理方法が法令等で定められている場合が多く、その保管・処理の管理状況が法令に遵守しているかどうかを検討するとともに、当該廃棄物が土壌や水質を汚染する原因となっていないかを検討する。

④　取扱物質, 貯蔵物資の状況

危険物質や廃棄物を保有していることは、重要な簿外負債になり得るという認識が重要である。ダイオキシン等の毒性の強い物質や重金属等の使用の有無を確認し、その取扱方法を確認することが重要である。また、M&A対象企業が比較的年代の古い工場である場合、建物の断熱材等としてアスベストが使われている場合がある。現在はアスベストの新規の使用は禁止されているが、将来これを除去するための費用が使用規模によっては高額になる場合もある。さらに、PCB（ポリ塩化ビフェニル）はビルの変圧器や蓄電器の絶縁油などに使用されていたが、現在ではその使用が禁止され、現有のものは所定の方法で保管あるいは処分することが義務づけられている。保管量が大量である場合には保管コストや廃棄処理コストなどの金額的な影響額の見積が重要になる。また、オゾン層破壊物質や放射性物質の保有・利用の有無およびそれらの物質に対する事業における依存状況等を確認することも重要である。

⑤　現在の土地の利用に伴う土壌および地下水の水質への影響

現在実施している事業に関連して想定される土壌および地下水への影響を検

討する。メッキ加工や，金属の切削作業が行われている場合，また危険物質を保管している場合，その土壌および地下水の汚染のリスクは高まる。

⑥ **土地の利用履歴**

土壌汚染の可能性を検討するうえで，土地の履歴，地質，現在および過去における有害物質の使用実績等を把握することが重要である。土地の調査においては，現在の管理体制も重要であるが，現在の操業以前に当該土地において特定有害物質が使用されていた可能性を調査するために，過去の土地の使用履歴についての調査が必要である。

⑦ **水，廃水，雨水の管理状況**

調査対象での水の利用目的，廃水方法，雨水の管理状況によって，重要な土壌汚染，水質汚染が発生する可能性がある。したがって，水の使用状況・処理状況および関連処理設備の状況を調査検討することが重要である。また，近隣地域の地下水の利用状況は重要な検討事項であり，飲用に供されている場合には，調査対象の水処理に伴う環境リスクは増大するため特段の注意を要する。

⑧ **排気している物質および処理方法**

重要な大気汚染の原因となり得る物質の排気の有無，および，排気処理設備の状況等を調査する。

⑨ **環境騒音，妨害行為，苦情等の状況**

工場が使用している機械等が発する振動，騒音，電磁波等により，近隣環境に影響を及ぼし，苦情を受けることがある。工場の操業時間が深夜に及ぶ場合，騒音に関する深刻な環境問題に発展している可能性がある。

⑩ **健康および安全に関する状況**

工場等における作業環境も環境デューデリジェンスの一環として検討する必要がある。危険物質の取扱方法や，粉塵対策により従業員等に深刻な健康被害をもたらす可能性がある。

⑪ エネルギー管理の状況

京都議定書の批准を受け，温暖化ガス発生の管理状況が将来重要になる可能性が高い。その取り組みに関連したコストの発生状況を認識することは対象企業の環境意識を測るうえでも有用であり，また近い将来におけるエネルギー使用量管理に関する費用対効果を検討するうえでも有用である。

(2) フェーズ2（リスクの定量化）

フェーズ1の手続により，土壌汚染等の環境リスクの存在する可能性が高いと判断される場合には，フェーズ2調査としてM&A対象企業（事業所）の環境リスクを定量的に把握するための作業を実施する。フェーズ2における主要な調査項目として以下が考えられる。

① 汚染の実態および拡大の可能性の定量的な把握

フェーズ1調査に基づき，リスクが高いと考えられる特定のエリアに限定して土壌サンプルを採取し土壌汚染の状況を分析調査する。また，フェーズ1で入手した情報（工場やタンク等の配置など）について重要なものは実地の確認作業を行う。その際，どの程度の範囲で調査を行うのかを検討することが重要になる。土壌汚染調査の場合はサンプリングによる調査である。特定の危険性が高い事業所のみに絞るかどうかの判断や，妥当なサンプル数や掘削深度は，有害物質の種類，使用場所，立地条件等により異なる。効率的かつ効果的な調査の実施のためには，これら要素を総合的に勘案する必要がある。また，汚染拡大の可能性およびその影響について定量的に検討するために，地下水の状況等の詳細な調査を実施する。

② 環境法令等の準拠

実地の調査分析の結果，環境基準を上回る汚染がある場合や処理設備に不備があるなどの法令等違反が発見された場合，不適合をもたらしている原因を取り除くためのコストを見積もることになる。つまり，是正するために，新規設

備投資による対応の要否，あるいは人的なリソースの確保の要否等を検討し，必要追加投資見積額あるいは追加的人件費の見積り等，財務インパクトに関して検討する。

③ 浄化方法の検討および浄化費用の見積り

実地調査および分析の結果として環境基準を超過した汚染がある場合，基準を満たすために必要な浄化方法の検討と浄化費用の見積算定を行う。

④ 環境関連設備の投資計画

環境関連設備の投資額について，過去数年間の実績と今後の投資計画を把握する。環境汚染を防止する設備が老朽化していたり，環境保全のための技術水準が低い簡易な設備であったり，さらには今後の環境関連法令等の改正により法規制への遵守が危ぶまれるような設備が設置されている場合には，将来の環境関連設備に対する投資額は増大する可能性が大きいといえる。M&A対象企業の環境関連設備の投資計画をもとにして，関係書類レビューおよび現場視察を通して将来の環境関連設備についての必要投資額を見積もることが必要になる。設備の状況についての定性的な分析は，フェーズ1において行われることもあるが，金額的な影響については汚染の発生および現状の処理能力を定量的に把握することが不可欠であるため，フェーズ2で行われることが一般的である。

7 戦略的視点

(1) 環境デューデリジェンス実施のタイミング

調査のタイミングは事前によく検討する必要がある。環境リスクはできるだけ早期に認識することが望ましいが，M&A対象企業は一般的に案件の成立可能性が高くなった段階あるいは基本合意に達した後にフェーズ2調査に応じるケースが多い。また，フェーズ2調査のコストを勘案した場合，買い手にとっ

ても案件実行の確度がある程度確保された段階で実施したほうが，デューデリジェンス費用という観点から望ましいかもしれない。ただし，フェーズ1で重要な環境リスクが検出され，その金額的影響が投資意思決定上，きわめて重要になった場合，基本合意に至る前にフェーズ2調査を完了することが不可欠になる場合もあるため，状況に応じて調査のタイミングの検討が必要である。

(2) 国別，業種に特有の環境リスクに精通した専門家の利用

既述のように，環境リスクは国や業種により特有であり，対象国の環境法制・慣行，および対象業種特有の環境リスクに精通した者によって調査を実施する必要がある。M&A対象企業およびその子会社等が海外各国におよぶ場合，国際的なネットワークを有する専門家に依頼することが望ましい。

(3) 法務および財務デューデリジェンスとの連携

環境デューデリジェンスは法務デューデリジェンスで実施されることが多い

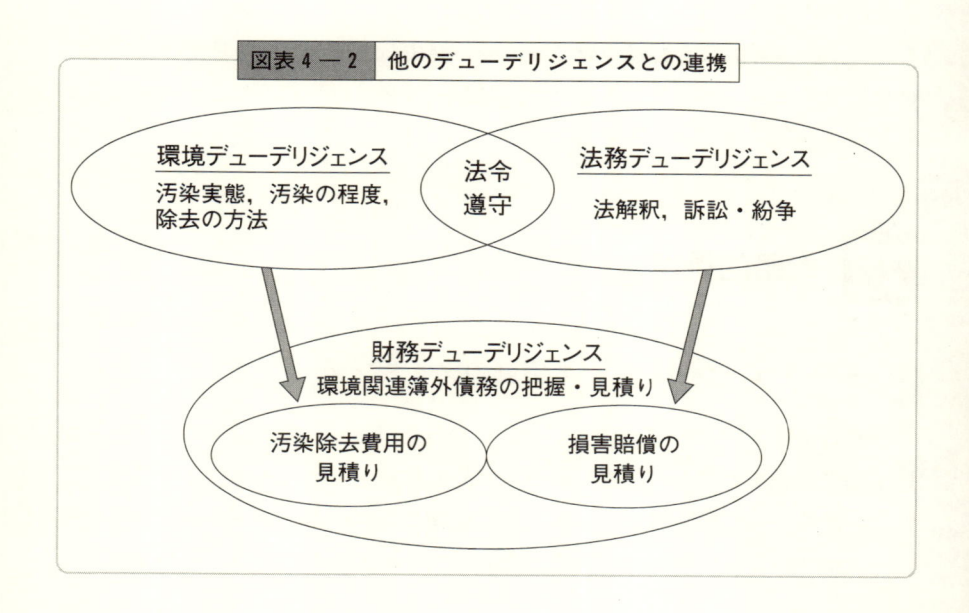

図表4—2　他のデューデリジェンスとの連携

環境デューデリジェンス
汚染実態，汚染の程度，除去の方法

法令遵守

法務デューデリジェンス
法解釈，訴訟・紛争

財務デューデリジェンス
環境関連簿外債務の把握・見積り

汚染除去費用の見積り

損害賠償の見積り

環境関連の法令遵守の調査結果に非常に大きな影響を受ける。また，法務上も環境関連の技術的側面の見解が有用であることが多い。したがって，法務デューデリジェンスで環境関連の法令遵守を検討している場合には，担当する弁護士との連携を密に行うことが望ましい。また，環境デューデリジェンスの結果見積もられる簿外負債に関する情報は，財務状況に重大な影響を及ぼすことがあるため，財務デューデリジェンスチームとの連携も密にすることで，ディール全体としての作業を効果的かつ効率的に実施する。

(4) 買収企業の環境対策部門の登用

買収企業がM&A対象企業（事業）と同種の事業を行っている場合，買収企業の環境対策部門の担当者をデューデリジェンスチームに加え，専門家と協働させることが望ましい。業種特有の環境リスクに対して早い段階で焦点を当てることができ，またM&A後の環境管理の統合プロセスを視野に入れた調査が期待されるからである。

(5) 株式譲渡契約書への反映

環境問題は発生した場合の影響が大きいことから，通常，株式譲渡契約書における「表明・保証」の項目に「開示された以外の環境問題が存在していない」旨を表明し，「存在した場合には処理費用を売り手が負担する」旨の保証を記載する。また特定の環境問題が明らかな場合，関連費用の負担関係をあらかじめ株式譲渡契約書上定めておく場合もある。

第5章

業種別デューデリジェンス の 留意点

第1節 建設・不動産業

　建設業は本質的には請負型ビジネスである一方，不動産業は開発型ビジネスであるため，両者の収益構造は本来大きく異なっている。ただし，建設業と不動産業を一体として事業展開している会社が多数存在していること，プロジェクト型産業であること，開発や生産に長期間を要すること，最終生産物が不動産であること等，共通する点も多数あることから，建設・不動産業として本節でまとめた。

　建設業界や不動産業界は，バブル崩壊後の地価の継続的な下落や過当競争，公共政策の転換等の影響を受け，財務体質が悪化している企業が多数存在している構造不況業種であったことから，近年，通常のM&Aというよりは企業再生・事業再生に関連するM&Aの観点から注目されることが多かった。また，バブル後の処理に関連して，リストラクチャリングという名目のもとに突如として巨額の特別損失が計上されるケースが目についた業種でもある。

　近時，地価の下げ止まり傾向や都心におけるオフィスや住居需要の増大等のプラス要因が出てきているものの，金利水準の動向や公共政策等の大きなリスク要因も依然として存在しており，引き続き動向が注目される業種であることに変わりはない。また，M&Aによる規模の経済が働きにくいこともあって，過当競争を解消しづらい点もポイントと考えられる。

1 建設業

(1) 建設業のビジネスの特徴とリスク要因

① 請負型ビジネスであること

　発注者→元請（ゼネコン）→下請（サブコン）の関係が成り立っており，工事（プロジェクト）の工程ごとに元請と下請のチームが編成される。「建設業法」によって一括下請（丸投げ）の禁止が規定されているものの，当該チーム編成が多数企業の連鎖構造になる傾向が強いことも特徴となっている。請負型ビジネスである建設業において，もう１つの重要なポイントは瑕疵担保責任や製造物責任であり，売上計上後に多額の補修費用や損害賠償が発生することがある。

② 受注産業であること

　建設業は受注がなければ成り立たない，つまりは発注者の存在を抜きにしては語ることのできない業種である。原発注者は政府と民間に大別される。政府からの受注は公共投資政策の影響を強く受ける一方，民間からの受注は経済全般の好不況の影響を受けることになる。建設業（特にゼネコン）においてはロットの大きい受注がなされることがあり，特徴的な会計処理やリスク（大口発注先の財務状況の悪化等）が発生する大きな要因となっている。

③ 公共工事の受注等における特殊性

　公共工事の発注は原則として競争入札によらなければならいため，談合等のスキャンダルが発生し，行政処分の対象となることがあり，たびたび新聞紙上を賑わせる。行政処分を受けた場合は，課徴金や指名停止・営業停止等の処分が課され，将来の受注獲得活動へ重大な影響を及ぼす。

④　自然災害や事故の発生

基本的には屋外での生産活動のため天候等の自然条件の影響を強く受けることになる。また，労災事故や近隣との紛争もしばしば生じる。よって，係争や紛争等の事象が存在している可能性が比較的高く，また，ひとたび当該債務が顕在化した場合には巨額の債務となる可能性が高い。

⑤　典型的なリスク要因

建設業の上場会社各社が開示しているリスク情報においては，以下のようなリスク要因が掲げられており，その多くは上述したビジネスの特徴を背景とする事項となっている。

(a) 公共投資や民間設備投資の減少に伴う建設市場の縮小による受注量の減少
(b) 受注価格競争の激化に伴う採算割れ受注の発生
(c) 請負契約締結時以降の建設コスト（建設資材価格等）の大幅上昇による採算悪化
(d) 施工中の災害（自然災害，事故等）の発生に伴う損失の発生
(e) 業績の季節変動（竣工時期の下半期集中）
(f) 瑕疵担保責任や製造物責任による損害賠償の発生や補修費用の増加
(g) 発注先の倒産等による工事代金の債権回収リスク
(h) 金利変動リスク
(i) 建設業法等の罰則および工事発注機関からの指名停止措置による工事受注機会の逸失

(2) 建設業の財務構造

貸借対照表（資産の部）	
（単位：百万円）	
現金預金	44,750
受取手形	10,310
完成工事未収入金	78,375
販売用不動産	8,215
未成工事支出金	70,980
その他	13,180
流動資産合計	225,810
有形固定資産	35,255
無形固定資産	985
投資その他の資産	40,765
固定資産合計	77,005
資産合計	302,815

貸借対照表（負債・資本の部）	
支払手形	46,385
工事未払金	44,155
短期借入金	49,965
未成工事受入金	48,995
完成工事補償引当金	810
受注工事損失引当金	730
その他	26,240
流動負債合計	217,280
社債・長期借入金	20,050
退職給付引当金	20,215
その他	775
固定負債合計	41,040
資本合計	44,495
負債・資本合計	302,815

損益計算書		
（単位：百万円）		
売上高		312,500
完成工事高	311,593	
その他	907	
売上原価		299,432
完成工事原価	296,273	
その他	3,159	
売上総利益		13,068
販売費及び一般管理費		10,640
給料・賞与	6,708	
雑費	1,947	
その他	1,985	
営業利益		2,428
営業外収益		454
営業外費用		632
経常利益		2,250

工事原価明細書		
(単位：百万円)		
材料費	10.5%	31,109
労務費	14.3%	42,367
外注費	59.1%	175,097
経費	16.1%	47,700
完成工事原価	100.0%	296,273

① **基本的な財務構造**

貸借対照表の基本的な構造は，固定資産・負債に比して流動資産・負債，とりわけ運転資本の割合が圧倒的に高いことが特徴となっている。損益計算書については，営業費のほとんどを売上原価が占め，販売費及び一般管理費の割合は相対的に低くなっている。工事完成原価（売上原価）は，材料費，労務費，外注費，経費から構成されるが，外注費の割合が高い（特にゼネコンでは過半を占める）のが特徴である。

② **建設業特有の勘定科目**

完成工事高：いわゆる売上高である
完成工事原価：いわゆる売上原価である
完成工事未収入金：いわゆる売掛金である
未成工事支出金：いわゆる仕掛品である
工事未払金：いわゆる買掛金である
未成工事受入金：いわゆる前受金である
完成工事補償引当金：完成工事に係る瑕疵担保の費用に備える引当金である
受注工事損失引当金：受注工事の損失に備えるため，手持工事のうち損失の
　　　　　　　　　　発生見込に対しての引当金である

③ **建設業特有の売上認識基準（工事完成基準と工事進行基準）**

企業会計原則注解【注7】において，「長期の請負工事に関する収益の計上については，工事進行基準又は工事完成基準のいずれかを選択適用することが

できる。」となっており，建設業においては工事収益の認識基準として，この両者が並存している。

工事進行基準は，決算期末に工事進行程度を見積もり，適正な工事収益率によって工事収益の一部を当期の損益計算に計上する方法である。つまり，工事請負金額を工期における決算期ごとに進行程度に応じて分割して売上を計上する方法である。

一方，工事完成基準は，工事が完成し，その引渡しが完了した日に工事収益を計上する方法である。つまり，完成引渡し時に工事請負金額全額を売上計上する方法である。

このように，進行基準を適用するか完成基準を適用するかによって，損益状況は大きく異なることになること，また，工事進行基準の適用にあたっては工事進捗率や工事収益率の決定において重要な見積りが介在するため，恣意的な会計処理が行われる余地があることが重要なポイントとなる。

④ JVの会計処理

プロジェクトによっては，JV（ジョイントベンチャー：複数の建設業者が共同で工事を受注・施行するためにつくられた「共同企業体」）が組成されることがあり，特有の会計処理がなされるとともに，JVにおける役割（幹事企業か否か）によって利益率は大きく異なってくる。

⑤ 特有な経営指標

受注残高（手元工事残高），手元工事利益率，未成工事比率（＝未成工事受入金÷未成工事支出金等）等がある。

(3) 建設業におけるデューデリジェンスのポイント

① 事業計画（売上・原価および売上総利益）

建設業は典型的なプロジェクト受注事業であるため，事業計画の策定は，一般的には，受注済案件（手持工事）と新規工事に大別して作成され，手持工事

については，個別工事の売上高・施行高および見通し利益を各期で積み上げ，新規工事については，市場予測をベースにした受注計画を各期の売上高・施行高へ割り振り，過去の利益率を参考にした利益率を乗じて工事利益を算定する形で行われる。

事業計画を見るうえでは，特に以下の点に注意する必要がある。
(a) 手元工事の最終利益見通し
(b) 市場予測と受注計画の相関関係
(c) 過去の受注実績と受注計画の整合性
(d) 過去の実態利益と計画利益の整合性
(e) 赤字工事や低採算工事の想定

② 完成工事高の計上基準

工事完成基準と工事進行基準の適用状況を確認する。原則的な方法として工事進行基準を採用している場合においても，少額の工事や工期の短い工事に対しては工事完成基準を適用する場合があり，また，逆に工事完成基準を採用している場合において，例外的に工事進行基準を適用する場合もあり，実際には両者が併用されていることが多い。

買収企業とM&A対象企業がともに建設業である場合には，M&A対象企業に対して買収企業の会計処理と同様の方法を適用した場合に，過去の損益や実態純資産にどの程度の影響があるかを把握する必要がある（たとえば，M&A対象企業は工事完成基準を適用し，買収企業が工事進行基準を適用している場合）。

③ 完成工事高の過大計上

完成工事高の過大計上は，工事完成基準であれば未完成にもかかわらず期末に完成したものとするケース，工事進行基準であれば実際の進行割合よりも高い進行率を使用するケースが考えられる。特に，工事進行基準を適用している場合は，多くの見積りが介入するため，工事収益や進捗度の見積りにあたってのロジック，計算方法およびそれらの方法の継続性を相当注意深く調査する必要がある。

④ 赤字受注等の状況とトレンド

プロジェクトごとに売上規模や利益率は相当バラつきがあるため，赤字受注や低採算案件の発生状況や，売上と利益のトレンドを把握し，全体の損益に及ぼす影響を検討する。また，逆に大規模かつ利益率の高い案件の売上計上がその期の損益を押し上げることもある。特に，事業計画上では赤字受注や低採算事業を見込んでいないケースがあるので注意が必要である。

⑤ 赤字工事原価の先送り

不採算の工事について，工事が完成したにもかかわらず売上計上せず，期末に未完成として仕掛品のまま繰越計上することによって損失を先送りする場合があるので注意する。

⑥ プロジェクト間の費用付替

あるプロジェクトにおいて発生した費用を当該プロジェクトの費用とせず，工期が先である他のプロジェクト等に付替え処理するケースがあるので注意を要する。時には，受注が存在しない架空のプロジェクトコードにこのような費用が溜まっていることもある。

⑦ 特別損失の内容

ダウントレンドの受注環境が継続する中，しばしば多額の特別損失が発生する場合や，不明瞭な勘定が特別損失に含まれている場合がある。こうした項目については，過去に費用や損失計上を先送りしたものではないかを吟味し，過去の正常収益力に及ぼす影響を分析したうえで，事業計画を検討する必要がある。

⑧ 資金構造

業種の特色でもあるが，季節変動要因により工事資金収支は9月と3月以外は赤字となる傾向がある。通常月は運転資金を調達し，9月と3月の入金でまとめて返済する資金構造である。よって，運転資金のトレンドや調達方法に留

意する。また，手元現金の中には，官庁工事のために拘束されている資金や担保提供されている資金が存在する場合があるので留意を要する。

⑨ 債務保証や担保提供

関連会社，出資先，発注者等に対して債務保証や担保提供をしている場合が多いのも当該業界の特徴である。債務保証履行の可能性や引当金計上の要否について検討する必要がある。また，経営指導念書差入等の債務保証類似行為の存在やこれらが適切に開示されているかについても検討する。

⑩ 偶発債務等

労災事故，近隣住民との紛争，発注者との紛争，瑕疵担保責任や製造物責任等に特に注意する必要がある。

⑪ その他

建設業固有のポイントではないものの，以下については重点調査事項となる。

- 未成工事支出金（仕掛品）の原価性と回収可能性
    プロジェクト受注獲得前の営業政策的な支出が計上されている場合や，請負金額によって将来回収できない支出が計上されている場合がある。
- 完成工事未収入金（売掛金）の回収可能性
    滞留状況を調査するとともに，工事発注者の信用状況や支払能力を吟味し，回収可能性を検討する。
- 不動産の含み損益
    建設業各社の中には大規模な開発事業を行っている会社もあり，不動産の含み損益や減損会計適用の状況を確認することが重要な場合も多い。

2 不動産業

(1) 不動産業のビジネスの特徴とリスク要因

① 業態が多様であること

　不動産に対する関わり方によって，主として，分譲事業（戸建住宅，中高層住宅，宅地，オフィスビル等の業務施設等の分譲），賃貸事業（オフィスビル，商業施設，住宅等の賃貸），流通事業（不動産の仲介，販売代理・販売受託，プロジェクトマネジメント業務等），管理事業（オフィスビル，商業施設，住宅等の運営管理業務）に大別される。また，これらに加え，REITや不動産ファンド運営会社等の不動産流動化事業の市場規模は拡大の一途をたどっており，不動産業を語る場合には欠かせない存在となっている。

　本書においては，上記の各事業のうち，不動産所有リスクを有する事業形態である分譲事業，賃貸事業，不動産流動化事業を狭義の不動産事業と位置づけ，さらに，不動産開発リスクを有する事業形態である分譲事業を最狭義の不動産事業として，これらについて重点的に記述していく。

② 地価や需給動向等の影響を強く受けること

　分譲事業，賃貸事業，流動化事業ともに，地価動向，オフィス・住宅需要動向，中古住宅の流通状況，貸ビルの需給動向の影響を強く受けることになる。

③ 不動産開発（分譲）事業における重要な要素

　不動産開発（分譲）事業における重要な要素は土地仕入，資金調達，販売である。開発には長期間を要し，用地買収や造成等に多額の資金を必要とするため，通常，プロジェクトごとに開発のための特別な資金調達が行われる。そのため，一般的に借入依存度が高く，金利動向の影響を強く受けることになる。

④ 典型的なリスク要因

不動産業の上場会社各社が開示しているリスク情報においては，以下のようなリスク要因が掲げられている。

(a) 景気動向や供給過剰等によるビル市場における賃料水準の低下や空室率の上昇（賃貸事業）
(b) 景気動向，個人所得動向，住宅金利動向等による顧客の購買意欲減退（分譲事業）
(c) 有利子負債への依存度と借入金利の大幅な上昇（分譲事業，賃貸事業，流動化事業）
(d) 減損会計導入の影響と導入後の保有不動産の投資利回り変動リスク（分譲事業，賃貸事業）
(e) 環境問題への配慮と取組み（分譲事業）
(f) 宅地建物取引業法，建築基準法等の不動産関連法制の改廃や新設
(g) 不動産関連税制の変更による，不動産の取得・売却コストの増加や住宅購入顧客の購買意欲の減退等
(h) 近隣住民との紛争が開発計画等の遂行に及ぼす影響（分譲事業）
(i) 分譲事業において物件の引渡時期が下半期（3月）に集中するリスク
(j) 発注先である建設業者の資材・部材調達価格が高騰した場合に，建築費が上昇するリスク（分譲事業）
(k) 瑕疵担保責任による損害賠償の発生や補修費用の増加（分譲事業）

(2) 不動産業の財務構造

以下の財務諸表は，分譲事業と賃貸事業を行う企業の財務諸表の例である。

貸借対照表（資産の部）	
	（単位：百万円）
現金預金	56,150
売掛金	10,620
販売用不動産	247,115

貸借対照表（負債・資本の部）	
	（単位：百万円）
買掛金	81,650
短期借入金等	351,550
未成工事受入金	25,300

仕掛不動産勘定	211,750	預り金	228,200	
開発用土地	68,850	完成工事補償引当金	2,760	
営業出資金	102,100			
その他	449,665	その他	294,550	
流動資産合計	1,146,250	流動負債合計	984,010	
土地	950,350	社債・長期借入金	915,040	
土地以外の有形固定資産	431,460	預り敷金・保証金	366,800	
		再評価に係る繰延税金負債	258,300	
無形固定資産	29,655	退職給付引当金	22,560	
投資その他の資産	810,995	その他	53,650	
固定資産合計	2,222,460	固定負債合計	1,616,350	
		資本合計	768,350	
資産合計	3,368,710	負債・資本合計	3,368,710	

損益計算書

（単位：百万円）

営業収益		805,340
賃貸事業収益	349,000	
分譲事業収益	407,880	
その他	48,460	
営業原価		700,000
賃貸事業費用	305,650	
分譲事業原価	360,800	
その他	33,550	
営業総利益		105,340
販売費及び一般管理費		45,500
販売手数料	9,150	
広告宣伝費	9,900	
販売促進費	7,120	
人件費	9,770	
その他	9,560	
営業利益		59,840
営業外収益		21,350
営業外費用		34,740
支払利息	26,230	
その他	8,510	
経常利益		46,450

① 基本的な財務構造

貸借対照表の基本構造は、固定資産・負債、とりわけ土地と借入金の割合が高くなっており、また、流動資産においては販売目的として所有する不動産の割合が高いことが特徴である。分譲事業に係る不動産は流動資産に、賃貸事業に係る不動産は固定資産に計上されることになる。また、賃貸事業において、差入敷金・保証金（転貸を行う際の差入であり、投資その他の資産に含まれる）と預り敷金・保証金が多額に計上されることも特徴といえる。その他特徴的な勘定科目として、営業出資金が挙げられる。

営業費用においては営業原価の割合が高くなっている。販売費及び一般管理費においては販売関係諸費用の割合が比較的高くなっている。営業外費用においては、支払利息の割合が高くなっている。

② 販売用不動産および開発事業等支出金（販売用不動産等）の評価

販売用不動産等は営業活動に関連する資産であるため、販売用不動産の含み損の処理問題は営業損益に関する事項となる。

販売用不動産等は営業活動にかかる棚卸資産であり、わが国においては原価法と低価法の選択適用ができるものの、実務的には原価法が採用されている場合が多い。

原価法を採用している場合は、販売用不動産等には含み損が潜在している可能性があることになり、また、強制評価減の適用にあたっては、時価の算定が困難なこと、回復可能性があること等を理由に、評価減が先送りされるケースも散見される。

いずれにせよ、低価法を採用していない限り、販売用不動産には含み損が生じている可能性があることに注意を要する。

③ 支払利子の原価計上

不動産開発事業を行う場合の支払利子は、事業の特殊性から、以下のすべての要件を備えているものについては原価に算入することが認められている。つまり、不動産開発事業において特定の支払利子が、財務費用ではなく棚卸資産

原価の一部となることを通じて営業費用を構成することが認められているということである。
- (a) 所用資金が特別の借入金によって調達されていること
- (b) 適用される利率が一般に妥当なものであること
- (c) 原価算入の終期は開発の完了までとすること
- (d) 正常な開発期間の支払利子であること
- (e) 開発の着手から完了までに相当の長期間を要するもので，かつ，その金額の重要なものであること
- (f) 財務諸表に原価算入の処理について具体的に注記すること
- (g) 継続性を条件とし，みだりに処理方法を変更しないこと

より詳細には，日本公認会計士協会業種別監査研究部会「不動産開発事業を行う場合の支払利子の監査上の取扱いについて」を参照されたい。

④ 土地の再評価

土地の再評価に関する法律に基づき，事業用の土地の再評価を行うことができるため，比較的最近に土地の時価評価がなされているケースがある。時価評価を行った場合の評価差額は，評価差額に係る税効果相当額を「再評価に係る繰延税金負債」または「再評価に係る繰延税金資産」として計上し，評価差額からこれを控除した金額を「土地再評価差額金」として資本の部に計上することになる。この場合には，事業用土地は比較的最近の時価で評価されているため，多額の含み損益が生じている可能性は高くないと考えられる。

⑤ 特有な経営指標

賃貸事業においては，施設稼働率・空室率，貸付面積と面積当たり収益（オフィスや商業施設），貸付戸数と戸当たり収益（住宅）等が重要な指標となる。
住宅分譲事業においては，分譲戸数と戸当たり単価等が一般的に重要な指標となる。

(3) 不動産業におけるデューデリジェンスのポイント

分譲事業においては，貸借対照表の中心は不動産と借入金であるため，所有不動産の評価と資金調達コストの把握がデューデリジェンスの最大のポイントとなる。賃貸事業においても賃貸不動産の評価が中心となることはいうまでもない。

① 所有・賃貸不動産の評価

まず最初に大切なことは，重要性の高い不動産について物件個々の稼働状況や時価等を精査することである。

流動資産に含まれる販売用不動産等に関しては，物件の滞留状況を把握し，販売不振による在庫負担の増大，開発プロジェクトの大型化を反映した仕掛期間の長期化，開発許可取得の難航している物件の有無，土地の取得と販売計画との連動性等を確認する必要がある。また，販売用不動産等についても，評価方法（原価法か低価法か）を確認のうえ，含み損益の分析を行う必要がある。

② 資金調達

主力行の資金力や取引各行の支援状況等を確認のうえ，資金調達力を総合的に判断し，資金調達が円滑に行われているか，調達方法の多様化を実施・検討しているかを確認するとともに担保余力を確認する。

また，支払利息等の資金調達コストが財務諸表上に適切に反映されているかを確認するとともに，金利水準の変動が損益に及ぼすインパクトを把握する必要がある。

③ 売上計上基準

分譲事業の場合は物件の引渡時点での売上計上が基本となるが，売買契約時点や分譲代金入金時点での計上がなされている場合がある。一般的な決算月である3月に売上計上が集中することもあり，売上計上基準と期末のカットオフ（売上や利益の期間帰属）に十分注意する必要がある。

④　偶発債務等

　近隣住民との紛争，環境問題の有無，瑕疵担保責任や製造物責任等に特に注意する必要がある。特に，販売済みの物件に土壌汚染が存在している場合には，莫大な処理費用や係争費用が発生する可能性があるため，土壌汚染に対する取り組みや調査方針を含めた詳細な調査が必要となる。

第2節 通信・放送業界

　本節では，インフラ型事業の一例として通信・放送業界を取り上げる。インフラ型としては，電気・電力や輸送等の業界もあるが，昨今最も M&A が活発になされているのは通信・放送業界である。

　インフラ型事業は，基本的に設備投資産業であり，設備の新規投資と維持投資による固定費を設備利用収入で回収していく事業形態と位置づけられる。従来は，設備投資を多額に要することや規制が強いことから新規参入の障壁が高いと考えられていたが，通信産業においては IT 技術の発達，コンテンツやメディアの多様化，MNP（モバイル・ナンバー・ポータビリティ）の導入，固定電話と携帯電話の融合，規制緩和等により新規参入や競争激化に伴う業界再編が激しくなってきている。

　また，インフラ型事業は公共性が高いため，法規制の動向が重要な影響を及ぼすことも特徴である。

　通信と放送はコンテンツの流通形態やライセンス許諾の方法等，本来明確に区別されるものであるが，近時，両者の相互参入や融合が急速に進んでいること，利用者にとっては両者の区別は重要でないこと，また，両者ともコンテンツを流通させるインフラ産業という点では共通していること等から，両者の区別は重要性が低下してきている。

本節においては，通信を中心に記述を行い，放送において通信と相違する点を付加的に記述することにする。

1 通信業

(1) 通信業のビジネスの特徴とリスク要因

① 巨額の設備投資と資金調達が必要となること

設備投資は新規投資のみならず，継続的な維持投資も必要となる。よって，固定費水準と損益分岐構造の管理が重要となるが，技術革新が非常に早く，既存設備の投資回収が未了のうちに次の有力なサービスが始まるリスクを抱えている（特に携帯電話における通信規格の世代交代）。また，通信設備は高度・広範囲にネットワーク化されており，キャッシュフローを生成する単位が大規模な設備群となる傾向がある。

② 法規制等の影響を強く受けること

周波数の割当を政府機関より受けていること等により，規制環境の影響を特に受けやすい事業であるといえる。電気通信事業の根幹をなす電気通信事業法や携帯電話における無線基地局および交換局の設置に際して依拠すべき電波法等が関連する法律である。

③ NTTの影響を受けざるを得ないこと

国内事業者は多かれ少なかれNTTの影響を受けざるを得ない。NTTの価格戦略や投資戦略の影響から逃れることはできないし，また，NTTへの接続条件，接続料金モデルの改定の影響を受けることになる。

④ 大量の顧客情報を扱うこと

電気通信事業者として通信の秘密保護はきわめて重要な事項となるが，それに加えて大量の顧客情報を扱う当該事業においては，情報漏洩防止のためのコストが多額に発生するとともに，漏洩が発生した場合のブランドイメージ低下や信頼性の失墜，莫大な補償に係るリスクがある。

また，利用者に対する課金・請求のための顧客管理システムの構築，維持管理コストは多額にのぼることになる。特に，規制緩和や競争激化に伴い，顧客獲得や利便性向上のために料金体系や割引制度が多様化してきていることもあり，当該システム関連コストは増加の一途をたどっている。

⑤ 典型的なリスク要因

通信業の上場会社各社が開示しているリスク情報においては，以下のようなリスク要因が掲げられている。
(a) 通信業界における他の事業者，新たなサービスや技術との競争激化による契約数やARPU（契約当たり平均月額利用額）への影響やコストの増大
(b) 電気通信に関する法規制やその他の公的規制による影響
(c) システム障害によるサービスの停止や誤請求・誤課金が発生する可能性
(d) 顧客情報や個人情報の漏洩が発生する可能性
(e) 減損会計適用の影響
(f) 業界再編の影響

(2) 通信業の財務構造

以下の財務諸表は，固定通信事業と携帯通信事業を行う企業の財務諸表の例である。

貸借対照表（資産の部）	
	（単位：百万円）
固定資産	
電気通信事業資産	
有形固定資産	2,382,550
無形固定資産	292,430
電気通信事業固定資産合計	2,674,980
附帯事業固定資産	
有形固定資産	44,200
無形固定資産	3,650
附帯事業固定資産合計	47,850

貸借対照表（負債・資本の部）	
	（単位：百万円）
固定負債	
社債・長期借入金	738,300
退職給付引当金	29,860
ポイントサービス引当金	30,980
その他	26,340
固定負債合計	825,480
流動負債	
1年以内に期限到来の固定負債	335,655
支払手形及び買掛金	64,830

投資その他の資産	273,850	短期借入金	3,055	
固定資産合計	2,996,680	未払金	305,775	
流動資産		その他	213,685	
現金預金	265,300	流動負債合計	923,000	
受取手形及び売掛金	444,700			
その他	275,650			
流動資産合計	985,650	資本合計	2,233,850	
資産合計	3,982,330	負債・資本合計	3,982,330	

損益計算書

（単位：百万円）

電気通信事業営業損益		
営業収益		3,301,800
営業費用	1,099,890	
営業費	258,730	
施設保全費	442,050	
減価償却費	483,100	
通信設備使用料	227,850	
その他		2,511,620
電気通信事業営業利益		790,180
附帯事業営業損益		
営業収益		719,380
営業費用		715,430
附帯事業営業利益		3,950
営業利益		794,130
営業外収益		27,106
営業外費用		
支払利息	30,845	
その他	6,955	37,800
経常利益		783,436

① 基本的な財務構造

　貸借対照表の基本構造としては，当然のことながら有形固定資産が過半を占め，とりわけ設備の割合が高い。これに伴い借入金（特に長期借入金）の割合も高くなる。

　無形固定資産は通信ソフトウェアが高い割合を占めるが，これは設備とともに通信事業固有の資産を構成するものである。携帯端末在庫は棚卸資産（流動

資産）として計上される。

営業収益（売上高）は，基本的に「契約数×契約当たりの平均月額利用額（ARPU）」で算出される。営業費用は，減価償却費，通信設備使用料の構成比率が高い。また，移動体通信においては営業費用に含まれる端末機の原価や販売代理店への手数料が重要になってくる。

②　電気通信事業会計規則による財務諸表の表示方法

上記財務諸表の例のとおり，貸借対照表の固定資産の部，損益計算書の営業損益の部ともに電気通信事業に係るものと，それ以外の事業（附帯事業）に区分して記載されることになる。また，貸借対照表は固定性配列法（固定資産から始まる）で表示されることが特徴的である。

③　収益の認識基準

通信事業（特に移動体通信）において利用者獲得のためのサービスプラン等は多様化してきており，収益の認識に関して注意すべきポイントがいくつかある。いずれも複数の会計処理方法が考えられる事項である。

(a) 月額基本使用料に含まれる無料通信部分の繰越分の収益計上
　(イ) 無料通信部分の使用・未使用に関係なく，対応する収益をすべて当月に一括して収益計上する方法
　(ロ) 無料通信部分の未使用部分を詳細なデータに基づいて按分計算し，当月の収益から控除して繰延収益として処理する。繰り越された無料通信分については，通信料収入と同様にユーザーが実際にサービスを受けた時点で収益として認識する。繰越期限が到来した部分は失効時に収益として認識する。
　(ハ) 繰り越された未使用の無料通信部分のうち，過去の使用実績から有効期限内に使用が見込まれる予想使用率を見積もり，その予想使用率に対応した収益部分を当月の収益から控除し「繰延収益」として処理する。

(b) プリペイド式通話サービス
　(イ) 代理店へプリペイドカードを販売したときに収益計上する。
　(ロ) ユーザーによる登録時から均等に収益計上する。

(ハ)　ユーザーによる登録時または使用開始時に一括して収益計上する。
　(ニ)　プリペイドカードの使用度数に対応して収益計上する。

④　特有な経営指標

　加入者数・回線数・契約数とARPU（契約当たりの平均月額利用額）が最も基本となる経営指標である。その他、加入者純増数（＝新規獲得数－解約数），解約率も重要な指標である。また，EBITDAやEBITDAマージンのトレンドも必須指標である。

(3) 通信業のデューデリジェンスにおけるポイント

①　事業計画

　営業収益（売上高）は，基本的に「契約数×契約当たりの平均月額利用額（ARPU）」で算出される。よって，契約数とARPUについて計画上の前提と過去のトレンドを比較することが重要となる。契約数に関しては，新規獲得と解約のトレンドに注意する。ARPUに関しては，競争激化に伴う料金値下げや契約者のサービス利用頻度の低下について注意する。
　営業費用は，減価償却費，通信設備使用料の構成比率が高い。また，移動体通信においては端末機の原価や販売代理店への手数料が重要になってくる。減価償却については，設備投資計画を吟味することが重要となるが，その際，設備のライフサイクルと耐用年数の設定に注意する必要がある。業界環境がめまぐるしく変化する通信業界においては，競争，技術，法規制等の変化により，事業計画の前提が根底から変わる可能性があるため，設備投資の回収速度はきわめて重要となり，投資計画と回収計算を十分に検討する必要がある。
　また，売上単価下落や変動費上昇によるマージン率下落が想定以上に生じる場合の損益や資金調達への影響もあわせて検討する。

②　損益分岐点分析

　インフラ型事業であるため，損益分岐点分析は非常に重要な分析となる。基

本的には，固定費水準は高く変動費水準は比較的低いため，損益分岐点から加入者数が乖離した場合の損益のブレは大きくなる。通信事業における主な固定費は減価償却費，間接経費，リース料，金利等であり，変動費は加入者獲得コスト，他社設備使用料等である。当該分析においては，事業計画が下ブレする場合の耐久力や感応度を確認する。また，加入者獲得競争の激化による単価下落，獲得コストの上昇，解約率の上昇等により，事業計画で想定する損益分岐点を上回るうえで必要な加入者数が遠のいていくケースや，追加設備投資や維持投資による固定費が想定外に増加していくケースもあり，留意を要する。

③ キャッシュフロー分析

損益分岐点分析とともに，キャッシュフロー分析も重要である。営業キャッシュフローが重要なことはいうまでもないが，投資キャッシュフローとのバランスやフリーキャッシュフローの分析も重要となる。営業キャッシュフローは黒字であるが，フリーキャッシュフローが赤字という状態が継続している場合もあり，注意する必要がある。また，通信事業においては企業評価がEBITDAをベースに算定されることが多いこともあり，EBITDAの分析も重要になる。過去の正常的なEBITDAの水準・トレンドを分析するとともに，EBITDAと借入水準のバランスにも注意する。

④ 固定資産の評価

通信事業の固定資産の評価で検討すべき最重要ポイントは，減価償却の耐用年数の適切性と減損会計である。

通常，設備に関する耐用年数は他の有形固定資産の耐用年数よりも短くなっており，設備の耐用年数の設定は損益に対してきわめてセンシティブである。耐用年数設定のロジックを吟味するとともに，急速な市場・環境・技術変化や法規制の動向を視野に入れた経済的な耐用年数との乖離を把握する必要がある。

通信事業においては，共用設備が多いこともあり，減損の単位（グルーピング）の設定が難しく，また，外部からは見えづらいため，減損の要否に関しては高度な判断を伴う。そのため，減損会計適用のロジックは十分検討する必要

がある。また，設備だけではなく通信ソフトウェアについてもあわせて検討する必要がある。

⑤ その他

- 業界再編が活発であり，貸借対照表上 M&A に伴う「のれん」が多額に計上されているケースがある。設備等の減損と同様に「のれん」の減損に関する検討も慎重に行う必要がある。
- 顧客管理システムの内容と今後の投資計画，顧客情報管理への取り組みとコストを十分に把握する。

2 放送業

(1) 放送業のビジネスの特徴とリスク要因

　放送を主として行う事業形態としては，ケーブルテレビ・有線放送，地上波放送，衛星放送等がある。このうち，ケーブルテレビと有線放送は加入者線を利用してコンテンツを流通させる事業形態であり，地上波放送と衛星放送は電波を利用してコンテンツを流通させる事業形態と位置づけられる。いずれの事業形態にしても，巨額の設備投資と資金調達が必要となることや公共性が高いために法規制等の影響を強く受けることについては，通信事業と同様である。

① ケーブルテレビ・有線放送

　両者ともに放送局と受信者を主として同軸ケーブルでネットワーク化し，コンテンツを送信する放送形態である。ケーブルテレビ事業者は，地上波放送や衛星放送の再送信サービス，インターネットや IP 電話サービスを主として提供しており，地域への密着性，電波障害対策に関する受託業務等が特徴となる。一方，有線放送事業者は，音楽放送等の送信，インターネットや IP 電話サービスを主として提供しており，音声系コンテンツの配信に強みを有している。

② 地上波放送

地上波放送は放送局から送信所・中継局を経由して受信者へ電波を送る放送形態であり，視聴者からの受信料を収益源とするNHKと，広告主からの広告収入を収益源とする民法各社が存在している。民法各社は広告収入を収益源としている点が，通信事業者や他の放送事業者との相違となっている。また，地上波放送局は，独自にコンテンツ（番組）を制作する機能を有している点が特徴である。

なお，地上波放送各社はデジタル放送への移行を控え，多額の設備投資負担を強いられることになる。

③ 衛星放送

衛星放送は，地上にある放送局から衛星を経由して受信者へ電波を送る放送形態であり，衛星には放送衛星（BS）と通信衛星（CS）がある。BSはNHK，WOWOW，民放（BSデジタル放送）から放送衛星システムが放送業務を受託しており，CSはスカイパーフェクト・コミュニケーションズからジェイサットおよび宇宙通信が放送業務を受託している。CS放送は多チャンネルとなっているため，加入促進，顧客管理，地上から衛星への送信等のプラットフォーム事業をスカイパーフェクト・コミュニケーションズが行っている。

(2) 放送業の財務構造

それぞれの放送事業によって，必要となる設備や収入形態が異なるものの，基本的な財務構造は大きくは相違しない。特に，ケーブルテレビ・有線放送の財務構造は固定通信事業と近似する。

収入形態は視聴料収入モデルと広告収入モデルに大別され，いずれかによって，売上計上や債権管理，固定費を回収するためのマージン構造等は異なることになる。

① 特有な経営指標

基本的には通信事業と同様に，加入者数・契約数と ARPU（契約当たりの平均月額利用金額）が基本となる指標である。また，加入者純増数（＝新規獲得数－解約数），解約率も管理すべき指標である。

広告収入に依存する民放各社については，視聴率が最重要指標とされているが，視聴率と広告効果を通じた業績との関係は非常に奥深い分析領域であるといえよう。

(3) 放送業におけるデューデリジェンスのポイント

① ケーブルテレビ・有線放送

基本的なポイントは通信業と同じである。

ケーブルテレビ事業会社固有のポイントとして，電波障害対策工事収入の会計処理がある。電波障害対策工事を請け負う場合の工事収入は会計理論的には契約期間にわたって収益計上することになると考えられるが，実務的には収入時点で全額を収益計上しているケースがある。契約の未経過期間に対応する収益の繰延金額を試算するとともに，減価償却費等の費用との対応関係に留意して損益実態を把握する。

端末の会計処理もポイントとなる。移動体通信事業における携帯端末は売り切りのため棚卸資産に計上されることになるが，ブロードバンドにおける端末は無償で貸与するケースが多いため，端末設置時に一括費用処理する方法，ネットワーク資産の構成要素として固定資産計上する方法等が考えられる。会計処理方法と事業実態との整合性を確認する。また，端末を固定資産計上している場合には，解約された端末の除却手続が適切になされているかを確認する必要がある。

② 衛星放送

基本的なポイントは通信業と同じである。

衛星という特殊な設備を使用する事業であるため，衛星に対する付保，衛星打上遅延保証金の処理，衛星の耐用年数の見積り，衛星の取得代金や打上げにかかるコストは通常ドル建であることから，為替リスクが生じること等の固有のポイントがある。

③　地上波放送

基本的なポイントは通信業と同じである。

デジタル放送への移行に伴う多額の設備投資は経営に対してかなりのインパクトがある。特に広告収入に依存する民放各社にとって投資回収計算は死活問題である。この点に関して，設備投資計画と回収計算の妥当性を吟味する。

また，広告が決算期をまたぐ場合の広告収入の計上方法（期間配分方法）には，視聴率をベースに行う方法と基準価格をベースに行う方法が考えられるが，取引実態との整合性を確認する必要がある。

第3節 ソフトウェア・コンテンツ産業

　本節ではソフトウェアおよびコンテンツ産業を取り扱う。両者はともにノウハウ等が高度に集約された無形の資産であり，制作には開発活動を伴うとともに，完成すればさまざまな権利保護がなされるものである。ソフトウェアとコンテンツは無形の開発物であることから，一般的にはあまり区別されない場合が多いが，会計面を中心に両者の相違を整理する。コンテンツ産業はカテゴリーが映画，音楽，出版，ゲーム等と細分化されており，それぞれにおいて独自の商慣行や会計処理を有している。本書の限られた紙面において，これらすべてのポイントを網羅的に記載することは不可能であるため，会計的な特徴点を中心に興味深いポイントを概説する。

1　ソフトウェアとコンテンツの相違

　「研究開発費及びソフトウェアの会計処理に関する実務指針」によれば，ソフトウェアはコンピュータに一定の仕事を行わせるプログラム等であるのに対して，コンテンツはその処理対象となる電子データである情報の内容とされており，両者は明確に区別されている。したがって両者は別個のものとして会計処理することになり，ソフトウェアについては「研究開発費等に係る会計基準」や「研究開発費及びソフトウェアの会計処理に関する実務指針」に則って処理される一方，コンテンツについては，その性格に応じて関連する会計処理慣行に準じて処理される。

　ここで，ポイントとなるのは以下の2点である。
　① ソフトウェアとコンテンツが経済的・機能的に一体不可分と認められる

ような場合には両者を一体として取り扱うことが認められていること
② コンテンツに関連する会計処理慣行についての多くは定まったものがなく、いくつかの考え方や会計処理方法が存在していること

上記①の場合には、一体不可分なものの主要な性格がソフトウェアかコンテンツであるかを判定して会計処理を決定することになるが、この点が顕著に現れる代表例がゲームソフト制作である。ゲームソフト制作においては、ソフトウェアとコンテンツが同時にかつ高度に組み合わされて制作されるのが一般的である。ソフトウェアとコンテンツの制作がその過程で区分されているときには、制作費の集計においても両者を区分して処理することが合理的であると考えられるが、実際には業界各社で処理方法が異なるのが現実である。

ソフトウェアとして処理する場合には、「研究開発費等に係る会計基準」に則って、販売の意思が明らかにされた製品マスターの完成時点までは研究開発費として費用処理し、それ以降に発生するわずかな金額を無形固定資産として計上することになる。つまり開発に係る費用の大部分は発生時に販売費及び一般管理費に計上されることになる。一方、コンテンツとして処理する場合には、定まった会計処理はないものの、一般的には、開発中のコンテンツは仕掛品に計上し、販売後は販売見積本数等に応じて売上原価計上することになる。

図表5-1は上場しているゲームソフト会社の財務状況を簡単に示したものである。左側（イ社～ハ社）がコンテンツ（資産計上）処理中心、右側（①社～③社）がソフトウェア処理中心の会計処理を行っているものと推察される。

コンテンツ（資産計上）処理している場合は、当該コンテンツ資産はその後

図表5－1　主要ゲーム会社の指標

単位：百万円	イ社	ロ社	ハ社	①社	②社	③社
棚卸資産	19,944	17,821	13,978	7,920	30,955	8,865
仕掛・商製品等	6,289	15,822	4,338	7,920	30,955	8,865
ゲームソフト/コンテンツ	13,655	1,999	9,640	—	—	—
回転期間	42日	24日	97日	11日	22日	17日
売上高	172,594	273,412	52,668	263,174	514,805	191,257
売上原価	123,505	179,182	37,276	146,916	307,233	138,687
研究開発費	7,588	1,382	1,124	18,434	15,825	26,689

の売上計上に応じて費用化（売上原価計上）が図られていくため，各期の損益は売上と売上原価が比較的対応することになる。一方，ソフトウェア処理している場合は，売上計上した段階で，これに対応する制作コストの大部分はすでに費用化（発生時に販売費及び一般管理費計上）されているため，売上と費用の期間対応関係が希薄になる。極端にいえば，費用のみが発生する期と売上のみが発生する期が生じ得るということである。

このようにどちらの処理を行うかで，その損益構造が大きく異なってしまうという点がポイントとなる。

コンテンツ（資産計上）処理の会社（左側）とソフトウェア処理の会社（右側）がM&Aを実施する場合に注意すべきポイントは，両社を同じ土俵（会計処理方法）で評価した場合に，①実態純資産は変わってくること，また，②同様に過去の実態損益が変わってくることである。これは，価値評価やM&A後の財務戦略において実態純資産や正常利益を検討するに際しての重要なポイントといえる。

2 ソフトウェア産業

前述したとおり，わが国の「研究開発費及びソフトウェアの会計処理に関する実務指針」によれば，ソフトウェアとは，コンピュータ・ソフトウェアをいい，その範囲は，①コンピュータに一定の仕事を行わせるためのプログラムや②システム仕様書，フローチャート等の関連文書である。

ソフトウェア業界は一般的には情報通信（IT）業界の一部と位置づけられているが，主としてソフトウェア受託開発事業とパッケージソフト開発事業（ERP等のビジネスソフトや表計算ソフト等）から成り立っている。また，受託開発事業の延長として，SI（システムインテグレーター）事業を展開する企業も存在する。実際は，受託開発とパッケージソフト開発をともに行うソフトウェア会社が多く見られる。このうち，受託開発事業の収益構造は同じく典型的な受託型事業である建設業と近似しており，外部環境要因を除けばデューデリジェンスのポイントも共通する点が多いため，本章第1節を参照された

い。

　ただし，建設業とソフトウェア業が決定的に異なるのは，開発物が有形資産として識別できるかどうかという点と，「建設業法」におけるいわゆる「丸投げの禁止」のような業法が存在していない点であろう。建設業と同様に協力会社や代理店が協働関係の重層構造をなしている産業において，無形物の開発販売は不明瞭な取引や会計処理を招きかねないリスクを潜在的に抱えている。以下，そうしたリスクが顕在化した例を説明しておく。

　あるソフトウェア会社が上場廃止となった。上場廃止となった経緯はさておき，その後の司法当局の調査の結果，驚くべき事実が世間を騒がすことになった。架空取引による売上高の水増しや不透明な取引が発覚したのである。しかも，それは一企業の問題ではなく，ソフトウェア業界や日本公認会計士協会を震撼させるものであった。その主なポイントは以下のとおりであった。

- ソフトウェアやハードウェア等の現物の移動を伴わず帳簿上のみで実態の無い売上を計上したこと
- 取引先も協力し，同様の手法を行うことにより連鎖的に取引がなされたこと
- 情報サービス業界各社が，この事件を受けて社内調査をしたところ，実態は手数料である取引が売上仕入取引とされているケースや不明瞭な取引が散見され，過去の公表財務諸表を修正した会社までも現れたこと
- 日本公認会計士協会は，急遽，情報サービス産業における特殊な取引に関して問題提起や会計基準明確化の提言を公表したこと
- ただし，現時点で依然として売上計上に関する基準やガイドラインは存在していないこと

　2005年3月に日本公認会計士協会から公表された「情報サービス産業における監査上の諸問題について」によれば，情報サービス産業における問題提起として以下の諸点を指摘している。

- 事業の対象物が「無形」であることから，外部からその開発状況や内容を確認することが困難であり，企業における内部統制が十分に機能しにくい特質があること
- 下請取引が幅広く行われており，しかも多段階請負構造が業界として慣行

化していること
- ソフトウェア開発において、検収書の受領をベースにした収益の認識が実態と合致していないことがあること
- 仕様や受注金額の確定が曖昧なまま開発が進められていくケースが多く見受けられること
- 物理的にも機能的にも付加価値の増加を伴わず、会社の帳簿上通過するだけの仲介取引等（スルー取引、Ｕターン取引、クロス取引等）の商社的な取引慣行が存在すること
- 複数の取引行為（開発、ライセンス販売、保守サービス、トレーニング等）が同一の契約書等に記載されるなど契約形態が複雑であること

(1) ソフトウェア産業の会計処理のポイント

　ソフトウェアに関する資産計上や費用化に関しては「研究開発費等に係る会計基準」に則って行われることやコンテンツのように二次利用という流通慣行が盛んではないことから、後述するコンテンツに関する会計処理に比べて、比較的会計処理についてのグレーゾーンは少ないといえる。ただし、ソフトウェアが資産計上される範囲とタイミングや資産化されたソフトウェアの償却方法等にあたっては留意すべき点がある。この点については第３章のソフトウェアの箇所を参照されたい。

　むしろ重要な問題は前述したソフトウェアの売上計上に関する諸問題であり、明確な基準が存在していないことであろう。前述した「情報サービス産業における監査上の諸問題について」によれば、明確にすべき会計処理として、①売上の総額・純額表示区分の明確化、②収益の認識時点の要件の明確化、③複数の要素のある取引における要素ごとの販売価額の算定と売上計上時期、を指摘している。

(2) 特有な経営指標

　パッケージソフト業においては、販売本数（タイトル数×タイトル当たり販

売本数）と販売単価が最も基本的な指標となる。また，開発型事業であるため，売上高開発費率や1人当たり開発費も重要な指標となる。さらに，外注比率もポイントである。

(3) ソフトウェア産業のデューデリジェンスにおけるポイント

① 売上の認識基準

一般的には，受託開発ソフトであれば顧客の検収時，パッケージソフトであれば出荷時に売上計上される。ただし，前述したとおり，ソフトウェアの取引形態は複雑なケースが多く，また，売上をグロス計上すべきかネット計上すべきかについても検討する必要がある。取引（および経済的）実態を把握したうえで，架空売上や売上の水増しが存在しないかを検討する。また，売上高に対する利益率や費用（人件費，外注費等）の分析や売上債権の回転期間分析によって，売上の質を総合的に分析することも有用である。

さらに，独自サービスや付加価値のついていない取引がないか，利益が一定基準に満たない利幅の薄い取引がないか，エンドユーザーが見えない取引がないか，取引全体の流れがわからない案件がないか等を確認するとともに，会社の内部管理体制を詳細に把握する必要がある。

② 資産計上されているソフトウェアの資産性

ソフトウェア開発活動の相当部分は研究開発費として費用処理されることになる。「(1) 会計処理のポイント」で前述したとおり，無形固定資産に計上されているものについては，資産計上の範囲とタイミング，償却方法が適切であるかを検討する必要がある。また，開発等の失敗により販売可能性のない資産が計上されていないかについても調査する必要がある。

③ ユーザーに対する無償サポート

販売後にバグ等の不具合が発見された場合，アップグレードする場合等において，ユーザーに対して無償または非常に低価格のサポート活動が必要となる

ことがある。調査に際しては，このような事象の発生状況や可能性を把握し，将来の損益・キャッシュフローへの影響を見積もる必要がある。

3 コンテンツ産業（全般）

具体的には，映画，音楽，出版，ゲーム，アニメーション，放送，インターネット配信等に関連するビジネスがコンテンツビジネスと呼ばれる。コンテンツは著作権等の権利で保護された無形の「情報の内容」（＝著作物）であることにより，二次利用が可能になり（さまざまなメディアを利用して収益を得る），これにより追加的な収益機会を得ることができるという特徴を有している。

わが国においては，無形固定資産として貸借対照表上に資産計上している権利のうち，著作権に関連する資産はあまりみかけないが，これは，コンテンツ産業各社が著作物に関して棚卸資産に計上することが一般的であることに起因する。また，前述したとおり，ソフトウェアと異なり，わが国ではコンテンツに関する会計基準は設定されておらず，明確な会計慣行も存在していないのが実情である。その他，コンテンツ制作のために資金調達の多様化が図られてきている点も特徴的である。

さまざまなコンテンツビジネスを網羅的に記載することは紙面の都合上不可能であるため，まず，コンテンツ産業に共通するポイントを説明し，その後，コンテンツの流通が独特である映画産業，ハードメーカーとの関係が独特であるゲームソフト産業，再販制度や委託販売制度という独特の商慣行を有する出版産業についていくつかの論点を取り上げることとする。

(1) コンテンツ産業の会計処理のポイント

コンテンツ産業の会計処理におけるポイントは，制作に係る会計処理と流通（購入・販売や権利の許諾）に係る会計処理に大別され，①コンテンツの資産性（貸借対照表への計上），②コンテンツの収益認識基準（売上の計上），③資

産計上したコンテンツの費用化（原価への配分計上）をどのように考えるかが大きなテーマとなる。

その他，印税の処理やミニマム・ギャランティーの処理などが特徴的となる。

① コンテンツの資産性

現行の取得原価主義会計を前提にすると，コンテンツが資産計上されるためには以下の要件を満たす必要がある。

(a) 著作物について何らかの権利を有している，もしくは，利用について許諾を得ていること
(b) コンテンツを制作または購入した原価が測定可能であること
(c) コンテンツの利用により，将来のキャッシュフロー獲得が確実に見込まれること
(d) 将来のキャッシュフロー獲得により回収可能な金額であること

② コンテンツの収益認識基準

一般的な収益認識の原則によれば，収益を計上するためには以下の要件を満たす必要がある。

(a) 取引が実在することを証明する説得力のある証拠が存在すること
(b) 財貨の引渡し，または役務の提供が行われていること
(c) 取引価格がすでに確定しているか，あるいは確定できること
(d) 対価の回収が合理的に保証されていること

コンテンツの流通・販売は，主として，パッケージ商品（DVD，CD等）として販売する形態，ノンパッケージ商品（インターネットによるコンテンツ配信等）として販売する形態，権利を許諾する形態によってなされる。パッケージ商品に関しては出荷日，ノンパッケージ商品に関しては役務提供完了日，権利の許諾に関しては許諾期間開始日に売上計上されるというのが，一般的な会計慣行である。

③　資産計上したコンテンツの費用化

　一般的な費用化の方法としては，㋑一時に費用処理する方法と㋺一定の期間で償却を行う方法がある。㋑は収益の大部分が最初の出荷（もしくは発売）時に実現する場合等に適する方法であり，㋺は収益の実現が比較的長期にわたる場合に適する方法である。㋺の場合に，償却をどのように行うかはコンテンツ事業の実態による。また，上記㋑，㋺以外にもコンテンツ事業の特性に応じた費用化の方法は考えられ，特に多様なメディアで数次利用されるコンテンツ（映画が典型例）については独特な方法がとられることがある。

(2) 特有な経営指標

　パッケージソフト業と同様に，販売本数（作品数×作品当たり販売本数）と販売単価が最も基本的な指標となる。コンテンツをソフトウェアとして処理している場合は，売上高開発費率や1人当たり開発費が重要な指標となる。一方，コンテンツを棚卸資産計上処理している場合には損益計算書上にコンテンツ開発費が計上されないため，開発費に関する指標を見ることは困難である。そのため，過去からソフトウェア処理を行っていたと仮定（すなわちコンテンツ在庫をコンテンツ開発費と置き換える）したうえで，開発費指標を分析することも行われる。

(3) コンテンツ産業におけるデューデリジェンスのポイント

①　会計処理の確認

　何度も記述しているとおり，コンテンツの会計処理や会計慣行には定まったものがないため，会社や事業によって会計処理はさまざまであるのが現実である。デューデリジェンスにおいては，M&A対象企業が採用する会計処理方法を詳細に調査のうえ，事業の内容や取引慣行・形態の実態と照らしつつ，適切性を判断していくことになる。特異な処理方法や複雑な処理方法が発見された

場合には，「(1)会計処理のポイント」に記載する原則論に立ち返って検討していくことが肝要であろう。

対象会社の会計処理方法を理解したうえで，買収企業との比較や業界他社との比較を行うことになる。

② 権利等の管理状況の確認

コンテンツは無形の資産であり，また，貸借対照表上で簿外となっているものもあり得ることから，現物管理がきわめて困難である。ただし，M&Aにおいて買収企業は，M&A対象企業が有するコンテンツを取得することを1つの目的としているのが通常であり，その際の取得対象となるのは貸借対照表に計上されている資産には限定されない。したがって，M&A対象企業が有するコンテンツの価値を把握することはきわめて重要であり，M&Aによって取得する権利等の範囲の決定や価値評価にあたっては，まずはM&A対象企業の有する権利等を網羅的に把握する必要がある。M&A対象企業が管理台帳等により適切に管理していない場合には，この網羅性を確認する作業は難しいものとなるが，重要性の観点からおろそかにはできない事項である。関係各部署へのインタビューや取引関係書類の閲覧等を行うとともに，法務デューデリジェンスチームとの連携作業が必要となる。

網羅性が確認できたならば，取得対象とする権利等を特定のうえ，権利等の実在性や適法性を調査し，それぞれの価値を見極めていくことになる。対象となる権利が譲渡可能なものであるかどうかも当然ながら調査する必要がある。

③ コンテンツ購入契約残高

前述したとおり，コンテンツを購入した場合は通常資産計上（わが国においては棚卸資産が一般的である）される。上記②とも関連するが，資産計上されたコンテンツについても網羅性を確認のうえ，各コンテンツについての資産性を検討することとなる。解約不能の購入契約残高は資産計上されているものと同レベルでその資産性を検討していく必要がある。購入契約残高が多額の含み損を抱えている場合もあるので注意が必要である。

④ 資金調達方法と会計処理

　コンテンツの制作には多額の資金が必要となる場合が多いが，制作者の中には財務基盤が脆弱な会社も多数存在しており，制作に要する資金を適切に調達できないケースがある。したがって，制作のための資金調達の状況を確認することも重要なポイントとなる。コンテンツ制作者の資金調達は近年多様化してきており，証券化や流動化による調達スキームも見られるようになってきた。このようなスキームは相当複雑なものとなっているのが通常であるため，調達スキームを詳細に確認のうえ，リスク要因を十分に把握する。

4 映画産業の特徴とデューデリジェンスのポイント

　映画事業は，企画・出資→製作→配給→興行→二次利用という流れになっており，邦画と洋画に大別される。業界における利益シェアの基本構造は以下のとおりである。

　　興行会社の収入：劇場における売上（＝興行収入）
　　配給会社の収入：興行会社からのフィルムレンタル代金（＝配給収入）
　　製作者の収入：配給収入－P&A費（配給会社におけるプリント費および
　　　　　　　　　配給宣伝費）－配給手数料

　コンテンツとしての映画の特徴は，主として，製作費が巨額になりがちなことと，ビデオ・DVDの販売，放送等の二次利用が盛んなことであろう。よって，巨額な製作費を長期間にわたって興行と二次利用で回収していくという構造が一般的となる。

　上記の特徴より，会計的には，数段階に及ぶ収益獲得に対してどのように費用を配分して収益との対応を図っていくかが最大のポイントとなる。また，巨額の資金調達をどのようなスキームで行うかも重要なポイントであり，その際にわが国では製作資金を映画製作会社，映画に関連する出版会社，広告代理店等が出資する「製作委員会方式」が主流となっている。デューデリジェンスでは資金調達のスキームや契約条件，会計処理等を確認する必要がある。

(1) 映画製作費の費用化

製作者は企画時点から発生した費用を作品別に集計し資産計上する。その後,劇場公開によって最初の費用化がなされることになるが,二次利用が多様であることもあり,定まった費用化の方法はない。一般的には以下の2つの方法が考えられる。

① 税務上の映画フィルムの規定を適用する方法

映画フィルムは税務上の減価償却資産であるため,税法の規定を準用して会計上の減価償却を行う方法である。

② 収益に対応して処理する方法

収益に対応させる配分方法としては,主に以下の2つの方法が考えられる。

(a) 過去の実績等に基づいてメディアごとの配分割合をあらかじめ決めて配分処理する方法

多様な二次利用を前提に,一次利用(劇場公開)と二次利用されるメディアごとの収支計画に基づいて,あらかじめ製作費を配分してしまう方法であり,将来の収益と費用の対応が図られ,数次利用を前提とした映画事業の実態を反映した方法であると考えられる。

(b) 予想収益に対する実際収益の割合で費用処理する方法

この方法は,「研究開発費等に係る会計基準」における市場販売目的ソフトウェアの費用化方法と同様の方法であり,理論的な方法と考えられる。ただし,当たりはずれの激しい映画事業において,収益予想の見積りは困難を伴うため,恣意的な見積りになっていないかを注意する必要がある。

(2) 製作委員会方式における会計処理

製作委員会方式は,映画の流通(一次利用,二次利用)経路における各メ

ディア等が将来の権利確保を主目的として，製作費を共同出資する形態である。製作委員会においては幹事会社と出資者に大別される。製作委員会は法的実態や税務上の取扱い等が必ずしも明確ではないことから，会計処理についても定まったものがない状況である。

　実務上一般的には，幹事会社においては，製作委員会の収入総額を収益計上し，他の出資者への配分金を含めて発生した費用を売上原価として処理する方法がとられ，幹事以外の出資者においては，製作委員会からの配分金のみを収益に計上し，映画製作費についてはそれぞれ独自の基準で処理する方法が適用されている。

(3) 洋画の買付け

　洋画に関しては版権買付が中心になるが，これに関する特徴は，①取得する権利は劇場化権，ビデオ化・DVD化権，テレビ放映権等の組み合わせ（諸権利をまとめてオールライツとして買い付ける場合もある）であること，②複数の作品についての版権をまとめて買い付ける場合もあることであろう。

　洋画の版権買付においては版権購入契約の状況を検討することが重要になる。解約不能の契約残高の状況を把握するとともに，販売による回収可能性を十分検討する。また，複数作品をまとめて買い付ける場合には，必ずといってよいほど，買付コストを回収できない作品が含まれていることにも注意する必要がある。

5　ゲームソフト産業の特徴とデューデリジェンスのポイント

　ゲームソフトは，家庭用ゲームソフトと業務用ゲームソフトに大別される。家庭用は一般消費者向けであり家庭用ゲーム機（プラットフォーム）を用いて使用され，業務用はアミューズメント施設等において筐体を用いて使用される。家庭用ソフトと業務用ソフトは別々に開発されることもあれば，いずれかのヒット作品を他方に転用する場合もある。両者の収益構造や流通経路は異な

るが，以下は主として家庭用ゲームソフトを念頭に記載している。

(1) プラットフォーマーとの関係

　家庭用ゲームソフトはプレイステーション等のプラットフォームというハードを通じて使用されることになるが，ハードメーカー（ソニー・コンピュータエンタテインメント等が該当し，プラットフォーマーともいわれる）が制作するハードはそれぞれ互換性がないため，ソフト制作会社はそれぞれのハードに合わせたソフトを制作・販売している。よって，ゲームソフト会社とプラットフォーマー（以下，「PFという」）は，開発，流通，販売，広告宣伝等において密接な関係を有することになる。そしてその関係に応じて，通常，ゲームソフト会社はPFに対してロイヤリティ等を支払うことになる。また，開発したゲームソフトの制作（CD-ROM等へのパッケージ化）や販売をPFが担うこともあり，その場合には営業取引（仕入・売上）が発生する場合もある。

　ゲームソフト会社を調査する際には，まず，プラットフォーマーとの契約や依存関係を精査することが必要となる。ゲームソフト会社の事業展開に関してPFから何らかの制約を受けている可能性，高額のロイヤリティを支払っている可能性，営業取引において高い利幅を提供している可能性等がないかを検討する必要がある。また，ゲームソフト開発は，一般的には開発費が多額に発生する固定費型の事業と考えられているが，PFに対して売上高に比例するロイヤリティや材料費を多額に支払う場合には，変動費の割合が高くなるため，損益分岐点が思ったより高くなる可能性もあることに注意する。

(2) 制作費の費用化

　制作費に関する，ソフトウェア処理（主として研究開発費に計上）とコンテンツ処理（主として棚卸資産に計上）に関しては，本節の冒頭に記載したとおりである。コンテンツ処理した場合を主として，制作費の費用化をどのように行うかもポイントとなる。

　ゲームソフトの売上のライフサイクルは他のコンテンツと比較して相当短く

なりがちである。逆にいえば、発売されたソフトはきわめて短期間のうちに費用化されることになるため、他のコンテンツ産業に比べれば費用化の方法がさほど問題にはならないと思われる。一般的には発売時に全額費用化する方法か、見積販売本数等によって費用化する方法となる。ただし、同じソフトを複数の市場で販売する場合や家庭用と業務用で販売する場合等において制作費をそれぞれ按分する場合がある。この場合には按分の方法や按分後の資産計上額についての回収可能性を注意深く検討する必要がある。

6 出版産業の特徴とデューデリジェンスのポイント

　出版産業は、基本的に、編集・刊行（出版社）→印刷・製本（印刷会社）→流通（取次会社）→小売店（書店等）という流れとなっている。出版産業が他のコンテンツ産業と比べて有する大きな特徴は、アイテム（商品）数が膨大であること（多品種少量生産であること）、および、再販制度と委託販売制度という独特の商慣行を有していることである。再販制度は、独占禁止法の例外的扱いであり、出版社が設定した定価に関して、取次や書店と締結した再販売価格維持契約より、定価販売を義務づける制度である。委託販売制度は、書店等の小売店が出版社に対して、一定期間内に売れ残った在庫を自由に返品できる制度である。つまり、出版産業においては、再販制度によって販売価格が実需に対して比較的硬直的である反面、委託販売制度に基づく返品によって実需の影響を大きく受けるという点が最大の特徴と考えられる。

　出版社に対するデューデリジェンスにおいては、「企画力」の吟味が最大のポイントとなることはいうまでもないが、それに加えて、多数のアイテムを擁する在庫および返品状況の把握がポイントであろう。すなわち、多様なニーズに応えるべく出版点数の増加と在庫および返品水準の低減を両立できる体制が構築されているかということである。また、「コンテンツの電子化」や「コンテンツの流通形態の多様化」は、小売店を含めた出版の流通機能を脆弱化させつつあり、産業としての事業基盤が変化していく可能性があることにも注意が必要である。

第4節

卸売・小売業

　本節では流通として卸売業と小売業を扱う。流通の基本機能は「物流」と「商流（商取引）」，つまり，生産者と最終消費者を結ぶ「モノ」と「カネ」の流れである。

　流通業はメーカーと最終消費者の間における利益をどのように配分するかによって収益力が定まってくるものであり，端的にいうと，バイイングパワーの綱引きによって利益構造が成り立つものである。そして，これに日本独特の商慣行が加わることにより，特有の商取引形態をもたらしている。

　卸売業という業界はなく，各業界に卸売が存在しているわけであり，卸売業の種類は相当多岐にわたることになる。また，各卸売はそれぞれの属する業界における商慣行や法規制等の影響を強く受けることになる。

　小売業においても，取扱商品や業態等によって収益構造等は細分化される。本書における限られた紙面において，流通業を網羅的に取り上げることは不可能であるため，小売業に紙面を割き，卸売業に関しては特有のポイントが見られる中小の食品卸を想定しいくつかのポイントを説明する。

1 卸売業

(1) 卸売業のビジネスの特徴

　前述したとおり，卸売業の利益構造はメーカーと小売業との力関係に大きく依存する。小売との関係においては，小売の持つバイイングパワーは卸売の価格や取引条件の交渉力に大きな影響を及ぼすことになり，逆にいえば，小売は

バイイングパワーを増すために合従連衡や共同仕入を進めている。また，小売の有する物流能力や商品管理システム能力も交渉力の重要な要素となる。

メーカーとの関係においても，やはり卸売が持つバイイングパワーが交渉力に重要な影響を及ぼすことはいうまでもない。また特徴的な事項として，メーカーと卸売りの取引条件がメーカーから受け取るさまざまな値引やリベート等により複雑なものとなっていることが挙げられる。最近，メーカー主導によるリベートの簡素化が図られているところである。

(2) 特有な経営指標

顧客別，仕入先別，製品群別の売上と粗利率が最も基本的な指標となる。また，運転資本（売上債権＋在庫－仕入債務）が高速回転する卸売業においては，運転資本の推移，運転資本の平均残高と金利負担，運転資本項目の回転期間も重要な指標となる。さらに，値引きやリベートに係る指標も管理が必須である。

(3) 卸売業におけるデューデリジェンスのポイント

① 商流と物流の把握

卸売業のデューデリジェンスにおける第一歩は商流と物流（配送）の把握である。基本的には両者は一致するものであるが，商流だけで配送を他社（他の卸や小売）に委託するケースや逆に配送のみを受託する場合がある。また，その他複雑な取引が潜んでいることもある。

配送を委託する場合，基本的には配送費を委託先に支払うことになるが，近年，小売が卸売に対して「センター費」等の名目で物流センター運営費等を請求することが多くなっており，当該費用のトレンドを把握する必要もある。また，「センター費」は実質的にはリベートに近い性格のものである場合も多いため，粗利のトレンドに及ぼす影響も分析する。また，「センター費」の中には固定費に相当する費用もあり，固定費の増加基調が損益分岐点に及ぼす影響

も検討する。

配送を受託する場合，配送受託収入を受け取るわけであるが，当該収入を売上高として計上するケース，営業外収益として計上するケース，販売管理費のマイナスとして処理するケースがある。当該受託が営業取引か否かを検討のうえ，粗利率等のトレンド実態を把握する。

② メーカーとの取引条件

前述したとおり，メーカーとの取引条件は複雑である場合が多い。基本的な商品売買差益は赤字（メーカーから高く買って小売に安く売る）となるところを，リベート収入で補填してトータルで黒字になるというケースが多々見られる。リベートの体系を把握のうえ，商品カテゴリーごとの実態粗利や資金繰りに及ぼす影響を分析する必要がある。また，早期決済リベートがリベート収入に含まれていることがある。早期決済リベートは理論的には金利に相当するため，実態としては営業外収益である。したがって，営業利益の実態トレンドを把握するうえでこのような金利相当収入は排除する。

メーカーに対する未収リベート債権に関してメーカーとの残高違算管理状況を確認する必要がある。未収リベート債権は金額的にも重要な場合が多く，また，複雑なリベート体系を受けて相手先が把握している金額との間に齟齬が生じる可能性も高いため，通常の債権以上に回収可能性に注意する。

値引き・リベートとともに返品可能性についても確認する必要がある。メーカーに対して原則返品が自由でないケースがあれば在庫リスクを把握する必要がある。また，契約上はメーカーに返品が自由にできる場合でも，リベート条件をよりよくする見返りとして，事実上返品ができないケースもあるので注意を要する。

③ 運転資本のトレンド

卸売においては運転資本が高速回転をするため，運転資本と資金繰りの管理は特に重要なポイントである。リベートを加味した月次の分析を行い，必要資金水準や支払利息へのインパクトを把握する。また，売上の季節変動要因を把握する必要がある。

④ 売上高の総額表示と純額表示

第3節のソフトウェア産業の箇所で説明した論点であるが，仲介取引等が総額で売上計上されている可能性があるため，取引実態を把握のうえ，純額表示すべき取引や営業外の取引が含まれていないかを確認し，適切に修正した場合の売上高や利益率のトレンドを把握する必要がある。

⑤ 特定の取引先や流通グループへの依存度

卸売固有のポイントではないが，変化の激しい流通業界においては流通グループの再編スピードも早いため注意を要する事項である。大口取引先の喪失の影響や，流通グループの再編等がビジネスに及ぼす影響を検討する必要がある。

2 小売業

(1) 小売業のビジネスの特徴とリスク要因

① 基本的な収益構造

小売業の基本的な収益構造は主に以下の2つに区分される。

(a) 商品販売高
基本的な小売店の売上であり，メーカーまたは卸売業者から仕入れた商品を店頭で消費者に販売したことにより得られる収益である。

(b) 加盟店手数料
フランチャイズにより店舗展開をしている企業の収益は，商品の販売高ではなく，フランチャイズ契約をしている加盟店からの手数料となる。手数料の計算方法は契約によりさまざまであるが，主に売上高・売上総利益，営業利益の

いずれかの何％というのが一般的である。

② 主なビジネスリスク

(a) 競争リスク

各小売店のカバーする市場は店舗の近隣エリアに限られるため，同じ商圏に同業他社が参入した場合には，売上高は相当に減少する。また，その商圏での競争が激化し，特に価格競争が激しくなった場合には，商圏全体の売上高総額が減少し，ともに売上高が減少する可能性がある。

(b) 賃料リスク

店舗の多くは賃借によるものである。賃料が増加したとしてもこれを価格に転嫁することはできないため，それがそのまま利益の減少につながる。

(c) 風評リスク

小売店は通常同じ店名で広いエリアに店舗を出店している。もしその中の1つで大きなトラブル，ブランドを失墜させる問題等が発生した場合には，関係のない他のエリアの店舗にも影響が及ぶこととなる。

(2) 小売業の財務構造

貸借対照表（資産の部）	
	（単位：百万円）
流動資産	253,770
現金預金	47,855
受取手形・売掛金	30,035
たな卸資産	146,980
その他	28,970
貸倒引当金	(70)
固定資産	255,486
有形固定資産	137,017
建物及び構築物	86,577
土地	42,543
その他	7,897

貸借対照表（負債・資本の部）	
	（単位：百万円）
流動負債	150,200
支払手形・買掛金	68,110
ポイント引当金	26,210
その他	55,880
固定負債	110,864
社債	60,357
長期借入金	30,177
その他	20,330
少数株主持分	3,355

無形固定資産	2,806
投資その他の資産	115,663
差入保証金	85,114
その他	30,519
資産合計	509,256

資本の部	244,837
負債・資本合計	509,256

損益計算書

（単位：百万円）

売上高	2,104,580
売上原価	972,350
販管費	253,365
広告宣伝費	30,840
人件費	58,360
賃借料	36,130
ポイント販促費	71,450
その他販管費	56,585
営業利益	878,865
営業外収益	32,455
仕入割引	20,050
販促協力金	3,730
その他	8,675
営業外費用	2,135
経常利益	909,185
当期純利益	454,593

① ポイント販促費・ポイント引当金

　ポイント制度による値引額であり，「ポイント引当金」への繰入額も含んでいる。実際のポイント値引きだけでなく，ポイントを付与したが同会計期間には利用されなかった場合にも，翌期以降の利用見込額を当期に認識しておかなければ，費用と収益が対応せず，利益率等が変動する要因となる。

② 仕入割引

　仕入割引は仕入先に対する決済を現金で行う場合，または決済サイトを通常より短縮することを理由として仕入先から得るリベートであり，一般に「現金リベート」「サイトリベート」などと呼ばれる。これは名目が「金利」である

ために営業外収益に計上されている。

③ 販促協力金

販促協力金は一般に，特売やキャンペーンを行う際にメーカーや卸売業者から得るリベートである。リベートにはこれらの臨時的なもののほかに，年間の取引ボリュームに応じたリベートや，メーカーの戦略商品を売り場の一等地に並べることにより得られるリベート等もある。リベートの種類により売上に計上される場合や売上原価から控除されるものもあるが，企業ごとに統一されていないし，統一することも難しいというのが実情である。

④ 売掛金の流動化

小売店は一般消費者に対するＢ２Ｃの現金商売であるため，基本的にはＢ２Ｂビジネスのような売掛金は発生しない。しかし，クレジットカードによる決済を受け入れている店舗では，カード決済をした消費者への売上が売掛金となる。この売掛金は翌月には入金され，かつその信用リスクはカード会社が負っているために通常貸倒れが生じることはない。ただ，企業によってはその売掛金を流動化し，早期に現金化していることもある。そのため，同業他社分析をする場合には，流動化をしている企業としていない企業とで売掛金の残高水準・回転期間が著しく異なることに留意を要する。

(2) 特有な経営指標

店舗小売業においては，店舗数（直営店とFC）と店舗当たり売上・費用が最も基本的な指標となる。店舗数の推移は既存店＋出店－退店で表される。よって，既存店収益をベースに，新規出店による収益の上乗せ，退店による収益の減少が収益予測の基本となる。客数と客単価，店舗面積と面積当たり売上等も重要な指標である。

また，固定費率の高い店舗小売においては，損益分岐点も重要な指標となる。

(3) 小売業におけるデューデリジェンスのポイント

① 業績に関する事項

(a) 赤字店舗の抽出

小売企業の利益は各店舗で生み出されているものであるため，業績は各店舗別に見る必要がある。そしてその中に赤字店舗がある場合には，これを黒字転換ないし閉鎖することで全体の営業利益は増加するため，将来の経営計画はこれらを，転用または閉鎖させることを前提に作成する必要がある。ただし，その採算性を判断する場合には，次の点に留意する必要がある。

(イ) 本社費・共通費の配賦方法

店舗の採算性を判断する場合には，その店舗を閉鎖したとしても全社では減少しないような本社費・共通費の配賦額控除前の営業利益・営業キャッシュフローで判断する必要がある。

(ロ) ポイント引当

購入時に次回購入時の値引きを約束するポイント制度のポイント付与は，実質的には初めの購入時点に行った値引きである。そのため，店舗の採算性を図るための期間損益計算では，付与したポイントの値引き相当額を付与時の経費として認識する必要がある。

(ハ) 在庫評価損

返品ができない在庫の評価損・廃棄損は，たとえ会計方針で原価法を採用していたとしても，店舗採算を見るための店舗別損益計算書では毎期継続的に店舗ごとに認識し，これらも含めた店舗採算を判断する必要がある。

(b) 赤字店舗の黒字転換可能性の確認

(a)で抽出された各赤字店舗について，業績改善施策により黒字に転換できるか否かを確認する。その際に考慮する点としては次のようなことが考えられ

る。

(イ) コミッション・アドバイス料等本社への支払

各店舗の経費の中に本社に対するコミッション・アドバイス料等の支払がある場合には，それを控除するべきか否かを検討する必要がある。実際に本社従業員が来店し，さまざまな指導をしているのであれば，相応のアドバイス料は適当といえるかもしれないが，たとえばその本社従業員が1ヶ月に1度程度見回りに来て，その対価として100万円ほど払っているというのであれば必要経費とはいえないであろう。ポイントはその支払を止めた場合に営業利益が増加するか減少するかである。これを適正水準にすることで黒字になるのであれば，当該店舗は閉鎖対象とする必要はない。

(ロ) 過剰人件費

単に人員数が過剰である等を理由として経費が過剰になっているのであれば，人件費を適正水準にした営業利益額を試算し，改めて採算性を判断する必要がある。

(ハ) リベート

小売店はキャンペーンや特売を行う際，メーカーや卸売業者から販促金・リベートを得ている。また，その他年間の仕入量等に応じたボリュームリベート，その他さまざまな理由によるリベートを得ている。このリベートは店舗ごとに得ている場合もあるが，本社がまとめて得ている場合もある。本社がまとめて得ているリベートのうち，各店舗に原因を帰属させ得るものについては，それを配賦させたうえで店舗の採算を見る必要がある。

(ニ) テナント誘致による利益改善

その他，大型店舗でさまざまな商品を扱っている小売店では，仮に店舗全体の営業キャッシュフローがマイナスであったとしても，そのマイナスが一部の商品部門に起因している場合がある。たとえば，大型スーパーマーケットで，衣料品売り場の業績が悪い場合に，売り場を自前からテナントに変更

することで利益率を改善できるケースもある。このように，一部の売り場を外部のテナントに変更するというようなことで店舗全体の営業キャッシュフローをプラスにできるかどうかを判断する必要がある。

　㈻　その他固定費

　その他，仮に店舗を閉鎖したとしても継続的に発生してしまう費用がある場合には，それを損益計算から除いて採算を判断し，閉鎖するか否かの検討をする必要がある。

(C)　不採算店舗の閉鎖コストの確認

(b)の調整を行っても営業キャッシュフローがマイナスであるような店舗は閉鎖することを前提に将来の事業計画を策定する必要があるが，その際に実際に閉鎖する場合に必要となる閉鎖コストを見積もり，そのコストと店舗の営業を継続する場合のコストとを比較して閉鎖のタイミング等を吟味する必要がある。たとえば次のケースでは，営業キャッシュフローがマイナスの場合でも2年間は継続的に営業をしたほうがよいという結論になる。

ケース

- 賃借店舗で営業
- 貸借契約期間満期まで残り2年，満期前解約には違約金100が必要
- 年間の営業キャッシュフローはマイナス30
- 年間支払家賃は60

2年間営業を継続した場合：2年間のキャッシュアウトは60
店舗を閉鎖し，解約しない場合：2年間のキャッシュアウトは120
店舗を閉鎖し，解約する場合：2年間のキャッシュアウトは100

この場合，2年間は営業を継続してから店舗を閉鎖することが得策である。

② バランスシートに関する事項

(a) 商品在庫の返品可能性・販売可能性の確認

長期滞留在庫がある場合に，それをメーカーまたは卸売業者との間で返品することができる契約となっている場合には問題ないが，それができない場合には商品在庫の償却・評価損額を算出し，価値評価に織り込む必要がある。なお，「長期滞留在庫」は一般に対象会社の在庫管理システムから抽出でき，経営管理資料として利用されている。ただし，その際「滞留」の定義には注意する必要がある。たとえば1年前に100個の同じ商品を仕入れ，1ヶ月前に1個販売された場合に，残りの在庫99個の滞留期間は本来1年であるにもかかわらず，システムによってはこれを1ヶ月の滞留と認識し，「長期滞留」ではないと報告されてしまうことがある。

(b) 敷金保証金

小売業の店舗の多くは賃借不動産であり，一定の敷金または保証金を家主に支払っている。この敷金・保証金は契約満了時に全額返済されるという契約の場合もあるが，たとえば100の敷金・保証金のうち20は償却され，80のみが契約満了時に返済されるという契約になっていることもある。後者の場合は会計上一般に，返済されない20は契約期間にわたり均等償却されている。しかし，財務デューデリジェンスの場合には，通常当該敷金保証金は80で評価され，20のうち未償却の金額は評価損とされることが多い。これは，当該20は実質的には過去に行った賃貸借取引の手数料であり，将来資金化されるものではないためである。ただし，たとえば契約の途中で解約した場合に20のうち未償却部分は返済されるという契約条件になっている場合には当該未償却分を評価損とする必要はない。

(c) ポイント引当金

最近の小売店では，ポイントカードを発行し，次回来店時または数ポイント累積した場合には値引き等をするというサービスをしている店舗が多い。また，セール期間にはポイント2倍キャンペーン等を行っている店舗もある。こ

のようなポイントによる値引きは次回来店時に行われるものであるが、その値引きは実質的には販売時に行われたものであるため、引当をする必要がある。

　引当金の計算方法は、そのポイントの性格により大きく2つに分けられる。
① ポイント数にかかわらず、翌来店時に利用できるポイント制度（大手量販店のようなシステム管理されているポイントカードのポイント）
② 30ポイント溜まったら3,000円値引きのような、システム管理されていない紙のポイントカード

　①の場合にはシステム管理されているため、ある一定時点の付与ポイントの金額換算額がわかる。企業会計上はこれに利用実績率を乗じた数値をポイント引当金としていることが多いが、仮に長期間来店しておらずポイントの利用可能性が低いという顧客がいたとしても、利用期限を過ぎていない限り利用することはできるため、保守的に付与ポイントの金額換算額全額をポイント引当金として見込むことも行われる。

　一方、②の場合にはシステム管理がなされていないため、通常ある一定時点の付与ポイントの金額換算額はわからない。そのため、たとえば年間のポイントカード使用による値引額を年間の売上高で除してポイント値引率を算出し、そのポイント値引率をポイントカードの期限期間の売上高に乗じる等の方法で算出せざるを得ない。ただし、たとえばポイントに期限がない場合等は何ヶ月分の売上高に乗じればよいのか等の問題が生じる。この点はあくまでも見積計算である以上、実務的にはそれぞれの会社ごとに得られる情報からさまざまな計算ロジックを考案し、また一定のレンジを設けて計算せざるを得ないのが実情である。

　もちろん仮に当該ポイントも管理されており、期末の付与ポイントの金額換算額が判明するのであれば、その金額をもって引当額とすれば足りる。ただ、厳密にはこの場合でもたとえば30ポイント溜まったらという条件付きのポイント制度においても、30ポイント溜まった顧客の数に対してだけではなく、10ポイントや20ポイント時点の顧客のポイントも換算対象、引当対象とする必要がある。

(d) 店舗閉鎖費用引当金

不採算店舗を閉鎖する場合には，次のような損失が発生する。企業会計基準上は引当金として認識できないものもあるが，財務デューデリジェンスにおいてはひとまず抽出し，価格交渉において考慮することが望ましい。

- 店舗閉鎖により支払う従業員への割増退職金，一定の負担金等
- 商品在庫の処分のために，閉店セールにより仕入値以下で販売する場合の商品評価損
- 店舗の取り壊し費用
- 賃借不動産の契約期間満了前の解約による違約金
- 店舗閉鎖後賃借終了までの賃借料

第5節 金融業

　金融業としては，銀行，証券，保険，ノンバンク等の分野があるが，特殊性が高くM&A件数も限定的な銀行，証券に関しては汎用性が低いという理由から割愛し，近年業績不振に伴う破綻で大きなM&Aが発生した保険会社とノンバンクについて概説する。

1　保険業（生命保険業および損害保険業）

(1) 全般的な特徴

① 保険業は，保険業法その他関連法に基づき，行政当局より規則・監督が行われている。監督官庁は金融庁であり，定期的に立入検査が行われている。その際には，コンプライアンス・リスク管理体制等について確認が行われ，その一環として資産査定状況についても検査が行われる。

② 損害保険会社は株式会社形式（基本的に上場会社）で設立されているが，生命保険会社は基本的に相互会社形式で設立されている。ただし，外資系生命保険会社および損害保険会社の生保子会社については，株式会社形式で設立されている。また，大同生命保険株式会社および太陽生命保険株式会社のように，相互会社から株式会社へ変更する生命保険会社も出てきている。

③ 生命保険会社については，契約期間が基本的に長期にわたるため，運用が長期性の資産（長期国債・地方債，貸付金および不動産）によって行われ，損害保険会社については，契約期間が基本的に1年更新のため，運用

が流動性の高い資産（株式および社債）によって行われる。
④　保険業界は，多様な個人情報・保険情報等を管理するため，また近年個人情報保護法が制定され情報管理が重要視されていることから，情報システム管理が重要なものとなっている。
⑤　生命保険会社は営業職員（生保レディー）による保険販売，損害保険会社は代理店（自動車ディーラー等：約9割を占める）による保険販売が主要な販売方法である。最近は，ネット販売，ブローカー販売，銀行・証券窓販等販売方法は多様化している。
⑥　生命保険会社については，バブル崩壊後の日本における景気および企業業績の悪化，運用環境の低迷等に伴い，運用利回りが予定利回りを下回る逆ざや，貸出債権についての多額の不良債権化，不動産価格の下落等が発生したため財務内容が悪化した。そのため1999年～2001年頃にかけて千代田生命・東邦生命等の生命保険会社の破綻が発生した。ただし，近年は損失処理も一段落し，収益面・財務内容も改善している。損害保険会社については，生命保険ほどのバブル崩壊後の深刻な財務内容の悪化は発生していない。
⑦　1996年の保険業法改正および金融ビッグバンにより，損害保険・生命保険の子会社による相互乗入，第三分野の販売解禁等が行われており，両業界における再編および外資系企業との競争が行われている。特に損害保険では，1998年7月（経過措置2年）より損害保険料率の自由化に伴い，今後も商品開発・保険料・サービス等の競争が過熱化することが予想される。
⑧　損害保険では自動車保険等，生命保険では死亡保険等の主力保険商品の販売契約数等が減少傾向にあり，第三分野の販売解禁に伴い，生損保会社ともに第三分野（医療保険・ガン保険・傷害保険等）の保険販売に力を入れ始めている。
⑨　生命保険については，個人の投資方法の1つとして変額年金保険等が注目されている。銀行・証券の窓販開始が行われ販売チャネルが広がった結果，販売は好調に推移している。損害保険については，天候デリバティブ・金融保証等といった新しいリスクを請け負う新種保険を開発し，業務

⑩ 損害保険については，大型設備，金融保証，クレジットデリバティブ，天候デリバティブ等の多様なリスクについての引受けを行っている。そのような多様・巨額なリスクに対応するため，再保険・共同保険等を行っている。

(2) 保険業会計の特徴

(損害保険会社)

貸借対照表

(単位　百万円)

現金及び預貯金	252,150	保険契約準備金	6,793,750
コールローン	268,355	支払備金	851,200
買入金銭債権	608,450	責任準備金	5,942,550
金銭の信託	85,800	社債	140,000
有価証券	7,840,150	その他負債	1,084,720
貸付金	707,600	共同保険借	9,630
保険約款貸付	675,100	再保険借	202,580
一般貸付	32,500	外国再保険借	58,345
不動産及び動産	419,550	債券貸借取引受入担保金	451,630
その他資産	1,044,565	その他	362,535
未収保険料	6,120	退職給付引当金	287,500
代理店貸	106,770	賞与引当金	27,100
外国代理店貸	35,950	価格変動準備金	93,000
共同保険貸	28,055	繰延税金負債	299,500
再保険貸	234,685	支払承諾	940
外国再保険貸	66,750	負債の部合計	8,726,510
地震保険預託金	206,110	資本金	200
その他	360,125	資本剰余金	225,500
支払承諾見返	940	利益剰余金	830,800
貸倒引当金	(28,550)	株式等評価差額金	1,416,000
		資本の部合計	2,472,500
	11,199,010		11,199,010

損益計算書	
	(単位 百万円)
経常収益	3,408,275
保険引受収益	3,113,395
正味収入保険料	2,692,150
収入積立保険料	304,055
積立保険料等運用益	69,880
責任準備金戻入益	46,770
その他保険引受収益	540
資産運用収益	272,150
その他経常収益	22,730
経常費用	3,366,150
保険引受費用	2,939,920
正味支払保険金	2,015,115
損害調査費	72,330
諸手数料及び集金費	367,955
満期返戻金	410,865
契約者配当金	45
支払備金繰入額	73,050
責任準備金繰入額	―
その他保険引受費用	560
資産運用費用	30,730
営業費及び一般管理費	391,450
その他経常費用	4,050
経常利益	42,125

(生命保険会社)

貸借対照表			
			(単位 百万円)
現金及び預貯金	481,500	保険契約準備金	51,445,500
コールローン	443,850	支払備金	337,250
買入金銭債権	2,452,630	責任準備金	48,650,350
商品有価証券	4,100	社員配当準備金	2,457,900
金銭の信託	242,420	再保険借	585
有価証券	41,300,800	その他負債	1,933,359
貸付金	12,353,600	債券貸借取引受入担保金	904,989
保険約款貸付	2,330,850	その他	1,028,370
一般貸付	10,022,750	退職給付引当金	495,750
不動産及び動産	2,788,500	支援損失引当金	735

再保険貸	580	価格変動準備金	488,950
その他資産	936,100	繰延税金負債	455,130
支払承諾見返	—	再評価に係る繰延税件負債	44,850
貸倒引当金	(58,350)	支払承諾	—
		負債の部合計	54,864,859
		基金	300,000
		基金償却積立金	550,000
		再評価積立金	600
		剰余金	471,620
		土地再評価差額金	72,870
		株式等評価差額金	4,685,781
		資本の部合計	6,080,871
資産の部合計	60,945,730	負債及び資本の部合計	60,945,730

損益計算書	
	(単位　百万円)
経常収益	8,518,270
保険料等収入	5,832,030
保険料	5,831,250
再保険収入	780
資産運用収益	2,298,680
その他	2,201,330
特別勘定資産運用益	97,350
その他経常収益	387,560
経常費用	7,359,900
保険金等支払金	5,547,320
保険金	1,549,650
年金	500,880
給付金	920,560
解約返戻金	1,529,155
その他返戻金	1,046,010
再保険料	1,065
責任準備金等繰入額	303,185
責任準備金繰入額	252,330
社員配当準備金積立利息繰入額	50,855
資産運用費用	310,300
事業費	655,135
その他経常費用	543,960
経常利益	1,158,370

① 貸借対照表および損益計算書の表示形式

保険業については，保険業法等に定められた表示方法に基づいている。通常の事業会社と異なり，貸借対照表については流動・固定分類等は行われていない。

また損益計算書についても，売上・売上原価といった科目構成ではない。

上表は損害保険会社および生命保険会社の貸借対照表および損益計算書（経常利益まで）を例示したものである。

② 保険料および保険金の発生主義への修正

生命保険の保険料収入については，実現主義ではなく，現金主義により収益計上を行っている。

保険金支払については現金主義で計上し，支払備金および責任準備金（後述）の繰入・戻入で期間修正を行うことにより，発生主義に修正する会計処理を行っている。

③ 生命保険会社における一般勘定と特別勘定

特別勘定は，変額保険や変額個人年金保険などで，その運用結果を直接的に契約者に還元することを目的として，他の勘定と分離して運用する勘定である。一般勘定は，特別勘定を除いた資産を運用する勘定である。ほとんどの保険会社では，一般勘定が総資産のほとんどを占めている。しかし，変額年金保険の販売の増加に伴い，今後特別勘定も一定の割合まで伸びてくるものと思われる。

④ 特殊な勘定科目

保険約款貸付：保険契約約款に基づく契約者に対する貸付金を計上している。

代理店貸・代理店借：代理店との取引に関する未決済債権・債務を計上している。

再保険貸・再保険借：再保険に関する未決済債権・債務を計上している。

共同保険貸・共同保険借：共同保険に関する未決済債権・債務を計上している。

契約者配当準備金または社員配当準備金：保険契約者に対する配当支払のための積立金である。

価格変動準備金：価格変動による損失に備えるための準備金である

基金・基金償却積立金：いわゆる資本金・資本準備金である

正味収入保険料：（元受保険料＋受再保険料－出再保険料）を計上している。

正味収入保険金：（元受保険金＋受再保険金－出再保険金）を計上している。

特別勘定資産運用益：特別勘定資産における運用損益を計上している。

社員配当準備金積立利息繰入額：社員配当準備金の積立部分運用にかかる利息を計上している。

⑤ 支払備金

支払備金は，普通支払備金とIBNR（incurred but not received（既発生未報告））支払備金に区分される。普通支払備金は，保険金支払が確定しているがいまだ支払が行われていない確定債務であるのに対して，IBNR支払備金は，確定債務ではなく，保険業法に基づき一定の方法により引き当てられた引当金的要素を持っている。損害保険会社については，保険金の支払額が査定等によって決められるため，決算期末段階で金額が確定していない場合がある。

⑥ 責任準備金

責任準備金とは，保険会社が保険契約上の責任つまり保険金などの保険給付の支払を完全に果たすことができるように準備する金額のことである。保険会社の負債のほとんどを占めており，その計算は複雑であるため，専門家（アクチュアリー）によって計算・管理されている。

(a) 損害保険

責任準備金は，決算期後に残された保険契約期間に備えて積み立てる「普通

責任準備金」と異常災害損失に備えて積み立てる「異常危険準備金」のほか，積立保険（貯蓄型保険）においては，満期返戻金，契約者配当金として返すべき保険料中の払戻し部分，およびその運用益を積み立てる「払戻積立金」「契約者配当準備金」等で構成されている。

(b) 生命保険

責任準備金は，決算期末までに経過した期間に見合う保険料部分に対応する「保険料積立金」，翌事業年度以降に対応する「未経過保険料」および通常の予測を超えるようなリスクに備える「危険準備金」等で構成されている。

計算方法には，「平準保険料式」と「チルメル式」があり，前者のほうが健全であると捉えられている。

なお，変額年金については，金融庁より「変額年金保険等の最低保証リスクに係る責任準備金の積立等に関する内閣府令等」が提出され，最低保証に対応した積立が義務づけられることとなった。

(3) リスク要因

リスク要因としては，大きく「保険業務」と「資産運用」に関連するものであるが，近年は「法令・規制緩和」による影響も大きくなっている。

① 金利水準・株価水準・為替水準の変動により逆ざやが発生するリスクがある。
② 景気の悪化に伴い貸倒および保証が増大するリスクがある。
③ 天災等の発生により多額の保険金支払が発生するリスクがある。
④ 関連法令の改正・規制緩和等により，他業種および外資系企業との競争が激化するリスクがある。
⑤ 地震等によるシステムがダウンする，個人情報が不正に利用されるリスクがある。

(4) 特有な経営指標

主な経営指標は以下のとおりである。
① ソルベンシー・マージン比率
② 総資産および運用資産
③ 経常利益および当期利益
④ 運用資産利回り
（生命保険）
⑤ 保険料等収入および保険金等支払金
⑥ 新保険契約数および新契約保険金および保有保険契約数および保有保険金額
⑦ 年換算保険料
⑧ 平均予定利率
⑨ 基礎利益と三利源（利差益・費差益・死差益）
（損害保険）
⑩ 正味収入保険料および正味支払保険料
⑪ 正味損害率および正味事業比率
⑫ 代理店数
⑬ 各種保険加入率

(5) 保険業のデューデリジェンスにおけるポイント

① 事業計画

　保険業の収益・費用は，大きく保険料収入・支払保険金と資産運用収益・費用で構成されている。将来事業計画を検討するにあたっては，生命保険会社および損害保険会社それぞれの特色を把握して行う必要がある。また，最近では相互参入が行われていることから，双方の収入は個別に把握する。

(a) 保険料収入

　生命保険は契約期間が長期に及ぶため，新契約部分と既存契約部分に分けて把握する必要がある。

　新契約については，今後の重点保険商品，新保険契約数・新保険金額等に基づく将来販売計画から作成される保険料収入の推移について，会社の今後の戦略・保険料率・顧客ニーズ・他生保動向等と比較し，達成可能な水準にあるかを検討する。

　既存契約については，継続保険料は基本的に保有契約数・保有金額に比例するため，その推移について，今後の死亡・満期状況，解約状況および上記新規契約の獲得状況等と比較し，達成可能な水準にあるかどうかを分析する。

　損害保険は基本的に1年更新（積立保険を除く）であるが，新契約部分と更新契約部分に分けて把握する。

　新契約についての基本的な考え方は，生命保険と同一である。

　更新契約については，今後の継続率および新規契約の獲得状況等と比較し，達成可能な水準にあるかどうかを検討する必要がある。

(b) 保険金支払

　生命保険は，死亡，給付，満期，解約，年金等といった保険金支払より構成される。それぞれ死亡率・給付率・解約率，満期契約情報等の統計指標に基づき，計画が立てられているかを検討する。

　損害保険は，火災・海上・自動車・傷害等といった保険金支払より構成されており，火災・事故発生件数，事故発生率等の統計指標に基づき，計画が立てられているかを検討する必要がある。

(c) 資産運用収益・費用

　生命保険および損害保険ともに運用資産について，有価証券，貸付金および不動産と異なるものではないが，構成要素・割合が異なっているため，その点を考慮する必要がある。

　生命保険は，上記にように比較的長期性資産により運用が行われるため，資産運用方針，今後の国債利回り，企業の資金需要，不動産市況等を考慮に入

れ，収益計画が達成可能な水準にあるかどうかを検討する。

損害保険は，上記のように比較的流動性の高い資産により運用が行われているため，今後の資産運用方針，株価の状況等を考慮に入れ，収益計画が達成可能な水準にあるかどうかを確認する。

② 資産査定

資産査定の結果を検討することより，貸倒引当金の積立不足や不良資産の含み損失について把握する。それにあたっては，以下の事項に考慮する必要がある。

(a) 有価証券

保険会社は，基本的に安全性の高い時価のある有価証券により運用を行っているため，資産状況については把握しやすいものと考えられる。ただし，近年運用利回りを高めるため，プライベート・エクイティ等のオルタナティブ投資も実施しており，当該リスク部分について把握する必要がある。

(b) 貸付金

特に生命保険会社は，その歴史および性質から，貸付金の割合が高くなっている。基本的には金融庁の指導やマニュアルに沿って整備された自己査定マニュアルに基づいて自己査定が行われているはずであるが，貸付金の査定には，会社や担当者の主観・思惑等が入る可能性があるため，特に問題のある業態や企業等に関する個別の査定資料等を検討する場合には注意が必要となる。手続的には，自己査定制度の整備状況や運用状況のレビュー，過去の金融庁検査等における指摘事項の確認，一般貸倒引当金の算定ベースとなる貸倒実績率の適正性の評価，大口問題債権に関する個別引当金の妥当性の検討，サンプリングによる債務者区分・保全額評価等の適切性の評価が中心となる。

(c) 不動産

特に生命保険会社は，その性質から，営業用不動産および投資用不動産に対する投資割合が高くなっている。減損会計の適用状況，土地の評価額および含

み損益について注意して検討する。

(d) その他資産，負債

保険会社に限らず，銀行や証券も同様であるが，金融会社においてはその他資産（負債）等のいわゆる「雑勘定」の分析がきわめて重要となる。一般に金融会社においては，高度に組織化されたシステムにより取引が画一的に処理されるようになっているため，ほとんどの勘定科目に異常性が入り込む余地が少ない。その例外がその他資産・負債である。したがって，何らか異常なことをしようとしたり，また異常なことが発生した場合に，その影響がその他資産・負債勘定に，手修正等で，反映されることが多い。そこで，こうした勘定に計上されている項目の内容の確認や分析，背景の理解は，異常点調査という観点からは欠かせない。

③ 逆ざやの状況

生命保険について，逆ざやの状況，予定利率の推移見込みおよび基礎利益等の状況を把握し，今後の逆ざやの解消見通しおよび経営状態への影響について検討する必要がある。

④ 多様なリスク引受け

損害保険について，多様・多額のリスクを負担している保険等について把握し，会社の方針，リスク引受けのスキーム，再保険の出再・受再状況等を確認し，将来の経営に重大な影響を与えるものがないかどうかを検討する。

⑤ 責任準備金および契約者または社員配当準備金

責任準備金等の検討については，アクチュアリー等の専門家をチームメンバーに加えることを検討する。

⑥ 支払備金

損害保険については，海外事故，調査中の事故や係争中の事故等があるため，今後の発見事項，為替相場の変動や裁判結果等により，将来の支払保険金

額が大きく異なる場合がある。そのため，調査時点での支払備金に関して，当該事項に留意し，会社担当者に十分なインタビューをしたうえでその金額的妥当性について検討する必要がある。

2 消費者信用業（消費者金融業，信用販売業，クレジットカード業等）

(1) 全般的な特徴

① 消費者信用業は，預金等を受け入れずに個人や法人に対する融資業務を行うノンバンク業界にあり，大きく消費者金融（消費者金融業）と販売信用（信用販売業，クレジットカード業）から形成されている。

② その特色から資金調達が事業継続上の生命線となるため，銀行借入，CP発行，株式・社債発行，債権流動化等の多様な資金調達を行っている。

③ 景気低迷による自己破産数の増加等による影響を受け，貸倒関連コストが増大してきている。そのため，審査の厳格化，個人情報分析等による貸倒関連コストのマネジメントの重要性が増してきている。

④ リテール業務強化を行っている銀行業界を中心に業界再編が行われている。信用販売業では，バブル期に行った不動産担保融資・事業融資の不良債権化等による財務内容の悪化に伴い，大手企業を中心とした再編や外資による買収等が行われている。クレジットカード業は，銀行系カード会社において再編が進み，銀行との関係を深めている。消費者金融業は，景気の低迷による自己破産の増加等に伴う貸倒関連コスト負担が増加し，収益性・財務内容が悪化してきており，資金調達先確保等のため銀行グループとの提携等を行っている。

⑤ 販売信用については，基本的に顧客手数料と加盟店手数料により収益を得ている。カードショッピングの取扱高は増加傾向にあるが，ショッピング・クレジット（基本的に高額商品対象）の取扱高は減少傾向にある。カードショッピングでは，顧客手数料のかからない一括支払が多いため，

手数料の増加が戦略上重要となっており，リボルビングカードの発行等を開始している。
⑥　今後も成長が見込まれるクレジットカード事業には，銀行・消費者信用産業以外に多数の異業種（自動車・家電・運輸・通信等）が進出しており，近年ではインターネット関連会社がカード会社を買収している。そして，業界は銀行系・流通系・メーカー系等に区分されており，銀行系はキャッシュカードとの一体化等により利便性を上げ，顧客の決済口座の獲得をねらい，流通系・メーカー系等はポイント制を導入するなど顧客獲得のための戦略を行っている。また，年間手数料を無料とする会社も出ており，顧客獲得競争は激しくなってきている。
⑦　クレジットカードでは，国際的な利便性を高めるため，国際ブランドであるVISAおよびMaster（両社で全世界の約9割のシェア保有）等よりイシュアー（カード発行）業務とアクワイアラー（加盟店開拓）の権利を得ている。そして，加盟店の相互開放を行っており，加盟店手数料についてイシュアーとアクワイアラー間で分配している。一方，質のよい加盟店獲得・囲い込み等から，加盟店手数料のダンピングが行われている。
⑧　消費者金融業については，少数の大手会社が市場のほとんどを占有している一方，きわめて多数の中小零細業者が存在するという二極構造になっている。当該中小零細業者がいわゆるヤミ金化しており，強引な取立て等の社会問題を引き起こしている。また，カード業ではスキミング等のカード犯罪が増加している。
⑨　消費者信用産業は，既存の個人情報・与信情報等の情報管理以外に，ICカードの導入，自己破産の増加に伴う自動審査機能の向上，ATM・CDの相互乗入および設置，個人情報保護法の施行に伴い個人情報管理の強化が必須であり，多大なシステム設備が必要な装置産業となっている。

(2) 消費者信用業会計の特徴

消費者信用産業会計の特徴については，大きく「消費者金融業の会計」と「信用販売業及びクレジットカード業の会計」に分類して記載する。

(消費者金融業)

貸借対照表

(単位 百万円)

現金及び預金	77,650	支払手形及び買掛金	700
受取手形及び売掛金	1,630	短期借入金	42,630
営業貸付金	800,230	一年内返済予定長期借入金	77,955
短期貸付金	89,110	一年内償還予定社債	22,000
その他	71,940	その他	13,950
貸倒引当金	(155,440)		
流動資産合計	885,120	流動負債合計	157,235
有形固定資産	30,220	社債	13,000
無形固定資産	24,830	長期借入金	190,255
投資その他の資産	27,650	その他	550
		固定負債合計	203,805
		負債合計	361,040
		少数株主持分	10,110
固定資産合計	82,700	資本合計	596,670
資産合計	967,820	負債, 少数株主持分及び資本合計	967,820

損益計算書

(単位 百万円)

Ⅰ 営業収益	
1. 営業貸付金利息	267,100
2. 総合あっせん収益	4,950
3. 個品あっせん収益	7,380
4. 信用保証収益	3,985
5. その他の金融収益	125
6. その他の営業収益	9,680
営業収益計	293,220
Ⅱ 営業費用	
1. 金融費用	15,670
(1) 支払利息	13,835
(2) 社債利息	650
(3) その他	1,185
2. 売上原価	140
3. その他営業費用	177,280
(1) 広告宣伝費	13,550
(2) 支払手数料	15,680
(3) 貸倒損失	6,055

	(4) 貸倒引当金繰入額	74,150
	(5) 従業員給料手当	21,560
	(6) その他	46,285
営業費用計		193,090
営業利益		100,130

(信用販売業，クレジットカード業)

貸借対照表

(単位 百万円)

現金及び預金	95,500	支払手形	12,620
割賦売掛金	2,045,150	買掛金	118,155
信用保証割賦売掛金	3,431,350	信用保証買掛金	2,931,350
その他	226,500	短期借入金	423,530
貸倒引当金	(235,200)	割賦利益繰延	87,980
流動資産合計	5,563,300	その他	673,925
有形固定資産	100,855	流動負債合計	4,247,560
無形固定資産	92,800	長期借入金	841,100
投資その他の資産	104,200	その他	11,050
		固定負債合計	852,150
		負債合計	5,099,710
		少数株主持分	9,350
固定資産合計	297,855	資本合計	752,095
資産合計	5,861,155	負債，少数株主持分及び資本合計	5,861,155

損益計算書

(単位 百万円)

Ⅰ 営業収益	
1．総合あっせん収益	71,350
2．個品あっせん収益	46,730
3．信用保証収益	88,335
4．融資収益	267,115
5．その他の収益	30,965
6．金融収益	3,215
営業収益計	507,710
Ⅱ 営業費用	
1．販売費及び一般管理費	325,825
(1) 支払手数料	46,185
(2) 貸倒引当金繰入額	97,350

(3) 給料手当	82,755
(4) 退職給付費用	6,550
(5) その他	92,985
2．金融費用	34,515
(1) 支払利息	32,480
(2) その他	2,035
営業費用計	360,340
営業利益	147,370

①　消費者金融業の会計

(a)　収益の認識基準

営業貸付金の利息収益の計上基準は，発生主義によっている。そして未収利息の計上にあたっては，利息制限法利率または約定利率のいずれか低いほうにより計上している。

（補足）　利息制限法と出資法

　貸付金利を規制する法律には，利息制限法と出資法がある。利息制限法は15％〜20％が上限金利とされており，出資法は29.2％が上限金利となっている。出資法の上限金利を超える金利には刑事罰が科される。また，出資法と利息制限法の中間の金利帯はグレーゾーンと呼ばれており，貸金業規制法43条は，利息制限法を超える利息であっても債務者が貸金業者に任意に支払ったものは有効な弁済とみなすとしている。

　出資法の上限金利はこれまで段階的に引き下げられてきたが，2000年の改正時の付則で，施行から3年を経過した時に上限金利規定を見直すとされているため，現状上限金利がどの水準となるかが注目されている。

(b)　損益計算書の記載方法

消費者金融業の損益計算書は営業利益までの部分について，一般企業と異なる特殊な記載方法となっている（上記の例示を参照）。

(c)　特有な勘定科目

営業貸付金：商品として提供している貸付金を計上している

貸付金：営業活動以外の貸付金を計上している

② 信用販売業およびクレジットカード業の会計

(a) 特有な事業の名称

信用販売業およびクレジットカード業では，事業を以下のように区分して開示が行われている。

- 総合あっせん事業（カードショッピング）
- 個品あっせん事業（カードショッピング以外のショッピング・クレジット）
- 信用保証業務（提携ローン保証等）
- 融資業務（キャッシング等）

(b) 損益計算書の記載方法

上記事業上の区分を受けて，信用販売業およびクレジットカード業は損益計算書の営業利益までの部分について，一般企業とは異なる特殊な記載方法となっている（上記の例示を参照）。

(c) 信用販売業およびクレジットカード業で行われる立替払取引の会計処理

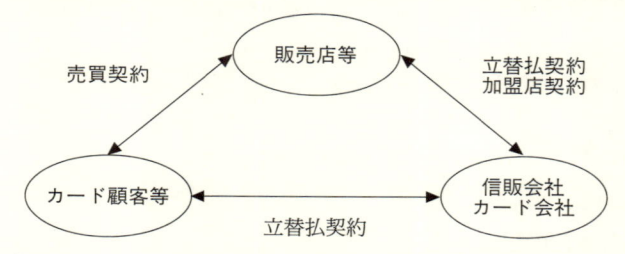

```
              販売店等
       売買契約  ／   ＼  立替払契約
             ／       ＼  加盟店契約
      カード顧客等 ←―→ 信販会社
                立替払契約  カード会社
```

信用販売業・クレジットカード業で行われる立替払取引は，三者間契約と呼ばれており，上記のような契約形態となっている。割賦販売に当たる場合，割賦販売法により規制されている。

立替払取引においては，カード会社・信販会社は商品を購入していないため，売上高を認識せず，収益部分のみが純額で処理される。割賦販売の物販業務的側面よりも，金融的な側面を重視した処理といえる。

(仕訳例)
(借)　割賦売掛金　　　ＸＸＸ　　（貸）　買掛金　　　　　ＸＸＸ
　　　　　　　　　　　　　　　　　　　　割賦利益繰延　　ＸＸＸ

(d)　信用販売業およびクレジットカード業における顧客手数料の算出方法および収益認識方法

　上記の立替払取引において認識される収益部分は，大きく分けて顧客手数料と加盟店手数料より構成されている。そのうち顧客手数料については，以下のようないくつかの算定方法および収益認識方法が認められている。

(イ)　顧客手数料の算出方法
・アドオン方式：当初元本に一定利率（アドオン利率）を乗ずることにより利息総額を計算する方式である。
・残債方式：各分割返済単位期間に，残存元本に対応して実質金利を掛けて，利息計算を行う金利計算方式である。
・リボルビング方式：リボルビング契約の際に行われる固有の計算方法である。カード利用残高に対して最低支払額（ミニマムペイメント）が決められ，最低額の支払を行えば，限度額内で繰返し利用できる方式である。顧客手数料は利用残高に対してかかる。ミニマムペイメントの設定は，定額制・定率制・残高スライド制（一般的）がある。また顧客請求への請求方式として，ウィズ・イン方式（元本のみを定額請求）とウィズ・アウト方式（元本・顧客手数料の合計を定額請求）がある。

(補足)　支払方法
　　ショッピング・クレジット（カード含む）については，一括払い・リボルビング払い・分割払い・ボーナス一括払い・2回分割払いが主要な支払方法である。
　　キャッシング（営業貸付金も同様）については，一括払い・リボルビング払いが主要な支払方法である。

(ロ) 収益認識方法

繰延認識方式（主に期日到来基準）が一般的であり，代表的な方法は以下のとおりである。

- 均等法：割賦金の回収のつど，計上される営業収益を回収ごとに比例的に計上する方法である。
- 逓減法・級数法（7・8分法）：割賦金の回収回数の級数総和をもとにして毎回収期の営業収益を計算する方式である。
- 逓減法・利回法（残債法）：割賦金の回収ごとに割賦未回収残高に対する一定率をもって営業収益を計算する方式である。

(ハ) 顧客手数料の算出と収益認識方法

上記の組み合わせは一般的に以下のようになっている。

手数料算定方式	収益認識方法		
	均等法	7・8文法	残債法
アドオン方式	○	○	
残債方式			○
リボルビング方式			○

(e) 特有な勘定科目

- 割賦売掛金：立替払取引・割賦販売取引・貸付取引等により発生する債権を計上している（貸付取引にかかる債権を計上しているのが特徴）。
- 信用保証割賦売掛金・買掛金：信用保証業務を行う際に発生する保証債務残高を貸借対照表に両建計上される際に発生する科目
- 割賦利益繰延：上記各取引において，将来に繰り延べられる収益を計上している。

(3) リスク要因

① 営業貸付金残高，貸付件数，貸付金利および営業貸付金利息
② 出資法の上限金利（現状29.2％）の変更による収益面での悪化および刑

事罰となるリスク
③ 他業界からの算入による競争激化のリスク
④ 他業種，外資等による買収のリスク
⑤ 個人情報の流出による風評リスク等

(4) 特有な経営指標

① 営業貸付金残高，貸付件数，貸付金利および営業貸付金利息
② 平均貸付金利
③ 貸倒実績率，企業倒産件数および自己破産申立件数
④ 新規契約率
⑤ 他社借入状況
⑥ 割賦売掛金，割賦利益繰延残高および顧客手数料率
⑦ カード発行枚数および1人当たりカード利用金額
⑧ 総合あっせん部門収益，個品あっせん部門収益，融資部門収益および各取扱高
⑨ 加盟店数および加盟店手数料率
⑩ 有利子負債残高および平均調達金利
⑪ CD・ATM等設置状況（自社分・提携分）

(5) 消費者信用業のデューデリジェンスにおけるポイント

① 貸倒引当金の設定状況

　会社ごとに管理対象とする債権，延滞債権の定義，貸倒実績率の算定対象，システム管理の方法等が異なるため，貸倒引当金の設定方法についても各社独特の方法が存在している。そのため会社によっては延滞管理が緩くなっていることがあり，本来であれば貸倒引当金を全額設定する債権に対しても，十分な引当が行われていない場合もある。したがって，債権管理および貸倒引当金の設定方法等については，インタビュー等により十分に内容を確認および理解す

る必要がある。

またデューデリジェンスにおいては，対象企業が保有する債権ポートフォリオにおける商品区分別・延滞状況別の債権残高推移および貸倒実績状況等に関する詳細なデータを入手する。そして当該データを用いることで，将来的に回収不能となる可能性が高い延滞ゾーンおよびその延滞ゾーンへ移行する割合（移行割合および貸倒割合）を統計的に推定することが可能となる。

以下は簡単な数値例により上記の算定方法を示したものである。

（延滞状況別の月次債権残高）	X1/1	X1/2	X1/3	…………	X1/12
延滞なし	1,000	1,000	1,000	……	1,000
延滞1ヶ月	40	38	42	……	37
延滞2ヶ月	15	17	16	……	15
:	:	:	:	:	:
延滞7ヶ月	5	6	8	……	8
延滞8ヶ月	5	5	6	……	9
:	:	:	:	:	:

（延滞の移行割合）	X1/1	X1/2	X1/3	…………	X1/12	移行割合の平均値	貸倒割合
延滞なし→1ヶ月	3.8%	4.2%	4.0%	……	3.7%	3.9%	1.8%
延滞1ヶ月→2ヶ月	42.5%	42.1%	42.3%	……	41.9%	42.1%	10.2%
延滞2ヶ月→3ヶ月	69.8%	72.5%	70.0%	……	73.5%	72.3%	38.2%
:	:	:	:	:	:	:	:
延滞7ヶ月→8ヶ月	98.0%	99.5%	100.0%	……	99.1%	99.4%	99.8%
延滞8ヶ月→9ヶ月	100.0%	100.0%	100.0%	……	100.0%	100.0%	100.0%
:	:	:	:	:	:	:	:

（注1） 延滞の移行割合：ある月の延滞債権が翌月どの程度延滞債権として残るかで計算さ

れる。
　　　たとえば，上表におけるX1/1時点の延滞1ヶ月→延滞2ヶ月の延滞の移行割合は，X1/1時点の延滞1ヶ月債権40がX1/2時点で延滞2ヶ月債権17となっているとして17÷40＝42.5％と計算される。
(注2)　貸倒割合：延滞8ヶ月以上は回収不能の可能性が高いため延滞8ヶ月を貸倒発生時点と捉え，延滞8ヶ月以上への移行割合を貸倒割合と捉える。
　　　たとえば，延滞1ヶ月の未収8ヶ月延滞以上への移行割合は，(延滞1ヶ月→延滞2ヶ月の平均)×(延滞2ヶ月→延滞3ヶ月の平均)×………×(延滞7ヶ月→延滞8ヶ月の平均)と計算される。

　上表のように，延滞8ヶ月以上となると回収不能となる可能性が高い場合，貸倒引当金1を設定しているX1/12時点の2ヶ月の延滞債権15について，上記の貸倒割合を考慮すると貸倒引当金が6（債権残高15×延滞2ヶ月→3ヶ月の貸倒割合38.2％）と計算される場合，デューデリジェンス上は当該差額5（貸倒見込債権6－貸倒引当金1）を追加貸倒引当金として設定することを検討する必要がある。
　上記貸倒割合等を考慮すると，現在正常債権および比較的軽微な延滞債権であっても，将来的に不良債権化する債権が存在し，貸倒引当金の設定が不足している可能性があることが理解できるであろう。したがって，債権ポートフォリオにおける商品区分別等の延滞債権残高，延滞状況，貸倒実績等がどのようになっているかを把握し，追加貸倒引当金の設定の有無について十分に検討する必要がある。
　貸倒引当金の調査にあたっては，基本的に以下の点を確認する必要がある。
・延滞債権の定義
・貸倒債権の定義
・貸倒引当金の設定方法
・引当金設定率の計算方法
・延滞債権の把握・管理状況（特にシステム上の管理）
・各商品区分における延滞債権および延滞債権の移行状況
・各商品区分の貸倒実績率

② 実質貸出金利水準と出資法金利の上限金利水準

上記のとおり，今後出資法の上限金利が引き下げられる可能性がある。特に平成18年1月13日の最高裁判決（利息制限法の上限を超える「グレーゾーン金利」を有効とする要件を厳格に捉えた判決）の影響もあり，上限金利に対する規制が強まる可能性が高くなってきている。

このことを考慮すると，貸出金残高等の実質貸出金利水準が「グレーゾーン金利」にある会社は，その金利水準別の残高構成割合により，収益性に大きな影響を受ける可能性がある。加えて，当該収益性への影響等に伴い外部格付が引き下げられた場合には，有利子負債の調達金利の上昇に伴い，収益性の更なる悪化が生じる可能性がある。

したがって，債権の実質貸出金利水準および金利水準別構成割合，有利子負債（長期・短期の別等）および調達金利（固定・変動の別等）の状況等について把握し，会社の今後の対応戦略について十分把握する必要がある。そして，当該影響について，下記事業計画に織り込まれていることを確認する。

③ 事業計画

上記で述べたとおり消費者信用産業は，相互に同様なサービス展開をしているが，特にカード事業（カードショッピング）と融資事業（無担保融資・キャッシング）については今後の成長分野と考えられ，各社とも力を入れていくことが予想されるため，当該事業の収益性については十分検討しなければならない。

また費用面は，大きく金融費用・貸倒費用・人件費・その他と分かれているが，上記のように金融費用・貸倒費用は変動要素が多く，十分検討する必要がある。加えて装置産業のため，今後の設備投資計画について適切に反映されているかを確認する。

(a) カード事業

収益計画を作成するうえで使用される，加盟店手数料率，1人当たり利用金額，返済方法および顧客手数料率とカード発行枚数等の将来推移について，

M&A 対象企業の今後の経営方針・戦略，市場環境および他社状況等を踏まえて，達成可能な水準にあるかどうかを検討する。

上記を検討するうえでは，以下の過年度情報を入手して分析することが有用である。
- カード取扱高，カードの種類および発行枚数ならびに1枚当たり利用金額
- 加盟店手数料率および加盟店手数料の推移
- 分割・リボ払い手数料率と利用状況等

(b) 融資事業

収益計画を作成するうえで使用される，1人当たり利用金額，利用利率水準の将来推移について，M&A 対象企業の今後の経営方針・戦略，市場環境および他社状況等を踏まえて，達成可能な水準にあるかどうかを検討する。

特に融資事業については，上記のとおり上限金利の引下げが行われる可能性があることから，当該影響を事業計画上反映していることを確認する必要がある。

上記を検討するうえでは，以下の過年度情報を入手して分析することが有用である。
- 利用者数，適用利率および1人当たり貸付金額等の推移
- キャッシング取扱高，カード発行枚数，適用利率および1枚当たり利用金額ならびに極度額等の推移等

(c) 金融費用

上記計画の貸付金額に応じた資金水準を確保するため，資金調達方法・計画およびそれぞれの方法にあった金利水準での金融費用の見積りが行われているか等について検討する。

特に買収会社が金融機関以外の場合，今後の事業継続を行っていくうえでの，買収後の資金調達手段，調達金利水準および金融機関の対応については，十分に考慮する必要がある。

また，今後の金利上昇の影響や上限金利の引下げによる格下げの可能性等を反映した計画となっているかを確認する。

(d) 貸倒関連費用

上記計画の貸付金額の推移状況を前提に，今後の貸倒予測（自己破産・延滞発生，景気動向等を考慮）をしたうえでの合理的な水準で貸倒関連費用を見積もっているかどうかの検討が必要である。貸倒関連費用の見積りは，現状の商品構成・戦略・貸倒引当金の計算方法等により，会社ごとに異なるため，上記貸倒引当金の設定状況を確認したうえで，慎重に検討する。

特に上記貸倒引当金のデューデリジェンスにより，貸倒引当金の設定をより厳格な方法へ変更する場合，今後の貸倒関連コストが増加することとなるため，当該状況が反映されていることを確認する必要がある。

(e) 設備投資計画等

消費者信用産業は多くの個人情報等を扱うため大規模なシステムを有する装置産業となっており，近年の金融機関の統合に見られるようにシステムの統合・再構築等が非常に重要な事項となってきている。そのためデータ移行・新規システム導入等については，今後の経営戦略上重要性が高く，また多大な労力・費用を要する可能性が高い。したがって，システム統合等の計画に基づく当該費用が事業計画に反映されていることを確認する必要がある。

また，他業界からの参入に伴う競争激化から，競争力を向上させるための営業網の拡大，CD・ATM設置および新サービス開発等への投資，また偽造カード問題および個人情報保護法の施行に対応するための投資等，恒常的な設備投資が必要とされる可能性が高い。したがって，当該投資・費用について事業計画に反映されていることを確認することも重要である。

④ 債権売却等のオフバランス取引の概要および会計処理方法

消費者信用業会社は，資金調達手段として債権流動化等様々な方法を用いている。結果として，かなりの資産がオフバランス化されている場合がある。会計処理としても複雑な場合があり，解釈，会計処理方法等を誤っている可能性が考えられる。したがって，インタビューで債権流動化等の状況について把握するとともに，スキームおよび契約書等を入手し内容を確認し，オフバランス取引の概要および会計処理の妥当性について検討する必要がある。特に会計監

査を受けていない会社に関しては十分な注意が必要となる。

⑤ 繰延税金資産の回収可能性

消費者信用業会社は，基本的に貸倒引当金は有税引当を行っており，多額の将来減算一時差異を保有しているのが通常である。

上記貸倒引当金のデューデリジェンスにより，多額の追加貸倒引当金が必要と判断される場合，当該損失処理の結果，資本状況によっては繰越損失または債務超過に陥る可能性がある。その場合には，現状計上している繰延税金資産について取崩しを行うことを検討する。加えて上記のように貸倒引当金の設定方法を厳格な方法へ変更した場合，今後の貸倒関連コストが増加することとなるため，将来の収益性の状況を考慮し，繰延税金資産の回収可能性について再検討する必要がある。

第6章

デューデリジェンスにおける発見事項とその対処

第1節 デューデリジェンスにおける発見事項

　デューデリジェンスの発見事項からは，単に価格の引下交渉の材料を引き出すだけでなく，その他の方法でリスクを回避するようなソリューションを見出したり，また，案件成立後に株主価値を毀損させないような手立てを講じるような策を考えたり，さらには案件成立後に企業・事業価値を増大させるような材料，すなわちアップサイドの発見事項を探す必要もあるだろう。このようなさまざまな目的から，M&Aのデューデリジェンスは単に対象企業，事業の評価を行うプロセスではなく，M&A案件全体の評価を行うプロセスと位置づけるべきである。

　本章においては，デューデリジェンスにおいて発見された事項を買い手側の意思決定にどのように反映させるか，またそれらの事項に対し買い手側はどのような対処をすることができるか，ということを考えてみたい。なお，デューデリジェンスの段階から取得後の迅速な統合，シナジー効果の早期発現あるいはバリューアップ戦略の立案等の取得後マネジメントに関する対策を講じることを目指した調査を行うことも肝要であるが，これに関する説明は第7章に譲ることとする。

1　リスクの態様とディールブレーク

　リスクの程度はその事象の起こる可能性（図の横軸）と金額的なインパクトの程度（図の縦軸）に分解されて，分析される。**図表6-1**のリスクAは発生する可能性は比較的低いものの，いったん発生したらインパクトが甚大となる可能性がある一方,,その定量化が困難なリスクであり，リスクCは発生する

図表6−1 リスクの程度の分析

縦軸：金額的インパクト（低・中・高）
横軸：発生する可能性（低・中・高）

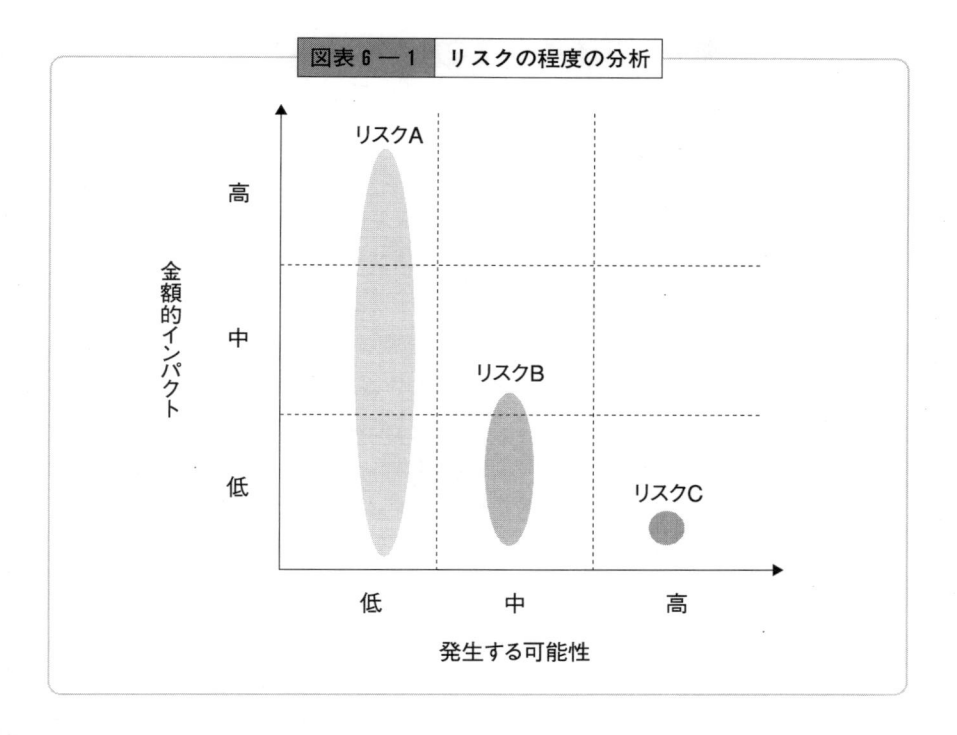

- リスクA：発生する可能性「低」、金額的インパクト「高〜中」に縦長に分布
- リスクB：発生する可能性「中」、金額的インパクト「中〜低」
- リスクC：発生する可能性「高」、金額的インパクト「低」

可能性は高いが，インパクトの程度は比較的低く，定量化もしやすいリスクである。M&Aにおいて発見されたリスクについてこの相関関係が一定度合いを超えると，それはいわゆるディールブレーカーとなる。すなわち，合理的な経営者であれば，「この案件を行わない」という意思決定を行うべき状況である。

たとえばリスクAは重大な環境問題が発生している可能性があるという状況を想定してみればいいであろう。こういった問題は，たとえば数％の確率でしか起こらないかもしれないが，もし起こるとM&A対象企業の価値そのものがなくなる，あるいはマイナスになってしまうといった類のものである。

またリスクBは何らかの訴訟問題を現に抱えているといった状況を想定すればよいだろう。実際に訴訟問題を抱えているので，損失が発生する可能性はある程度あり，損失金額についても正確に見積もることは難しいものの，最大金額はある程度わかっている，といった状況である。

さらに，リスクCはたとえば退職年金債務の未認識額があり，この買収を行

うと，その年金基金から脱退をすることを余儀なくされ，未認識債務額相当を支払うことになるといった状況である。したがって，ほぼ確実に発生し，金額もある程度見積もることができるといったものである。

それでは企業買収を考慮している買い手がこれらのリスクを発見した場合には，必ず「この案件を行わない」という意思決定を行うべきなのだろうか？

たとえばリスクＣの退職年金債務の未認識額が50億円程度と試算され，当初200億円の買収想定金額を仮に150億円に引き下げることができるならば，買い手は合理的な買い物ができることになる。あるいは，上記のリスクＢの例における訴訟の最大賠償金額が50億円であるとすれば，買収想定金額を仮に150億円に引き下げることができれば，買い手にとっては何の問題もなくなる。むしろ，賠償金額が発生しない，あるいは発生したとしても50億円に満たなければ，結果的に安い買い物ができたことにもなるかもしれない。

しかしながら，売り手は当然のことながら，売り手の株主価値を事業売却により高めることを目指して売却価額を最大化させようと試みるから，リスクＢやＣの場合でも現実的には合意に達するのは容易なことではない。特にリスクＢの場合には，50億円の損失が生じる可能性は必ずしも高いわけでないから，売り手側もなかなか納得ができないであろう。そこで，たとえば買い手が「50億円の損失が発生する可能性が40％であるから20億円価格が下がればよい」という意思決定がもしできるのだとすれば，180億円で売り手も合意する可能性が高くなってくるかもしれない。しかしながら，買い手の規模に対してこの30億円が甚大なものであるのであれば，これは依然として買い手にとって大きなリスクである。

これに対し，リスクＡ，すなわちこの例では環境問題については，仮に買収想定金額を150億円まで引き下げることができても，やはりディールブレーカーとなるかもしれない。これを図示すれば**図表6-2**のとおりであり，150億円の買収価格であればリスクＢはディールブレーク線を下回ることになるが，リスクＡは依然としてディールブレーク線を上回る。マグニチュードすなわち損失金額の程度を推し量るためには，徹底的な土壌調査と水質調査等の膨大な調査手続をする必要が生じる。そのような調査手続をデューデリジェンスの一環として行うことは実質的には難しい。このためリスクＡの場合にはマグニ

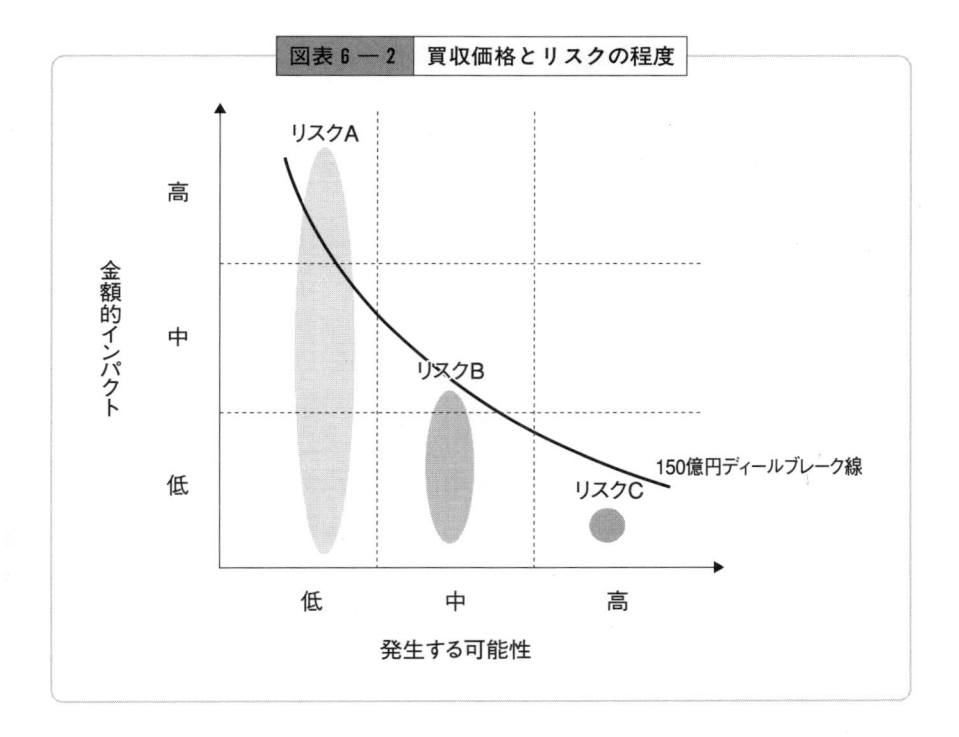

図表 6 − 2　買収価格とリスクの程度

（縦軸：金額的インパクト　高／中／低、横軸：発生する可能性　低／中／高）

リスクA、リスクB、リスクC、150億円ディールブレーク線

チュードが大きい可能性が高いために，取得価格を下げてもなかなかこの線がリスクAを上回ることにはならないし，双方合意には達しにくい。そもそもリスクAの場合には，その可能性やマグニチュードが容易に定量化できないことから，買い手と売り手の見積りが大きく異なる可能性があり，これを買収価格に織り込み合意に至ることは困難なわけである。

それでは他の方法で合意に達することはできないものだろうか？

買収価格の引下交渉をすることのほかに，**図表 6 − 3** のとおりリスクの度合いを低める，あるいはリスクを回避する，転嫁する，という方法により，リスク自体がディールブレーク線を下回るようにすることができるかもしれない。

デューデリジェンスの発見事項の評価フレームワークは第 1 章**図表 1 −13**のとおりであるが，具体的には，たとえば以下のような方法が考え得る。

- 買収形態の変更を行う。典型的には，たとえば株式取得ではなく，営業譲渡とすることにより，買収対象法人が法人として有する偶発性のリスクを

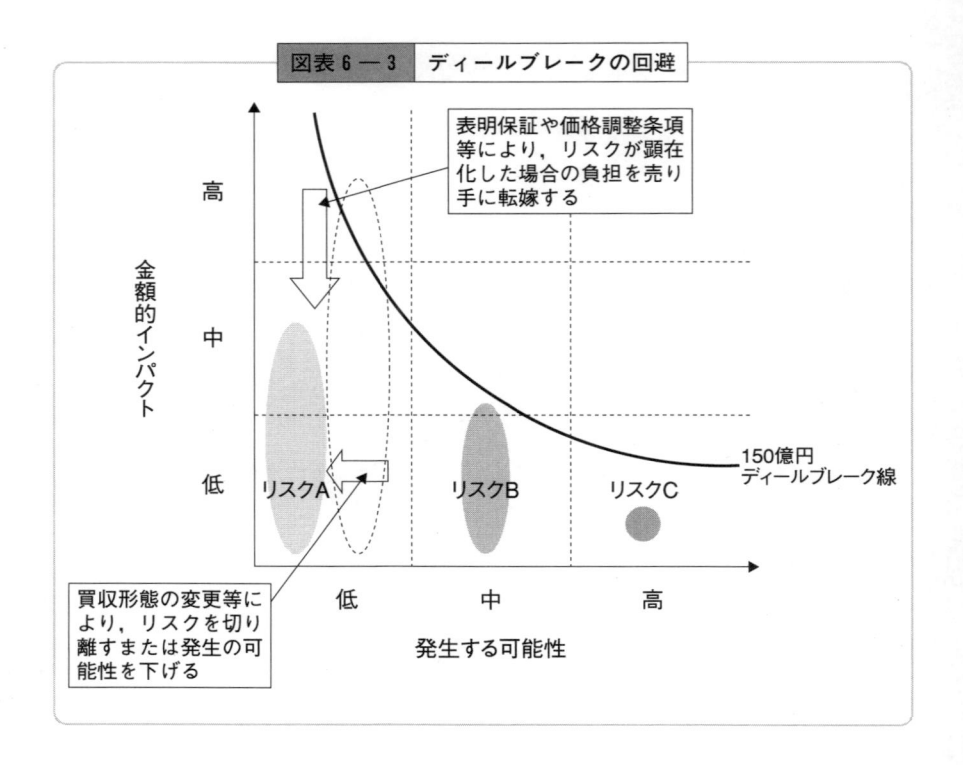

図表6－3　ディールブレークの回避

- 表明保証や価格調整条項等により，リスクが顕在化した場合の負担を売り手に転嫁する
- 買収形態の変更等により，リスクを切り離すまたは発生の可能性を下げる
- 150億円ディールブレーク線

金額的インパクト：高／中／低
発生する可能性：低／中／高
リスクA，リスクB，リスクC

切り離すことができる（たとえば税務リスク等）。
- その他一定のリスクについてはある程度リスクの範囲が特定できれば，別途の契約関係に切り替えることにより切り離すこともできる（たとえば工場土地の土壌汚染が疑われる場合，土地，工場に関しては取得せずに，賃借する等）。
- 株式譲渡契約において，表明保証（Rep & Warranty）とそれに対応する補償条項を盛り込む。
- 株式譲渡契約に価格調整条項を盛り込む。

取引の相手方がこれらの方策に同意できるかどうかは相手方の状況と交渉次第であり，また案件によっては，これらの方策が実効性に乏しく，実質的に意味を持たない場合もあるが，買収価格自体を引き下げること以外にこれらの対策を講じることで，リスクを回避，転嫁，もしくは限定し，取引を成立させる

ことができる可能性がある。

　ただし，価格の調整や，契約条項を付すことによっても回避できないディールブレーカーも当然ある。たとえば，独占禁止法上等の法規制上自社との統合が困難であることが判明した場合であるとか，そもそも当該M&Aにより取得したいと思っていた有形無形の"資産"（人，技術，その他の営業等を含む）が存在しない，あるいは存在していても取得後買い手の自由にならないことが判明した場合等である。これは本当のディールブレーカーであり，たとえ客観的に見て対象事業にそれなりの"価値"があろうとも，案件は中止することになる。

　上記のとおり，M&Aの交渉と意思決定は買収価格とその他の条件等を総合的に勘案して行われることになるから，デューデリジェンスの結果は単にリスクをできる限り定量化して指摘するだけではなく，これらのソリューションに目を向けて，整理していく必要がある。また，そのソリューションは買い手が何を目的としてこのM&A戦略を遂行しようとしているかによって，異なることにも留意が必要だ。

2　"妥当"な買収価格

　とはいえ，M&Aの意思決定にあたっての最重要ポイントはやはり「取引価格は（自社にとって）妥当か？」ということである。第1章ですでに詳述しているように，M&Aは個別的な交渉ごとであるから，客観的に適正な唯一の価格というものは存在せず，適正な買収価格の幅というものが存在するにすぎない。この適正な買収価格の幅は，一般的に何らかのバリュエーション（企業・事業価値評価）手法によって算出されることになる。

　すでに第1章で概説したとおり，一般的に用いられるバリュエーションのアプローチは，大きく分けて以下のとおりに分類される。
　(1)　インカムアプローチ
　(2)　マーケットアプローチ
　(3)　コストアプローチ

これらの一般的なバリュエーションの手法を用いて適正な範囲の買収価格を算定することは，昨今特に重要視されている株主へのアカウンタビリティーといった意味でも重要である。経営者が株主資本価値を高めているかどうかは市場における経営者の評価基準となり，M&Aは一般的に既存の株主資本価値への影響度が高い取引であるから，経営者の経営判断，取引価格の正当性に関する株主の注目度はなおさら高い。

　バリュエーションを行うにあたって注意すべきことは，まずどの手法を採用するのかを個々の案件状況に応じて選定することである。当然のことながら，市場株価が存在する上場会社と非上場会社では評価方法は異なることになるし，また，株価倍率法を用いようとする場合には適切な複数の比較対象会社が存在するのかどうかが重要である。なお，いずれのアプローチにも欠点はあるので，実際には，いくつかの手法をもって価値算定を行い，それぞれのアプローチの持つ短所・長所と，当該案件の性質や環境を考慮し，それぞれのアプローチから出てきた結果の加重を総合的に勘案して，最終的な価値評価の結論を出すことになろう。

　ここで重要なことは，選定したバリュエーション手法を適用するにあたって用いる基礎数値の確からしさをデューデリジェンスによって確かめ，必要に応じてこれを修正すること，すなわちデューデリジェンスの結果をバリュエーションの計算根拠となる数値，あるいはセンシティビティーやリスクプレミアムに反映させることである。時間的に制約の多いデューデリジェンスプロセスにおいては，当該案件にあたり用いられるバリュエーション手法（の加重）がある程度決まっているのであれば，そのバリュエーション方法に最も影響を与え得る調査項目への優先順位を高めれば，効率的かつ効果的なデューデリジェンスが行えることになる。

3 価格調整条項への反映

(1) 価格調整条項の基本的機能

さて，買収価格が当事者間でおおむね合意に達したとしても，取得対象企業，事業の価値は日々変動しており，M&Aのプロセスには一定の時間がかかることから，この間の価値の変動に対し，特に買い手は十分に対処しなければならない。

図表6-4にあるように，デューデリジェンスにおいては，主に過去のビジネス・財務状況等を対象として調査，分析が行われ，その結果を反映して将来の予測を行い，買収価格の決定の根拠となる価値評価の分析が行われる。そしてその価値評価をもとにした交渉から調印，クロージングまでさらに一定の時間がかかる。この結果，デューデリジェンスの対象とした財務情報の基準日からクロージングまで6ヶ月から1年ほど間が空いてしまうことは普通である。

このため，たとえば20×1年3月31日現在の貸借対照表（帳簿純資産40億円）をベースにして算出した実態純資産45億円（たとえば土地の含み益が税効果考慮後5億円）の会社を50億円で取得しようと決定していた場合に，クロージング日の帳簿純資産が35億円，実態純資産40億円となってしまった場合，このままでは買い手が不利になるであろう。これに対処するのが価格調整条項であり，あらかじめ契約書に，たとえば「対価の基準となった帳簿純資産の額は40億円であり，クロージング日の帳簿純資産の額がこれに対し増減した場合には，それに相当する額を対価の額に加減する」等を定めておく。

以下に示すように，価格調整には，純資産を基準とするもの，ネットキャッシュを基準とするものなど，さまざまな方法が考えられる。以下，よくある価格調整メカニズムについて考察する。なお，これらの方法のコンビネーション，たとえば運転資本調整とEarn-out調整を組み合わせた例なども見られることに留意を要する。

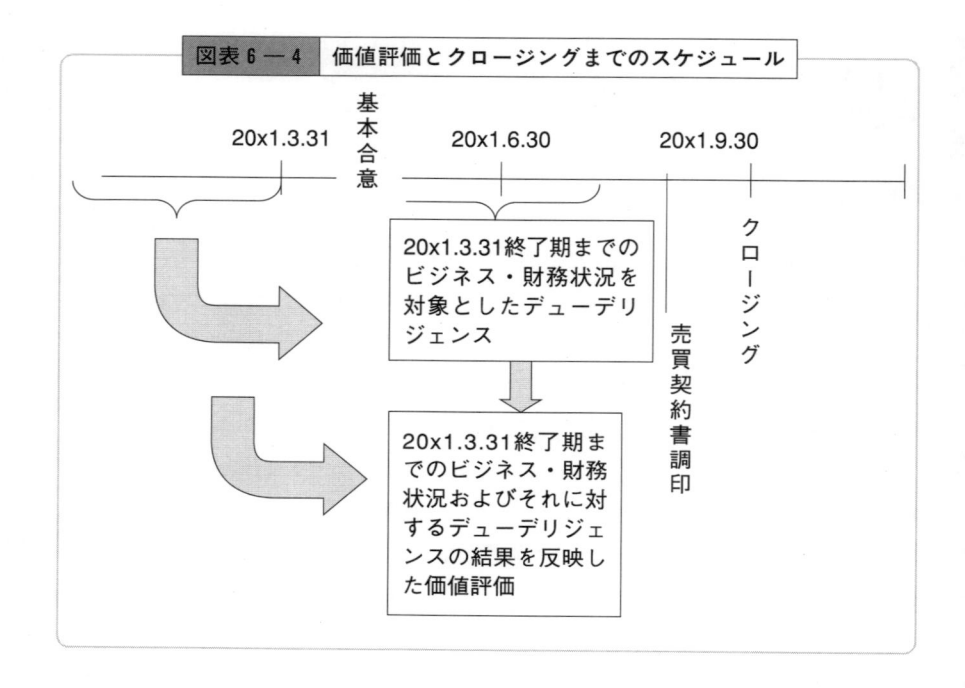

図表6－4　価値評価とクロージングまでのスケジュール

```
        20x1.3.31    基本   20x1.6.30           20x1.9.30
                     合意                          
                                                  ク
                          ┌──────────────┐   売   ロ
                          │20x1.3.31終了期までの│   買   ー
                          │ビジネス・財務状況を │   契   ジ
                          │対象としたデューデリ │   約   ン
                          │ジェンス       │   書   グ
                          └──────┬───────┘   調
                                 │            印
                                 ↓
                          ┌──────────────┐
                          │20x1.3.31終了期ま  │
                          │でのビジネス・財務 │
                          │状況およびそれに対 │
                          │するデューデリジェ │
                          │ンスの結果を反映し │
                          │た価値評価      │
                          └──────────────┘
```

①　純資産修正

　純資産調整は，純資産を基準に価格調整を行う方法であり，価値評価の方法として修正純資産法を採用している場合には，非常に理解しやすい調整方法であろう。しかしながら，「純資産」には客観的定義が難しいものが多く含まれ，たとえば引当金をどのように設定するか，減価償却はどうするのか，減損の可否の判定をどうするのか，等によって定義が曖昧になりがちである。その意味では価格調整をいざ行う段になって相手方との争議をもたらす可能性が多い方法ということもできる。

　おそらく，そういった理由と，さらには価値評価の基準が日本においてもコストアプローチからインカムアプローチに移行する傾向にあることからか，最近では，価格調整メカニズムの基礎となる数値は純資産よりも下記のネットキャッシュ，債務，運転資本によるもののほうが一般的であるように見受けられる。

② ネットキャッシュ調整

ネットキャッシュ調整は，現預金等（現預金や，一定の負債控除後現預金として定義）残高についてあらかじめ合意しておき，クロージング時にその金額が対象会社に残るようにする方法である。クロージング時の現預金等残高が合意額よりも多い場合には買い手が売り手に支払い，不足した場合には買収価格から差し引くという方法をとる。

③ 債務調整

債務調整は，ネット・キャッシュ調整と同様に，債務残高についてあらかじめ合意しておき，クロージング時の債務残高が合意額より多い場合には売り手が，少ない場合には買い手が負担することで調整する方法である。債務調整は，ネットキャッシュ調整と併せて用いられることも多い。たとえば，ネット・キャッシュを債務差し引き後の現預金残高と定義する。買い手が事業を買収する際にDebt-free，すなわち無債務ベースとするか，債務を引き受ける場合にはその金額を固定しておく。債務調整の目的は，クロージング前に売り手が借入れを実行し，現預金を引き揚げることにより実質的に買収価格を増加させることを防止することにある。

④ 運転資本調整

同様に，運転資本残高についてあらかじめ合意しておき，クロージング時にその金額が対象会社に残るようにする方法が運転資本調整である。クロージング時の残高があらかじめ合意された金額を下回った場合には，売り手が負担，上回った場合には買い手が返還する。運転資本調整の目的は，買収後1日目に，必要最低限の運転資本が確保されるようにすることである。買収後1日目に運転資本が本来必要な額に達しておらず，買収直後に親会社となった買い手が資金を注入することを余儀なくされるとしたら，それはやはり，買収価格が実質的に増加したことになろう。

⑤ Earn-out 調整

　Earn-out 調整とは，買収後事業が一定の財務目標以上を達成した場合に，買収価格に追加して一定金額を買い手が売り手に支払う，あるいは，逆にダウンサイドのケース（一定の財務目標を達成しなかった場合）に返金する調整を行うといったメカニズムを設けることである。買収が取得事業の事業性を買うという観点からすると，まさしく取得のリスクをヘッジしているわけだが，買収後に買収価格が変動するのが好ましくない，業績達成の基準の定義が困難，かつ達成できたか否かの判定が難しい，達成の責任の所在が不明確等々の理由によるものと思われるが，上述の①から④の調整方法に比較すると実務上用いられることはまれであるといえよう。

　このように，価格調整手続は，デューデリジェンスの完了から譲渡契約の調印を経て事業譲渡が実行されるまでの期間に生じるビジネス環境の変化等に合わせて買収価格を調整するためのプロセスであり，買い手にとっては買収価格の最小化を，売り手にとっては買収価格の最大化を図ることを目的とし，この相反する利害をバランスし，公平に最終的な買収価格を確定するために行われる。買い手からみると，よく設計された価格調整手続では以下のことが達成できると考えられる。

- 売り手が対象事業をいまだ所有している期間のうち，すなわち譲渡実行前に対象事業の価値を落とそうというインセンティブを売り手に生じさせない。
- 所有権が移るまでは，利益操作であれ事業環境の変化によるものであれ，その理由にかかわらず，対象事業の価値低下リスクをこうむることを防ぐことができる。
- 譲渡後第1日目から事業用の運転資本が十分にあり，新しい事業主がこれまでと同様の経営を続けることができる。

　ただし，価格調整条項は必ずしも株式売買契約書，あるいは営業譲渡契約書に盛り込めるとは限らない。典型的には，たとえば上場会社株式を TOB により取得する場合等には無理があるし，少数持分の取得であれば一般的には行わ

れない。

(2) 価格調整の副次的機能

デューデリジェンスの結果，特にビジネスや財務のデューデリジェンスの結果は，基本的には価値評価分析を通じて取引価格に織り込まれることを目指すわけであるが，本章の最初に述べたように，一定の時点では客観的に定量化するのが困難なリスクが多々ある。たとえば引当金が十分かどうか，というケースを考えてみればわかりやすいだろう。

＜例１＞
- 対象会社Aは売上債権に対して個別および一般の貸倒引当金を計上している。
- 0×年3月31日現在の売上債権のうち，150百万円の売上債権が90日超の延滞となっていた。対象会社はその後一部を回収し，一部に引当を計上したが，未回収，未引当の金額が調査日現在まだ80百万円程度ある。
- これらの回収可能性については，対象会社のマネジメントはいまだ確認中の状況である。

＜例２＞
- 対象会社Bは過去3年間の貸倒実績から算出された貸倒率をもとに，期末の売上債権に対し50百万円の一般貸倒引当金を計上している。
- 期末の売上債権のうち約150百万円が60日以上延滞している売掛金である。さらに，このうち80百万円が6ヶ月以上延滞していることが判明した。
- 会社で長年債権管理を行ってきた担当者が昨年退職して以来，少額の滞留債権についての督促手続やその分析がおろそかになっている状況が見受けられる。会社はこの状況について認識をし，現在債権管理の人員を強化し，鋭意調査中である。

上記はいずれも貸倒引当金がそれなりに計上されており，必ずしも会計上適正ではない，とはいい切れないものの，買い手としては大いに不安の残る状況である。また，対象会社は現在調査中であるとしているが，調査の結果を待つ

時間もない。このような場合，たとえば例1の場合，保守的に80百万円買収価格を引き下げることが交渉によりできればよい。また例2の場合，たとえば6ヶ月以上の延滞は100％貸倒れ，60日から6ヶ月までは50％貸倒れ，などという仮定をおいて65百万円［〔80百万円＋（150百万円－80百万円）×50％〕－引当済額50百万円＝65百万円（事例簡略化のため，他の債権に関しては一般貸倒引当金は不必要であると仮定）］の価格の引下げが交渉できればよいかもしれない。しかし，売り手から見ればこの件は現在調査中で必ずしも貸倒れているわけではないので，そう簡単にこれに合意することもできない。

　ケースバイケースではあるが，このような場合には，たとえばクロージング日時点で「6ヶ月以上滞留しているものについては100％引当を積み」，それをベースとした純資産調整あるいは運転資本調整を行うといった手立てがある。この「6ヶ月以上滞留しているものについて100％」という基準は必ずしも対象会社の採用する会計方針や，新会社の会計方針と同一のものである必要はなく，当事者間の合意によればよい。このように合意することで，売り手が事業売却の日までに行うこれからの債権回収努力は売り手にとっても無駄にならず，買い手のリスクも限定することが可能であり，非常に合理的な対処をすることができる。

　以上見てきたように，価格調整条項は単にクロージングまでの財務状況の変動のリスクを限定することのみならず，デューデリジェンスの結果としての発見事項に関して，最終的なクロージング日にどうするかに関する取決めを行い，一定の期間の中で解決していく手立てとしても利用可能である。

(3) 価格調整にあたってのその他の留意点

　価格調整条項を株式売買契約書，あるいは営業譲渡契約書に規定するにあたってはその他以下の点に留意が必要であり，これらについては，デューデリジェンスで知り得た事項を十分に反映させる必要がある。

① 価格調整のキーとなる項目の用語定義を明確化すること
② 価格調整のベースとなる金額を明確化すること
③ クロージングバランスシート（取引決済時貸借対照表）に適用される会

計基準，会計方針を明確化すること
④　価格調整のもととなるクロージングバランスシート（取引決済時貸借対照表）等の作成，チェックおよび利害調整プロセスを明確化すること

以下，たとえば運転資本を価格調整のキーとする場合を例にとり，それぞれを考えてみよう。

①　価格調整のキーとなる項目の用語定義を明確化すること

運転資本をどのように定義づけるかが重要である。運転資本は一般的には「売上債権＋棚卸資産－仕入債務」と考えられるが，その他の流動資産や負債をこれに入れて「現預金を除く流動資産－流動負債」とすることもある。また，前受金，前払金がある場合，買掛金と未払金の区分が明確でない業種（サービス業など）や区分を明確にしていない会社の場合等さまざまであるから，契約書上単に「売上債権＋棚卸資産－仕入債務」などと定義づけるだけでは不十分であるし実際の価格調整の際に争議となりやすい。また，特に関係会社債権債務は残高を売り手の意思次第で調整しやすい項目であるから，関係会社債権債務を（どこまで）含めるのかについても明確にしておく必要がある。

前述のとおり，運転資本調整の主たる目的は買収後1日目に妥当なレベルの運転資本が確保されるようにすることにあるから，対象会社の業態と実際に使用されている勘定科目に則して，厳密に定義をしておく。そのために，財務デューデリジェンスの結果把握した各勘定科目の内容等を参考にすることになる。

②　価格調整のベースとなる金額を明確化すること

運転資本のレベルについては，通常過去何ヶ月かの平均値等を調査し，これをベースとする。なお，その平均値を算出するために，運転資本の額を正常化する，すなわち，異常性を排除しておくことも必要である。また，過去におけるどの程度の期間の平均値を採用するかを決定する場合に特に注意すべきであるのは，事業および運転資本の季節性である。売上の季節変動が激しい業態，事業では，通常運転資本の額も著しく変動することになるから，たとえば過去6ヶ月のみの平均をとった場合に平均が大きくぶれることもあるし，クロージ

ング日が季節変動の波の頂点であった場合，本来の目的である「買収後1日目に妥当なレベルの運転資本が確保されること」を満たさない可能性がある。したがって，デューデリジェンスの結果を十分に吟味し，ベースとする適切な運転資本の額を合意しておく必要がある。

③ クロージングバランスシートに適用される会計基準，会計方針を明確化すること

価格調整を行うための基礎となるクロージングバランスシート（取引決済時貸借対照表）をどの会計基準，会計方針を適用して作成するかも重要なポイントである。「一般に公正妥当と認められる企業会計の基準に従い作成された」と株式譲渡契約書に書かれていることがあるが，それでは不十分である。特に海外案件の場合，「一般に公正妥当と認められた企業会計の基準」が米国会計基準であるのか，日本の会計基準であるのか，あるいは国際会計基準であるのかが不明である。さらには日本の会計基準であることが明確であったとしても，会計基準には選択の幅があるものが多いし，会計方針の変更を行ってしまうこともできなくない。会計基準自体も変わっている可能性もある。このため，たとえば「日本国において一般に公正妥当と認められる企業会計の基準に従い，かつ20×4年3月末日終了の決算期に係る監査済みの財務諸表と同様の会計方針を継続して適用して適正に作成した…」といった具合に明確化することが望ましい。さらには，前述したように，たとえば引当金の具体的計算方法について合意のうえ規定するような形で，個別の項目について具体的に合意することにより，リスクを限定することも可能である。

また，クロージング日が期末でない場合，しかも月次決算日でもないような場合には，会社は通常の決算日と同様の会計処理をしていないことが普通であるから，留意が必要である。特に税債務などは，決算期末でない場合にどのように未払額の確定をするのかも考慮しておく。

なお，蛇足かもしれないが，対象会社の連結財務諸表の話をしているのか，親会社単独の財務諸表の話をしているのかが明確化されていないような株式譲渡契約書もまま見受けられるので，当然にこれは明確化しておく。

④ 価格調整のもととなるクロージングバランスシート等の作成，チェックおよび利害調整プロセスを明確化すること

　さらに株式譲渡契約書にはクロージングバランスシートの確定手続が含まれているのが通常であり，ここに，売り主，買い主および両アドバイザー（会計事務所）の役割，権利，責任が定義されている。上記①から③の点に留意してできる限り明確化を図ったとしても，価格調整の数値を算出するにあたっては，曖昧さが残る可能性があるし，意図的でないとしても誤りもあり得る。会計基準というものは，許容される会計処理が複数あるなど，本質的に曖昧なものである。たとえばクロージングバランスシートの作成とレビューがすべて売り手とそのアドバイザーである会計事務所により実施されるとすると，価格調整のプロセスが売り手の利益に傾くおそれがあり，クロージングの過程で買い手にとっての価値が失われるリスクがある。価格調整はそもそも完全に買い手と売り手の利害が対立するプロセスであるから，見解の相違を解決するためのプロセスが株式売買契約書において十分に担保されていなければならない。したがって，クロージングバランスシートを誰がいつまでに作成し，誰がいつまでにどのようにチェックし，見解の相違があった場合には誰がいつまでにどのように調整するのか（通常は取引から独立した第三者会計事務所を指定してその意見に基づき調整する），関係者，資料等へのアクセス方法，ならびに作成，調査期限などを規定しておく必要がある。

　これらのプロセスを契約上定めるにあたっては，対象会社が通常月次あるいは年次決算にどのくらい時間がかかっているか，月次決算の精度はどの程度のものか（月次決算手続と年次決算手続と何が違うか）等の情報も重要であるから，これらはデューデリジェンスの過程で把握しておくべきであろう。

　以上本節で考察してきたように，価格調整条項は，適切な条項を規定することにより，対象企業・事業の財務状況の変動リスク等をフェアーな方法で限定することを可能にする合理的なメカニズムであるとともに，デューデリジェンスの結果発見された問題点を解決する有効な手段の1つとなり得る。ただし，たとえば多数の株主から株式を取得する場合等，価格調整手続きが実質的には

困難なケースがあるので，必ずしも万能な方法ではない。

4 その他の契約条項への反映

(1) 売り主の表明・保証と補償条項

　株式譲渡契約あるいは営業譲渡契約には「売主の表明・保証」の項が含まれている。また，通常，売主の表明・保証に関する補償も定める。いかに徹底的にデューデリジェンスを行っても，買い手の得られる情報には限界があるし，不確定事項や定量化不能なリスクもある。これらについては契約上売主に表明・保証を求め，さらには補償条項を盛り込むことで，双方合意に達することも多い。価格に反映することで合意に達することができなくとも，契約上担保することで合意に達することができるのは，基本的にはリスクに対する評価が売り手と買い手とで異なるからであろう。

　典型的には，会社が有効に存在していること，法令等への抵触がないこと，対象会社の株式数やその有効な存在，計算書類等が適正に作成されていること，データルームの開示資料が真実かつ正確であること，重要な契約が有効に存在していること，会社の資産が存在していること，租税関係に関する諸手続が適法に履行されており，更正等を受けていないこと，偶発債務が存在しないこと云々が一般的な株式譲渡契約の表明・保証条項に盛り込まれている。

　しかしながら，たとえばデューデリジェンスで，一定の事象について特にリスクが高く定量化が困難な事項が発見されたとすれば，そのリスクに関する表明・保証を具体的に設け，表明保証違反の事象に対する補償金額も十分に定めるという手立てがある。

　たとえば移転価格による追加納税のリスクが高いと思われるケースがあったとしよう。通常のデューデリジェンスのプロセスと時間的制約の中で，移転価格に関する追加納税のリスクを定量化し，価格に反映させることは実質的に不可能なケースがほとんどである。一方，M&A対象企業側は，当該リスクは高くないと考えている場合もあるから，リスクが発生した場合に売主に賠償責任

を負わせることで案件の合意に達する可能性がある。

　なお，表明・保証および補償条項が実効性を伴うのは，売り手に（株主）責任と負担能力がある場合に限られる。したがって，支配株主以外が売り手である場合には，この方法を実施するのは通常困難であり，また，たとえば売り手たる創業者が高齢で後継者がいないために事業売却するようなケースでは事後の賠償金の支払い能力に疑問が残り，実効性が伴わないことが多い。このためこのようなリスク対処の方法が最も効果的に行われ得るのは，大企業による子会社あるいは部門・事業売却のケースであろう。

(2) コベナンツとクロージングの**前提条件**

　その他，株式譲渡契約等においては，調印日からクロージング日まで，またその後に売り手，買い手が行う義務を定める（誓約させる）ことが通常である。典型的には以下のとおりであるが，おおむね「クロージング前に売主が行ってはならないこと」と「クロージング前に行う義務」「クロージング後の義務」等に大別される。

　クロージング前に売り手が行ってはならないことには，たとえば以下のものがある。

- 配当，増資，転換社債等の発行，企業再編等
- 通常の範囲を超えて負債を増やすこと

　買い手が過去の対象事業を評価した結果として取引の合意に至ったのであるから，その事業の財政状態が大きく変動すると，そのベースが崩れてしまう。そうしたリスクを防ぐためにこの条項が設定されるものである。より一般的には，対象事業（企業）が従前同様の業務を営むことを定める。

　クロージング前に行うべき，あるいは行うべく努力する義務には，たとえば以下のものがある。

- 案件成立後の事業に必要な許認可の取得等を行う。
- 一定の債権債務等をあらかじめ処分する。たとえば，関係会社（売り手側グループ会社）債権債務関係を精算する。
- 一定の資産を処分する。たとえば，買い手側が不要とする資産をクロージ

ング前に処分するなど。

クロージング後の義務としては例えば以下のようなものがある。
- 売り手側に競業避止義務を課す。
- 売り手側に従業員の勧誘禁止義務を課す。

これらの義務をクロージングの前提条件として課しておけば，その事象が満たされなければ，場合によっては，買い手は当該案件を取り止めることもできることになる。したがって，必須と考えられる条件（それが満たされなければこの案件を行う意味がないといった条件）をここに定めておけば，リスク保全を行うことが可能である。

第2節 ビジネスデューデリジェンスにおける発見事項

この節では，ビジネスデューデリジェンスにおける発見事項の例とその対処方法について具体的に考えてみよう。

1 シナジーの発現に関する発見事項

- 買い手A社は，同業のB社を統合することにより，双方にとって主要材料であるC材料とD材料について下記のような，集中購買によるシナジー効果を見込んでいる。
  - ―C材料：A社の仕入値（リベート考慮後）は現在平均1単位当たり100円であり，年間15百万単位の仕入を行っている。一方，B社に関しては，その生産量を勘案して，年間，約10百万単位程度の仕入量があると見積もられる。したがって，両者の総仕入高は年間，計25百万単位程度となると考えられ，これを集中購買すると，5％程度の割引交渉ができるものと考えられる。このため，M&A後旧A社において75百万円，旧B社において50百万円，合計で125百万円のコスト削減が見込まれる。
  - ―D材料：A社の仕入値（リベート考慮後）は現在平均1単位当たり500円であり，年間7百万単位の仕入を行っている。一方，B社に関しては，その生産量を勘案して，年間，約3百万単位程度の仕入量があると見積もられる。したがって，両者の総仕入高は年間，計10百万単位程度となると考えられ，集中購買により5％程度の割引交渉ができるものと考えられる。このため，M&A後旧A社において175百万円，旧B社において75百万円，合計250百万円のコスト削減が見込まれる。
- B社の提出した事業計画は下記①のとおりであった。これをもとにDCF法に

より事業価値を算定すると14,548百万円となった。

① B社提出事業計画に基づくB社単体事業価値

	20×5年度	20×6年度	20×7年度	20×8年度	20×9年度	残存価値
売上高	3,000	3,200	3,360	3,528	3,704	3,704
売上原価	(1,650)	(1,760)	(1,848)	(1,940)	(2,037)	(2,037)
販売費・一般管理費	(350)	(360)	(370)	(390)	(420)	(420)
営業利益	1,000	1,080	1,142	1,198	1,247	1,247
税効果考慮後営業利益	600	648	685	719	748	748
減価償却費	50	50	50	50	50	50
資本的支出	(50)	(50)	(50)	(50)	(50)	(50)
運転資本の(増)減	(10)	(10)	(10)	(10)	(10)	
フリーキャッシュフロー	590	638	675	709	738	748
残存価値（永久還元＠5％，成長率＝0）						14,960
ディスカウント・ファクター（5％）	0.95	0.91	0.86	0.82	0.78	0.78
現在価値	561	580	581	581	576	11,669
事業価値	14,548					

● A社は上記のシナジー効果を見込んで，統合シナジーを加味した場合に追加で認められるフリーキャッシュフローを下記②と見積もった。これによる追加の価値（A社におけるコスト削減効果も含む）は4,977百万円に上ると算定された。

② B社とA社における仕入シナジーによる追加的価値

	20×5年度	20×6年度	20×7年度	20×8年度	20×9年度	残存価値
B社におけるC材料のコスト削減効果	50	52	53	55	56	56
B社におけるD材料のコスト削減効果	75	77	80	82	84	84
A社におけるC材料のコスト削減効果	75	77	80	82	84	84
A社におけるD材料のコスト削減効果	175	180	186	191	197	197
仕入シナジーによる営業利益増大効果	375	386	399	410	421	421
税効果考慮後の営業利益増大効果	225	232	239	246	253	253
残存価値（永久還元＠5％，成長率＝0）						5,060
ディスカウント・ファクター（5％）	0.95	0.91	0.86	0.82	0.78	0.78
現在価値	214	211	206	202	197	3,947
追加事業価値	4,977					

- デューデリジェンスの結果，以下のことが判明した。
  - C材料：B社はC材料の仕入単価を引き下げるために仕入に関し3年間の長期仕入コミットメント契約を締結していることが判明した。B社のC材料仕入値は通常単価100円であるところ，コミットメントを結ぶことにより97円と固定されている。契約解除すると，80百万円の解約金が発生する。
  - D材料：B社の使用しているD材料はB社の親会社を通じて仕入れていることが判明した。B社親会社は当該仕入先の重要顧客であり，すでにB社はB社親会社グループ傘下の企業としてディスカウントを受けており，単価は480円である。
  - これらの業界では通常1年に1度2月頃に翌事業年度の仕入価格と数量リベートの交渉を行い，価格を決定する。現在1月であり，案件成立時点ではすでに翌事業年度の仕入価格は確定する。

(1) 価値評価への反映：インカムアプローチ（DCF法）をとる場合

　デューデリジェンスの結果，B社は現状でA社よりむしろ安い仕入価格を実現していることが判明したため，コスト削減効果は期待していたほど発現しないことが判明した。具体的には集中購買による追加フリーキャッシュフローは以下の点で修正が必要となる。

　① 　B社が長期仕入コミットメント契約を結んでいることによりC材料のコスト削減効果は5％ではなく2％にしかすぎない。しかも，この削減効果を得るためには現在の長期契約を解除し，違約金80百万円を支払う必要がある。さらに，タイミングからいって，集中購買を実際に開始するのは1年遅れとなる。違約金の額と削減効果の多寡からいって，B社だけの効果を考慮するとそのまま長期契約を履行したほうが得であるが，A社における効果を考慮すると，やはり現行の長期契約は解約するのが得策である。

　② 　D材料についても，B社は現親会社とのつながりから，すでにディスカウント価格が実現されている。したがって，B社のD材料に関するコスト削減効果は，5％ではなく，1％程度である。しかも，タイミングからいって集中購買を実際に開始するのは1年遅れとなる。

　③ 　上記を修正した修正後追加フリーキャッシュフローは下記③のとおりと

なり，追加の価値は4,977百万円ではなく3,456百万円にすぎないことになる。すなわち，デューデリジェンスのこの発見事項のみで，DCF法による事業価値は当初の期待より15億円ほど，減少することになる。

④ なお，A社におけるコスト削減効果はその発現するタイミングが1年遅れとなり，また，本当に5％のコスト削減交渉が成功するかについては，慎重な検討が必要となる。このため状況に応じ，シナリオ分析を行って，リスクの幅を考慮することや，リスクプレミアムに織り込むことを考慮すべきであろう。

③ 修正後 ─ B社とA社における仕入シナジーによる追加的価値

	20×5年度	20×6年度	20×7年度	20×8年度	20×9年度	残存価値
B社におけるC材料のコスト削減効果	0	21	21	22	22	22
B社におけるD材料のコスト削減効果	0	15	16	16	17	17
A社におけるC材料のコスト削減効果	0	77	80	82	84	84
A社におけるD材料のコスト削減効果	0	180	186	191	197	197
シナジー発現のためのコスト：長期仕入契約解除違約金	─	(80)	─	─	─	─
仕入シナジーによる営業利益増大効果	0	213	303	311	320	320
税効果考慮後の営業利益増大効果	0	128	182	187	192	192
残存価値（永久還元＠5％，成長率＝0）						3,840
ディスカウント・ファクター（5％）	0.95	0.91	0.86	0.82	0.78	0.75
現在価値	0	116	157	153	150	2,880
追加事業価値	3,456					

ただし，この発見事項は，既存のB社のスタンドアローンの価値に影響を及ぼすわけではなく，あくまでも統合シナジーを見込んだ価値の測定に影響を与える事項である点に留意が必要である。

2　売上と運転資本に関する発見事項

- 対象会社はもともと化学品の製造販売業を営んでおり，A事業部では一般消費者を対象とした薬剤製品を製造販売している。主たる仕入先は国内の大手企業であり，販売先は薬粧卸売業者である。
- B事業部製品はエネルギー設備等のメンテナンスに使用される溶剤等の化学品であり，主たる仕入先はAと同じく国内の大手企業であるが，販売先は国内外のプラント等を有する大手企業である。
- C事業部ではプラント関連の大型機器を受注生産（外注）により製造し，Bと同種の顧客に販売していた。
- 各事業部別の売上高および運転資本の過去の推移，対象会社の作成した事業計画は以下のとおりである。

	20×3年実績		20×4年実績		20×5年実績		20×6年計画		20×7年計画		20×8年計画	
A売上高	4,500	37%	4,550	37%	4,600	41%	4,700	40%	4,750	38%	4,800	36%
B売上高	6,000	49%	6,100	50%	6,500	59%	7,000	60%	7,600	62%	8,700	64%
C売上高	1,800	15%	1,600	13%		0%		0%		0%		0%
売上高計	12,300	100%	12,250	100%	11,100	100%	11,700	100%	12,350	100%	13,500	100%

	20×3年度末	20×4年度末	20×5年度末	20×6年度末	20×7年度末	20×8年度末
売掛金	2,950	2,901	2,356	2,400	2,550	2,800
棚卸資産	1,370	1,414	1,338	1,400	1,500	1,750
買掛金	(2,064)	(2,096)	(1,903)	(1,913)	(2,058)	(2,372)
運転資本	2,256	2,219	1,791	1,887	1,992	2,178
運転資本/売上高計	18%	18%	16%	16%	16%	16%
運転資本の増減		−37	−428	96	105	186
売上高増加率		−0.4%	−9.4%	5.4%	5.6%	9.3%
運転資本増加率		−1.64%	−19.3%	5.4%	5.6%	9.3%

	20×3年実績	20×4年実績	20×5年実績	20×6年計画	20×7年計画	20×8年計画
営業利益	495	458	570	673	818	1,052
税効果考慮後営業利益	297	275	342	404	491	631
減価償却実施額	300	350	350	350	350	350
資本的支出	(2,000)	(400)	(400)	(450)	(450)	(450)
運転資本の(増)減		37	428	(96)	(105)	(186)
フリーキャッシュフロー		262	720	208	286	345

- 売上高は20×5年に減少したが，これは不採算のC事業から撤退したためである。A事業売上高は今後微増を続け，B事業売上高は昨年末の新製品の販売開

始により大幅な伸びを見せる計画である。この結果，売上構成比は大幅に変わっていく。
- 対象会社の計画によると運転資本は売上高の増加に応じて増加しており，特に不自然には見えない。
- ところが，ビジネスデューデリジェンスの結果，以下の事項が発見された。
  ① A事業部製品は今後も飛躍的な伸びは見込めないものの，マーケットの伸びから堅調な伸びを見せることが考えられる。マーケット成長率1.2％は今後も見込まれるものと思われ，対象会社の事業計画における売上高成長率は20×6年2.2％，20×7年1.1％，20×8年1.1％となっている。20×6年の売上の増加は新製品の販売が来期早々に見込まれているためであり，すでに引合いがある。
  ② A事業部の顧客である薬粧卸業においては，日本各地において業界再編が進んでいる。A事業部の関西地区が担当している大口顧客X社は関西地区の商圏を最近失ったとのことである。A事業部製品にはそれなりの競争力があるため，他の卸業者へ鞍替えすることは可能であるものの，少なくとも一時的には関西圏の売上高については多少の減少リスクがある。この顧客の切替は新製品販売時期にあたり，痛手である。
  ③ B事業部製品はエネルギー設備における大手顧客から20×5年下期に発売された画期的な新製品が受け入れられる見込みで，対象会社の商品の競争力は非常に高いものと認められる。メンテナンスに必要な製品であるため，息の長い商品であり，一度受注を受けると継続的な受注があり売上増加に寄与するものであると対象会社は説明している。しかしながら，他のメーカーが競合品を開発しており，価格競争になる可能性があることが判明した。
- また，財務デューデリジェンスチームから下記の情報を入手した。
  ④ 取引の相手先が異なるため売掛サイト，買掛サイトが事業部によって大きく異なることが判明した。また棚卸資産回転期間も事業部によって大きく異なる。A事業部製品の回転率は高く，また卸業者に販売するために短期の売掛回収が望める一方，仕入先のサイトは長い。一方B事業部は売掛のサイトが長い。また，設備の種類によって溶剤のスペックが多様であり，生産効率を上げるために一度に作り置きをするため，比較的多額の棚卸資産を保有せざるを得ない。このため事業部別運転資本は下表のとおり大きく異なることが判明した。したがって，事業計画上の運転資本の増加率は売上総額の増加率には整合しているものの，セールスミックスが変わることにより，大きく変わるはずであるが，事業計画上はこれが反映されていない。

⑤ 現在A事業の大口顧客であるY社（A事業売上高の40％を占める）との取引条件を見直し中である。売上リベート率を従来の5％から4.5％へと引き下げると同時に、逆にサイトは従来の1ヶ月から2ヶ月に伸ばす方向で交渉が進んでいる。このため、会社は将来事業計画にこの支払リベートの減少を見込んでいる。

	20×3年実績	20×4年実績	20×5年実績
A事業運転資本			
売掛金	450	455	460
棚卸資産	260	272	282
買掛金	−656	−664	−671
	54	63	71
B事業運転資本			
売掛金	1,750	1,779	1,896
棚卸資産	975	1,022	1,056
買掛金	−1,138	−1,192	−1,232
	1,587	1,609	1,720
C事業運転資本			
売掛金	750	667	0
棚卸資産	135	120	0
買掛金	−270	−240	0
	615	547	0
運転資本計	2,256	2,219	1,791

(1) 価値評価への反映：インカムアプローチ（DCF法）をとる場合

インカムアプローチをとる場合には以下の事項を将来事業計画に反映することになる。なお、前出の例とは異なり、この発見事項は統合効果を修正するものではなく、スタンドアローンの将来事業計画を修正するものであり、結果としてM&A対象企業の単体事業価値に影響を及ぼすことになる。

① A事業売上が2.2％→1.1％→1.1％と増加することについては基本的には問題ないものの、関西圏の卸売業者の切替にかかる一時的売上減少を見込み、新製品の販売による売上増大効果も考慮したうえで、売上成長率を

20×6年度からの3年間について，たとえば1.0%→1.5%→1.2%と事業計画上修正する必要があるだろう。

② B事業製品については事業計画上の売上成長率が20×6年7.7%，20×7年8.6%，20×8年14.5%と逓増しており，競合品の脅威を考えるとアグレッシブと思われる。したがって，これをたとえば7%フラットに下方修正するか，もしくは価格競争を考慮して利益率が低下すること，もしくはその両方を事業計画上反映させる必要があろう（下記の例では，売上成長率を7%フラットに修正）。

③ セールスミックスが変わっていくことにより，運転資本が増減することを事業計画に反映させる必要がある。A事業部よりB事業部のほうがより多くの運転資本を必要とするため，B事業部の売上構成比が高まると運転資本は急増するはずである。

④ Y社の売掛サイトが延びることから，A事業部の運転資本は増加するはずである。

これらを総合すると，事業計画は下記のとおり修正され，結果としてフリーキャッシュフローは以下のとおりとなる。

	20×6年計画		20×7年計画		20×8年計画	
A売上高	4,646	40%	4,716	39%	4,773	37%
B売上高	6,955	60%	7,442	61%	7,963	63%
C売上高	0	0%	0	0%	0	0%
売上高計	11,601	100%	12,158	100%	12,736	100%
営業利益	666		794		935	

	20×6年度末	20×7年度末	20×8年度末
売掛金	2,507	2,655	2,838
棚卸資産	1,419	1,471	1,523
買掛金	(1,985)	(2,040)	(2,096)
運転資本	1,941	2,086	2,265

	20×3年実績	20×4年実績	20×5年実績	20×6年計画	20×7年計画	20×8年計画
営業利益	495	458	570	666	794	935
税効果考慮後営業利益	297	275	342	400	476	561
減価償却実施額	300	350	350	350	350	350

資本的支出	(2,000)	(400)	(400)	(450)	(450)	(450)
運転資本の(増)減		37	428	(150)	(145)	(179)
フリーキャッシュフロー		262	720	150	231	282

　以上より，デューデリジェンスによる発見事項を反映させる前のフリーキャッシュフロー（20×6：208，20×7：286，20×8：345）は，それぞれの計画年度につき，150，231，282と変更され，対象事業の事業価値を押し下げる結果となった。

(2) 価値評価への反映：マーケットアプローチ(株価倍率法)をとる場合

　発見事項を反映した修正EBITDA等に株価倍率を乗じて企業価値を算定することが考えられる。

3　設備投資に関する発見事項

- 上記の例でB事業部の工場がすでにほとんどフル稼働であることが判明した。詳細に調べると現状製造キャパシティーは売上高換算で6,700百万円程度でしかない。
- 20×7年度以降のB事業の伸びを考慮すると，設備投資は必須であると考えられ，必要額は1,000百万円程度であると見積もられる。

(1) 価値評価への反映：インカムアプローチ(DCF法)をとる場合

　DCF法をとっている場合には，1,000百万円程度の設備投資を20×6年に見込む必要がある。それにより，20×6年のフリーキャッシュフローは同額だけ減少する。あるいはリースによって設備を調達しようする場合には，増加リース料を将来事業計画に見込む必要がある（営業利益の低下効果）。

第3節 財務デューデリジェンスにおける発見事項

次に，財務デューデリジェンスにおける発見事項の例と価値評価への影響や対処方法について具体的に考えてみよう。ただし対処方法はビジネス環境，当該事象の金額的・質的重要性，案件のスキーム，売り手と買い手の交渉における力関係，当該案件の他の買い手候補の存在等さまざまな要因によって大きく左右されるため，下記は対処方法の一例を示唆しているにすぎない点に留意されたい。

1 正常利益に関する発見事項

● 対象会社の損益実績と将来事業計画は下記のとおりである。

〔単位：百万円〕

	20×3年度	20×4年度 実績	20×5年度	20×6年度	20×7年度 事業計画	20×8年度
売上高	20,000	23,000	23,500	26,000	30,000	33,000
売上原価	12,000	14,260	13,865	15,600	18,000	19,800
売上総利益	8,000	8,740	9,635	10,400	12,000	13,200
販売費・一般管理費	7,000	7,500	7,900	8,400	9,200	9,500
営業利益	1,000	1,240	1,735	2,000	2,800	3,700
営業外収益	200	210	250	250	250	250
営業外費用	(130)	(100)	(150)	(200)	(200)	(200)
経常利益	1,070	1,350	1,835	2,050	2,850	3,750
特別利益	500	20	50	0	0	0
特別損失	(600)	(150)	(600)	(300)	0	0
税引前利益	970	1,220	1,285	1,750	2,850	3,750
営業利益	1,000	1,240	1,735	2,000	2,800	3,700
減価償却費	300	295	290	500	480	480

| EBITDA | 1,300 | 1,535 | 2,025 | 2,500 | 3,280 | 4,180 |

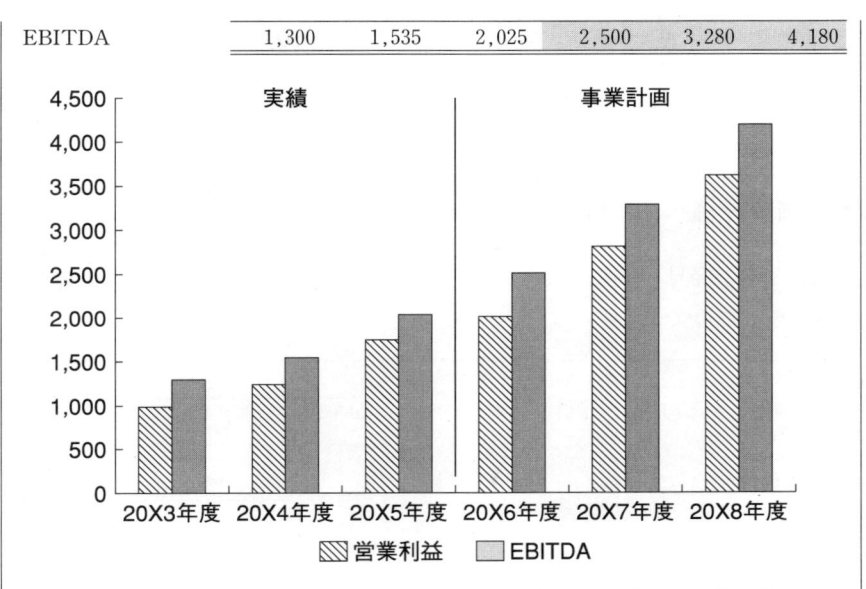

（棒グラフ：20X3年度～20X8年度の営業利益とEBITDA、20X5年度までが実績、20X6年度以降が事業計画）

- 20×3年度200百万円，20×4年度500百万円および20×5年度1,500百万円のロイヤルティー収入が売上高に含まれている。過年度にライセンシーのB社がロイヤルティーを過少申告していたことが20×4年度になって判明したため，本来は20×3年度までに発生していた過年度のロイヤルティー遡及請求分が20×4年度，20×5年度の売上に含まれていた。年間ロイヤルティー収入は本来おおむね300百万円程度であり，今後も同程度と見積もられる。ただし20×8年度末には当該技術の特許期限が切れ，それ以降ロイヤルティー収入は見込まれない。
- A事業部の売上債権の平均サイトは2ヶ月程度であるが，実際の回転期間は5ヶ月程度と膨らんでいた。また，本来製品の性質上，売上の季節的変動はあまりないはずであるが，決算期末に売上が増加し，翌月売上が大幅に減少する傾向が見られた。原因を追及したところ，A事業部は予算達成のため，いわゆる押し込み売上（実際の顧客に対し協力を依頼し期末に実際に商品を出荷）を行っていたことが判明した。この額は20×3期500百万円，20×4期800百万円，20×5期900百万円程度である。A事業部の原価率は約65％である。
- 20×3年度の特別損失600百万円は遊休土地を売却した際の売却損失であった。一方，20×5年度の特別損失600百万円は事業再構築損失である。この事業再構築損失のうち300百万円はA事業部の人員削減のための特別退職金であったが，残りの300百万円は滞留棚卸資産廃棄損である。A事業部では，本来毎年滞留

> 棚卸資産の廃棄を行うべきところ2003年度以降，予算達成のため，これを行っておらず，20x5年度に3年分まとめて廃棄を行った。

(1) 価値評価への反映：インカムアプローチ（DCF法）をとる場合

　上記3つの発見事項について，収益の正常化を試みる必要がある。具体的には以下のとおりである。

〔単位：百万円〕

	20×3年度	20×4年度 実績	20×5年度
EBITDA	1,300	1,535	2,025
営業利益に与える影響の修正			
修正項目　a)			
ロイヤリティー	(200)	(500)	(1,500)
正常化ロイヤリティー	300	300	300
修正項目　b)			
押し込み売上分売掛金修正	(500)	(800)	(900)
同上に係る棚卸資産の再計上	325	520	585
上記利益の次年度への期ずれの影響修正		175	280
修正項目　c)			
A事業部在庫廃棄損	(100)	(100)	(100)
修正合計	(175)	(405)	(1,335)
正常化 EBITDA	1,125	1,130	690

① 修正項目 a)

　20×4年度，20×5年度のロイヤリティー収入は遡及分だけ過大となっており，また20×3年度のロイヤリティー収入は過少申告分が過小となっているから，これを通常の年間収入額に置き換える必要がある。

② 修正項目 b)

　過去の押し込み売上に係る売掛金の修正，それに伴う棚卸資産の再計上の修

正を行う。また，翌年には過年度末の押し込み分の売上は実現しているため，翌年の損益への影響を加味する。

③ 修正項目ｃ）

2005年度の特別損失に含まれている在庫廃棄損は通常であれば毎年100百万円程度発生し，売上原価処理されるべきものであったため，これを EBITDA に反映させる。

上記の修正を行った後の正常化営業利益および EBITDA と会社提出の将来事業計画を併記すると下記のとおりとなる。

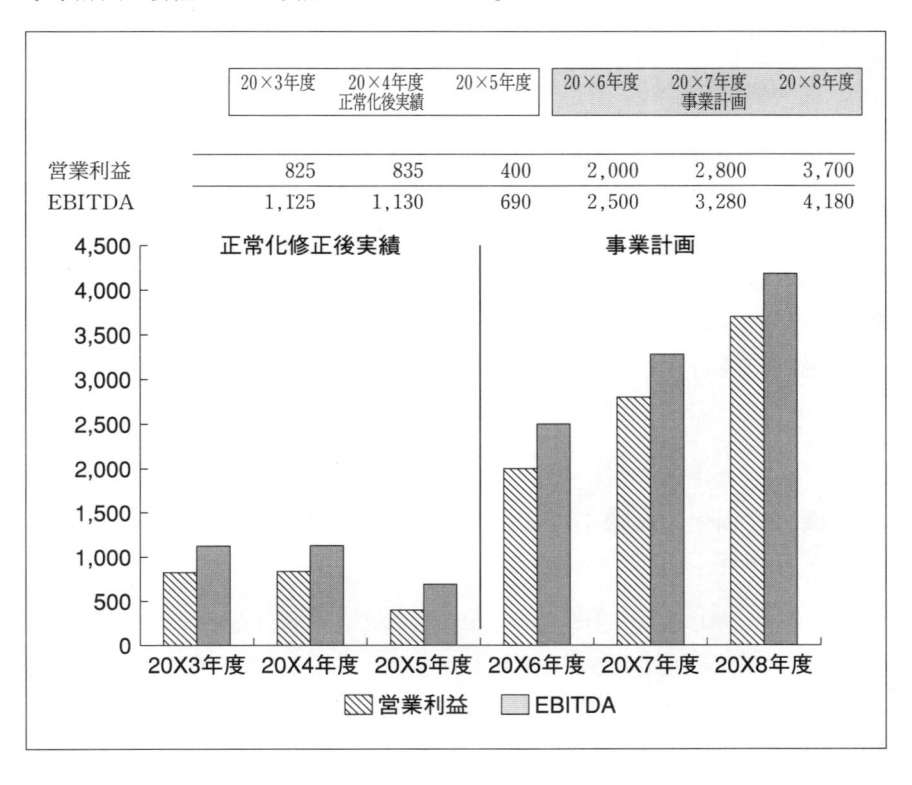

	20×3年度	20×4年度 正常化後実績	20×5年度	20×6年度	20×7年度 事業計画	20×8年度
営業利益	825	835	400	2,000	2,800	3,700
EBITDA	1,125	1,130	690	2,500	3,280	4,180

前出のグラフとこのグラフの時系列に沿った形状を比べられたい。前出のグ

ラフの形状は時系列的に連続したなだらかな形状となっているのに対し，このグラフでは明らかに実績と将来計画の間，すなわち20×5年度から20×6年度にかけて「非連続」が観察される。当初現実的かもしれないと思われた事業計画は，これらの修正により，非現実的に見えてくる。この結果をビジネスデューデリジェンスチームとともに評価し，将来事業計画の修正を行う。

また，20×8年以後には従来年間約300百万円の純利益を生み出していたロイヤリティー収入が見込まれなくなることから，事業計画にその影響が考慮されていない場合には，残存価値の算定のベースとなる事業計画数値をその分だけ修正することにも留意する必要がある。

(2) 価値評価への反映：マーケットアプローチ（株価倍率法）をとる場合

株価倍率法において売上高，EBIT，EBITDA，フリーキャッシュフローを指標として用いる場合には，「指標の修正額×倍率」に相当する金額が減少することになる。たとえば20×5年度のEBITDAを指標とした場合にはEBITDAの修正額（2,025百万円－690百万円＝1,335百万円）に株価倍率を乗じた額が価値評価に与える影響と試算される。たとえば，EBITDA倍率6倍にて事業価値評価を行っている場合には，事業価値の算定結果は，12,150百万円から4,140百万円へと8,010百万円も減少することになる。

(3) 価値評価への反映：コストアプローチ（時価純資産法）をとる場合

A事業部の押し込み売上が発見されていることから，売掛金が過大計上され，同時にそれに対応する棚卸資産が過小計上されている。20×5年度の実態純資産は，帳簿純資産より315百万円（900百万円の売掛金過大計上と585百万円の棚卸資産過小計上の差額）減少する。なお，修正額の税効果の有無を考慮する必要がある。

2 棚卸資産関連の発見事項例

- 対象会社は，工作機械の製造業者である。製品の性質から，在庫の陳腐化リスクはそれほど高くない。
- 過去12ヶ月に動きがなかった製品について100%の棚卸資産評価引当金を計上している。ただし，製品の補修部品については，メーカーとして8年間最低保有しておく義務があるため，例外的に8年間は引当をとらない。
- また，補修部品以外の製品について引当をとっているといっても，過去12ヶ月に1個でも出荷をした製品についてはまったく引当をとらない，という方針となっている。また補修部品については8年間保有義務があるにしても，義務期間終了後に在庫の廃棄を行うケースが過去散見されている。
- 各製品，部品ごとの回転率（＝在庫数÷年間払出数；すなわち何年分の在庫数があるかという指標）の資料はないが，入庫年月日についてのリストはあり，入庫日ごとにいくら在庫があるかという数値は把握できる。
- 過去数年業績が芳しくなかったことから，対象会社は"体力の範囲内"で在庫の廃棄を行ってきた。昨年度は利益が出たため3年ぶりに補修義務期間経過後在庫を廃棄し，廃棄損100百万円を特別損失に計上した。

これに対する対応方法としては以下のとおりと考えられる。

(1) 価値評価への反映：インカムアプローチ(DCF法)をとる場合

　過去に適正な在庫に係る損失が売上原価として計上されず，特別損失として在庫廃棄損が一気に数年分計上されているようなケースでは，正常収益力算定の見地から，経常的に発生する在庫損失と異常で一時的な在庫損失に分けたうえで，前者に関しては，過去に遡って正常損益を調整する必要があり，調整後の正常損益が将来事業計画における出発点になる。この例では3年分の廃棄損が昨年度特別損失に計上されていること，棚卸資産に過去在庫損失引当金を計上すべきであった金額が含まれていることから，これらにつき，妥当なレベル

の棚卸資産引当額が考慮されているとみなした場合の利益額からスタートすることになろう。

また，棚卸資産に対する引当金が適正化される場合，当該適正化後の正常棚卸資産残高に基づいて，適正運転資金の計算がなされ，事業・資金計画に反映されるべきである

(2) 価値評価への反映：マーケットアプローチ（株価倍率法）をとる場合

EBITやEBITDAを指標として用いる場合，インカムアプローチと同様に修正後の正常数値に株価倍率を乗じることになる。また，純資産倍率を指標として用いる場合には，後述のコストアプローチ同様の修正額に株価倍率を乗じた額が，価値評価に与える影響と試算される。

(3) 価値評価への反映：コストアプローチ（時価純資産法）をとる場合

棚卸資産に関し，"妥当なレベル"の引当金額を見込む必要があろう。製品については12ヶ月以上動きのないものについてはすでに引当てされているが，ここにおいて，たとえば100個在庫がある製品が過去1年間に1個しか販売されていないケースのリスク（過剰在庫リスク）は手当てされていないといえる。個々の在庫についての回転率は示されていないが，製品群ごとの回転率を算出し，たとえば回転期間6ヶ月から12ヶ月の製品群について一律に50％，12ヶ月以上の製品群については一律に100％といった率を乗じ引当額を試算する方法も考えられる。なお，この基準（％や，期間の取り方）は自社（買収企業）が同業者であれば，自社の基準を参考にすることが有意義である。製品特性や市場，市況に応じて，妥当な基準が異なるからである。また，当案件成立後の会計方針（たとえば，買収企業の会計方針）に照らしてみたらどの程度の評価額になるのかを知ることも重要である。補修部品についても，同様に回転期間ごとの率を設定して引当額を試算する方法や，入庫からの経過年数に応じ

て引当率を設定する方法が考えられる。なお，メーカー保有義務期間が8年あり，それまで物理的に廃棄はできないとしても，会計的には，8年間に使用されるであろうと合理的に見積もられる部分以外においては，引当処理が行われるべきであるし，特にM&A目的では保守的な引当処理が買収企業側からは要請される。

(4) 価格調整条項への反映

価格調整条項をもって対応することが可能であれば，たとえば「クロージング日の製品のうち，製造年月日後経過年数6ヶ月〜12ヶ月の棚卸資産残高に50％，12ヶ月以上の同残高に100％を乗じた金額を株式譲渡価格から控除する」などといった合意をとることを考慮する。この期間と引当率は交渉次第であり，会計方針と一貫性がある必要は必ずしもない。なお，当案件が株式譲渡でなく，営業譲渡であれば，譲渡対象棚卸資産を一定の基準により限定し，営業譲渡対価をその分調整することも考えられる。

(5) その他の契約条項への反映

過剰在庫のリスクが相対的に高いと思われる場合には，クロージング日現在存在する在庫のうち一定期間経過後払い出されなかったものについて売り主が補償を行う旨の条項を入れる等の手当てを講じることも考慮できる。

3 有形固定資産の発見事項例

- 対象会社は卸売業を営んでおり，土地を3物件有している。それぞれの簿価，時価は下記のとおりである。

(百万円)	簿価	時価	含み損益
品川区	800	1,700	900
名古屋市	700	300	(400)

小田原市	900	600	(300)
合計	2,400	2,600	200

- 品川区の土地には本社社屋が建てられている。名古屋市の物件はバブル期に取得したもので中京物流センターとして使用していたが，昨年中京地区の商圏縮小のため，物流センターを閉鎖して，現在遊休資産となっている。小田原市の土地は関東物流センターとして稼働している。
- 関東圏のビジネスは好調であり，非常に収益性が高い。
- 名古屋市の土地は現在売却先候補を探しており，マネジメントによると鑑定評価の結果は上記のとおり300百万円となっているが，現在引合いがきている金額は400百万円だという。

(1) 価値評価への反映：コストアプローチ（時価純資産法）をとる場合

　名古屋市の土地は遊休資産となっているため，減損会計を適用すると減損損失を計上する必要が生じる一方，品川区，小田原市の土地は会計上減損しているとは考えられず，その含み損益は会計上認識する損益ではないものの，実態純資産に反映することになる。したがって，鑑定評価に従えば，差し引き含み益200百万円を実態純資産に反映させることになるであろう。ただし，現在交渉中の名古屋市の土地については，鑑定評価額と引合額とで100百万円の乖離があることから，たとえばその中間の金額をとって，合計含み益250百円とみなすこともできよう。

(2) 価格調整条項への反映

　名古屋市の土地は当案件のクロージング日までに売却が実現する可能性もあるため，たとえば，鑑定価格をベースに買収価格を仮決定しておき，「クロージング日までに不動産の譲渡契約が締結された場合には鑑定価格300百万円と譲渡対価の差額に税効果相当額（譲渡益×40％）を控除した額を本取引の譲渡対価に加減算する」等の価格調整を考慮することもできる。

(3) その他の契約条項への反映

本案件がたとえば営業譲渡の場合には，名古屋市の土地を譲渡対象外とすることがむしろ自然であろう。

本案件が株式譲渡であったとしても，場合によっては名古屋市の土地がそれまでに売却できなかった場合には売主がクロージング日前に買い取るということも考えられる。この場合，時価純資産方式をとる場合にはクロージング日前に対象会社で計上されることになる損失額を純資産評価で加味することになる。また，クロージング前に土地譲渡を実行する旨の，いわゆるコベナンツ条項を株式譲渡契約に定める必要がある。

4 システム投資に関する発見事項例

- 対象会社は現在使用しているシステムを来期に廃棄し，システムの全面的入れ替えを行う予定である。
- 現システムの簿価は現在500百万円である。
- 現在新システムの構築を行っており，現時点までの既支払額250百万円は，無形固定資産（ソフトウェア仮勘定）に計上されている。今後新システム稼働までに650百万円程かかる見通しである。
- システム更新後，年間のメンテナンス等のランニングコストが従前に比較して50百万円程度減少する予定である。

(1) 価値評価への反映：インカムアプローチ(DCF法)をとる場合

システム構築にかかる支払予定額を設備投資額としてキャッシュフローに織り込む必要がある（総額650百万円を支払予測年度ごとに分けてキャッシュフローに織り込む）。また，年間のメンテナンス等のランニングコスト50百万円の減少を事業計画に織り込むことになる。

(2) 価値評価への反映：コストアプローチ（時価純資産法）をとる場合

現システムの除却はいまだ行われていないものの，実質的に除却が決定しており，除却損500百万円が計上されることが確実であるから，純資産額を500百万円下方修正することになる。

5 逆ざやの取引に関する発見事項例

- 対象会社はオフィスビルの賃貸とビルメンテナンス業を営んでいる。
- 賃貸しているオフィスビルの一部は対象会社のメインバンクであるA銀行の所有であり，対象会社はA銀行と解約不能の20年間にわたる長期賃借（現在8年経過）により当該オフィスビルを一括賃借し，小口テナントにサブリースをしている。ただし解約不能となっているが，期前解約した場合の違約金に関する取決めはない。
- A銀行との契約当初は，賃料水準は妥当なものであったが，昨今の現地付近のオフィスビルの供給過多により，賃料相場は下落している。
- 空室率は5％と高くはないものの，テナントとの契約は通常の2年間の契約であるため，最近の賃料相場を反映し，賃料が逆ざやになっている物件が多々ある。逆にいえば空室率を低く保つために賃料を引き下げざるを得ない状況ともいえる。
- なお，対象会社のマネジメントによると，当該ビルの賃料は逆ざやになっているものの，テナントからのメンテナンス収入が別途あるために，全体的には採算はとれていると考えているとのことである。また，A銀行に対して賃料の引き下げを引続き交渉しているとのことであり，特にこの案件成立により大手優良企業たる売り手の傘下に入れば交渉力は高まると確信しているとのことである。

(1) 価値評価への反映：インカムアプローチ（DCF法）をとる場合

ビジネスデューデリジェンスもしくは不動産デューデリジェンスによって入手した賃料相場予想をもとに将来の事業計画にこれが反映されているかどうかを確認する必要がある。

(2) 価値評価への反映：コストアプローチ（時価純資産法）をとる場合

将来予想される逆ざや分の損失を会計上取り込むことは，現行の日本の会計基準に則ると困難かもしれないが，今後損失が発生することが見込まれることから，実態としてはこの損を認識することが考えられる。たとえば現在の空室率と賃料水準が契約残存年数12年にわたり続くという前提であればいくら損が出るかという金額を見積もり，これに対する引当を考慮することで純資産額を調整することが考えられる。また，今後の賃料相場予想等がビジネスデューデリジェンスもしくは不動産デューデリジェンスによって入手できるのであれば，将来キャッシュフローを見積もってこれを割り引いたうえで引当額を算定し，修正額とすることが考えられる。

(3) 価格調整条項への反映

通常あまり価格調整条項には馴染まないが，A銀行に対する賃料引下交渉が成功する可能性が高いと売り手が考えている場合には，クロージング時点までに賃料引下交渉が成立した場合には価格を調整する等の条項を含めたうえで，株式譲渡の取引価格を下げる交渉ができる可能性がある。

(4) その他の契約条項への反映

また，この逆ざやの状況が買い手にとってディールブレーカー（案件を断念させるほどに重要な事項）である一方，売り手側は銀行に対する賃料引下交渉

が成功すると確信しているのであれば、クロージング前の一定レベルまでの賃料引下契約の締結をクロージングのための前提条件とすることも可能であろう。

6 損益計算書項目の表示と未払,未収計上に関する発見事項例

- 対象会社は卸売業を営んでいる。
- 通常,売上に係る支払リベートは売上の減少として,また,仕入に係る受取リベートは仕入の減少として計上するが,対象会社ではこれらを営業外収益,営業外損失として計上している。営業外収益に計上されている受取リベートは500百万円であり,営業外損失として計上されている支払リベートは800百万円である。
- 対象会社はこれらリベートについて,半期末ごとに額を見積もったうえで未払,未収計上しているが,今回のデューデリジェンスの対象としている試算表は期中の6月末のものである。

(1) 価値評価への反映：インカムアプローチ(DCF法)をとる場合

DCFのベースとなる営業利益に関して,正常営業利益の算定という観点から,営業外損益に含まれるリベート額を加減算する必要がある。すなわち,営業利益を300百万円(＝800百万円－500百万円)下方修正する必要がある。

(2) 価値評価への反映：コストアプローチ(時価純資産法)をとる場合

未払リベート,未収リベートについては,当期帰属分について関係資料を入手してヒアリングを行う等の方法で試算するか,それができなければ,リベートの特性,たとえば売上高や仕入高全体に連動するかどうか,特別な商品

(群)に連動するのかなど,を調査のうえ,未払リベート,未収リベートの額を分析,見積り,純資産額を調整する。

7 移転価格に係る税務リスクに関する発見事項例

- 対象会社は海外数ヶ国に子会社を有しており,主にアジアの工場とヨーロッパの工場で製造を行い,日本を含む世界各国に販売を行っている。
- 海外製造会社は黒字となっている。一方で,日本の親会社は20×0年から20×4年まで損失を計上してきており,税務上の繰越損失が20×4年度末には50億円に達した。その後,業績は回復傾向にあり,20×5年には10億円程度利益を計上し,50億円の税務上の繰越欠損金のうち,10億円を利用した。
- 移転価格に関する税務調査が入るという連絡があり,来月調査が始まるとのことである。
- 会社は20×3年度に外部の税務事務所に移転価格に関するスタディーを依頼したことがある(ただし,この移転価格のスタディー結果報告書はデューデリジェンス資料として提示されなかった)。マネジメントのインタビューによるとマーケットの状況を総合的に勘案し,会社は20×5年度の海外子会社との取引価格を修正したとのことであるが,過年度の税務リスクは高くないとの見解である。

(1) 価値評価への反映

移転価格の税務リスクを見積もり,引当計上する必要があるが,実際には金額の見積りはきわめて困難であり,時間的,および情報の入手に制約のあるデューデリジェンスプロセスの中で見積りを行うのは不可能といってよい。このため,時価純資産やDCF法に織り込むことは不可能であろう。

価値評価にどうしても織り込む必要があるとすれば,リスクプレミアムの一部として割引率に加味することで対処する方法があるだろうが,このような

ケースは契約条項に盛り込むことで対処することが自然であり，かつ合理的であるので，契約条項に盛り込むことに実効性があるのであれば，まずはそれを考えるべきであろう。

(2) 価格調整条項への反映

税務調査の結果（追加納税額を含む）がクロージング日までに判明した場合には当然に支払が行われているかもしくは未払計上が行われているはずである。したがって価格調整条項を取引契約に含めることができる場合には，調整項目の1つに含めておくことが考えられる。

(3) その他の契約条項への反映

金額や発生の度合いも不明だが金額的重要性がある可能性があるため，表明保証と補償条項を契約書に盛り込むことによりリスクを担保することが望ましい。通常一般的には，「租税の支払に関する手続をすべて適法に履行しており，これまで提出済みの確定申告書の内容はすべて適正かつ正確であり，これらにつき税務当局から不利益な修正の要請または更正等を受けておらず，またそのおそれはない」旨が売り主より表明保証されることが多いが，表明保証違反の場合の補償については金額の上限が定められることもある。そこで，この移転価格に関する税務リスクが顕在化した場合には賠償額の外枠で別途補償を求めることができるよう，手当てすることが考えられる。

この例においては，現状，売り手による補償条項が契約書のドラフトに盛り込まれているが，さまざまなリスクに対する補償金額総額には上限が設定されている場合を想定する。このような場合，移転価格の調査により発生する可能性のある金額はこれを大きく超える可能性があり，こうしたリスクをヘッジするために，金額の上限制限をこれに関してのみ適用除外する交渉を買い手側としては行う。一方，売り手側は，こうしたリスクは低いと考えており，買い手から価格を引き下げられるよりも契約書上の表明保証と補償条項に織り込むことによって，想定していた売却価格を維持する方が売り手側にとっても得策か

もしれない。このようなケースでは比較的容易に合意に達する可能性がある。

第4節 その他のデューデリジェンスにおける発見事項

1 法務デューデリジェンスにおける発見事項

　法務デューデリジェンスの結果致命的な問題が発見された場合にも案件からの撤退につながる可能性が高い。たとえば，独占禁止法上統合が許されない場合，そもそも当案件を推進したいという主な動機であったM&A対象会社が有する（と思っていた）知的財産所有権がM&A対象会社の所有でなかった場合等である。以下，対処し得る（かもしれない）法務デューデリジェンスの発見事項例を挙げてみよう。

(1) ライセンス契約

- 対象会社は海外のA有名ブランドのアパレルの一定の製品に関する日本における独占製造販売権を有している。当該ライセンス契約にはいわゆるChange of control条項が付されており，会社の支配株主が変更となった場合には，ライセンス保有側が一方的に当該契約を解除することができる，もしくは見直すことができる旨が定められている。
- 一方，買い手は対象会社とは日本における当該事業の競合事業者であり，同様にB有名ブランドの同種の製品に関するライセンス契約を結んでいる。A有名ブランドとB有名ブランドはグローバルで競合ブランドと位置づけられている。
- 財務デューデリジェンスチームから入手した情報によると，Aブランド関連の純収益は年間3億円程度である。一方，売り手におけるBブランド関連の純収

> 益は5億円程度である。

　この場合，まずは双方のライセンサーとの力関係や双方ブランド共存の可能性についてビジネスデューデリジェンスを通じて検討する必要があるが，同時に，たとえば案件スキームを変更した場合にも契約解除という事態になるのかどうかを検討する余地があるかもしれない。それが無理であれば，Aブランド収益がなくなった場合を想定する必要がある。

① 価値評価への反映

　DCFのベースとなる事業計画にAブランド収益がなくなった場合の売上計画，コスト計画を織り込み，修正する。ライセンサーの意思が予想できない場合には，最低2通りのシナリオを立てて評価を行うのが適切であろう。しかしながらこの修正事業計画はあくまでも買収企業との統合を前提とした計画であり，これに基づいて算出される価値評価額はM&A対象会社のスタンドアローンの価値とはいえない（すなわち，M&A対象会社の単体適正事業価値を下回る）点に注意が必要である。

② 契約条項への反映

　一方，案件の交渉時点で双方ライセンス契約の継続の可否が不明であるものの，いずれにせよ案件推進に期待が持てる場合には，たとえば，Aライセンス契約が解除された場合に一定額の取引価格の減額調整をする旨を定めることを協議する。

(2) 職務発明に関する発見事項例

> ● 対象会社は高度な技術力と特許を有する会社であり，何人かの研究者を抱えている。
> ● 対象会社には職務発明規定が存在しておらず，人事評価の際に研究者の実績が加味されるのみで，適正な対価が研究者に対し支払われているかどうかは疑問

> である。
> - 実際，かつて同社の研究者であったA氏からある発明について5億円の請求を数ヶ月前に受けている。会社は3,000万円程度の支払で和解に持ち込もうと考えているが，現在のところ交渉の状況は不透明である。
> - 5億円の請求を全額受け入れる可能性は低いとは考えられるが，ほかにも過去に数々の職務発明が行われており，一度和解金を支払ったことが明るみに出ると，他の研究者から同様の請求が行われる蓋然性も高くなり，この点が懸念される。

① 価値評価への反映

　請求額と会社側の和解に関する現時点での考えの間にかなりの差があること，また他の研究者からの請求が行われる可能性もあることを考えると，この問題の影響を数値化して価値評価へ織り込むことは難しい。したがって，この問題の影響が無視し得ないほどに大きいと思われる場合には，後述の契約条項で手当てするか，あるいはこうした偶発債務を遮断できるスキーム（たとえば営業譲渡）に変更することがディール成立のために必要となる。

② 契約条項への反映

　現在請求を受けている案件の和解がクロージングまでに合意に達しそうな場合には，価格調整に持ち込むことは可能であろう。
　また，今後懸念される他の請求に関しても，現在顕在化している請求は上記の1件のみであることを表明保証させ，今後一定期間中に同様の事象が発生した場合には，売り主補償が働くよう契約上担保することが考えられる。

2　人事デューデリジェンスにおける発見事項

　人事デューデリジェンスの範囲はしばしば，人事戦略に関連する部分についてはビジネスデューデリジェンスと，また報酬，人件費（債務）等に関する部分は財務デューデリジェンスと，さらに労働法等への準拠に関しては法務

デューデリジェンスと重なる。なお，人事デューデリジェンスの結果の多くは案件成立後の統合マネジメントに関わるが，それに関する説明は次章に譲ることとして，本章ではそれ以外の発見事項を見てみよう。

(1) キーパーソンのリテンション

- 対象会社は大手電機メーカーの協力工場として部品を製造しているが，マネジメント等へのインタビューによると，営業部長のＡ氏は非常に優秀であり，特にＢ電機メーカーとの密なコミュニケーションは自社の技術についても相当精通しているＡ氏の力なくしてはなし得ないとのことである。
- そもそもＡ氏は，今回の案件の売り手である創業者社長の親戚であり，創業者が株式を手放し，経営を譲り渡した後も対象会社にとどまるのかどうか懸念がある。

① 価値評価への反映

ビジネスデューデリジェンスチームおよび財務デューデリジェンスチームと共同してＡ氏がいなくなった場合のビジネスへの影響を検討のうえ，これを将来事業計画に反映させる。特にＢ電機メーカーとのビジネスによる収益についてはこれを抜き出して影響を考慮する。

Ａ氏をつなぎ止めるためのリテンションプランを策定し，そのコストを見積もり，事業計画に反映させる。

上記のようにキャッシュフロー予測に織り込むことが困難な場合には，リスクプレミアムとして評価に織り込むことも考慮する。

② その他の契約上の対処方法

売り手たる創業者社長とＡ氏が，買い手の取得する対象会社と競業する事業を営むことを防ぐため，競業避止義務，従業員の勧誘禁止義務といったコベナンツを盛り込むべきであろう。

また，Ａ氏が一定期間対象会社にとどまることを契約上の条件としておくこ

とも考慮すべきである。もちろん，ヒトを契約で縛ることはできないが，A氏がとどまらないこととなった場合に，価格の調整や補償を請求することができるようにしておくという意味で一考の余地がある。

3 ITデューデリジェンスにおける発見事項

ITデューデリジェンスの発見事項は，人事と同様，多くの場合案件成立後の統合問題に絡んでくる。ここでは，それ以外のポイントを取り上げる。

(1) 親会社システムへの依存

- 対象会社は信販会社であり，その業務はシステムに大きく依存している。
- 親会社は信販会社ではないが，やはりノンバンクの事業領域で事業を展開しており，対象会社は親会社が独自に開発した基幹システムを基礎とし，独自のモジュールを追加した形でシステムを構築している。
- 対象会社が提出している事業計画は現親会社の傘下であることを前提としており，現存システムの機能改善に係る設備投資（主に分析系システムに関する投資）をこの先3ヶ年で毎年3億円見込んでいる。現時点で発注残はない。
- 対象会社は基幹システムに係る使用料や維持費等を多少負担しているが，第三者間取引価格に比して明らかに過少である。
- 対象会社にはシステム部はなく，親会社のシステム部に依存しており（その費用は上記維持費等に含まれている），システムに係る人員は不在である。

価値評価への反映：インカムアプローチ（DCF法）をとる場合

ノンバンクのビジネスにとってシステムは生命線である。システムがなければビジネスは立ち行かない。一方，システムにおけるデータの分割・移行や新規システムの導入にはかなりの時間を要することが多く，M&Aにおいてしば

しば問題となる。このケースでは，まず親会社のシステムを当分の間継続使用する一方，新規システムの導入ないし買収会社システムへの移行を行い，ある程度の期間経過後にシステムの完全移行を完了することを念頭に置くことになるであろう。

対象会社の事業計画は現親会社の傘下にある場合を想定して作成されているため，まず，これを親会社から切り離した形を前提に調整しなければならない（スタンドアローン調整）。そのうえで，調整後の損益状況やキャッシュフローを前提として DCF 法等を適用し，事業価値を評価する。

具体的には，まず当座の間，現親会社（売り手）のシステムを使用することに対する対価（使用料等）や使用可能期間等を株式譲渡対価とセットで交渉し，その結果を事業計画に反映する。株式譲渡対価の交渉との兼ね合い次第ではあるが，従前は第三者価格での取引となっていなかったため，通常であれば費用の増加という結果になる。また，今後のシステム移行の形態（新規システム導入，買収会社システムへの移行）を考慮し，そのための投資額や費用を見積もり，事業計画に反映させるとともに，現システムに関して織り込まれている設備投資額を削除する。さらに，案件成立後のシステム人員に関して考慮し（新規採用，買収会社システム部で対応等），その費用に関する影響を事業計画に反映させる。

4　環境デューデリジェンスにおける発見事項

以下は環境デューデリジェンスにおける発見事項とその対処例である。

- 対象会社は卸売業であり，自社所有の土地に物流センターを保有している。
- フェーズ1の環境デューデリジェンスにおけるヒアリングの結果，当該土地は15年程前に化学品メーカーから旧工場跡地を取得したものであることが判明した。当時はまだ環境リスクに対する意識が薄かったこともあり，土地取得時に土壌調査等の環境デューデリジェンスは行っていない。
- 当案件成立後もこの物流センターは現状のまま使用する予定であり，特に売却

等は考えていない。

① 価値評価への反映

価格にこのリスクを織り込むためには、フェーズ2の環境デューデリジェンスにおいて土壌調査を行い、対策費用を見積もってこれを反映させる必要がある。しかしながら、この調査自体に時間とコストがかかるため、案件の状況によって、不可能なケースも多い。

② その他の対処方法

フェーズ2の環境デューデリジェンスを行い、その結果算出されたコスト（の一部）をもって価格調整をするという価格調整条項を盛り込むことが考えられる。

営業譲渡契約とし、この不動産は引き継がずに売り手と賃借契約を結ぶことも考えられる。その場合には賃料および賃貸期間に関する交渉を営業譲渡価格の交渉と同時に行い、別途契約を締結する必要がある。また、この賃料を事業計画に織り込む必要がある。

株式譲渡であっても、事前に売主がこの不動産を引き取ることを契約条件に入れることも考えられる。この場合にも上記同様、賃借契約を結び、将来の費用を事業計画に反映させる。

第7章

デューデリジェンスにおける発見事項とM&A後の統合プロセス

第1章でも概説したように，M&Aの成功，ひいてはM&Aによる企業価値の向上のためには，M&A後の統合の成功が欠かせない。そして，M&A後の統合を成功させるためには，M&Aの検討段階からM&A後の統合をにらんだ統合プロジェクトプランニングを行っていくことが必須となる。そうした統合プロジェクトプランニングのための情報収集という重要な機能も，デューデリジェンスは担っている。

　第1章で既述しているが，統合プロジェクトプランニングのためのデューデリジェンスにおける視点は，2つある。1つは，M&A対象企業と自社との組織，制度，システム，ヒト，企業文化等の比較，違いの分析であり，もう1つは，M&A後の経営戦略をにらんでの「あるべき」組織，制度，システム，ヒト，企業文化等と，M&A当事企業（買収企業，M&A対象企業）のそれらの比較，違いの分析である。

　M&Aは買収企業にとっても従来の悪弊を是正し，企業文化を変革する大きな機会となる。そのことを念頭に置きつつ，「Best Practice」という観点からも検討を進めていく態度が重要である。

　本章では，こうしたことを念頭に置きつつ，デューデリジェンスでしばしば発見される，統合に係る要検討事項とそれら事項が統合プロセスに与える影響について吟味していきたい。

第1節 ビジネスデューデリジェンスにおける発見事項と統合プロセス

1 ガバナンスと企業文化

(1) 企業文化

　実は多くの企業行動が企業文化の影響を強く受けている。一方，過去の多くの企業行動の結果として現在の企業文化が形づくられているともいえる。企業文化の変革は一朝一夕には行かないのは当然のことであり，ドラスティックな変革により人心が離れ，組織や事業ががたがたになることもあるので，注意が必要である。また，同じような企業文化を持っているように見える場合でも実はかなり違う文化であったというような場合も多い。ヒトの性格と同じように，企業ごとに違った企業文化があると考えておいたほうがよいであろう。

　デューデリジェンスにおいては，ビジネスや財務，人事・組織といった調査分野について調査を進めていく中で，経営陣を含む重要ポジションにある人と話をしたり，あるいはさまざまな書類を閲覧していくプロセスで，徐々にM&A対象企業が有する企業文化とそれによる企業行動が把握されてくる。

　営業主導型の攻撃的な企業文化もあれば，管理主導型の営業面ではおとなしいが管理が行き届いている会社もある。営業主導型の社長をはじめとして「営業第一」という会社では，営業に経営資源のほとんどを投入するあまり，往々にして，管理がずさんなことが多い。そうした会社をM&Aにより買収する場合には，M&A後の統合プロセスにおいて，内部統制組織（規程類の整備，業務フローの見直し等）の整備を行うことを念頭に置いた統合計画を立案する必要がある。また，こうした会社では営業のノルマが厳しすぎることがよくあ

り，不正の温床となっていたりする。さらには売上を第一のKPIとして企業行動する結果として赤字受注等の「実のない売上計上」が行われることもある。こうした場合には，営業体制の見直しやKPIの見直しも統合プロジェクトに含めることになる。

　企業文化に関しては，どういう企業文化か，また自社との違いは何かという視点は必要だが，それらを認識したとしても企業文化を変える行動を直接的に起こすことは通常行われない。むしろ企業文化の変革は黙示的，間接的である。上述のように企業文化がもたらしているさまざまな悪弊のディテールを直していくことにより，徐々に企業文化を変えていくことを意識し，統合計画を策定していくことが重要である。特にM&A後の経営を担う者たちがそうしたことを意識しておくことが大切である。

(2) ガバナンス

　M&A対象会社の企業統治（ガバナンス）体制を評価することも重要なポイントとなる。ガバナンスに関しては，M&A対象会社と買収企業の違いを理解することも重要だが，特にM&A後のガバナンスのあり方を念頭に置いたうえで，当事企業双方のガバナンスを調査していくという視点が重要である。委員会等設置会社か否か，取締役会の規模や機能，取締役の顔ぶれ，社外取締役の有無，監査役会・監査役の機能等に関して，形式的な面だけではなく，実質的にどのように機能しているのか，経営意思決定や業務執行，監督が実際にどこでどのように行われているのかを深く理解する。そのうえで，M&A後のガバナンス体制として念頭に置いている体制との差異の分析やそうした体制への移行における問題点や課題をまとめ，統合計画へフィードバックする。

　特に長年親会社の下にあった会社を買収するような場合には，実際は親会社の一部門として機能していたにすぎず，会社としてのガバナンスがない場合もあるので留意が必要である。このような場合，親会社のガバナンスを抜け出し，違ったガバナンス下に置かれることにより，経営陣や従業員のモチベーションが向上し，業績等に好影響を与える場合もあれば，逆に親会社ベッタリでやってきたケースで親会社から離れたときにうまくガバナンスが機能しない

こともある。

　また，M&A後のガバナンスの要に具体的に誰をすえていくのかということももちろん重要事項である。対等合併等のケースでは特にこの問題が重要になる。取締役会をどのようなメンバーで構成するのか，執行役員のメンバーや取締役会との関係をどうするか，社外取締役の選定基準は何か等，どちらが主導権を握るかという観点から争いになることが多い。重要なことはM&A後の経営をにらんで，その戦略に合致したガバナンス体制を選択し，透明感をもってそうした体制の主要メンバーを選定していくことであるが，なかなか教科書どおりにいかない世界である。社内におけるコミュニケーションやデモンストレーションが非常に重要になってくる。

2　事業内容および事業環境

　事業内容とその事業をめぐる事業環境をよく把握することも統合計画策定の出発点として重要である。同業他社の買収である水平的なM&Aのケースでも，よく調べてみると完全に重なっている事業分野以外に双方それぞれが微妙に違う事業を行っていたり，あるいは同じ事業であってもその事業形態やビジネスモデルが多少違っていたり，さらには本業とはまったく違う事業を行っていたりするのが通常である。したがって，M&A後の事業のあり方を整理し，将来の事業ドメインや経営戦略上好ましくない事業や事業形態に関しては撤退，売却等を統合計画に織り込んでいく。そうした検討においては，もちろんのこと，それら事業が置かれている事業環境をよく理解し，事業やビジネスモデルの将来性を分析することが必要となる。こうした分析は通常ビジネスデューデリジェンスで行われることとなる。

　たとえば，あるビジネスホテルチェーン（専業）が他のホテル業者の買収を考えている場合で，当初は当該対象会社のビジネスホテル部門の水平的買収を念頭に置いて当該M&A案件の検討に入ったが，デューデリジェンスでよく調べてみると，ビジネスホテル部門以外の部門として，シティホテル部門とレストラン部門を保有しており，これらは売上規模的には小さいのだが，事業環

境が厳しく双方とも赤字である。また，歴史的な経緯からビジネスホテル部門のホテル群の中に少数だが，シティホテルが含まれていることが判明し，さらには買収会社のほうはレストランを外注しているが対象会社のほうは自前でレストランを運営していることが判明したケースを考えてみよう。このようなケースではこうした違いをM&A後にどのようにし，将来事業計画を策定するのかを考えなければならない。こうした将来戦略に関する決定はM&A後の統合計画，買収スキーム，事業価値評価，シナジー分析に影響する。いま，M&A後の統合に絞った議論をするために，買収スキームは合併を前提とすると，持株会社方式や営業譲渡等とは異なり，買収企業としてはM&A後即座にこうした違いに関して対処していかざるを得なくなる。選択と集中という観点からビジネスホテル専業の堅持という経営戦略がある場合には，M&A後即座にシティホテル部門およびビジネスホテル部門におけるシティホテルの売却や清算を念頭に置いた事業計画を描かなければならない。また，これを機にシティホテル部門への進出を考える場合には，ビジネスホテル部門におけるシティホテルのシティホテル部門への切出し・整理やブランディング戦略（ビジネスホテルとシティホテルのブランドを差別化し，前者は経済性，後者はラグジュアリー性を想起させるようなブランド戦略をとったりすること），また事業性向上施策を事業計画に織り込むことになる。これらのいずれかの経営戦略をとるのかの選択により，将来事業計画はまったく違うものになってしまい，M&A後の統合プロセスにも大きな影響を与える。したがって，こうした基本戦略に関する決定を後に回してしまうと，M&A後の統合計画の策定が進まず，結果として統合スピードが遅くなり，シナジーの発現が遅れたり，M&A後に社内が混乱し，事業価値が毀損したりするので留意を要する（図表7−1参照）。

　また，先の例で，M&A後にレストラン部門をどうするかという問題もシティホテル部門の議論と同様であるが，このケースではさらにレストラン部門をどうするかという問題とビジネスホテルのレストランの外注化の問題がある意味シンクロしている（もちろん個別の問題と考えることもできる）。すなわち，買収企業の経営陣がこれを機にレストラン事業への多角化を考えるときには，買収企業のホテルも含めたすべてのホテルのレストラン運営を内製化し，

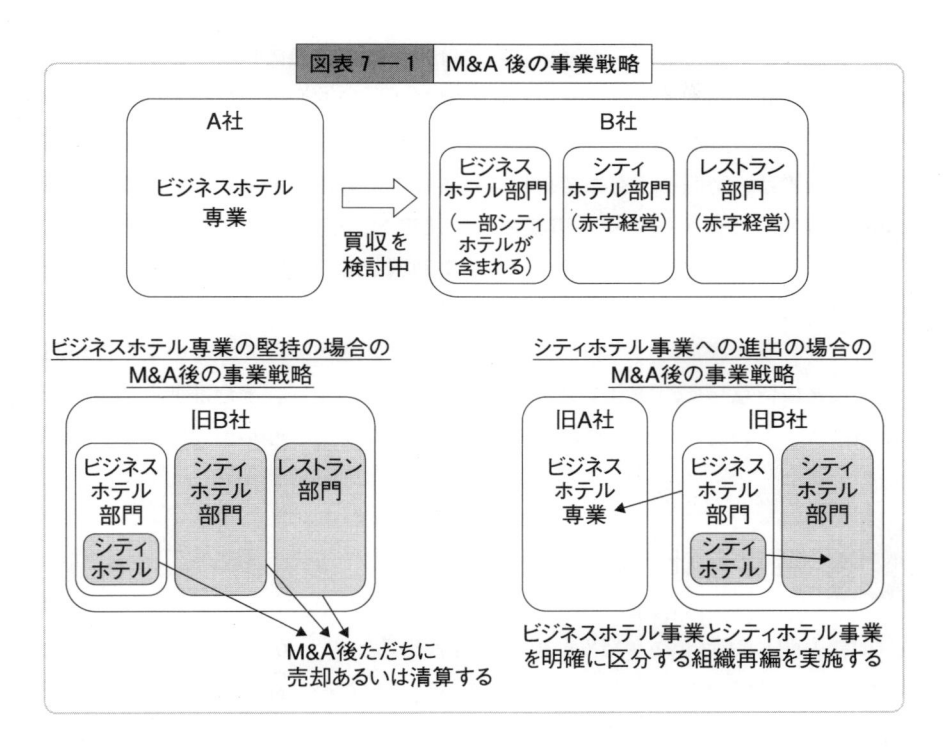

第1節　ビジネスデューデリジェンスにおける発見事項と統合プロセス

図表7-1　M&A後の事業戦略

【A社】ビジネスホテル専業 → 買収を検討中
【B社】ビジネスホテル部門（一部シティホテルが含まれる）／シティホテル部門（赤字経営）／レストラン部門（赤字経営）

ビジネスホテル専業の堅持の場合のM&A後の事業戦略
【旧B社】ビジネスホテル部門（シティホテル）／シティホテル部門／レストラン部門
→ M&A後ただちに売却あるいは清算する

シティホテル事業への進出の場合のM&A後の事業戦略
【旧A社】ビジネスホテル専業
【旧B社】ビジネスホテル部門（シティホテル）／シティホテル部門
→ ビジネスホテル事業とシティホテル事業を明確に区分する組織再編を実施する

当該レストラン部門に担わせることにより垂直的なM&Aの効果を出し，当該レストラン部門のてこ入れをするとともに，買収企業のビジネスモデルにおけるバリューチェーンを変革し，シナジー効果を出すという戦略もある。一方で，そうした多角化をよしとせず，ビジネスホテルチェーン専業の従来からのビジネスモデルを堅持する戦略を描く場合には，レストラン部門の売却ないし清算，M&A対象企業のビジネスホテルに関してもレストランは外注化するという方向性での事業計画となる。その場合にはレストラン部門の売却・清算計画，レストラン部門の人事問題（解雇，退職金等を含む）に対処した統合計画となっていなければならない。

このように，両社の事業内容を比較分析し，統合後のコアとなる事業とノンコア事業に関しての取扱いを早い段階で検討することが重要である。場合によっては，統合プロセスと並行して統合後の事業において重要でない事業あるいは関連しない事業を分社化あるいは売却するといった事業の分離プロセスを

進めることが必要となる。事業によっては，大規模組織に包含するよりも，分社化して小回りが利く組織として事業を継続するほうが望ましいものもあることから，このような観点も含めた統合後の組織構造を早期に検討する。

事業環境は，時間とともに変化し続けるものである。企業は外部環境と内部環境を勘案して，選択すべき事業領域を決定し，競争戦略を選択する。したがって，環境が変化すると選択すべき事業領域や競争戦略が違ってくる。統合プロセスに時間がかかる場合には，事業環境の変化により，当初予定していた戦略では，統合決定時に意図していた企業価値創造が実現できないリスクが高まることに留意して，統合プランを実行する必要がある。統合推進を加速するためには，このようなリスクに対する認識を共有することが重要である。

3 経営方針，経営戦略

2で説明したように，M&A後の統合戦略策定のためにはM&A後の経営方針や経営戦略の骨子の決定が必須である。そのためには，M&A当事企業双方の過去の経営方針や経営戦略の調査は不可欠である。そのうえで，その調査結果を十分に咀嚼し，当該M&Aの趣旨や外部事業環境・M&A後の内部経営資源等を考慮して，M&A後の経営方針，経営戦略の骨格を決定する。特に過去の経営方針や経営戦略，またその成否は，企業文化や組織形態，給与体系や人事考課等の人事関係事項，従業員のモチベーション等に大きな影響を与えている（相互に影響し合っている）。こうした連関の理解により全体像を捉えたうえで，M&A後の経営や組織，体系等を考慮していくことが大切である。

たとえば，M&A対象企業が比較的伝統のあるオーナー企業（製造業）で，長い歴史の中で得た豊富な顧客ベースを背景に事業を行っているケースで，歴代のオーナー経営陣は営業ではなく，製品の品質保持や社内の管理を重視し，営業は自らのトップセールスに頼った形で事業を行っている。また，こうしたケースで典型的な例として，近年になって売上高が漸減している傾向が見られる。こうしたケースを考えてみよう。このような経営方針・経営戦略を長年とった場合には，営業部門がかなり弱体化していることが考えられる。また，

徐々に顧客企業が「代がわり」していく中で，顧客関係の継承がうまくいかないケースも出てくるのが通常であり，そのため売上高が漸減している。こうした場合には，統合プロセスにおいて営業体制の再構築が課題となる。その一方で，営業体制の再構築ができるまでは対象企業のオーナー経営陣のトップセールスを維持しなければ，M&A後に対象企業の事業が「がたがた」になる可能性もあるため，M&A後の経営体制に関する配慮もしておかなければならない。営業体制の再構築のために，買収企業サイドの人材で新たな営業体制の軸となる人材がいるかどうかを確かめることも重要となる。もし，内部にそのような人材がいないという判断があれば，早々に適格者を外部より招来するための活動を開始しなければならない。また同業他社の水平的M&Aにおいては営業機能の統合を第一の課題として取り組むことを統合計画に織込む必要が出てくる。この例でもわかるように，過去の経営方針・経営戦略は統合計画策定に大きな影響を与えるのである。

繰り返しになるが，経営方針や経営戦略に関しては，M&A後のあるべき経営方針・経営戦略を念頭に置いたうえでの調査やGAP分析が重要である。

4 業務プロセス，業務管理手法

現場レベルでの統合作業の根幹をなすのが業務プロセスや業務管理手法の統合であり，その分野は調達，製造，物流，販売・マーケティング，研究開発，経理，人事，IT等多岐にわたる。ここでは，まず経理，人事，ITを除く分野に関して取り上げ，それら3分野に関してはそれぞれ財務デューデリジェンス，人事デューデリジェンス，ITデューデリジェンスとの関係でその後の議論とする。

M&Aにおける統合では，統合に関する最高意思決定機関として機能する統合委員会（通常は当事企業双方のトップマネジメントから構成）のもとに統合推進の企画，管理を行い，連絡系統の要ともなる統合プロジェクト室を設ける。そして，そのうえで，現場レベルでの統合作業に関しては，統合当事企業双方から数名ずつを出し，各分野の統合プロジェクトチーム（PT）を立ち上

げ，詳細な統合計画を策定する。その過程で，現場レベルでは解決困難な問題や最高決断を要する問題に関しては，統合プロジェクト室を通じて統合委員会に諮り，そのプロセスを進めていく（**図表7-2**参照）。

よくある問題としては現場レベルでの権力争いや立場の対立，自らの過去の仕事のやり方への固執が挙げられる。こうした問題はむしろないことが皆無というほど，頻繁に観察される現象であり，その発生をコントロールすることの重要性もさることながら，こうした問題が発生した場合の利害調整をどう図るかに関するメカニズムや拠り所となるガイドラインを整備しておくことが重要である。また，いうまでもないが，M&A後の経営における明確なリーダーシップ，経営方針や経営戦略に関する透明感をもったコミュニケーションが社内の規律づけをし，無用な対立を避ける意味で大切になる。さらには，各分野，部門の責任者を透明感をもって早々に指名することも重要である。

現代の企業では，業務プロセスとITシステムは表裏一体の関係にあり，業務プロセスの統合にはITシステムの統合が欠かせないことが多い。したがって，業務プロセスの統合は，ITシステムの統合と連動して進める必要がある。ITシステムおよびデータベースの統合の遅れは，業務プロセスの統合を遅らせ期待されているシナジー実現のタイミングをも遅らせるおそれがあるので，留意が必要である。

それでは各分野の統合に関して，デューデリジェンスの発見事項との関係で，その留意点を見ていこう。

(1) 調達

ここでは，原材料や副原料の購買，その他の資材の購買，外注先への外注を調達としてまとめる。デューデリジェンスでは，まずどこからどのような条件でこれらの調達を行っているかを調査することになる。その際，同業他社の水平的M&Aであれば，自社の調達先や調達条件との比較という観点をもって調査することになる。ここで調達条件とは，価格だけではなく，運転資金に影響を与える支払条件や，返品の可否，リベート等を含む各条件を網羅している。また，仕入先の集中・分散度合いや仕入先の経営状況も調査することにな

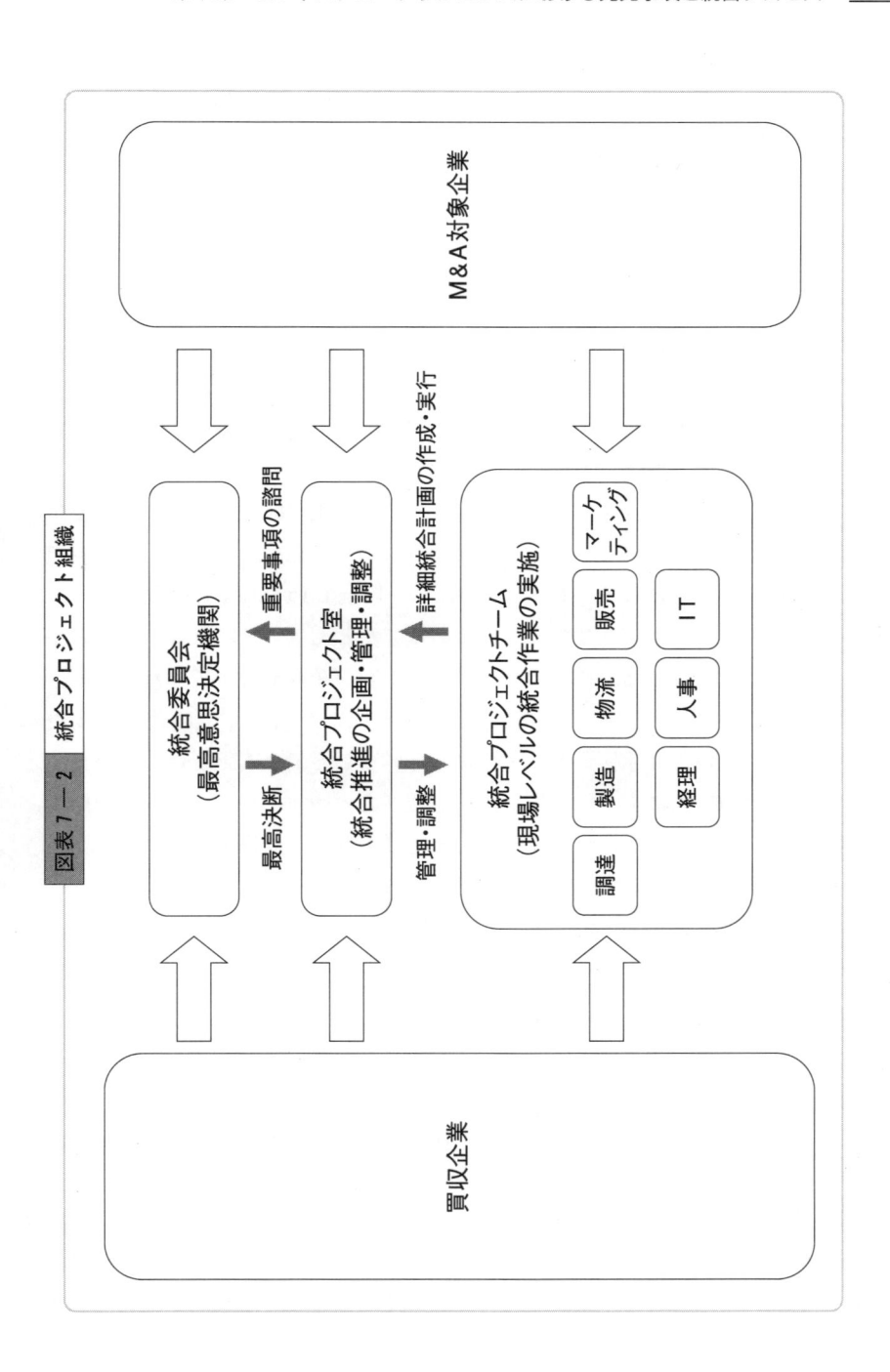

第1節　ビジネスデューデリジェンスにおける発見事項と統合プロセス　485

図表7−2　統合プロジェクト組織

```
                    ┌─────────────────────────┐
                    │      M&A対象企業         │
                    └─────────────────────────┘
                         ↓        ↓         ↓
    ┌──────────┐    ┌──────────┐    ┌────────────────────┐
    │ 統合委員会 │ ← │統合プロジェクト室│ ← │ 統合プロジェクトチーム │
    │(最高意思 │重要事項│(統合推進の │管理・│(現場レベルの統合   │
    │ 決定機関) │の諮問 │企画・管理・ │調整 │ 作業の実施)       │
    │          │最高決断│ 調整)      │     │ 詳細統合計画の作成・実行│
    └──────────┘       └──────────┘    │ 調達 製造 物流 販売 マーケティング│
                                        │    経理    人事  IT         │
                                        └────────────────────┘
         ↑              ↑                    ↑
    ┌─────────────────────────┐
    │       買収企業           │
    └─────────────────────────┘
```

る。さらには，調達関係の諸業務の業務フロー（業者選定，見積りと価格交渉，発注，検収・検査，支払）を把握し，自社との比較，「Best Practice」との比較・分析を行う。

① 業務フローの統合

　水平的M&Aであれば調達を一本化することで，調達に係る人員削減等さまざまなコスト削減が可能となるため，業務フローの統合は必達となる。デューデリジェンスの結果として，業者選定，見積りや価格交渉プロセス，発注業務，検収・検査業務等の業務フローに買収企業と対象企業の間で大きな違いがある場合には，調達一本化における障害となるので，あらかじめ，M&A後にどの方法に統一すべきかを念頭に置き，統合計画に織り込んでいく必要がある。その際留意すべきは，①どちらかよりよいほうに統一するという視点と，②これを機会に，どちらの方法でもない「Best Practice」を取り入れ，抜本的な改善を行うという2つの視点である。たとえばいま，主要原材料の発注を，対象会社は月1回，買収会社は半月に1回の頻度で行っていたとする。この場合，1つの統合方法は買収会社に合わせて，半月に1回の仕入に変更し，棚卸資産ひいては運転資金を圧縮するということである。しかしながら，統合後の規模の拡大による仕入先に対する交渉力の増大に基づき，他の同規模の同業他社と同様，より細かい単位（たとえば1週間，数日単位等）での発注を行い，在庫関係費用のさらなる圧縮が可能になるかもしれない。このような場合にはやはり「Best Practice」である後者の採用がベターな統合施策となる（買収企業側でのシナジー発現も見込める）。

② 仕入先の集中化

　同一製品を製造あるいは，同一の原材料を使用する製品を製造している場合には，対象会社の主要仕入先と自社の主要仕入先を照合し同一の仕入先に関しては，条件交渉の可能性を検討する必要がある。同業他社の水平的M&Aでは同じ原材料を同じ先ないし違う先から仕入れているが，仕入価格やその他の条件が買収会社と対象会社で異なっていることが多く，そうした情報を利用して，M&A後に仕入条件の改善を図ることができる場合がある。

また，それ以外の取引先に関しても，取引条件等を勘案して仕入先の集約を実施し，バーゲニングパワーを高めることにより，仕入価格の交渉にあたりより優位な立場に立つことが可能になる場合がある。ここで注意しなければならないのは，仕入先の集約化は他方で原材料・商品調達のフレキシビリティを制約することにもなるということである。ある製造業を営む会社は主要原材料の調達先を5社から2社に絞り込みを行ったが，当該原材料の市場が逼迫し，調達に支障が出て，5日間の操業停止に追い込まれた。この事実からもわかるように，仕入先の集約化にあたっては調達支障が出るリスクが高まるという認識は必要であり，そのような場合にどのような対応をするかにつき事前に検討しておくことが望ましい。

なお，上記のシナジーを実現させるためには，購買システムの統合あるいは，購買に関わるデータベースの統合が必要である。統合前の2社の購買量または購買金額，仕入先と自社および対象企業との取引条件の比較・分析を行ったうえで，仕入先との条件交渉というプロセスが必要であり，このプロセスに要する時間によりシナジーの実現時期が異なることになる。

③ 外注

上記①と②の論点は外注に関してもそのまま当てはまることである。一方，外注に固有の論点として，外注か内製かという問題がある。M&Aは企業の規模や事業内容が変わる側面を持っているので，従前の外注施策に関してM&A後で規模が拡大したり，業容が変わった場合でも，それを堅持し続けるか否かという問題を提起することが多い。ベンダーの垂直的M&Aに関しては従来のベンダーが内製化されるので，その先の外注を含めて外注政策を見直す転機となるのは当然であるが，水平的なM&Aにおいても同様の視点でデューデリジェンスを進める必要がある。たとえば，デューデリジェンスの結果として，買収企業が外注している分野について，対象企業は内製化しており，そのコストやメリット・デメリットを比較・分析すると，実は内製化のほうがよりよいという結果になることもある。その場合には，M&A後に当該分野の内製化を進めることとなり，外注契約の解除や内製化部門の強化等が統合計画に織り込まれることになる。

(2) 製造

　製造に関する統合は，製造における多様な活動から，さまざまな統合における論点を含んでいる。同業他社として同様の製品を生産している場合でも製造設備や製造プロセスが異なっているのがむしろ通常であり，それゆえ，原価構成も，製品の性質により程度の差はあるものの，固有でユニークになっているはずである。デューデリジェンスでは，製造拠点の概要（製造キャパシティを含む），製造技術，製造のフロー，工程管理，生産計画，品質管理，設計管理，現物（原材料，仕掛品，製品）管理，原価計算や原価管理等を調査していくことになる。そのうえで，よりよい製造技術，製造フローにおけるよりよい各種管理手法の導入といった視点で各種施策を統合計画に織り込んでいく。

① 製造拠点の整理，統廃合

　M&A後には，統合後企業全体としての製造効率を上げたり，物流拠点や顧客層との整合性との兼ね合いから，製造拠点の整理や統廃合が行われれることが多い。多数の工場で製造されている製品のラインをいくつかの工場に集中させたり，逆に1工場でしか生産されていない製品のラインを複数の工場へ広げたりする。また，水平的なM&Aで過剰となった製品の製造拠点を整理したり，統合したりする。製造拠点の整理・統廃合は必然的に人員の移動や削減等を伴い，統合後企業の従業員に大きな影響を与えるため，十分な準備が必要になる。製造拠点が離れており，製造拠点の移動に伴う転勤が従業員の流出につながる場合もある。製品の製造にある程度熟練した技術が必要な場合には，これらの従業員の流出が製品の品質の悪化等をもたらし，ディスシナジー（負のシナジー）のほうが大きくなる可能性もあることから，製造拠点の統廃合については，十分な注意が必要な場合もある。

　デューデリジェンスでは製造拠点の整理・統廃合計画立案やそうした計画の遂行準備に資する情報を収集することを念頭に置いて調査を進める。たとえば，M&A後の事業計画と製造キャパシティの分析から余剰生産能力が推定される。また，各工場の視察や原価情報等から比較的に稼働が悪い工場，設備が古い工場，物流環境が悪い工場が認識される。こうした発見事項が統合計画策

定時に製造拠点の整理・統廃合を考えるうえで有用な情報となる。

② 製造技術の移転

統合当事者の製造技術の優れている部分を他方に移転することにより，全体としての製造効率の向上による，コストシナジーが見込める場合がある。製造技術の優位性を理解するためには，当然であるが，そうした優位性を理解し，客観的に評価できる者をデューデリジェンスチームに入れる必要がある。デューデリジェンス段階で，買収企業側のそうした者（技術系の人）と対象企業側の技術者の対話があってはじめて，製造技術の優劣の判断と技術移転による効果の分析ができる。したがって，技術的なことが重要なデューデリジェンス対象となる場合には，こうした対話が実現できるような配慮をあらかじめしておく必要がある。また，技術移転に関しては，移転のためのコストやそうした技術移転の前提となる環境整備に関する視点も重要となるので，留意が必要である。

③ 製造プロセスの改善

M&A 当事企業双方の製造フロー，工程管理，生産計画，品質管理，設計管理，現物（原材料，仕掛品，製品）管理，原価計算や原価管理を比較・分析し，よりよいフローや管理手法を採用することにより，統合後企業全体としての生産性を向上させることによるコストシナジーが期待される。たとえば，同種製品を製造している場合で製品単位原価にかなりの違いがあることが判明し，その原因を分析したところ，歩留率の高低に差があることが判明したケースを例にとる。こうしたことが判明した場合には，そこで調査を終わってはだめで，さらに深い調査をしなければならない。すなわち，なぜ歩留率が低いのか，製造のフローのどこに問題があるのか，製造フローのどこを直せば歩留率が上がるのかという視点からさらに深い分析をすることで，統合計画に織り込める具体的な施策が立案できる。たとえばこのケースで歩留率の低さが副材料における品質問題であったとすれば歩留率がよいほうの副材料購入先に変えたり，当事企業の他の一方の業務フローに合わせて副材料入庫時の検査・検収を厳しくするといった施策になるし，また製造工程の初期段階の工程完成品の検

査に問題があるとすれば，これも他を参考に工程完成品検査に係る業務フローを改善したりすることになる。

このように重要なことは，どちらかの製造プロセスで他方にはないよい点，また悪い点は何かを把握し，そのうえで悪い点に関してはそれをさらによく分析したうえで，どのようにしたら改善できるのかという視点から，具体的な施策を立案するところまで行うことであり，それこそがM&A後の統合をにらんだデューデリジェンスであるといえる。

(3) 物流

物流に関しては，まず対象会社と買収会社の物流網の全体像を把握し，重複する拠点について確認する。また，各物流拠点のキャパシティや自社・賃借物件の別，賃借物件に関しては賃借契約条件，外部物流基地へのアウトソース状況等に関する詳細な情報を入手する。

そのうえで統合後の顧客ベースや製造拠点の統廃合も十分に勘案し，物流拠点の整理や統廃合という見地から，各物流拠点を比較分析する。その結果として，物流拠点の統廃合施策がデューデリジェンスにおける発見事項として提案される。ここで，統廃合に関するコストや人事的な問題も考慮に入れなければならないのは工場や販売店の整理・統廃合と同様である。

物流拠点の整理，統廃合に関しては，統合後の正常在庫量，最大在庫量，在庫の季節的変動，今後の在庫量の増加可能性を加味する必要があるのはいうまでもないが，その際，物流管理を自社で行うか，アウトソースするかという判断も必要になる。アウトソースする場合には，アウトソース先の選定に一定の時間を要するほか，統合後の会社の在庫システムと外部倉庫の在庫システムのインターフェース等が必要になる可能性もあり，正常稼働にはある程度時間がかかることが考えられるため，早めに検討を開始すべきである。

また物流拠点の統廃合だけではなく，さまざまな物流フロー・手続の統合や効率化も重要なデューデリジェンス発見事項となる。特に買収企業と対象企業の物流フローや手続の比較分析を行い，より合理的なほうへ統一していくことで，物流フローの効率化が達成され，コスト削減が実現される。そのため，こ

うした観点から物流フローや手続きを分析し，発見事項や改善提案を報告する。たとえばM&A対象企業の物流費が比較的高い場合によく内容を調査してみると，顧客との力関係を背景にして，営業担当者や物流担当者の判断で行われる緊急出荷等の不定期かつ小口の出荷が多く，それが物流費を押し上げていたケースを想定する。これに対し，買収企業ではそうした不定期出荷に関するガイドラインが設定され，承認プロセスも整備されており，その結果として緊急出荷等が少なく，これに関して顧客からのクレームは過去ほとんど出ていないとすると，やはりM&A対象企業の実務は改善すべき余地があることになる。そこでさらによく調べてみると，そうした不定期出荷を要請する顧客は小口の重要性のない顧客で，これに関する実務を変更しても対象企業にとっての大口・中堅顧客にはほとんど影響ないことが判明したりする。このようなケースではやはり買収企業のフローや手続が優れており，そちらの方法を統合後企業で採用していくことになる。

(4) 販売・マーケティング

　販売関連の統合に係るデューデリジェンスでは，まず顧客ベースの重複の確認，特に重複する顧客に関する顧客ごとの販売価格や販売条件（返品，リベート，値引き，回収条件等）の比較・分析，販売ルートの確認（直販，卸経由等），販売店の比較・分析（地理的重複，販売店ごとの売上・利益），M&A後の販売計画と販売キャパシティ（過剰販売キャパシティ），クロスセリングの可能性，M&A後の売上に関する特定顧客に対する集中度といった項目がポイントとなる。

　また，マーケティング活動に関しては，マーケティング活動の使用媒体（新聞，雑誌，TV，ダイレクトメール，インターネット，展示会等）とそのボリューム感の比較分析，重複しているマーケティング活動とマーケティング活動の統合によるコスト削減効果，M&A後の経営戦略に合致するマーケティング活動やブランド戦略，CI（コーポレートアイデンティティ）といった項目を中心として調査を進める。

① 販売拠点（店）の整理，統廃合

　M&A 後の販売計画と販売キャパシティ（過剰販売キャパシティ）の分析や，販売店の比較分析を通じ，M&A 後の販売効率適正化を企図した販売店の整理や統廃合を行う。デューデリジェンスにおいて，地理的に重複している販売店が発見された場合，それら販売店に関しては早々に統廃合する必要がある。この際，閉鎖ないし統合される販売店を利用している顧客をいかに取りこぼしなく，継続する販売店に移行させるかを考慮する必要があり，そのための準備を進めていかなくてはならない。そこでそのための情報として，デューデリジェンスにおいて，重複する販売店の洗い出しだけにとどまらず，それら販売店の売上や損益の推移，大口顧客の有無，ロケーション，販売店の賃貸借契約条件，自社所有の場合には不動産評価額，店舗統合にあたっての問題点の整理（顧客情報の引継ぎやシステム統合等）を行っておく。

　販売代理店の統一にあたり，ロケーション的に重複する販売代理店契約の解約が必要な場合には，販売代理店のマーケットにおける力関係やキャパシティ等を考慮して継続する販売代理店を決定するとともに，他の代理店については契約期間および解約に伴う示談金等を勘案のうえ，解約のタイミングを決定することになる。

　海外，特に欧州の販売子会社，合弁会社等の統合にあたっては，欧州各国の法制度が異なり，日本での子会社統合以上に時間がかかるのが一般的である。したがって，海外販売子会社のスムーズな統合にあたっては，早い段階で専門家を導入して必要な手続や組織再編のストラクチャリングにつき検討することが必要である。

　海外の販売子会社，合弁会社が統合後のビジネスにおいて重要な位置を占める場合には，現地でのデューデリジェンスの際に，このあたりの情報を入手することにより，その後のスムーズな統合プランニングあるいは，最適な統合ストラクチャーを構築することが可能となる。

② 重複顧客との取引条件の見直し

　水平的 M&A のケースで，両社に共通の顧客に関してそれぞれの取引条件

が異なる場合には，取引条件の統一が必要になる。この場合，統合後の企業と顧客との力関係によっては，取引条件が改善する可能性も，悪化する可能性もあることに留意が必要である。注意すべき事項としては，販売条件は業種によってはかなり複雑なものとなっており，そのようなケースでは単純な販売単価の比較では優劣が語れない。返品受入れの可否，リベートや値引き，回収条件などを総合的に勘案しなければならない場合もある。そのように販売条件が複雑な場合にはまずその内容と歴史的経緯をよく把握したうえで，M&A後の販売条件を有利な内容とすべく交渉戦略を考えなければならない。デューデリジェンスでは重複顧客の有無だけではなく，統合後の販売条件交渉戦略策定に資するこれらの情報が発見事項として報告されるべきである。

　また，いうまでもないが，統合後の効率的な顧客管理のために，顧客データベースの統合，販売システムの統合は急務である。これらの統合に関する問題点もデューデリジェンスの発見事項となる。

③　M&Aによる顧客との関係の変化

　M&Aにより，既存顧客および潜在顧客とM&A対象会社の関係に変化が生じる場合には，統合プロセスの一環としてこれらの変化への対応を考慮する必要がある。特に既存の重要顧客が買収企業と競合関係にあったり，過去の特定の出来事の結果として関係が悪化している場合には注意を要する。統合計画の中で，また場合によってそれに先立ってM&A後の顧客関係の継続を要請したり，関係修復に努める必要があるかもしれない。したがって，このような顧客が存在することは，価値評価だけではなく統合計画策定にとっても，デューデリジェンスにおける大きな発見事項となる。

　また，M&Aによりある顧客の顧客ポートフォリオ全体における位置（ポジショニング）が変化し，当該顧客に対する売上の集中度が増すことが，デューデリジェンスにより発見されることもある。こうしたケースでは，こうした顧客を失ったときのリスクが従前に比して高まるため，統合後こうした顧客のサービス体制を見直し，サービスレベルを上げる戦略をとらなければならないかもしれない。このようにこうした問題は売上の集中リスクに関して価値評価に影響を与えるだけではなく，統合後の実際の顧客戦略施策にも影響を与える

ので，留意が必要である。

④ クロスセリング

デューデリジェンスでM&A当事企業双方の顧客ベースを確認する際に，M&A後にどちらかの製品を他方の顧客層に販売できる可能性，ないしお互いの製品をそれぞれ他方の顧客層に販売できる可能性を発見することがある。いわゆるクロスセリングであるが，こうした可能性がある場合には，どのようなステップでクロスセリングを進めていくのに関して，そのアクションプランを統合計画に織り込む必要がある。デューデリジェンスでは，できる限り，クロスセリングのアクションプラン策定に資する情報を入手する。どの顧客層にどの製品やサービスを販売できる可能性があるのか，また誰がどのように販売するのがよいのか，何がクロスセリング実現の障害になるのかといったことである。

⑤ マーケティング活動

マーケティング活動費は（特に水平的なM&Aでは）統合効果の生じる費目である。いま同業他社がM&Aにより統合されるケースを考えると，いままで別々に新聞や雑誌に広告をしていたり，TVのCMをやっていたのが，統合後は1つで済むので，コストシナジーがある。

一方，そうしたコストシナジーを出すためには，M&A後の企業名称やロゴ等新たなCI（コーポレートアイデンティティ）を早急に浸透させ，また製品ブランド等をスピード感をもって統廃合，新規創造するための周到な計画が欠かせない。こうしたCI戦略やブランディングの再構築戦略もあり，統合当初は逆にマーケティング活動が活発化し，それに伴い費用も増えるのが通常である。マーケティング活動費のシナジー効果発現は，したがって，多少のタイムラグを伴っているのが特徴である。

いずれにせよ，いかに短期間でマーケットに対して統合後企業のプレゼンスを上げていくかが販売戦略上も重要なので，マーケティング活動に関する情報の整理はそのベースとして欠かせない。デューデリジェンスでは，どのようなマーケティング媒体が過去に相対的に有効であったのか，M&A後の経営戦略

に合致するマーケティング媒体は何かといった観点から，買収企業と対象企業のマーケティング活動を比較・分析し，情報を統合計画にフィードバックする。

(5) 研究開発

　M&A対象企業の研究開発の実施状況および計画と，買収会社のそれらとを比較分析し，重複しているものについては，どのように集約するのが最も効果的かを検討する。

　両社の研究開発体制を比較し，いずれかの研究開発体制を存続させるか，新たな研究開発体制をデザインするかを決める。

　両社における研究開発の進行状況を比較・分析し，今後の開発および製品化の優先順位を見直すことも必要である。

　研究開発がビジネスの重要な成功要因である医薬品業界においては，合併による新薬の開発パイプラインのシームレス化が，期待される効果として取り上げられる。新薬の開発パイプラインは，将来の収益構造を決定するものである。切れ目なく新薬が上市されれば，新しい研究開発費への投資を継続的に実施できることになることになり，新薬開発のための投資回収の好循環を生み出すことになる。

　2004年に藤沢薬品工業と山之内製薬がアステラス製薬としての経営統合を発表したが，その合併に際しての説明会の資料として両社のパイプラインをまとめた**図表7-3**のような資料が開示されている。

　これから，両社の製品領域が補完関係にあり，将来における幅広い領域での品揃えが期待できることがみてとれる。また，各開発段階の製品を単純に数だけでみると，承認申請中のものは山之内製薬が9件に対し藤沢薬品は4件，フェーズⅢは山之内製薬が6件，藤沢薬品が8件，フェーズⅡは山之内製薬が12件，藤沢薬品が13件となっている。

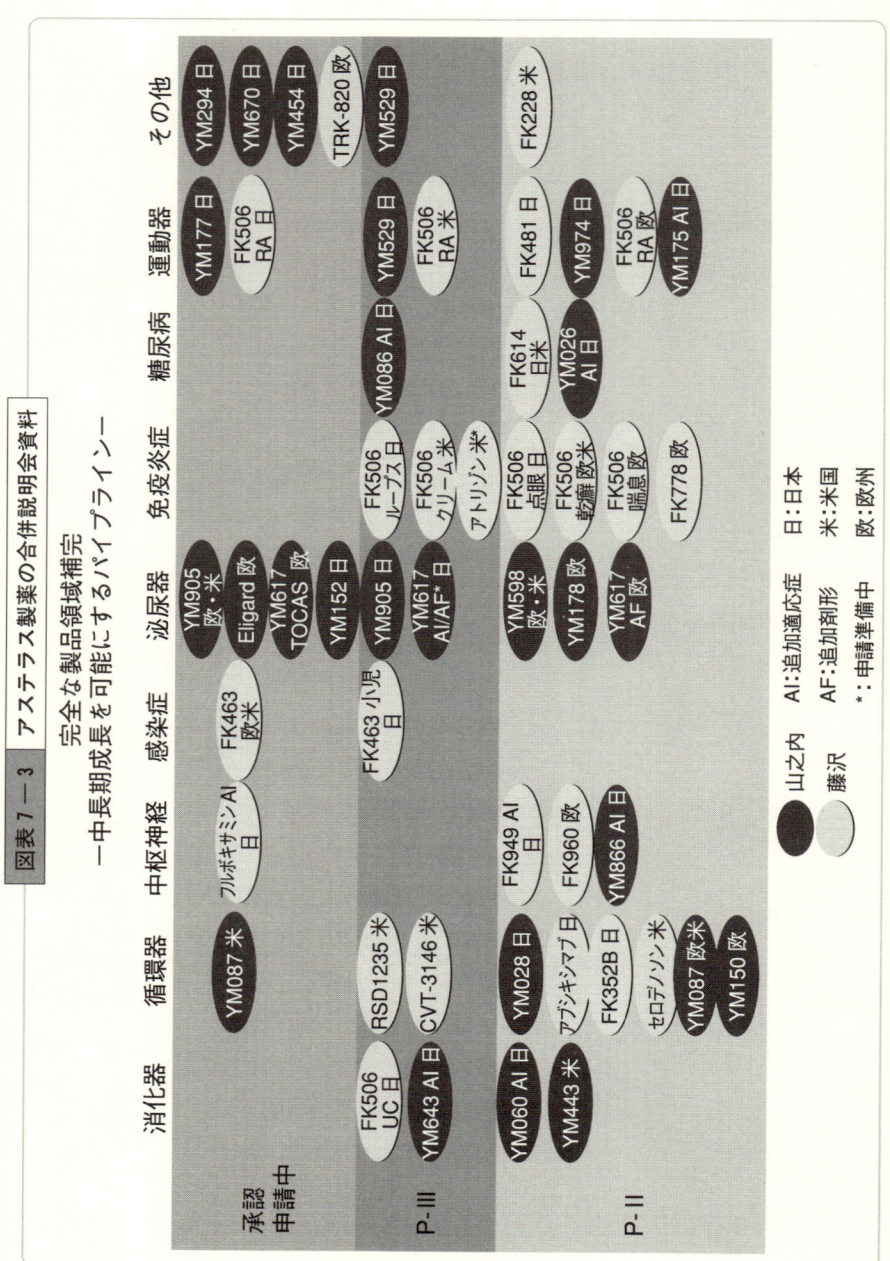

図表7-3 アステラス製薬の合併説明会資料
完全な製品領域補完
―中長期成長を可能にするパイプライン―

	消化器	循環器	中枢神経	感染症	泌尿器	免疫炎症	糖尿病	運動器	その他
承認申請中	FK506 UC 日 / YM643 AI 日	YM087 米	フルボキサミン AI 日	FK463 欧米	YM905 欧・米 / Eligard 欧 / YM617 TOCAS 欧 / YM152 日			YM177 日 / FK506 RA 日	YM294 日 / YM670 日 / YM454 日 / TRK-820 欧 / YM529 日
P-III		RSD1235 米 / CVT-3146 米		FK463 小児 日	YM905 日 / YM617 AI/AF* 日	FK506 ルーパス 日 / FK506 クリーム米 / アドリゾン米	YM086 AI 日	YM529 日 / FK506 RA 米	
P-II	YM060 AI 日 / YM443 米	アブジキシマブ 日 / FK352B 日 / セロデノソン米 / YM087 欧米 / YM150 欧	FK949 AI 日 / FK960 欧 / YM866 AI 日		YM598 欧・米 / YM178 欧 / YM617 AF 欧	FK506 点眼 日 / FK506 乾癬 欧米 / FK506 喘息 欧 / FK778 欧	FK614 日米 / YM026 AI 日	FK481 日 / YM974 日 / FK506 RA 欧 / YM175 AI 日	FK228 米

■ 山之内　　AI：追加適応症　　日：日本
□ 藤沢　　　AF：追加剤形　　　米：米国
　　　　　　*：申請準備中　　　欧：欧州

出所：アステラス製薬ホームページ

第2節 財務デューデリジェンスにおける発見事項と統合プロセス

1　会計方針や会計基準の統一

　会計はビジネスを記録する世界共通の言語である。適用している会計基準や会計方針が違うと，記録結果も違ったものとなる。上場企業同士のM&Aの場合には双方ともに会計監査を受けており，したがって一般に公正妥当と認められる会計基準に基づき会計処理が行われていると思われる。しかしながら，そのような場合でも，同業種の企業につき異なった会計処理を採用していることがよくある。一方，上場企業が非上場企業を買収するような際にはなおさら注意が必要で，非上場企業では監査も受けておらず，財務諸表も最低限のものを税法基準で作成しているにすぎない例が多い。このような場合には，買収企業の会計基準ベースで過去の損益計算書や貸借対照表を作り直した場合を推量してみることが重要となる。そのうえで，それをもとに，今後会計方針や会計基準を統一したらどのような影響があるのかを考慮する。ビジネス実務とは異なり，通常は買収企業の会計基準に合わせていくことになるため，そうした場合の影響を考えればよい。特に買収企業が米国証券取引所に上場している企業の場合には，買収時に，米国会計基準ベースのインパクトも勘案する必要があるため，留意を要する。

　いずれにせよ，適用する会計基準が違うと企業の姿は別のものとなってしまうこともあり，特にM&A取引の成立当初に会計基準変更の影響が出てしまうため，統合後企業の決算対策という面からも，統合計画策定において特段の配慮が必要となる。

　デューデリジェンスにおける具体的な発見事項としては，買収企業が採用し

ている会計方針・基準とM&A対象会社のそれらの差異および，買収企業が採用しているそれらを採用した場合の影響額ということになる。統合計画においては，会計基準の変更に係る諸手続を織り込んでいく必要がある。

2 内部統制組織

財務デューデリジェンスの一環として，収益・収入計上サイクルや仕入・支出サイクル，在庫管理，入出金管理，現物管理，投融資管理等の内部統制組織の整備・運用状況を調査する。その際，買収企業のそれら整備・運用状況との比較も含めて調査を進めていく。その結果として，買収企業のそれらに係る内部統制組織との差異，あるいはそれを超えて「Best Practice」との差異という形で課題が認識される。統合計画ではそうした内部統制に係る是正の施策を具体的に織り込んでいくこととなる。たとえば，新たな顧客との取引における審査・承認体制や既存の顧客に係る与信枠を超える与信に関する承認体制に問題がある場合には，そうした与信体制強化に係る施策を統合計画に入れていくことを考えなくてはならない。

3 その他財務統合にあたっての問題点の整理と統合計画への反映

上記以外の財務統合にあたっての問題点を整理し，統合計画への反映を行う。たとえば，財務デューデリジェンスの結果として統合後企業の必要運転資金最低額や運転資金の季節的変動に関する認識がなされると，統合計画ではそれらに基づき資金繰り計画を策定し，統合後計画に反映することになる。季節変動が激しいビジネスであるという発見があったとすると，当該季節変動を乗り切るための資金調達戦略を立て，統合後計画に織り込んでおかなければならない。

その他，ビジネスデューデリジェンスとも重複するが，運転資金の最小化を図るような運転資金管理の施策を考え，統合計画へ反映する。運転資金は売上

債権，棚卸資産，仕入債務で構成されるのが通常であり，売上債権のサイトを短縮化したり，仕入債務のサイトを長期化したり，あるいは在庫を圧縮することにより，運転資金の圧縮が実現する。顧客戦略や調達戦略，さらには物流戦略も念頭に置いたうえで，統合計画に織り込むべき運転資金圧縮施策を考慮する。

第3節 法務デューデリジェンスにおける発見事項と統合プロセス

1 統合にあたっての契約関係の整理

　法務デューデリジェンスでは買収企業とM&A対象企業の契約の棚卸を行い，統合にあたって影響のある契約や締結し直す必要がある契約，さらには新たに締結すべき契約等を整理し，統合プロセスのしかるべき時期にそれら契約に係るアクションがきちんとなされるように統合計画に織り込む必要がある。たとえば，企業の所有者が変わると契約が自動的に解除される条項（Change of Control条項）が入っている契約がある場合には，M&A成立前の相応の時期に契約当事者と協議する必要があるかもしれない。また，M&Aを機に再交渉したい外注契約に関しては，これもまたいつからそれに着手するか，そのための交渉戦略は何かを含めてあらかじめよく検討しておく必要がある。
　さらに，顧客や仕入先などに関して重複する相手先がある場合は，ビジネスデューデリジェンスの箇所で説明した取引条件の再交渉に伴い，あるいはそうした交渉を行わない場合にも従前の契約を一本化する必要があり，こうした契約の洗い出し，一本化に向けたアクション等を統合計画に織り込む必要がある。

2 法的対処をする必要がある事項

　デューデリジェンスにおいて発見された法的遵守性に問題がある事項に関して，M&A取引価格や取引条件上である程度の手当てがなされたとしても，営

業譲渡等でそうした案件を引き継がない場合を除き，引き継ぐ場合には，統合後計画においてそうした案件を誰が担当するのか，またその戦略はどのようなものかに関して，統合計画に織り込む。株式譲渡等で補償条項を前提に訴訟や顧客クレーム等を引き継ぐ場合，そうした条項の有無はともかく，統合後企業としては対応していかざるを得ないため，そうした事項への対応をどうしていくかに関しては統合計画に織り込む必要がある。

　これ以外にもデューデリジェンスで異常な契約が発見されたケースで，当該リスクに関してはM&A価格に織り込んだ場合でも，そうした契約に関してはいずれにせよ統合後企業の問題として法的に対処することが必要となるため，そのための施策を統合計画で考慮する。

第4節 人事デューデリジェンスにおける発見事項と統合プロセス

　人事問題が統合作業における根幹をなす問題であることに異論はないであろう。M&A後の統合失敗の原因は複合的で複雑であるが，最終的には人事問題に端を発する，ないし人事問題に行き着く問題が多いのは周知のとおりである。したがって，人事問題のマネジメントは統合プロセスのマネジメントにおいて最も重要な要素である。人事統合やそれに派生する問題は膨大で深遠であるので，その網羅的な説明は他書に譲り，ここでは特にデューデリジェンスで問題となることが多い事項に焦点を絞って説明する。

1 統合後の経営陣

　統合後の経営を考えていくうえでM&A対象企業の経営陣の評価は欠かせない。株式買収による子会社化や株式移転における持株会社化等であれば，とりあえず，現経営陣を残した形で徐々にこの問題に手をつけていくという手もあるが，そのような場合にはやはり統合効果は限定的であろう。一方，合併の場合等は否が応でもこの問題に手をつけざるを得ない。そのため，当初は大変であるが，統合後の経営という面からは，統合後効果の発現スピードも早いと考えられる。統合後の経営陣を考えるうえでキーとなるポイントは，いかに透明感をもって，公平に統合後の経営陣の選択を行えるかという問題である。日本では，実際には，いわゆる「たすきがけ人事」といわれるような方式となり，適材適所というわけにはいかないことも多いようである。その一方で，たとえば米国では買収企業の経営陣が中心となる経営が通常で，M&A対象企業の経営陣は統合後の企業経営から離れることが多く，その意味でたとえ合併で

あっても「買収」の色彩が濃い極端な形になることが多いようで，その場合には優秀な人材が流出することになる。このように，この問題の根は深い。

　最終的には統合後短期間は「たすきがけ」のような形態となるとしても，ある一定の時間軸の中で適材適所を実現していくことが重要となるのは当然なので，それも視野に入れ，M&A 対象企業の経営陣の経験や資質をよく理解することが大切である。

　また，デューデリジェンスにおいて，先にあげた例のように，営業機能のほとんどをオーナー経営者が担っているようなケースで，当該オーナーなしでは短期的に顧客の維持ができるかどうかわからないというような心証を得た場合には，当該オーナーを統合後経営陣ないしそれ以外のポジション（顧問等）でどのように処遇するか，またできるだけ短期間にオーナーに集中している営業を分散させるためにどのような施策を講じるかということを，統合計画に織り込んでいかなければならない。

2　キーとなる人材をいかに確保するか

　M&A 後にキーとなる人材が流出してしまうと，事業価値は毀損する。こうしたことは M&A 対象企業だけではなく，買収企業にも起こり得る。一般には，M&A 対象企業において問題とされることが多いようであるが，実際には M&A は買収企業の従業員にとっても重要な影響を与える。そのため，M&A 対象企業の従業員のつなぎとめに奔走し自らの従業員への配慮が足りないと，自らの従業員を失うことがあるので留意を要する。デューデリジェンスを通じて，統合後企業の経営にとって欠くべからざる人材，特に調達，製造，営業，マーケティング，物流，研究開発，財務，経理，人事等の分野におけるキーパーソンを特定し，それらの人材の確保を念頭に置いた人事政策や経営施策を統合計画に織り込んでいく。そのためには，こうしたキーパーソンを早々に各分野の統合プロジェクトチームの責任者に任命し，統合計画策定における各分野の課題検討に関してリーダーシップを発揮させ，モチベーションを高める施策が有効である。

キーとなる人材のほとんどが，親会社からの出向者であり，M&A 対象会社は出向者に対する報酬の一部しか負担していないことが人事デューデリジェンス等で判明している場合には，統合にあたり次の点を考慮する必要がある。
① 出向者の転籍意思の確認
　　法的に出向者の転籍を強制することは不可能であるため，キーとなる人材の確保のために，早めに転籍の意思確認を行う。
② 転籍条件の交渉
　　条件交渉を行う場合，給与水準，福利厚生等は出向先である M&A 対象会社ではなく出向元の親会社の制度による場合が一般的であることから，この点も転籍条件の交渉にあたり留意する必要がある。

3　人事制度の統一

　デューデリジェンスにおいて M&A 対象会社と買収会社の人事制度（報酬，福利厚生，インセンティブプラン等）を比較分析し，相違を把握していずれかの制度に合わせるか，まったく新しい制度を導入するかを検討する。また，新しい人事制度に関する従業員への十分な説明が必要となる。
　M&A の当事者企業間の報酬制度，福利厚生等人事制度が著しく異なり統合に時間を要することが見込まれる場合には，合弁会社をまず設立して，そこに現在の会社から従業員を出向させる形式をとり，人事制度の統合が可能となった時点で，従業員を合弁会社に転籍させるというように，1 つクッションを置いて従業員を転籍させる方法も考えられる。

4　退職給付制度の統一

　退職給付制度の統一は従業員の利益に直接的に関係するものであることから，両社制度の乖離が著しい場合には，短期間での統合が容易にできない場合も考えられる。この場合，とりあえず会社としては合併するが，退職給付制度

を含めた人事制度の統合については一定の暫定期間を置く方法も考えられる。

　退職給付制度の統一にあたっては，必ずしもいずれかの年金制度を残す必要はなく，たとえば確定給付制度を確定拠出制度に変更して新しい年金制度を導入することも検討し，ベストな方法を選択すべきである。

　たとえば，第二電電株式会社，KDD株式会社，日本移動通信株式会社の3社は2000年10月に合併したが，合併後KDDIが退職給付制度の統一を実施したのは，2003年4月1日であった。それまでは，各社の制度を継続しており，2003年4月1日に「KDDI企業年金基金」を設立し，各社の適格退職年金制度の確定給付企業年金基金への統合が実施された。

5　インセンティブプラン

　M&Aに伴う人員削減によるコスト削減は，コストシナジーを生み出す常道である。しかし，このような人員削減は社員の士気を著しく低下させるおそれがある。このような士気の低下を防ぐ手段として，人員削減の実行と同時並行的に，フェアーな人事評価制度とインセンティブプランの導入をすることが効果的と考えられる。こうした施策を統合計画に織り込むために，まず現状どのような人事評価制度となっており，どのようなインセンティブプランがあるのかをデューデリジェンスで確かめる。また，M&A後の経営や企業文化を考慮して，それらに最も適合性が高い人事評価制度やインセンティブプランを策定するうえでのポイントを，デューデリジェンスの結果として，まとめておくことが重要である。

第5節 ITデューデリジェンスにおける発見事項と統合プロセス

　ITシステムの統合は業務プロセスに大きな影響を与える。また，その性質上ある程度の時間がかかり，多大な労力とコストが必要となる。したがって，綿密な計画と準備が必要である。

　ITシステムに関する統合の検討の出発点は，いうまでもなく，M&A対象企業と買収企業がどのようなITシステムを各職域・分野で用いているか，それらを統合するにあたっての問題点は何か，M&A後の経営や管理を考えた場合に「あるべき」システムは何なのか等に関するデューデリジェンスの結果としての発見事項である。

　たとえば，M&A対象会社がある大手企業の子会社であり，基本的に当該親会社のITシステムを用いているとすると，M&A後に当該システムを利用し続けるという選択肢はない。その場合には買収会社のシステムに統合するのか，あるいは統合後企業として新しいシステムを構築しそこへ移行するのかの選択をしなくてはならない。その場合でもデータ移行を済ますまでは，現行のシステムを使い続けなくてはならないために，データ移行の諸手続のシミュレーションとスケジューリングを行い，どの程度の期間がデータ移行に必要かを確定し，その期間は現行システムを使い続ける権利をM&A契約書上明記するとともに，実際のデータ移行に向けた詳細を詰めて，統合計画に織り込まなければならない。

　一方，M&A対象会社がスタンドアローンのシステムを利用している場合には，自社のシステムに統一するのかそれともM&A対象会社のシステムに統一するか，あるいはM&Aを機に統合後企業に新システムを導入するのかといった基本戦略に関する検討が必要となる。

　ある企業を会社分割で事業ごとに2つに分割し，そのどちらかを買収する場

合には，既存のITシステム（上のデータ）を2つに分割できるかという問題が発生する場合もある。特に膨大なデータを有し，ビジネスにシステムが不可欠な業種（たとえばノンバンク）では大きな問題となることが多い。

　システムの統合にあたっては，データ移行にも相当の時間および労力が必要である。またシステム移行以前に，カスタマーマスターや製品マスター等マスターの統合をどのように行うかという問題もある。M&Aが実施される場合には，Day1からシステム統合を行うのか，一定の暫定期間をおいてシステム統合を行うかを，ビジネス上の必要性と実行可能性を勘案のうえ判断する必要がある。

　ITシステムの統合においては，統合人事や統合前の会社の規模による力関係でその方針が決定されてしまうことがしばしば見受けられる。ITシステムの統合を成功させるためには**図表7-4**に示すようなポイントを検討し，総合的・客観的，かつ合理的に統合のベネフィットを最大化する判断を行う必要がある。

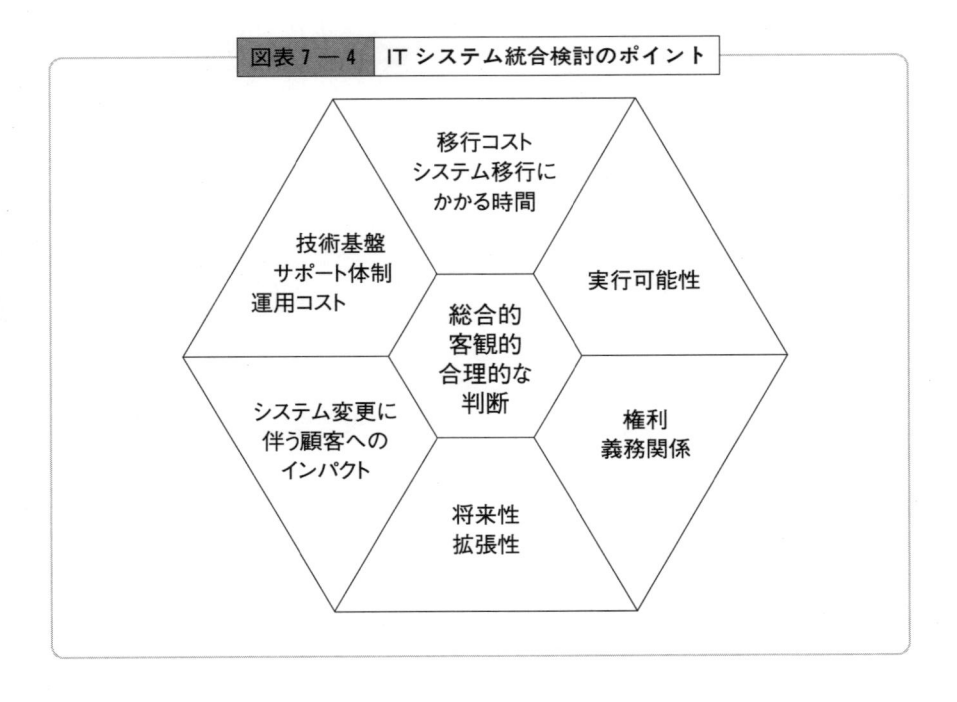

図表7-4　ITシステム統合検討のポイント

- 移行コスト／システム移行にかかる時間
- 実行可能性
- 権利義務関係
- 将来性／拡張性
- システム変更に伴う顧客へのインパクト
- 技術基盤／サポート体制／運用コスト
- （中央）総合的・客観的・合理的な判断

付　録

デューデリジェンスにおける要求資料リスト

調査対象期間（通常3年〜5年）に関して以下の資料を入手する。ただし，調査の範囲，および調査対象会社（グループ）の実態に応じて，入手すべき資料は適宜調整されるべきことに留意する。

1　会社の概要
1.1　会社案内（会社沿革を含む）
1.2　商業登記簿謄本（全部履歴）
1.3　会社定款
1.4　会社組織図およびその組織に関する説明資料
1.5　過去に実施した企業再編の明細，会計処理，および関連する契約

2　事業の概要
2.1　マネジメントによる事業分析（強み，弱み，機会，脅威，事業環境，マーケット，競合状況，新顧客・市場・商品，今後の戦略等）
2.2　業務の概要を記載した資料（業務内容，業務ごとの収支，取引の流れに関するフローチャート，主要取引先等）

3　会議体等
3.1　取締役会規則，監査役会規則等，会社組織に関する規則
3.2　株主総会，取締役会，監査役会，経営会議，常務会等，主要会議の議事録
3.3　主要稟議書

4　株式・株主
4.1　株主名簿
4.2　取引対象となる株券のコピー
4.3　株式の分割，併合，消却，償還，株券の失効，再発行に関する一覧表
4.4　株式に付帯する権利，負担あるいは制限の有無

4.5	発行済株式の種類別(優先株式・劣後株式・無議決権株式・償還株式・転換株式・その他)内訳	
4.6	新株引受権,新株予約権,株式への転換権,オプション権等がある場合はその詳細	
4.7	ストックオプション制度がある場合あるいは社内で検討している場合は関連資料	
4.8	社員持株会の概要	
4.9	株式取扱規則	
4.10	株主・グループ会社との間の契約等の一覧表および各契約書等	

5	**特殊な契約等**	
5.1	特殊な契約等の一覧表	
5.2	解除に際し,一定期間の事前通知や違約金の支払を要する契約等	
5.3	競業禁止その他対象会社の事業活動を制限する規定を含む契約等	
5.4	株主構成の変動その他本件取引が終了または解除事由となり得る契約等	
5.5	本件取引の実行に伴い,損害賠償義務,買戻義務等の重要な影響が生じる,あるいは相手方当事者の同意・承諾等を得る義務が生じる可能性のある契約	
5.6	相手方にリベートその他特別な利益供与をする旨の内容を含んだ契約書	
5.7	一般的な取引に比べて特に不利な条件,その他特別な条件で行われている取引	
5.8	その他特殊な契約	

6	**許認可・コンプライアンス**	
6.1	事業を行ううえで必要とされる届出,許認可および登録等の一覧表	

6.2　許認可のうち，取得できないもの，取り消されるおそれのあるもの，または本件取引の成立に伴い，官公庁等の承認・同意等もしくは官公庁等への変更許可申請・届出・通知を要する許認可等の一覧表
6.3　行政処分もしくはこれに類する行政上の措置を受けたことがある場合には，その内容を説明した資料
6.4　コンプライアンスに関する規則，および活動状況等に関する説明資料
6.5　管理，指揮命令に関する規則，および担当部署・委員会等の名称ならびに活動状況等に関する説明資料

7　監査
7.1　外部監査人の監査報告書，指摘事項，改善提案書等
7.2　内部監査人または親会社監査等の内部監査計画書／監査報告書

8　財務諸表等
8.1　貸借対照表，損益計算書，キャッシュ・フロー計算書，営業報告書，附属明細書
8.2　事業部別財務情報，月次財務情報，およびこれらの分析資料
8.3　現行の会計方針，および会計方針の変更の有無，変更がある場合にはその内容，影響額，変更の理由
8.4　経理規定および原価計算規定，マニュアル等

9　連結財務情報
9.1　連結財務諸表
9.2　連結子会社・関係会社の判定表
9.3　連結精算表
9.4　連結調整仕訳一覧
9.5　主な連結調整仕訳の基礎資料

10	事業計画・事業予測
10.1	中長期事業計画
10.2	予想貸借対照表，予想損益計算書，および主要な前提条件
10.3	主な設備，システム投資計画
10.4	主な研究開発計画（内容，設備購入，人員等）
10.5	人員計画

11	関係会社・関連当事者間取引
11.1	関係会社・関連当事者間取引の要約

12	貸借対照表
12.1	各資産・負債項目の勘定明細

13	現金預金
13.1	預金の明細・拘束性預金の明細

14	売掛債権
14.1	主な相手先別売掛金，受取手形，未収金残高明細
14.2	売掛金残高年齢調べ表，および滞留債権の明細
14.3	貸倒実績明細
14.4	クレジット・メモ，値引き等の明細
14.5	債権のファクタリングがある場合にはその明細
14.6	貸倒引当金に関する方針，手続

15	棚卸資産
15.1	棚卸資産種別ごとの明細
15.2	棚卸資産の管理方法（出入，棚卸実施の方針等）
15.3	実地棚卸の結果，棚卸差額の金額
15.4	棚卸資産年齢調べ表，および余剰・長期滞留・陳腐化在庫の有無

15.5	原価割れ販売が予想される棚卸資産の明細（商品名，簿価，予想価格，数量）	
15.6	棚卸資産の評価減，償却に関する方針，手続および過去の実績	

16　固定資産

16.1	固定資産明細（または固定資産台帳）および償却スケジュール
16.2	固定資産に関する会計方針（資産計上，基準簿価，減価償却）
16.3	固定資産の減損を検討した資料また，遊休資産，廃却予定資産があればその一覧表
16.4	土地の再評価を行った場合の検討資料
16.5	主な営業用施設・設備に関し，所在地，築年，機能状況，面積，生産能力，利用状況，賃料，制限，計画中の改築等の明細
16.6	特別償却をしている固定資産があればその明細
16.7	担保に供している資産，所有権留保付資産があればその明細
16.8	商品保護・知的所有権（特許権，商標権，コピーライト等）の明細
16.9	特許権，商標権，実用新案権，意匠権および著作権，ドメインネーム，サービスマーク，ノウハウその他企業秘密等の知的財産権の一覧表
16.10	ライセンス契約，共同開発契約等，知的財産権に関する契約の契約書
16.11	保有有価証券（流動資産のものを含む）の発行会社，株式の種類，所有株式数，時価情報，他の株主も含めた所有割合および担保設定状況等を説明した一覧表
16.12	その他の固定資産の明細，時価，および回収可能性に関する情報
16.13	固定資産の権利関係に何らかの制限が課されるおそれがある契約

17　情報システム

17.1	情報システム部門の組織図

17.2	情報システムの説明資料（システム関連業務の外部委託先一覧，ネットワークの外部接続先一覧，財務会計，原価計算システムの一覧）
17.3	リスク管理に関する基本方針・規定，アクセス管理の規定／マニュアル，および業務継続（バックアップ・傷害復旧・災害復旧等）の規定／マニュアル
17.4	情報システム計画書，システム開発・運用・変更・ネットワーク管理等の規定／マニュアル
17.5	情報システムに関連する契約書
17.6	ハードウェア・ネットワーク・ソフトウェアの構成およびソフトウェアのライセンスに関する書類

18	**借入金等**
18.1	借入金明細（借入先，残高，利率，返済条件を含む）
18.2	借入枠および割引手形の明細
18.3	借入その他資金調達に関する契約書等
18.4	社債の発行要項，引受契約その他の関連する契約書等および未返済残高を示す資料
18.5	債務保証，経営指導念書等，名称を問わず債務を保証する契約等

19	**仕入債務およびその他の債務**
19.1	主な相手先別買掛金，支払手形，未払費用，未払金残高明細
19.2	期日別支払債務スケジュール
19.3	返品，リベート，製品保証，ポイント制度等に関する引当金の計算明細

20	**損益計算書**
20.1	損益勘定明細
20.2	粗利率推移およびその変動，分析（商品・サービス別，地域別等）に関する資料

20.3	固定費・変動費の区分に関する前提条件およびその推移，分析	
20.4	歩留率推移，分析	
20.5	主な経費の推移，分析	
20.6	直近の決算期以降に発生した特別または臨時的損益があればその明細	
20.7	過去の予算実績差異分析，および進行事業年度の予算達成見込みに関する分析	

21	**販売・顧客**
21.1	主要顧客別売上高，粗利率
21.2	主要顧客との取引条件，インセンティブ，リベート等があればその明細
21.3	重要な購入先との間の契約
21.4	販売価格の決定プロセスにつき，その概要
21.5	直近の受注明細，およびバックログの明細，また受注残に関する解約の可能性，それに関わる費用負担があればその見積り
21.6	返品・製品保証等の内容，会計方針および発生実績

22	**仕入・仕入先**
22.1	主要相手先別仕入・購買額
22.2	主要仕入先の決済条件等の取引条件
22.3	集中購買，大量値引き等があればその内容
22.4	重要な納入先との間の契約

23	**人事**
23.1	年間人件費（役員報酬・社員給与・賞与・その他インセンティブ・法定福利厚生・退職年金・その他福利厚生）
23.2	賞与引当金の計算明細
23.3	未払給与・未払有給休暇があればその見積額
23.4	1人当たり人件費の推移

23.5	人員構成（部門・正社員／契約社員／嘱託／出向・役職・勤続年数・性別等）
23.6	職務分掌規定・職務権限規定
23.7	役員の概要（職位・氏名・年齢・委嘱業務・現職位就任時・前年度報酬・出身母体）
23.8	採用者数の推移（新卒・中途採用）および退職者数の推移（事由・年齢・退職率）
23.9	人事関係規則（就業規則，賞与規定，従業員退職金規定，役員退職慰労金規定等）
23.10	人事関連諸制度（採用制度・職務権限規定・評価制度・社員教育制度・出向転籍制度・早期退職制度・福利厚生制度等）
23.11	退職年金等の概要，年金数理計算書，年金財政計算報告書
23.12	退職給付債務の見積計算明細
23.13	健康保険組合に関する資料（概要・規約・保険料率・付加給付・決算報告書等）
23.14	社宅制度，貸付金制度，各種保険制度，およびその他の法定外福利厚生制度に関する資料
23.15	役員の福利厚生制度の規定・対象者・残高・付保状況等
23.16	その他インセンティブ制度の概要
23.17	労働組合員数の推移および労働争議の記録・組合体質・上部団体
23.18	顧問，相談役その他これに類似する役職に従事する者の一覧表（氏名，年齢，出身母体，当社における役割等の情報が記載されたもの）

24　税金

24.1	法人税確定申告書（添付の貸借対照表，損益計算書，勘定明細も含む），事業税申告書，住民税申告書
24.2	消費税確定申告書
24.3	直近の税務調査（法人税，消費税，源泉税）の概要，過去の税務当局からの指摘事項および修正申告書

24.4	税務署に提出されている各種税務上の届出書（有価証券，棚卸資産の評価方法，青色申告の申請書等）	
24.5	固定資産税の納付状況が確認できる資料	
24.6	繰延税金資産・負債の内容，および繰延税金資産の回収可能性の検討資料	

25	**オフバランス取引，偶発債務**	
25.1	係属中もしくは発生するおそれのあるすべての訴訟，仲裁またはその他一切の法的手続あるいは紛争の概要を説明した一覧表	
25.2	クレームの内容，請求時期および頻度，請求者等について説明した資料	
25.3	デリバティブ取引（為替予約，金利スワップ等）があればその明細	
25.4	契約済みの設備投資，特定の顧客に対する価格保証等の明細	
25.5	すでに決定・発表されているリストラ策があればその内容	
25.6	外貨建取引，外貨建資産・負債があればその明細	
25.7	長期契約の明細，大口の損失約定の明細	
25.8	簿外資産，簿外債務がある場合，その明細および金額	
25.9	賃貸，割賦契約等の一覧表およびその契約書	
25.10	リース契約一覧およびその契約書（ファイナンス・リース，オペレーティング・リースの別）	
25.11	リースバック，買戻契約等がある場合その内容および契約書	
25.12	将来のリース料支払スケジュール	
25.13	保険契約の内容および保険請求内容を記載した一覧表	
25.14	本件取引の成立に伴い保険契約の修正・再締結が必要なものがあればその一覧表	
25.15	環境報告書	
25.16	環境問題に関して官公庁から受けた通知，指導，勧告等および第三者から受けた苦情その他環境問題に関して対象会社において認識している問題点等があれば，その内容を説明した資料	

25.17　すでに環境汚染が発覚している場合，汚染の除去に必要な手段および費用の見積りに関する検討資料

《参考文献》

KPMG Global Transaction Service Manual
KPMG Global M&A Survey（1999＆2005）
企業再生実務ハンドブック，知野雅彦編著，日本経済新聞社，2004年8月
コンテンツビジネスの会計，あずさ監査法人編，税務経理協会，2004年7月
M&Aとガバナンス―企業価値最大化のベスト・プラクティス，渡辺章博，井上光太郎，佐山展生著，中央経済社，2005年8月
新版M&Aのグローバル実務，渡辺章博著，中央経済社，2005年3月
新会社法でこう変わる「資本の部」の実務Q&A，中島祐二，山田眞之助，平井清著，中央経済社，2005年8月
勘定科目別にみた異常点監査の手法，野々川幸雄著，中央経済社，1985年9月
消費者信用産業の会計と税務，太田昭和監査法人編，中央経済社，1996年9月
企業年金からみた退職給付会計の実務，三菱信託銀行編，中央経済社，2000年9月
新訂競争の戦略，M.E.ポーター著，土岐坤訳，ダイヤモンド社，1995年3月
企業価値評価―バリュエーション：価値創造の理論と実践，マッキンゼー・アンド・カンパニー著他，ダイヤモンド社，2002年3月
競争優位の戦略―いかに好業績を持続させるか，M.E.ポーター著，土岐坤，中辻萬治，小野寺武夫訳，ダイヤモンド社，1985年12月
M&A法大全，西村総合法律事務所編，社団法人商事法務研究会，2001年7月
業種別審査辞典第10次新版，社団法人金融財政事情研究会，2003年11月
経営統合　戦略マネージメント，松江英夫著，日本能率協会マネジメントセンター，2003年7月
M&Aドキュメント　事業売却，藤田浩著，商事法務，2004年6月
図解クレジット＆ローン業界ハンドブック，岩田昭男著，東洋経済新報社，2005年4月
M&A　活用と防衛戦略，藤原総一郎著，東洋経済新報社，2005年4月
新版図解建設業界ハンドブック，渡辺一明著，東洋経済新報社，2002年9月
M&Aの戦略と法務，森信静治，川口義信，湊雄二著，日本経済新聞社，2005年4月

通信コンテンツマネジメント，監査法人トーマツ著，日本経済新聞社，2004年10月
コンテンツビジネスマネジメント，監査法人トーマツ著，日本経済新聞社，2003年10月
ゼミナール経営学入門，伊丹敬之，加護野忠男著，日本経済新聞社，1989年3月
損害保険の知識〈新版〉，玉村勝彦著，日本経済新聞社，2003年4月
消費者金融ハンドブック TALPAS 白書2005，消費者金融連絡会，2005年11月
ファクトブック2005日本の損害保険，社団法人日本損害保険協会，2005年9月
生命保険講座　生命保険会計，社団法人生命保険協会，2001年6月

■執筆者一覧

知野　雅彦	代表取締役パートナー	編集，第1章，第2章(共)，第7章(共)
渡瀬　有子	取締役パートナー	第6章
南谷　有紀	シニアマネージャー	第2章(共)，第7章(共)
高橋　祐子	シニアマネージャー	第3章(共)
酒井雄一郎	シニアマネージャー	第5章(共)
熊谷　　均	マネージャー	第3章(共)，第4章，編集補助
西山　雅泰	シニアコンサルタント	第5章(共)

〈編者紹介〉

株式会社 KPMG FAS

世界144ヶ国で,総勢10万4,000人の公認会計士,財務アドバイザー等により,監査,税務,アドバイザリーサービスを提供するプロフェッショナルサービスファームのグローバルネットワーク KPMG のメンバーファーム。M&A や事業再生等に係る財務アドバイス(Financial Advisory Services),その他の特殊調査に特化したサービスを提供している。

www.kpmg.or.jp
www.kpmg.com

M&A による成長を実現する
戦略的デューデリジェンスの実務

平成18年5月10日 初版発行

編 者	㈱ KPMG FAS	
発行者	山 本 時 男	
発行所	㈱ 中 央 経 済 社	

〒101-0051 東京都千代田区神田神保町1-31-2
電 話 03(3293)3371(編集部)
03(3293)3381(営業部)
http://www.chuokeizai.co.jp/
振替口座 00100-8-8432
印 刷／文唱堂印刷㈱
製 本／誠製本㈱

© 2006
Printed in Japan

＊頁の「欠落」や「順序違い」などがありましたらお取り替えいたしますので小社営業部までご送付ください。(送料小社負担)

ISBN4-502-26150-5 C3034

Ⓡ〈日本複写権センター委託出版物〉本書の全部または一部を無断で複写複製(コピー)することは,著作権法上での例外を除き,禁じられています。本書からの複写を希望される場合は,日本複写権センター(☎03-3401-2382)にご連絡下さい。

― ■おすすめします■ ―

【毎年2月刊行】

職業会計人，会社の経理部・監査役の必備書

監査小六法

日本公認会計士協会 編

決算・監査実務に欠かせない重要な会計諸法規ならびに指針等の最新改正をフォロー。「法規編」では，公認会計士法，会社法・証券取引法関連法規といった実務に必要な法令を，また「基準編」では，基準委員会による会計基準・適用指針等及び日本公認会計士協会各委員会公表の重要報告書を「基本基準関係」，「実務基準関係」に分類し，分野別に整理して収録。会計プロパーのための法規ハンドブック。

《主要内容》

法規編 公認会計士法・同施行令・利害関係府令／証券取引法・同施行令／開示府令・同ガイドライン／財務諸表等規則・同ガイドライン他／会社法・同整備法他

基準編 基本基準関係＝監査基準／中間監査基準／監査に関する品質管理基準／内部統制の評価・監査基準 実務基準関係＝役員賞与会計基準／ストック・オプション会計基準・同適用指針 連結関係＝変動計算書会計基準・同適用指針 固定資産関係＝減損会計基準 退職給付関係＝退職給付会計基準／「退職給付会計基準」の一部改正 税効果関係＝税効果会計会計基準 金融商品関係＝金融商品会計基準 リース取引関係＝リース取引会計基準 自己株式・資本の部関係＝純資産の部の表示に関する会計基準・同適用指針 1株当たり情報関係＝1株当たり利益会計基準・同適用指針 研究開発費関係＝研究開発会計基準 組織再編関係＝企業結合会計基準／事業分離会計基準・同適用指針他

《参考》ＩＡＳＢ基準書等一覧表

■ 中央経済社 ■